著作权法司法适用实证研究

主　编： 李林启

副主编： 谢富春　王历彩　张献忠

撰稿人： (以姓氏笔画为序)

　　　　　王　萌　王历彩　李林启　张　艳

　　　　　张献忠　周化冰　赵　斌　谢富春

著作权法司法适用实证研究

ZHUZUOQUANFA SIFA SHIYONG
SHIZHENG YANJIU

李林启◎主　编

谢富春　王历彩　张献忠◎副主编

中国政法大学出版社

2020·北京

图书在版编目（ＣＩＰ）数据

著作权法司法适用实证研究/李林启主编. —北京:中国政法大学出版社,2020.4
ISBN 978-7-5620-9541-5

Ⅰ.①著… Ⅱ.①李… Ⅲ.①著作权法－法律适用－研究－中国 Ⅳ.①D923.415

中国版本图书馆 CIP 数据核字(2020)第 056231 号

出 版 者	中国政法大学出版社
地　　址	北京市海淀区西土城路 25 号
邮寄地址	北京 100088 信箱 8034 分箱　邮编 100088
网　　址	http://www.cuplpress.com（网络实名：中国政法大学出版社）
电　　话	010-58908586(编辑部)　58908334(邮购部)
编辑邮箱	zhengfadch@126.com
承　　印	保定市中画美凯印刷有限公司
开　　本	720mm×960mm　1/16
印　　张	21.5
字　　数	360 千字
版　　次	2020 年 4 月第 1 版
印　　次	2020 年 4 月第 1 次印刷
定　　价	76.00 元

　　《中华人民共和国著作权法》（以下简称《著作权法》）是中国特色社会主义法律体系的重要组成部分，是调整作品创作、传播和使用过程中财产关系和人身关系的基本规范。我国是一个具有悠久历史和灿烂文化的文明古国，是传播知识的重要媒介——纸张和印刷术——的发明者，对人类文明的发展做出了杰出贡献。1991 年 6 月 1 日起施行的《著作权法》，对保护著作权人的权益，激发其创作积极性，促进经济、科技的发展和文化、艺术的繁荣，满足人民群众的精神文化需求发挥了积极作用。随着全球科学技术的迅猛发展，数字和网络技术得到广泛运用，改变了作品的创作和传播方式；而随着经济全球化的进一步深入，包括著作权在内的知识产权已经成为国际贸易的重要载体。面对新形势、新情况和新变化，《著作权法》分别于 2001 年 10 月和 2010 年 2 月进行了两次修改。随着修改后的《著作权法》的实施，著作权得到了进一步尊重，包括著作权在内的知识产权在转变经济发展方式、提高国家核心竞争力、促进科学技术进步、文化艺术繁荣及提升国际地位中的作用日益凸显。

　　长期以来，法律通常以法理、法条、法律原则、法律解释、司法机关的活动过程、判例等信息形式影响着社会和人们的生活。人们习惯于借助具有公认含义的词语进行法律实践中的沟通，而较少从实证的角度审视法律问题。事实上，法律研究也需要实证分析，实证研究的应用是我国法学研究自身发展必须面对的一个重要问题。从广义的角度分类，实证研究可分为数理实证研究和案例实证研究。如何以个案促进法治，如何让人民群众在每一个司法案件中感受到公平正义，如何让法律人在每一个司法案件中反思公平正义，这是我们内心时时萦系、念念不忘之法治理想与法学图景，亦是本书之编著初衷。

《著作权法》的司法适用是国家司法机关及其工作人员依照其法定职权和诉讼程序，把著作权法及其相关法律规范应用于具体著作权纠纷案件之中，使《著作权法》及其相关法律规范在现实生活中得到实现的专门活动，是实施《著作权法》及其相关法律规范的一种重要方式，其适用的结果表现为裁定书、判决书、调解书等裁判文书。在每个案例中，裁判文书不仅记载了人民法院审理案件的过程，还是人民法院依法作出的具有法律效力的权威性书面结论，是司法现状的重要载体，同时也是法官裁判思维和逻辑推理的结晶，最能反映法官对法律的认识和理解。因而，透过一个个活生生的案例，对人民法院裁判文书中所涉法律问题进行认真解读，可以对司法实践中著作权纠纷案件的种种现象进行深入观察。

本书着眼于《著作权法》及其相关法律规范的具体规定，以中国裁判文书网提供的丰富案例素材为数据来源，从中精心选取全国各地各级人民法院审理的较为典型的、有代表性的或者具有争议性的53件有关著作权纠纷的案件。进而以这些案件为基础，提取案例中著作权纠纷存在的普遍性问题，依据人民法院作出的裁判文书，在对案件案情、裁判结果进行简要、全面介绍的前提下，对案件涉及的法律问题从著作权纠纷案件的主体、著作权法中作品的法律保护、著作权具体权项的法律保护、信息网络传播权的法律保护、著作权合理使用的司法认定、计算机字体字库的著作权保护、著作权侵权与不正当竞争以及著作权侵权的法律责任等方面进行全方位地评价、分析。以期有助于读者对《著作权法》立法意旨的理解，从而切实满足各地各级人民法院审理著作权纠纷案件的需要，进而推动著作权纠纷案件审判工作的良性发展，最大限度地满足人民群众的司法需求，让人民群众在每一起著作权纠纷案件中都感受到公平正义，使《著作权法》的价值在全面推进依法治国总目标的实现过程中得以更好地彰显。

目录
Contents

❖ 第❸章　著作权具体权项的法律保护 ❖

第❹章　信息网络传播权的法律保护

第❺章　著作权合理使用的司法认定

第❻章　计算机字库字体的著作权保护

第❼章　著作权侵权与不正当竞争

著作权纠纷案件的主体

　　法律秩序的具体构建是以法律主体作为法律关系的轴心来进行的。经由立法意志的作用，作为承受法律关系内容的法律主体不可能完全是现实世界中的实体本身，而是立法者的历史意识所认识的、思想观念所接受的现实实体的概念化，甚至是拟制的主体，其体现了人类一定时期的思维范畴。[1]著作权纠纷案件中的法律主体亦具有这样的特性。在著作权纠纷案件审理中，对著作权主体的判断常常是需要解决的第一个关键问题，其不仅关乎权利人的诉权，还关系到人民法院裁判权的正确行使。

　　由于社会文化传播与交流的变化多端以及法律规定对著作权主体的分散，对著作权主体的判断并非是一个简单的法律适用问题，也并非是简单地通过查找法律条文就能得以确定。在现实生活中，由于权利产生和流转的千变万化，权利主体也会随之产生诸多变化。司法实践中，著作权作为民事权利的一种，著作权的主体符合一般民事权利主体的规定，基于权利产生的来源或者基于权利流转的阶段确定主体。但是，著作权又不同于一般民事权利，其在流转过程中会出现部分或者全部人身权与财产权相分离的状况，这为著作权主体的确定增加了变数。准确判断著作权纠纷中的主体，是司法实践过程中首先需要明确的问题，是研究著作权法司法适用所必须面对的问题，其对于《著作权法》立法目的的达成、整个司法体系正常秩序的维护影响甚巨。

---

　　〔1〕 龙卫球："法律主体概念的基础性分析（下）——兼论法律的主体预定理论"，载《学术界》2000 年第 4 期。

1. 著作权侵权诉讼中主体的确定

—— 北京鸟人艺术推广有限责任公司与富平县百灵鸟娱乐中心
侵害作品放映权纠纷案*

📑 案情概况

原告：北京鸟人艺术推广有限责任公司，住所地：北京市朝阳区。

法定代表人：周亚平，公司董事长。

委托代理人：赵亚洲。

委托代理人：袁玉娇。

被告：富平县百灵鸟娱乐中心，住所地：陕西省渭南市富平县。

经营者：王挺。

委托代理人：闫俐君，陕西法安律师事务所律师。

北京鸟人艺术推广有限公司（简称"鸟人公司"）成立于 1994 年 12 月 6 日，营业期限为 1994 年 12 月 6 日至 2034 年 12 月 5 日，公司类型为有限责任公司，经营范围为：经营演出及经纪业务；组织文化艺术交流活动；制作音像作品；影视策划；企业策划；展览服务；设计、制作广告。原告所提供的音乐电视作品合集《好歌天天唱——鸟人群星 233 首畅销金曲原人原唱卡拉 OK 全集合》，包含歌曲 233 首、光盘 10 张，由北京东方影音公司出版，出版号为 ISBN978-7-88102-468-4。该合集著作权人、总经销、制作人均为原告。专辑中附有 233 首歌曲的 ISRC 编码分配表。该专辑封底载明："本合集全部音乐电视作品著作权归属于北京鸟人艺术推广有限责任公司，未经许可，不得使用，违者必究。"

2015 年 6 月 3 日，原告委托案外人民权县浩天知识产权代理有限公司办理侵犯原告著作权案件的证据保全公证。2015 年 6 月 3 日，民权县浩天知识产权代理有限公司委托代理人赵忠州向河南省民权县公证处申请保全证据公

---

* 案件来源：陕西省渭南市中级人民法院［2017］陕 05 民初 121 号民事判决书。

证。同年 7 月 4 日，该公证处公证员邬胜华、李春玲随同赵忠州、张明明等人来到富平县莲湖大街东段 3 号"百灵鸟纯 K"，以消费者的身份进入该 KTV 二楼 206 房间，在该房间内依次点播了以下歌曲：《两只蝴蝶》《丽丽》《圆月亮》《忘不了的你》《生日》《开始》《守候》《放了》《完美结局》《谢谢你祝我生日快乐》《蹦蹦吧》《遇见你》《嘟咯情歌》《无情的背叛》《谁说你长的不是很美》《你是我的玫瑰花》《家在东北》《人在世上飘》《小眼睛的姑娘》《宝贝》《吹眼睛》《我要抱着你》《老了》《爱情果》《午夜玫瑰》《幸福是什么》《男人》《飞吧，美丽的蝴蝶》《我们的初恋》《因为是你》《一个人的公园》《幸福誓言》《爱走远》《长发》《给我的挚友—火天》《往日时光》《给爱人的倾诉》《突围》《我要唱》《永恒的信念》《秋雪》《如果你嫁给我》《笑容》《站着坐着都想你》《负心人》《追求》《龙》《傻瓜》《Flyaway》《怎么办》《说吧，你说吧》《我是一只猫》《爱情重点》《太早》《混了 31 年》《陪君醉笑三千场》《爱情乞丐》《当雪花爱上梅花》《七仙女》《爱溜溜》《洗洗睡》《放心宝贝》《鸟巢》《谁是谁的谁》《心醉》《一天》《一错再错》《那滋味》《愤怒的情人》《狼爱上羊》《爱大了，受伤了》《爱情小偷》《人一旦变了心》《想你的时候你是否会想起我》《故乡黑龙江》《你是我的好朋友》《微笑的力量》《房子》《我叫车静子》《千千吻》《Yesterday》。张明明对上述歌曲的播放画面进行了现场全程录像，现场录制视频单元一个。消费结束后，赵忠州获得印有"百灵鸟纯 K 超市账单"与"百灵鸟纯 K 开房条"小票两张。两公证员对赵忠州、张明明的上述行为予以保全证据。保全行为结束后，公证员制作《工作记录》一份。2015 年 7 月 17 日，河南省民权县公证处对上述证据保全过程出具了［2015］民证民字第 831 号公证书。原告为调查被告的侵权行为在被告经营场所消费 500 元，公证费 1950 元。经人民法院核对，公证书所附光盘中记载的歌曲及画面内容与原告提交的《好歌天天唱——鸟人群星 233 首畅销金曲原人原唱卡拉 OK 全集合》中 81 首歌的音乐电视作品内容一致。

另查明，2008 年 7 月 22 日，原告与中国音像著作权集体管理协会签订了《音像著作权授权合同》，约定原告将其依法拥有的音像节目的放映权、出租权、复制权、广播权、信息网络传播权信托中国音像著作权集体管理协会管理。2009 年 9 月 1 日，双方又签订了《变更协议》，约定"对于未经合法授权的使用鸟人公司音乐电视作品的卡拉 OK 经营主体，鸟人公司保留对侵权方的诉权，中国音像著作权集体管理协会无权再以自己的名义代鸟人公司进行维权诉讼"。

📤 裁判结果

陕西省渭南市中级人民法院依照《中华人民共和国著作权法》第 10 条第 1 款第 10 项及第 2 款、第 10 条第 4 款、第 15 条第 1 款、第 49 条，《最高人民法院关于审理著作权民事纠纷案件适用法律若干问题的解释》第 25 条、第 26 条之规定，判决如下：

（1）被告富平县百灵鸟娱乐中心于本判决生效之日起立即停止侵犯涉案 81 首音乐电视作品放映权的行为；

（2）被告富平县百灵鸟娱乐中心于本判决生效之日起 10 日内赔偿原告北京鸟人艺术推广有限责任公司经济损失 15 000 元（包括原告为制止侵权行为所支出的合理费用）；

（3）驳回原告北京鸟人艺术推广有限责任公司的其他诉讼请求。

如果未按本判决指定的期间履行给付金钱义务，应当依照《中华人民共和国民事诉讼法》第 253 条之规定，加倍支付迟延履行期间的债务利息。

案件受理费 1896 元，由富平县百灵鸟娱乐中心承担 1300 元，北京鸟人艺术推广有限责任公司承担 596 元。

📤 案例评析

本案所涉及的法律问题主要是著作权侵权诉讼中主体的确定。本案中，被告富平县百灵鸟娱乐中心认为原告主体不适格，其理由为原告北京鸟人艺术推广有限责任公司与中国音像著作权集体管理协会签订了《音像著作权授权合同》，约定原告将其依法拥有的音像节目的放映权、出租权、复制权、广播权、信息网络传播权信托中国音像著作权集体管理协会管理。而法院审理查明，北京鸟人艺术推广有限责任公司与中国音像著作权集体管理协会于 2009 年 9 月 1 日签订了《变更协议》，约定"对于未经合法授权的使用鸟人公司音乐电视作品的卡拉 OK 经营主体，鸟人公司保留对侵权方的诉权，中国音像著作权集体管理协会无权再以自己的名义代鸟人公司进行维权诉讼"。根据《著作权法》及其相关法律规定，著作权主体有自然人、法人、非法人组织等，其归属分为原始归属和继受归属。

一、原始取得著作权的著作权人

著作权人，即著作权权利义务的承受者，又称著作权主体。《著作权法》第 9 条规定："著作权人包括：（一）作者；（二）其他依照本法享有著作权的公民、法人或者其他组织。"据此，著作权人包括创作作品的作者和未参加作品创作而承受著作权的公民、法人和其他组织。

作者是指直接进行创作文学、艺术和科学作品的人。就法律意义而言，作者是指进行文学、艺术和科学创作的人，即进行直接产生文学、艺术和科学作品的智力活动的人。[1] 根据《伯尔尼公约》，对著作权的保护实行"自动保护原则"，即作品一经完成，无论其是否发表或登记，也无论其是否带有版权标记，均享有著作权。作品是人对某种思想观念的表达，是人的思想情感和精神状态的延伸。因此，从这个意义上讲，只有作为自然人的公民才能成为作者，而不具有人脑的法人和非法人单位，不能成为作者。因此，《著作权法》第 11 条第 2 款规定："创作作品的公民是作者。"我国《著作权法》在确认作者的法律地位的同时，并不否认法人或者其他组织成为著作权人。《著作权法》第 11 条第 3 款规定："由法人或者其他组织主持，代表法人或者其他组织意志创作，并由法人或者其他组织承担责任的作品，法人或者其他组织视为作者。"这类作品一般为大型百科全书、单位工作总结等。可见，根据《著作权法》的规定，作为非自然人的作者应该具备以下三要件：一是应该为法人或者其他组织；二是该作品的创作须是由法人或其他组织主持并代表法人或者其他组织的意志；三是该作品须由法人或者其他组织承担责任。

然而，社会生活是复杂的，公民、法人或者其他组织由于时间、地点、知识、能力、语言等因素，本人不能或者不便于亲自实施创作行为，需要通过他人为其创作作品。根据《著作权法》第 17 条的规定："受委托创作的作品，著作权的归属由委托人和受托人通过合同规定。合同未作明确约定或者没有订立合同的，著作权属于受托人。"因而，委托人可以依据合同约定直接获得委托作品的著作权。需要注意的是，由他人执笔，本人审阅定稿并以本人名义发表的报告、讲话等作品，著作权归报告人或者讲话人享有，著作权

---

[1] 许明月、谭玲："论人工智能创作物的邻接权保护——理论证成与制度安排"，载《比较法研究》2018 年第 6 期。

人可以支付执笔人适当的报酬。[1] 当事人合意以特定人物经历为题材完成的自传体作品，当事人对著作权权属有约定的，依其约定；没有约定的，著作权归特定人物享有，执笔人或整理人对作品的完成付出劳动的，著作权人可以向其支付适当的报酬。[2]

二、继受取得著作权的著作权人

著作权人继受取得著作权的方式主要是转让和继承。著作权人继受取得著作权的一种方式是转让。《著作权法》第10条第3款规定："著作权人可以全部或者部分转让本条第一款第（五）项至第（十七）项规定的权利，并依照约定或者本法有关规定获得报酬。"第25条规定："转让本法第十条第一款第（五）项至第（十七）项规定的权利，应当订立书面合同。……"《著作权法》第10条第1款第5项至第17项规定的权利是复制权、发行权、出租权、展览权、表演权、放映权、广播权、信息网络传播权、摄制权、改编权、翻译权、汇编权、应当由著作权人享有的其他权利。需要注意的是，著作权转让的对象是财产权，著作权的转让导致著作权主体的变更。

著作权人继受取得著作权的另一种方式是继承，继承既可以是遗嘱继承，也可以是法定继承。《著作权法》第19条第1款规定："著作权属于公民的，公民死亡后，其本法第十条第一款第（五）项至第（十七）项规定的权利在本法规定的保护期内，依照继承法的规定转移。著作权属于法人或者其他组织的，法人或者其他组织变更、终止后，其本法第十条第一款第（五）项至第（十七）项规定的权利在本法规定的保护期内，由承受其权利义务的法人或者其他组织享有；没有承受其权利义务的法人或者其他组织的，由国家享有。"《著作权法实施条例》第13条到第17条对著作权人继承取得著作权的一些特殊情形作了规定，如作者身份不明的作品，由作品原件的所有人行使除署名权以外的著作权。作者身份确定后，由作者或者其继承人行使著作权。合作作者之一死亡后，其对合作作品享有的《著作权法》第10条第1款第5项至第17项规定的权利无人继承又无人受遗赠的，由其他合作作者享有。作者死亡后，其著作权中的署名权、修改权和保护作品完整权由作者的继承人

---

[1] 参见《最高人民法院关于审理著作权纠纷民事案件适用法律若干问题的解释》第13条。
[2] 参见《最高人民法院关于审理著作权纠纷民事案件适用法律若干问题的解释》第14条。

或者受遗赠人保护。著作权无人继承又无人受遗赠的，其署名权、修改权和保护作品完整权由著作权行政管理部门保护。国家享有著作权的作品的使用权，由国务院著作权行政管理部门管理。作者生前未发表的作品，如果作者未明确表示不发表，作者死亡后 50 年内，其发表权可由继承人或者受遗赠人行使；没有继承人又无人受遗赠的，由作品原件的所有人行使。

三、特殊作品的著作权归属

相对于一般作品而言，特殊作品包括演绎作品、汇编作品、电影作品、美术作品等。

演绎作品是指改编、翻译、注释、整理已有的作品而产生的作品。《著作权法》第 12 条规定："改编、翻译、注释、整理已有作品而产生的作品，其著作权由改编、翻译、注释、整理人享有，但行使著作权时不得侵犯原作品的著作权。"由于改编、翻译、注释、整理注入了新的创作，具有一定的独创性，故改编、翻译、注释、整理人享有这些作品的著作权。需要注意的是，演绎作品是在已有作品的基础上产生的，没有原作品，也就无所谓演绎作品。正是由于演绎作品是以原作品为基础，因此，除法律规定的"合理使用"的范围外，在著作权保护期内演绎原作品，需要征得原作者以及其他对原作品享有著作权的权利人的同意。

汇编作品是将两个以上的作品、作品的片断或者不构成作品的数据或者其他材料进行选择、汇集、编排而产生的新作品，包括百科全书、词典、选集、全集、期刊、报纸等。汇编人在内容的选择、安排上付出了创造性劳动，因此，《著作权法》第 14 条规定，汇编作品的著作权由汇编人享有，但行使著作权时，不得侵犯原作品的著作权。汇编作品作为一个整体，由汇编人享有著作权。汇编人汇编有著作权的作品，应当经过原作品著作权人的许可，并支付报酬，还应当尊重原作品著作权人的人身权。在行使著作权时，不得侵犯原作品的著作权。汇编已过保护期的作品，也应当尊重原作品作者的人身权。

电影作品和以类似摄制电影的方法创作的作品，是指摄制在一定介质上，由一系列有伴音或者无伴音的画面组成，并且借助适当装置放映或者以其他方式传播的作品。《著作权法》第 15 条规定，电影作品和以类似摄制电影的方法创作的作品的著作权由制片者享有，但编剧、导演、摄影、作词、作曲等作者享有署名权，并有权按照与制片者签订的合同获得报酬。当电影作品受到不法侵犯时，制片人有权提起诉讼，当署名权受到侵犯时，编剧、导演、摄影、作词、作曲等作者有权提起诉讼。

美术作品，是指绘画、书法、雕塑等以线条、色彩或者其他方式构成的有审美意义的平面或者立体的造型艺术作品。美术作品的著作权属于作者。《著作权法》第 18 条规定，美术等作品原件所有权的转移，不视为作品著作权的转移，但美术作品原件的展览权由原件所有人享有。

本案中，鸟人公司通过北京东方影音公司出版了音乐电视作品合集《好歌天天唱》，该专辑封套上注明鸟人公司为著作权人，富平县百灵鸟娱乐中心虽质疑该合辑或为非法出版物，但并没有提供证据予以证明或提供相反证据推翻鸟人公司系案涉音乐作品著作权人的事实，故可以认定鸟人公司对该合辑收录的作品享有著作权。

2. 著作权案件诉讼主体的认定
—— 北京卓易讯畅科技有限公司与北京君和天下科技有限公司
　　侵害作品信息网络传播权纠纷案*

[↗] 案情概况

上诉人（原审被告）：北京卓易讯畅科技有限公司，住所地：北京市海淀区。

法定代表人：王俊煜，产品负责人。

委托代理人：华建明，北京市天睿律师事务所律师。

委托代理人：黄冠文，北京市天睿律师事务所律师。

被上诉人（原审原告）：北京君和天下咨询有限公司，住所地：北京市朝阳区。

法定代表人：鲍啸峰，总经理。

委托代理人：刘江，北京永瑞律师事务所律师。

---

* 案件来源：北京市第一中级人民法院［2014］一中民终字第 1237 号民事判决书。

上诉人北京卓易讯畅科技有限公司（简称"卓易讯畅公司"）因侵害作品信息网络传播权纠纷一案，不服北京市海淀区人民法院于 2013 年 11 月 18 日作出的［2013］海民初字第 24130 号民事判决，向北京市第一中级人民法院提起上诉。北京市第一中级人民法院于 2014 年 1 月 8 日受理后，依法组成合议庭，并于 2014 年 1 月 16 日公开开庭审理了本案。上诉人卓易讯畅公司的委托代理人华建明，被上诉人北京君和天下咨询有限公司（简称"君和天下公司"）的委托代理人刘江到庭参加了诉讼。

君和天下公司原审诉称：我公司经北京中作华文数字传媒股份有限公司（简称"中作华文公司"）授权，享有《好妈妈胜过好老师》的信息网络传播权及可以自己名义单独提起相关诉讼的权利。我公司发现卓易讯畅公司未经我公司许可，擅自将涉案图书上传至其所有并经营的"豌豆荚"网站（网址为 http://www.wandoujia.com）上提供下载阅读，牟取高额利润。卓易讯畅公司侵犯了我公司对涉案图书享有的信息网络传播权，故诉请法院判令卓易讯畅公司：赔偿我公司经济损失 39 000 元，公证费等合理开支 3000 元。

卓易讯畅公司原审辩称：君和天下公司并非涉案图书的著作权人，且未就涉案图书取得专有使用许可，无权以自身名义提起诉讼，其不具有适格的诉讼主体地位；我公司属于互联网搜索服务提供商，并未实施君和天下公司诉称的将涉案图书发布于"豌豆荚"网站供用户下载的行为，我公司的手机应用程序搜索服务符合我国法律的规定；我公司在接到君和天下公司第一次起诉时即删除了其主张的各项链接，已尽到网络搜索服务提供商所应尽的各项法定义务，我公司并无过错，不应承担赔偿责任；君和天下公司诉请的赔偿数额缺乏事实和法律依据，不应获得支持。综上，我公司不同意君和天下公司的诉讼请求。

📑 裁判结果

北京市海淀区人民法院依据《中华人民共和国著作权法》第 48 条第 1 项、第 49 条之规定，判决如下：

（1）本判决生效之日起 10 日内，被告北京卓易讯畅科技有限公司赔偿原告北京君和天下咨询有限公司经济损失及合理开支共计 5500 元；

（2）驳回原告北京君和天下咨询有限公司的其他诉讼请求。

北京市第一中级人民法院认为，卓易讯畅公司的上诉理由缺乏事实与法

律依据，不予支持。依照《中华人民共和国民事诉讼法》第 170 条第 1 款第 1
项之规定，本院判决如下：

驳回上诉，维持原判。

📑 案例评析

本案所涉及的法律问题主要是著作权案件的诉讼主体的认定问题。诉讼
主体，又称案件的当事人，是指因民事上的权利义务关系发生纠纷时以自己
的名义进行诉讼活动，并受法院裁判约束的利害关系人。在审判实践中，实
际上存在两种性质的当事人：一种是程序法上的当事人，另一种是实体法上
的当事人。由于认识上的差异，这两种当事人经常交织在一起，给法院正确
审理案件带来了麻烦和困难。因此，在法院审理民事案件时，正确确定诉讼
主体就成了首要的任务。

一、诉讼主体认定的一般原则

程序法上的当事人，是在案件进入诉讼程序、开庭审理没有结束前的当
事人，因为这时的当事人是否在事实上真的存在利害关系还是个未知数，真
正的利害关系只有在法院开庭审理之后才能确定，因此称为程序法上的诉讼
主体。构成这种当事人有以下要件：一是被告是原告认定的案件当事人。一
个案件的成立，必须有原告和被告，原告在向法院起诉之前有自己主观上认
定的被告。如果案件的原告不认定自己起诉的被告是侵害自己利益的当事人，
其就不会对其进行起诉。二是由于在案件审理之前不能确定真正的当事人，
因此凡在诉讼内明确表示为原告和被告的人，不论是不是民事权利或法律关
系的主体以及对诉讼权标的有无诉讼实施权，都是当事人。

实体法上的当事人，是指案件经过开庭审理后，人民法院依法确定有权
以自己的名义支配讼争民事权利义务的主体，亦即有权以自己的名义主张、
放弃民事权利和有权以自己的名义否定、承认讼争民事义务的主体，因此称
为实体法上的诉讼主体。构成实体法上的当事人，应当符合以下条件：一是
当事人与案件有直接的利害关系。当事人必须是发生民事争议一方，与案件
有直接的利害关系。如著作权纠纷案件，案件的诉讼主体必然是著作权人或
与著作权有利害关系的第三人。二是当事人必然以自己的名义进行诉讼。凡
不是以自己的名义而是以他人的名义进行诉讼的人，如诉讼代理人等都不是

民事诉讼的当事人。三是当事人受法院裁判的拘束。如果参加案件诉讼的人虽然以自己的名义进行诉讼，但不受法院裁判的约束的人（如证人等）就不是民事诉讼的当事人。[1]

二、本案诉讼中诉讼主体的认定

本案中，案件的诉讼主体具体体现在卓易讯畅公司在原审过程中的答辩，君和天下公司并非涉案图书的著作权人，且未就涉案图书取得专有使用许可，无权以自身名义提起诉讼，其不具有适格的诉讼主体地位。

原审法院经审理查明：2009年1月，作家出版社出版了涉案图书，该书版权页载明：作者为尹建莉，全书共260千字，定价为28元，2012年11月第56次印刷。2011年11月5日和2011年11月8日，尹建莉作为甲方和中作华文公司作为乙方签署了《数字作品合作合同（专有信息网络传播权）》。合同约定：甲方将涉案图书的数字化版权使用权、信息网络传播权、数字化复制权，以及转授第三方的权利以独家专有的形式授予乙方，包括但不限于以音像制品、电子出版物、数字化制品等载体，以各种版本形式，在中国和世界范围内出版、复制、发行，以无线或有线等各种方式传播，用于手机阅读、网络付费阅读、手持阅读器阅读、有声阅读等。乙方应遵照信息网络传播的相关法律、法规、出版条例并在甲方的授权范围内行使上述权利，并有义务以技术手段为甲方授权的作品提供数字版权保护。乙方亦有权利针对第三方的侵权行为采取诉讼等法律手段。合同有效期为5年，自双方签字之日起生效。合同后附有尹建莉身份证复印件。2012年12月1日，中作华文公司出具《授权委托书》，将涉案图书的信息网络传播权（普通授权，即不限制授权人自己使用和对第三方授权，被授权人不得将上述权利转授给第三方）授予君和天下公司，期限自2012年12月1日起至2015年12月31日止。后中作华文公司出具《声明》，确认君和天下公司有权以自己名义获得相关图书被侵犯著作权所判赔的全部数额（包括中作华文公司作为上述图书的独家信息网络传播权人所应获得的赔偿数额）；对于君和天下公司进行过维权诉讼的案件，中作华文公司不会以自己的名义再次对相关被告提出重复诉讼，也不会再授权任何其他第三方再次对相关被告提出重复诉讼。在华文公司所出具的

---

[1] 李祖军主编：《民事诉讼法——诉讼主体篇》，厦门大学出版社2005年版，第108页。

《授权委托书》所授权期限内，君和天下公司对涉案图书的著作权侵权事宜（仅限于维权事宜），享有以自己名义单独调查取证以及单独提起相关诉讼、并获得经济损失赔偿之权利。

根据我国《著作权法》第 9 条、第 11 条的规定，著作权人包括作者及其他依本法享有著作权的公民、法人或其他组织。著作权属于作者，本法另有规定的除外。创造作品的公民是作者。由法人或者其他组织主持，代表法人或者其他组织意志创作，并由法人或者其他组织承担责任的作品，法人或者其他组织视为作者。如无相反证明，在作品上署名的公民、法人或者其他组织为作者。[1]本案中，涉案图书上署名作者是尹建莉。尹建莉将涉案图书的独家信息网络传播权授予中作华文公司。中作华文公司授予君和天下公司非独家的信息网络传播权，并授权君和天下公司对涉案图书的著作权侵权事宜以自己的名义单独提起相关诉讼。故原审法院依据现有证据认定君和天下公司享有涉案图书的非独家信息网络传播权，有权对侵权行为提起侵权之诉。

3. 著作权集体管理组织就他人的著作权提起诉讼时的当事人适格问题
　　——中国音像著作权集体管理协会与张子俊著作权权属、侵权纠纷案*

[] 案情概况

上诉人（原审被告）：张子俊。

委托代理人（特别授权代理）：周斌照、何俊。

被上诉人（原审原告）：中国音像著作权集体管理协会，住所地：北京市朝阳区。

法定代理人：王化鹏。

委托代理人：王利民。

---

〔1〕　曹新明主编：《知识产权法学》，人民法院出版社、中国人民公安大学出版社 2003 年版，第117 页。
＊　案件来源：浙江省高级人民法院 ［2013］ 浙知终字第 375 号民事判决书。

《流行歌曲经典·中国音像著作权集体管理协会会员作品精选集（第一辑）》收录了包含涉案的《想象》《香水》《一封恋人唱的歌》《故意不爱你》《我记得我爱过》《曙光》《余情难了》《倦鸟余花》《告解的男人》《不顾一切的爱》《患难见真情》《我是真的爱上你了》等17首音乐电视作品。

2010年4月，中国音像著作权集体管理协会（简称"音集协"）与北京当然文化传播有限公司签订《音像著作权授权合同》，约定：①北京当然文化传播有限公司同意将其依法拥有的音像节目的放映权、复制权（限于为卡拉OK点播服务进行的复制）信托音集协管理，以便上述权利在其存续期间及在本合同有效期内由音集协行使；②北京当然文化传播有限公司不得自己行使或委托第三人代其行使在本合同有效期内约定由音集协行使的权利；③音集协对北京当然文化传播有限公司所授权的权利的管理，指同音像节目的使用者商谈使用条件并发放使用许可、征集使用情况、向使用者收取使用费、根据本合同的约定向北京当然文化传播有限公司分配使用费。上述管理活动，均以音集协的名义进行；④音集协有权以自己的名义向侵权使用者提起诉讼；⑤本合同自签订之日起生效，有效期为3年。至期满前60日北京当然文化传播有限公司未以书面形式提出异议，本合同自动续展3年，之后亦照此办理等。

2012年12月12日，经浙江英普律师事务所申请，浙江省杭州市东方公证处公证人员与申请人的委托代理人葛加东来到位于浙江省绍兴市胜利东路39号二楼的普乐迪量贩KTV，进入259号房间进行消费。葛加东使用该房间内的点歌设备，先后点播了与涉案专辑《流行歌曲经典·中国音像著作权集体管理协会会员作品精选集（第一辑）》中收录的上述17首同名的音乐电视作品。公证人员用数码摄像机对音乐电视作品播放过程进行了全程录像。录像内容刻录至光盘。在该店消费后，葛加东取得该店出具的盖有绍兴市越城区新快乐迪娱乐城发票专用章的浙江省地方税务局通用机打发票一张。该公证处就上述公证内容出具了［2012］浙杭东证字第18991号公证书。

音集协认为，张子俊未经其许可，以营利为目的，在其营业场所的点唱机中收录上述17首音乐电视作品供公众点播，侵害了其合法权益。遂于2013年4月15日诉至原审法院，请求判令张子俊：①立即停止播放、从曲库中删除17首被诉侵权作品，赔偿其经济损失25 500元；②支付其为制止侵权所产生的合理费用700元；③承担本案全部起诉费用。绍兴市越城区新快乐迪娱乐城系张子俊于 2009 年 5 月 27 日设立的个体工商户，经营范围为娱乐服务、KTV 包厢。

[↗] 裁判结果

浙江省绍兴市中级人民法院依照《中华人民共和国著作权法》第 3 条第 6 项、第 11 条第 4 款、第 15 条、第 49 条，《最高人民法院关于审理著作权民事纠纷案件适用法律若干问题的解释》第 25 条第 2 款、第 26 条之规定，判决如下：

（1）张子俊立即停止向公众提供点播《想象》《香水》《一封信》《躲不了》《黑色翅膀》《再爱我好吗》《好想对你说》《恋人唱的歌》《故意不爱你》《我记得我爱过》《曙光》《余情难了》《倦鸟余花》《告解的男人》《不顾一切的爱》《患难见真情》《我是真的爱上你了》等 17 首涉案音乐电视作品的服务，并从曲库中删除前述音乐电视作品；

（2）张子俊赔偿音集协经济损失（包含为制止侵权行为支出的合理费用）5950 元，限判决生效之日起 10 日内履行完毕；

（3）驳回音集协的其他诉讼请求。如果张子俊未按判决指定的期间履行给付金钱义务，应当依照《中华人民共和国民事诉讼法》第 253 条之规定，加倍支付迟延履行期间的债务利息。案件受理费 455 元，由音集协负担 185 元，由张子俊负担 270 元。

浙江省高级人民法院依照《中华人民共和国民事诉讼法》第 170 条第 1 款第 1 项之规定，判决如下：

驳回上诉，维持原判。

[↗] 案例评析

本案所涉及的主要法律问题是著作权集体管理组织就他人的著作权提起诉讼时的当事人适格问题。根据《著作权法》的规定，对于具有独创性、以类似摄制电影的方法创作的音乐电视作品，其著作权由制作者享有。故该 17 首音乐电视作品的著作权属于北京当然文化传播有限公司。该公司与音集协签订了《音像著作权授权合同》，该公司已将其音乐电视作品的放映权、复制权等以专有的方式授权给音集协行使。但是，根据《民事诉讼法》第 119 条的规定，起诉必须符合：原告是与本案有直接利害关系的公民、法人和其他组织，有明确的被告，有具体的诉讼请求和事实、理由、属于人民法院受理民事诉讼的范围和受诉人民法院管辖等条件。根据《民事诉讼法》的规定，原告须是与本案有直接利害关系的公民、法人和其他组织，也就是将原告资格的判断赋予了实体性含义。那么，中国音像著作权集体管理协会是否有权以自己的名义向侵权使用者提起诉讼呢？下文将对该问题进行探讨。

一、著作权纠纷案件中原告的主体适格问题

原告主体是否适格，即原告是否是与本案有直接利害关系的公民、法人或者其他组织。对不具备起诉条件的，法院应当及时让其退出诉讼。如果不符合条件的原告不愿意退出诉讼，应当裁定驳回起诉。其中的关键是认定起诉人是否"与本案有直接利害关系"。以著作权侵权纠纷为例，原告必须是著作权人或者与著作权有关的权益享有人，否则无权提起著作权侵权之诉。因著作权人的复杂性，著作权侵权案件比合同案件复杂得多，具体包括以下几种情形：

首先，作者。作者通常是著作权人，有权提起侵权之诉。但是，作者与著作权人身份发生分离的情形也不少见。在这些情形下，如遇著作权侵权发生，作者无权起诉。如委托作品、职务作品等特殊作品，依据法律规定或者当事人的约定由委托人或者作者所在单位享有权利的，作者不是著作权人。又如著作权的转让，著作权人依法转让著作权后，其著作权依法由受让著作权的人享有。如著作权侵权行为发生在转让前，则由原著作权人起诉；如著作权侵权行为发生在转让后，则由受让人起诉。值得一提的是，在司法实践中会遇到一些未转让著作权、只转让诉权或维权权利的情形。法学理论和司法实践一般认为，诉权是派生于实体权利的，不转让实体权利，只转让诉权或维权权利是无效的。再如，著作权的许可使用，根据许可使用的类型不同，有权起诉人的身份相应不同。

其次，著作权人的继承人或受遗赠取得著作权的人。著作权分为人身权和财产权两部分，其中的财产权部分可以继承或者遗赠。在著作权保护期内，继承或者受遗赠取得著作权的人有权对侵犯著作权的行为提起诉讼。

最后，著作权人授权的著作权集体管理组织。中国音乐著作权集体管理协会、中国音像著作权集体管理协会、中国文字著作权集体管理协会、中国电影著作权集体管理协会等，根据《著作权集体管理条例》的规定和著作权

人的授权，以信托方式管理著作权人的权利，有权以自己的名义提起诉讼。[1]

　　本案中的中国音像著作权集体管理协会属于著作权集体管理组织中的一种。著作权是一种无形财产权，无形财产的特点决定了著作权人很难像物权人那样以其对权利客体的事实上的完全占有而防止他人侵权，并且即使被侵权也不像物权被侵权那样容易被权利人发现。加之随着现代复制、传播技术的发展，作为著作权客体的智力成果的使用形式越来越多样化，使用范围日趋扩大，极易被他人广为复制、传播和使用。这样一来，在很多情况下，著作权人无法确切了解自己的作品被何人使用、如何使用，仅凭作者个人或者一两位代理人的力量往往难以发现侵犯著作权的行为。即使其发现了权利被侵犯，根据法律可通过行政或者司法途径寻求救济。但是，由于侵权主体的分散性与广泛性、对各个侵权主体请求赔偿的金额的分散性与小额性以及著作权人精力的有限性等方面的限制，著作权人往往难有充分的时间和精力去解决侵权纠纷和进行侵权诉讼。所以，设立一个能够代表和维护著作权人的权利的组织，并承认其在必要时具有提起诉讼的正当当事人资格，对于促进著作权制度的健康发展具有十分重要的意义。

二、著作权集体管理组织基于信托关系的当事人适格

　　著作权集体管理，是指根据著作权人的授权，由依法成立的著作权集体管理组织许可他人使用作品并收取报酬分发给著作权人的活动。[2]对于著作权集体管理活动的性质，多数学者认为其属于信托关系，主张著作权集体管理活动具有信托的典型特征。[3]实际上就是受托人即著作权集体管理组织，接受委托人即著作权人的委托，为受益人即著作权人的利益，而对其财产即作品，以自己的名义进行管理，包括登记作品、发放许可、监督使用、追究侵权等，并将由此产生的利益交付著作权人的一种财产管理制度。

　　将著作权集体管理活动界定为信托关系，符合信托理论和有关法律规定。

---

〔1〕　张隽："著作权集体管理组织的诉权"，载《金陵科技学院学报（社会科学版）》2005 年第 4 期。

〔2〕　文杰："缺位与回归：著作权集体管理组织的信托义务"，载《出版发行研究》2017 年第 4 期。

〔3〕　杜伟："我国著作权集体管理组织代表性审视"，载《知识产权》2018 年第 12 期。

一方面，按照信托法基本理论，信托关系中一般由委托人、受托人和受益人三方面的权利义务构成。在信托关系中，信托财产的管理属性和利益属性被分割开来，受托人和受益人各自在一定程度上保留了所有权的形式，从而使信托财产独立于委托人、受托人和受益人。委托人须将信托财产转移给受托人，信托一旦有效成立，受托人就取得了信托财产权，可以像真正的所有权人一样，独立地管理和处分信托财产，并且第三人也都是以受托人为信托财产的权利主体和法律行为的当事人而与其从事各种交易。但是，受托人管理和处分的信托财产的受益权却不属于受托人，而应当属于受益人。在著作权集体管理法律关系中，著作权人将自己的著作权授予著作权集体管理组织予以管理，后者则以自己的名义独立地进行有关的管理活动，并将所取得的收益即收取的著作权使用费分配给著作权人。从其实质来看，著作权人与著作权集体管理组织之间订立的集体管理合同具有信托合同的性质。另一方面，从有关规定来看，《著作权法》明确规定了著作权集体管理组织可根据授权而独立地以自己的名义去主张权利。《最高人民法院民事审判庭关于中国音乐著作权协会与音乐著作权人之间几个法律问题的复函》指出，音乐著作权协会与音乐著作权人，根据法律规定可就音乐作品的某些权利的管理通过合同方式建立平等主体之间的带有信托性质的民事法律关系。双方的权利与义务由合同约定，音乐著作权协会可以将双方的权利与义务等事项规定在协会章程之中。《著作权集体管理条例》第2条则将"著作权集体管理"界定为，著作权集体管理组织经权利人授权，集中行使权利人的有关权利并以自己的名义进行与使用者订立著作权或者与著作权有关的权利许可使用合同、向使用者收取使用费、向权利人转付使用费、进行涉及著作权或者与著作权有关的权利的诉讼、仲裁等活动。同时，《著作权集体管理条例》第20条规定，权利人与著作权集体管理组织订立著作权集体管理合同后，不得在合同约定期限内自己行使或者许可他人行使合同约定的由著作权集体管理组织行使的权利。从《著作权法》和《著作权集体管理条例》的规定来看，虽然其没有明确使用"信托"或"信托合同"的表述，但其内容是与信托关系的内容基本一致的。因此，我国的著作权集体管理制度在性质上应当被界定为信托。

在实践中，著作权集体管理组织与著作权人所签订的合同往往明示该合同属于信托关系之性质。例如，《中国音乐著作权协会章程》第12条规定："凡中国音乐著作权人，有一首音乐作品公开发表，申请加入本协会的，可以成为协会会员。"并规定会员入会的基本手续之一是"先要与协会签署音乐著作权合同，以信托的方式将其音乐作品的公开表演权、广播权和录制发行权授权协会管理"。既然著作权集体管理在性质上可认定为信托关系，那么著作权集体管理组织基于信托关系是否当然地为适格当事人？换句话说，在信托关系之下，著作权集体管理组织的当事人适格，是直接基于自己所享有的实体权利而当然具有诉讼实施权，还是基于第三人之诉讼担当而具有诉讼实施权。对于这一问题，由于信托关系是一种实体上的法律关系，委托人、受托人、受益人之间的信托权利、义务是一种实体法上的权利义务。因而，著作权集体管理组织在行使著作权使用许可、费用收取等信托权利的过程中与相对人发生纠纷时，其当然地具有诉讼实施权，可以自己的名义作为原告对相对人提起诉讼，而并非是基于诉讼担当制度和理论享有诉讼实施权。

本案中，根据北京当然文化传播有限公司与音集协签订的《音像著作权授权合同》，该公司已将其音乐电视作品的放映权、复制权等以专有的方式授权给音集协行使，且根据著作权集体管理组织的有关规定，音集协有权以自己的名义向侵权使用者提起诉讼。因此，音集协对涉案音乐电视作品享有放映权、复制权，并有权以自己的名义就他人的侵权行为提起民事诉讼，其诉讼主体适格。

4. 职务作品的著作权归属主体
——胡进庆、吴云初与上海美术电影制片厂著作权纠纷案*

☐ 案情概况

上诉人（原审原告）：胡进庆。

上诉人（原审原告）：吴云初。

委托代理人：两上诉人的共同委托代理人孙昶林，上海融孚律师事务所律师。

被上诉人（原审被告）：上海美术电影制片厂。

---

* 案件来源：上海市第二中级人民法院［2011］沪二中民五（知）终字第 62 号民事判决书。

法定代表人：汪某。

委托代理人：曹岭，上海国泰律师事务所律师。

委托代理人：陶宏，上海富兰德林律师事务所律师。

胡进庆、吴云初是被告上海美术电影制片厂的职工。20 世纪 80 年代，上海美术电影制片厂指派两原告担任系列动画片《葫芦兄弟》的造型设计，两原告共同创作了"葫芦娃"角色造型形象。两人认为，"葫芦娃"动画形象作为美术作品可以独立于影片而由作者享有著作权，两人从未利用被告上海美术电影制片厂的物质技术条件创作葫芦兄弟电影的分镜头台本。因此，该美术作品属于一般职务作品，在双方未就著作权进行约定的情况下，"葫芦娃"动画形象的美术作品著作权应归两人所有。遂诉至法院，请求法院确认《葫芦兄弟》及其续集《葫芦小金刚》系列剪纸动画电影中"葫芦娃"（即葫芦兄弟和金刚葫芦娃）动画形象美术作品的著作权归两人所有。在一审败诉后，二人提起上诉。

裁判结果

上海市黄浦区人民法院经审理认为，根据动画形象"葫芦娃"创作的时代背景、历史条件和法律规定，可以认定"葫芦娃"美术作品的著作权由被告上海美术电影制片厂享有，两原告仅享有表明其作者身份的权利，判决驳回两原告的诉讼请求。

上海市第二中级人民法院依照《中华人民共和国民事诉讼法》第 153 条第 1 款第 1 项、第 158 条之规定，判决如下：

驳回上诉，维持原判。

案例评析

本案所涉及的法律问题主要是职务作品的著作权归属主体问题。在本案中，胡进庆、吴云初共同创作了"葫芦娃"角色造型形象，二人认为他们从未利用被告上海美术电影制片厂（简称"美影厂"）的物质技术条件创作葫芦兄弟电影的分镜头台本。因此，该美术作品属于一般职务作品，在双方未就著作权进行约定的情况下，"葫芦娃"动画形象的美术作品著作权应归两人所有。而美影厂认为二人的创作是因为接受单位的工作安排，其著作权应当属于单位即上海美术电影制造厂所有。下面，本书将对职务作品的归属主体问题进行讨论。

一、职务作品的界定及其归属主体

职务作品是指，机关、社会团体、企业、事业单位的工作人员或者借调人员和临时招聘人员为完成该单位的工作任务所创作的作品，如国家机关工作人员在其业务范围内撰写的研究资料。职务作品的要件包括：①创作作品须是法人或者其他组织依其单位的性质所提出的工作任务。职务作品的性质须符合该单位工作任务的性质。例如，某法制部门可以依据其有宣传法制的任务，要求其工作人员编写一份宣传法制的宣传材料。但是，该部门不能要求工作人员创作与其工作任务无关的作品，如果该部门的法定代表人要求所属的某工作人员帮其写小说，就不属于职务作品。②职务作品的作者通常是本单位职工，为完成单位工作任务而借调或者招聘的工作人员也可以成为职务作品的作者。③基本上是以作者自己的意志创作，而不是依照单位的意志创作。如果在单位的主持下、按照单位的意志进行创作就是法人或者其他组织的作品，不属于职务作品。

职务作品一般分为一般职务作品和特殊职务作品。公民为完成单位工作任务而又未主要利用单位物质技术条件创作的作品，称为一般职务作品。[1] 其著作权由作者享有，但法人或者其他组织有权在业务范围内优先使用。法人或者其他组织之所以享有优先使用权，是由于职务作品不是作者自发的随意创作，而是为了完成本单位的工作任务，在使用职务作品时，应当首先考虑作者所在单位的需要。作品完成 2 年内，未经单位同意，作者不得许可第三人或者其他组织以与单位相同的方式使用该作品。作品完成 2 年内，经单位同意，作者许可第三人以与单位使用的相同方式使用作品所获报酬，由作者与单位按约定的比例分配。作品完成 2 年的期限，自作者向单位交付作品之日起计算。特殊职务作品，是指根据《著作权法》第 16 条第 2 款的规定，主要是利用法人或其他组织的物质技术条件制作，并由法人或其他组织承担责任的工程设计图、产品设计图、地图、计算机软件等职务作品，或法律、行政法规规定或合同约定著作权由法人或者其他组织享有的职务作品。特殊

---

[1] 杨建荣、叶青主编：《知识产权问答》，上海科学普及出版社 2017 年版，第 158 页。

职务作品的作者享有署名权，著作权人的其他权利由法人或者其他组织享有，法人或者其他组织可以给予作者奖励。之所以这样规定，是由于在实践中，工程设计图、产品设计图、地图、计算机软件等职务作品的创作仅靠一两个人的努力是很难完成的，需要由法人或者其他组织提供物质技术条件。而创作出的作品的有关责任，也需要由法人或者其他组织向社会负责。在这种情况下创作的职务作品，其著作权主要由法人或者其他组织享有，作者仅享有署名权，同时法人或者其他组织可以对作者的创作给予奖励。这里的物质技术条件是指，为创作专门提供的资金、设备或者资料。

二、本案中职务作品的归属权分析

现行《著作权法》对职务作品著作权权属的规定，以著作权归属作者为一般原则，同时规定了著作权属于单位的特定情形。实践中，职务作品的形成具有一定的复杂性和特殊性，也为一般职务作品抑或特殊职务作品的判断增加了难度。[1] 法律制度通常反映了一国的经济、文化、社会和时代特征，对系争权属的判定，同样不能脱离作品创作的时代背景和当时的法律制度。

本案中，原告认为，"葫芦娃"动画形象作为美术作品可以独立于影片，由作者享有著作权。我国《著作权法》第15条第2款规定，电影作品和以类似摄制电影的方法创作的作品中的剧本、音乐等可以单独使用的作品的作者有权单独行使其著作权。适用该规定的前提有三个：一是身份系作者。其意义在于进一步保护电影作品中合作作者的单独著作权，如果不是作品的作者，就不能成为适用本条款的合格主体，也就丧失了获得单独保护的前提条件。二是著作财产权归属于该作者。即只有在作者已获得著作财产权的前提下，编剧、词曲作者等才能够独立地行使著作权。反之，如著作财产权归属于法人或其他组织，则即使确系作品的作者也无权行使该作品的著作财产权，更谈不上独立行使其著作权。[2] 即只有根据我国《著作权法》第11条和第16条第2款的规定，著作财产权属于作者时，才能适用本条的规定。三是作品可以单独使用。所谓单独使用，并非是指截取影片中的任何一幅截图进行使

---

〔1〕 王屹松、刘震岩、王倩："职务作品的界定及其权利归属——吴某诉张某、付某国家海洋信息中心侵害著作权纠纷案"，载《天津法学》2017年第3期。

〔2〕 王伟亮："从'一般职务作品'到'特殊职务作品'——利益平衡视角下的新闻职务作品著作权归属分析"，载《青年记者》2014年第3期。

用。关于"葫芦娃"角色造型由谁创作的问题，当时的时代影片的创作需严格遵循行政审批程序，影片的发行、放映需严格遵循国家的计划安排。如根据上级单位下达的年度指标任务上报年度创作题材规划，根据年初规划组织安排人员落实，创作成果归属于单位，单位再将最终创作成果交由相关单位统一出版发行，年底向上级单位、政府部门汇报各项指标任务的完成情况等。在作品创作时，两原告作为被告方的造型设计人员完成被告交付的工作任务，正是其职责所在，其创作的成果归属于单位是毋庸置疑的行业惯例，也是整个社会的一种约定俗成。同时，在本案中，原告虽然是作品的作者，但根据上述法律规定，著作权是归属于上海美术电影厂的，而且二人所创作的作品属于电影不可分割的一部分，二人对该作品也就不享有单独行使著作权的权利。因而，本案判决符合公众对此类作品著作权归属的通常认识，有利于促进计划经济时期创作的作品在新时期的传播利用，也有利于促进文化产业的健康发展。

著作权法中作品的法律保护

《著作权法》第3条规定："本法所称的作品，包括以下列形式创作的文学、艺术和自然科学、社会科学、工程技术等作品：（一）文字作品；（二）口述作品；（三）音乐、戏剧、曲艺、舞蹈、杂技艺术作品；（四）美术、建筑作品；（五）摄影作品；（六）电影作品和以类似摄制电影的方法创作的作品；（七）工程设计图、产品设计图、地图、示意图等图形作品和模型作品；（八）计算机软件；（九）法律、行政法规规定的其他作品。"

《著作权法》所称的作品，必须是自己创作的，而不是从别人的作品中抄袭来的。所谓创作，指文学、艺术和科学作品的创造，即作者通过对政治、经济、文化和其他社会生活进行观察、体验、研究、分析，并对社会生活的素材加以选择、提炼、加工，运用自己的构思、技巧，塑造出艺术形象或表述科学技术的创造性劳动。这种创造性劳动，作者须以文字、言语、符号、声音、动作、色彩等一定的表现形式将其无形的思想表达出来，使他人通过感官能感觉其存在。如无一定的表现形式，思想仅存在于脑海之中，他人无法感知，不能称为作品。

《著作权法》关于各类作品保护的规定较为简单，难以适应现实社会中各类作品的诸多复杂情况，实践中争议较大，分歧较多。《著作权法实施条例》及相关法律法规对著作权各类作品保护中的诸多实践问题作了较为明确的规定，解决了很多著作权纠纷案件中作品保护的迷惘，但仍存在诸多问题，需要在司法实践中继续探讨并不断完善。探讨著作权法中作品的法律保护问题，对于保护丰富而复杂的各类作品、适应著作权纠纷案件中的诸多疑难情况、防止司法实践中作品保护争议的频繁发生具有重要意义。

5. 图书外观装潢的法律保护

——上海文艺出版总社与人民出版社等仿冒知名商品特有 名称、装潢纠纷案*

📑 案情概况

原告：上海文艺出版总社，住所地：上海市。

被告：北京图书大厦有限责任公司，住所地：北京市。

被告：人民出版社，住所地：北京市。

2006 年 5 月，原告上海文艺出版社通过竞标方式获得易中天所著《品三国》图书的专有出版权，并于同年 7 月在全国出版发行，该书经原告的大量商业运作，成为十分畅销的热门图书。同年 8 月，原告发现两被告出版、销售的《品三国前传之汉代风云人物》，在书名、封面设计、开本、作者署名及版式等方面与《品三国》十分相似，遂以两被告的行为构成对原告的不正当竞争为由，诉至法院，要求两被告停止侵权、赔礼道歉，并赔偿原告经济损失人民币 276 万元。对此，被告人民出版社持否定意见，认为被告的《品三国前传之汉代风云人物》与原告的《品三国》两本书之间不存在竞争关系，两书的书名、内容不同，被告的封面设计系独立完成，两书的图书厚度、开本、字体相同属于业内常态。这两本书不会造成市场混淆，也不会使读者发生误认，因此，其行为不属于不正当竞争。

📑 裁判结果

上海市黄浦区人民法院依照《中华人民共和国民事诉讼法》第 130 条，《中华人民共和国民法通则》第 134 条第 1 款第 1 项、第 7 项、第 9 项、《中华人民共和国反不正当竞争法》第 2 条第 1 款、第 5 条第 2 项、第 20 条，《最高人民法院关于审理不正当竞争民事案件应用法律若干问题的解释》第 17 条第 1 款之规定，判决如下：

（1）被告人民出版社于本判决生效之日起立即停止实施仿冒原告上海文

---

* 案件来源：上海市黄浦区人民法院［2006］黄民三（知）初字第 55 号。

艺出版总社知名商品《品三国》特有装潢的不正当竞争行为。

（2）被告北京图书大厦有限责任公司于本判决生效之日起立即停止销售图书《品三国前传之汉代风云人物》。

（3）被告人民出版社于本判决生效之日起 10 日内赔偿原告上海文艺出版总社经济损失人民币 80 000 元。

（4）被告人民出版社于本判决生效之日起 30 日内在《中国新闻出版报》除中缝以外的版面上刊登声明，消除对原告上海文艺出版总社造成的不良影响，费用由被告人民出版社负担。

案例评析

本案所涉及的主要法律问题是图书外观和整体形象的法律保护。本案中原告发现两被告出版、销售的《品三国前传之汉代风云人物》，在书名、封面设计、开本、作者署名及版式等方面与《品三国》十分相似，遂以两被告的行为已构成对原告的不正当竞争为由，诉至法院。对此，被告人民出版社持否定意见。因此，该案件涉及的一个重要的法律问题就是图书外观和整体形象的法律保护。下面，本书将对该问题进行探讨。

一、图书外观装潢法律保护的方式

（一）版式、装帧设计的保护

一本图书的外观特征和整体形象通常是由该书的开本、封面、封底、书脊、勒口、扉页、目录页以及正文的排式、字体、行距等共同组成的。根据《现代汉语词典》的解释，装帧是指书画、书刊的装潢设计。而在版权中，对开本、装订形式、插图、封面、书脊、护封和扉页等印刷物外观的装饰设计被称为装帧设计；版式设计是指对印刷品的版面格式的设计，包括对其版心、排式、用字、行距、标点等版面布局因素的安排。[1] 由此可见，图书的外部特征取决于装帧设计，其内部特征取决于版式设计，而其整体形象和风格则由上述内外部特征共同组成。《著作权法》第 36 条规定："出版者有权许可或者禁止他人使用其出版的图书、期刊的版式设计。"此条款虽未将装帧设计列举在内，但据《著作权法》理论通说，出版者对其版式、装帧设计均享有专

---

〔1〕 孟祥娟：《版权侵权认定》，法律出版社 2001 年版，第 136～137 页。

有使用权，即除了出版者自己可以随意使用其版式、装帧设计外，其他人未经许可不得擅自按原样复制，出版者的禁止使用包括很简单的、改动很小的复制以及变化了比例尺的复制。可见，《著作权法》中的版式、装帧设计权的保护范围是很狭小的，一般仅仅表现为专有复制权。

本案中，被告出版的《品三国前传之汉代风云人物》虽然在整体形象上和原告出版的《品三国》较为近似，但并非按原样复制或者进行了很简单的、改动很小的复制。故本案难以适用《著作权法》第 35 条予以保护。

（二）美术作品的保护

如果图书的封面设计和插图具有独创性，也可作为独立的作品受到《著作权法》的保护。本案原告出版的《品三国》图书的封面、封底均有古代武士骑马图，如将其仅当作图画看待，则该图具有创造性和艺术价值，无疑应当被认定为美术作品。然而，被告出版的《品三国前传之汉代风云人物》虽然在封面上也有古代人物图画，但与原告的相比，并非模仿抄袭，而是两个不同的作品。虽然两者所画内容具有相同性（都是古代武将），但《著作权法》所保护的是作品形式而非内容。因此，在本案中，如将插图作为美术作品从图书的整体形象中独立出来，则不构成著作权侵权。因而，本案若以美术作品寻求《著作权法》保护亦不可行。

（三）知名商品特有装潢的保护

我国《反不正当竞争法》第 5 条第 2 项规定："经营者不得擅自使用知名商品特有的名称、包装、装潢，或者使用与知名商品近似的名称、包装、装潢。"本案的一个争议焦点即为图书外观是否属于该法所称的商品装潢。根据国家工商行政管理总局《关于禁止仿冒知名商品特有的名称、包装、装潢的不正当竞争行为的若干规定》第 3 条第 5 款的解释："装潢是指为识别与美化商品而在商品或者其包装上附加的文字、图案、色彩及其排列组合。"《品三国》图书的外部装饰部分是由封面、封底、书脊及勒口共同组成，其中的文字、图案、色彩及其排列组合具有识别和美化图书的作用，因此这部分内容可以被视为装潢。需要指出的是，图书装潢在出版业一般被称为装帧设计，由于装帧设计和图书装潢的概念内涵十分相似，因此在审理中，将图书装帧视为《反不正当竞争法》第 5 条第 2 项所称的商品装潢亦未尝不可。但《反不正当竞争法》第 5 条第 2 项所能保护的内容仅限于装潢，对于装潢以外的部分，尤其是图书版式设计，则难以涵盖。故在本案中，如仅适用《反不正当竞争法》第 5 条第 2 项，那么其保护范围亦不够全面。

二、以商业外观对图书外观装潢进行保护

（一）商业外观的概念

商业外观是对英文"trade dress"的翻译，指产品的全部视觉效果和总体形象，包括尺寸、形状、颜色或颜色组合、图案，甚至营销技巧等。目前，我国法律中并没有商业外观这一术语。美国学者 J. 托马斯·麦卡锡认为，商业外观的最新定义应当包含构成商品整体外观的所有要素。[1] 我国学者黄晖博士认为，商标或更准确地说"商业外观"（TRADEDRESS）正在发挥越来越大的作用，如果说商标还基本上是静态的、简单的符号，商业外观则是一个整体的、全息的符号组合，是产品的整体印象，可以包括诸如大小、形状、颜色、纹理、图案乃至销售技法。[2] 可见，商业外观应是商品的全部外观和整体形象。在美国审理的"达纳·布劳恩公司诉 SML 体育有限公司案"中，被告用于介绍产品的明信片与原告的各种产品目录有着相似之处。美国法院经审理后认为，被告明信片广告的特征和原告的同样是间隔较大、正楷、开口 R 字体，位于页面的相同位置，同样是身着双面印花裙子和针织毛线衫的模特，背景也与原告 2003 年秋季版的产品目录相同。被告明信片上的广告已经造成了一个相同的整体印象，并指出如果消费者已经看到过原告的商业外观，之后又单独看到被告的明信片，就会对两者的来源产生混淆。据此，法院批准了原告提出的颁发临时禁止令的动议，禁止被告在其产品的广告和促销材料上使用同样的正楷字、全大写、开口 R 字形样式。

（二）商业外观的特征

商业外观具有以下两个方面的基本特征：

第一，商品的整体性。"商业外观是被作为一个整体看待的，是对商品外形的整体印象，而不是孤立地看待和保护其中的每一项特征。"[3] 在本案中，《品三国》图书的整体形象是由该书的装帧设计和版式设计两部分共同构成的，因此，被告人民出版社在其出版的《品三国前传之汉代风云人物》一书

---

〔1〕 崔立红：《商标权及其私益之扩张》，山东人民出版社 2003 年版，第 92 页。

〔2〕 黄晖：《驰名商标和著名商标的法律保护》，法律出版社 2001 年版，第 36 页。

〔3〕 孔祥俊："论商业外观的法律保护"，载《人民司法》2005 年第 4 期。

中才会在开本、封面、封底、书脊、勒口、扉页、目录页以及正文的排式、字体、行距等方面与《品三国》全方位与保持一致，进行整体性模仿。需要指出的是，也只有在整体形象这个层面上，出版者才享有商业外观专有权，其各个部分如被独立出来，则不享有商业外观权。如将封面或插图单独看待，它们或构成美术作品或构成商品装潢。而图书的字体、行距相同，如被单独看待，则不构成侵权。综上，虽然涉案图书的封面、插图以及正文的排式、字体、行距等版式可以得到《著作权法》的保护，但这是在割裂了整本图书的整体形象下的不完全保护，达不到应有的保护力度。因此，只有在我们将图书装帧和版式设计当作一个整体权利看待时，法院才能给予权利人最充分的司法保护。

第二，权利的独立性。由于商业外观和专利、商标、版权等知识产权的内容具有重叠性，商业外观的相当一部分内容是可以通过专利法、商标法、著作权法来保护的。因此，凡是可以通过上述法律保护的知识产权，其本质上已不再是商业外观。只有那些不被商标法等特别法保护，作为一个独立的权利存在，并被反不正当竞争法纳入兜底条款的商业标识才构成商业外观。

（三）商业外观受法律保护的条件

事实上，并不是所有的商业外观都能得到法律的有效保护，商业外观如要获得法律保护，还必须符合以下条件：一是特有性。商业外观之所以能得到法律保护，是因为其具有区分商品及其来源的识别功能。在本质上，商业外观也是一种商业标识。正如孔祥俊法官所言："在国外，目前存在两种基本法例：一是立足于市场混淆的商业标识保护；二是立足于商业成果的法律保护。"前者强调的是市场混淆的后果，将商业外观纳入商业标识的保护范围，美国、英国等英美法系国家大体上采取这种保护法例；后者是将特定的商业外观作为一种商业成果，作为禁止他人侵害的商业成果保护。本书正是在商业标识的意义上运用商业外观这一概念。既然商业外观也是一种商业标识，那么显著性就是其不可或缺的要求。由于商业外观和商标同属广义的商业标识，因此商业外观的特有性和商标的显著性在含义上应当具有一致性，特有性亦可被称为显著性。二是非功能性。为什么具有功能性的商业外观设计不应得到法律保护呢？因为产品功能性的设计一旦得到法律保护，那么将会形成对产品功能的垄断。非功能性要求基于公正理论，认为通过模仿竞争者的产品来与对手竞争是一种既有的基本权利，这种权利只能基于《专利法》和

《著作权法》被暂时剥夺，非功能性要求是为了鼓励竞争，广泛传播有用的设计。可见，非功能性原则从根本上说是为促进自由竞争而创设的。

本案中，人民法院认为，《品三国》是一本十分畅销的图书，该书经各大媒体及网络的广泛宣传报道，已具有非常高的知名度，法院据此认定《品三国》一书是原告的知名商品。《品三国》图书的封面、封底、书脊及勒口组成了该书的外观装潢，其内容均系原告独立创作完成，其中的文字、图案、色彩及其排列组合具有较强的显著特征，因此该书外观装潢是原告商品的特有装潢。被告的《品三国前传之汉代风云人物》与原告的《品三国》在图书外观装潢方面基本相似，两书书名及版式也存在相同或相似之处，整体视觉效果较为近似，足以使相关消费者产生误认，认为《品三国前传之汉代风云人物》和《品三国》两书之间存在某种联系，或是系列作品，或是姊妹篇，进而造成市场混淆。因此，被告的行为构成对原告的不正当竞争，并应承担相应的法律责任。

6. 文字作品著作权侵权的认定
——庄羽与郭敬明著作权侵权纠纷案*

📑 案情概况

上诉人（原审原告）：庄羽，女，汉族，自由职业者。
委托代理人：邢凤华，广东江山宏律师事务所北京分所律师。
上诉人（原审被告）：郭敬明，男，汉族，上海大学学生。
委托代理人：吴名有，北京市信达立律师事务所律师。
委托代理人：丁玎，北京市信达立律师事务所律师。
上诉人（原审被告）：春风文艺出版社，住所地：辽宁省沈阳市和平区十一纬路 25 号。
法定代表人：韩忠良，社长。
委托代理人：刘蕾，北京市蓝石律师事务所律师。

---

* 案件来源：北京市高级人民法院［2005］高民终字第 539 号民事判决书。

委托代理人：陈光，辽宁昊星律师事务所律师。

原审被告：北京图书大厦有限责任公司，住所地：北京市西城区西长安街 17 号。

法定代表人：鲁杰民，董事长。

委托代理人：李龙，男，汉族，北京图书大厦有限责任公司业务部副经理。

郭敬明、庄羽均是国内知名的少年作家，后者著有《圈里圈外》，与郭敬明所著《梦里花落知多少》一样，均是描写青年男女之间感情纠葛的小说。庄羽诉称，其创作完成小说《圈里圈外》并出版发行后发现，春风文艺出版社出版的郭敬明所著《梦里花落知多少》一书，以改头换面、人物错位、颠倒顺序等方法，剽窃了《圈里圈外》一书独创性的构思、故事的主要线索、大部分情节、主要人物特征、作品的语言风格等，甚至还照搬了《圈里圈外》的片段以及能够表达作品内容的部分语句，抄袭多达 100 余处。为此，请求法院判决其立即停止侵害，赔礼道歉，并索赔经济损失 50 万元等。

一审判决后，庄羽、郭敬明、春风文艺出版社不服，提起上诉。庄羽的上诉理由是：①郭敬明和春风出版社侵权情节严重，作品发行量巨大，侵权行为持续时间长，事发后又在全国主要媒体大肆炒作，在社会上给原告造成了严重的不良影响，过错程度深，且因侵权行为获得了巨额利润，因此理应以法定赔偿额上限确定赔偿数额；②上诉人及委托律师系按照风险代理方式收费，故不能当场提供律师费支出的有效凭证，如上诉人胜诉，该费用必然发生，一审判决以未提供律师费支出的相关证据为由不予支持有失公允；③郭敬明、春风出版社的侵权事实必然会导致上诉人严重的精神痛苦，如果将上诉人内心感受等方面的精神痛苦的举证责任分配给上诉人，不符合证据规则；④构思对文学作品的著作权保护具有特殊意义，上诉人的相关主张应予支持。郭敬明的上诉理由是：《梦里花落知多少》是上诉人独立创作的作品，《梦里花落知多少》与《圈里圈外》的主要人物、情节、语言并无实质性的相似之处，请求撤销原判，发回重审或依法改判。春风出版社的上诉理由是：①本社出版《梦里花落知多少》一书严格依照《著作权法》《出版管理条例》等法律法规规定履行了审查注意义务，没有发现该作品有法律法规禁止的内容，也没有其他证据表明该作品存在侵权问题，因此符合出版条件。本社无过错且尽到了合理的注意义务，不应承担责任。②承担连带赔偿责任应根据法律的直接规定或合同约定。一审判决引用的法律条款，并无出版社承担连带赔偿责任的规定。因此，一审判决本社承担连带责任于法无据，属适用法律错误。③赔礼道歉是指给他人的人格、精神造成损害后而承担的民事责任。一审判决既然没有认定给原审原告造成了精神损害，则不应由本社对其赔礼道歉。④《梦里花落知多少》是郭敬明独立创作的作品，依法享有著作权。著作权法保护的是作品的独创性，即使两部作品相同或相似，只要是各自独立创作的，也不能认定是剽窃。故请求依法撤销原判。

裁判结果

北京市第一中级人民法院依照《中华人民共和国著作权法》第46条第5项、第48条第2款，《最高人民法院关于审理著作权民事纠纷案件适用法律问题的解释》第20条第1款、第2款的规定，判决：

（1）郭敬明、春风出版社立即停止侵权，即停止《梦里花落知多少》一书的出版发行；

（2）郭敬明、春风出版社共同赔偿庄羽经济损失20万元；

（3）郭敬明、春风出版社在《中国青年报》上公开向庄羽赔礼道歉；

（4）北京图书大厦有限责任公司停止销售《梦里花落知多少》一书；

（5）驳回庄羽的其他诉讼请求。

北京市高级人民法院依照《中华人民共和国著作权法》第46条第1款第5项，《中华人民共和国民法通则》第130条，《中华人民共和国民事诉讼法》第153条第1款第2、3项之规定，判决如下：

（1）维持北京市第一中级人民法院［2004］一中民初字第47号民事判决第1项、第2项、第3项、第4项，即郭敬明、春风文艺出版社于本判决生效之日起立即停止侵权，即停止《梦里花落知多少》一书的出版发行；郭敬明、春风文艺出版社于本判决生效之日起15日内，共同赔偿庄羽经济损失20万元；郭敬明、春风文艺出版社于本判决生效之日起15日内，在《中国青年报》上公开向庄羽赔礼道歉（致歉内容须经北京市第一中级人民法院审核，逾期不履行，北京市第一中级人民法院将刊登本判决的主要内容，费用由郭敬明、春风文艺出版社承担）；北京图书大厦有限责任公司于本判决生效之日起停止销售《梦里花落知多少》一书。

（2）撤销北京市第一中级人民法院［2004］一中民初字第 47 号民事判决第 5 项，即驳回庄羽的其他诉讼请求。

（3）郭敬明、春风文艺出版社于本判决生效之日起 15 日内，共同赔偿庄羽精神损害抚慰金 1 万元。

（4）驳回庄羽的其他上诉请求。

（5）驳回郭敬明的上诉请求。

（6）驳回春风文艺出版社的上诉请求。

案例评析

本案所涉及的法律问题主要是文字作品著作权侵权行为的认定。本案中，两部作品都是以现实生活中青年人的感情纠葛为题材的长篇小说，主要情节明显雷同，构成侵权。数十处一般情节和语句从作品整体来分析和认定构成抄袭，《梦里花落知多少》中主要人物与情节与《圈里圈外》的主要人物与情节有众多雷同之处构成抄袭。从数量上来看，已经远远超出了可以用"巧合"来解释的程度，结合郭敬明在创作《梦里花落知多少》之前已经接触过《圈里圈外》的事实，应当可以推定《梦里花落知多少》中的这些情节和语句并非郭敬明独立创作的结果，其来源于庄羽的作品《圈里圈外》，侵犯了庄羽的著作权。

一、文字作品及其著作权侵权行为概述

《著作权法》规定，著作权的客体是作品，作品是指在文学、艺术、科学、技术领域内具有独创性，并能以某种有形的形式复制的智力创作成果。文字作品，也称"文学作品"，是指小说、诗词、散文、论文等以文字形式表现的作品，文字作品是日常生活中最常见、数量最多的作品形式。文字可以是汉文、少数民族文字、盲文，也可以是外文。符号不仅仅指文字，还指速记、电讯、数字、点字等。文字作品是最普遍采用的创作方式，但有些作品虽然表现为文字符号，实际上却并非是文字的组合，而是文字的艺术内涵，如书法并非文字作品，而是美术作品。是不是文字作品，首先要考虑它的独创性，会议通知、启事、请束、电话簿等，都不受著作权法保护。但如果设计有独到之处，其因拥有独创性而受到保护。

著作权侵权行为是指未经著作权人同意，又无法律上的依据，使用他人

作品或行使著作权人专有权的行为。根据其情节、危害后果以及承担的法律责任不同，著作权法把所有著作权侵权行为区分为两大类。其中《著作权法》第47条规定："有下列侵权行为的，应当根据具体情况，承担停止侵害、消除影响、赔礼道歉、赔偿损失等民事责任：①未经著作权人许可，发表其作品的；②未经合作作者许可，将与他人合作创作的作品当作自己单独创作的作品发表的；③没有参加创作，为谋取个人名利，在他人作品上署名的；④歪曲、篡改他人作品的；⑤剽窃他人作品的；⑥未经著作权人许可，以展览、摄制电影和以类似摄制电影的方法使用作品，或者以改编、翻译、注释等方式使用作品的，著作权法另有规定的除外；⑦使用他人作品，应当支付报酬而未支付的；⑧未经电影作品和以类似摄制电影的方法创作的作品、计算机软件、录音录像制品的著作权人或者与著作权有关的权利人许可，出版其作品或者录音录像制品的，著作权法另有规定的除外；⑨未经出版者许可，使用其出版的图书、期刊的版式设计的；⑩未经表演者许可，从现场直播或者公开传送其现场表演，或者录制其表演的；⑪其他侵犯著作权以及邻接权的行为。"

本案中，郭敬明未经庄羽许可，在其作品《梦里花落知多少》中剽窃了庄羽作品《圈里圈外》中具有独创性的人物关系的内容。如《圈里圈外》以主人公初晓与现男朋友高源及前男朋友张小北的感情经历为主线，在描写初晓与高源之间的爱情生活及矛盾冲突的同时，描写了初晓与张小北之间的感情纠葛，同时还描写了初晓的朋友李穹与张小北的婚姻生活以及张小北与情人张萌萌的婚外情，高源与张萌萌的两性关系及合作拍戏。《梦里花落知多少》以主人公林岚与现男朋友陆叙及前男朋友顾小北的感情经历为主线，在描写林岚与陆叙的爱情生活及矛盾冲突的同时，交替描写了林岚与顾小北的感情纠葛，顾小北与现女友姚姗姗的感情经历，林岚、闻婧、微微及火柴之间的友情以及她们和李茉莉的冲突等。造成《梦里花落知多少》与《圈里圈外》整体上构成实质性相似，符合上述侵犯著作权应承担民事责任中第5条、第6条的规定，侵犯了庄羽的著作权，应当承担停止侵害、赔礼道歉、赔偿损失的民事责任。

二、文字作品著作权侵权认定的标准

在司法实践中，认定文字作品是否构成侵权，通常以"接触"和"实质性相似"作为判断标准，此标准考虑侵权一方是否有接触涉案作品的机会，同时双方当事人的作品是否存在实质性近似。[1]

首先，认定文字作品是否被抄袭、模仿，"接触"是判定的因素之一。在判断"接触"时，作品形成的时间先后是一个重要的因素。本案中，2002 年 8 月 14 日，小说《圈里圈外》在天涯社区网站发表。2003 年 2 月，《圈里圈外》由中国文联出版社出版，其版权页署名作者为庄羽。2003 年 11 月，春风出版社出版了郭敬明的《梦里花落知多少》一书。因此，作品《圈里圈外》的创作完成及发表时间均早于郭敬明的《梦里花落知多少》，可认定郭敬明有接触庄羽的作品《圈里圈外》的可能。

其次，判定作品是否存在实质性近似主要有整体观感法、抽象测试法、内部测定法等。一是整体观感法，又叫普通观众测试法，是以普通、理性的观众角度对作品是否构成实质性相似做出判断。该比对方法是指将作品作为一个整体，以一般读者的感受进行判断，更强调普通公众对作品的感受，注重读者的欣赏体验，对思想和表达不做技术上的区分。在整体抄袭或较为明显抄袭的情形下，适用整体观感法的情况更为普遍，这种比对方法更加简便和直接，不需要太多的技巧和技术分析，从整体上判断作品抄袭的痕迹明显，很容易做出构成实质性相似的结论。二是抽象测试法，又叫三步法标准，其分为抽象、过滤和比较三个步骤。抽象，将原作品的思想与表达区分开来，将属于公共领域的素材，特定的、唯一的表达等抽离出来；过滤，移除作品中所包含的思想、从公共领域获取的素材等；比较，将剩余的具有独创性的表达和涉嫌侵权的部分进行比较，最终确定是否构成实质性相似。在一些作品本身相似度很难判断的情况下，仅靠整体观感法难以做出准确的结论，需要对作品的独创性元素进行划分，并作细致的比对分析。三是内外部测试法，是抽象测试法与整体观感法的结合。在有些案件中，会在应用抽象测试法的基础上，对作品的实质性相似做出比对和说明，同时还会以整体观感法来强化和佐证这种判断。

三、本案涉案小说著作权侵权的认定

本案中，对于郭敬明创作的小说《梦里花落知多少》是否抄袭了庄羽的

---

〔1〕　吴汉东主编：《知识产权法》（第 3 版），中国政法大学出版社 2004 年版，第 123 页。

作品《圈里圈外》，法院适用的是抽象测试法与整体观感法的结合，即内外部测试法来认定郭敬明的抄袭事实。第一，法院区分了作品的思想和表达。法院认为作品构思和语言风格不属于作品的"表达"，因此庄羽关于郭敬明侵犯其作品独创性构思和语言风格的主张，法院未予以支持。第二，法院认为如果是单纯的人物特征，如人物的相貌、个性、品质等，或者单纯的人物关系，如恋人关系、母女关系等，都属于公有领域的素材，不属于著作权法保护的对象，因此需要把公有领域的素材过滤掉。但是，就本案而言，相应的故事情节及语句已经赋予了这些"人物"独特的内涵，并与故事本身融为一体，这些人物与故事情节和语句一起构成了著作权法保护的对象。例如，在《圈里圈外》中，男主人公高源出车祸受伤昏迷，住进医院，女主人公初晓来看望，高源苏醒，两人开玩笑，初晓推了高源脑袋一下，导致高源昏迷。这一情节既将人物的个性表现出来，同时也将二人的恋人关系以独特的方式表现出来。这里对人物特征的描写，使得人物构成故事独创性不可缺少的部分。这里描写人物的特定情节构成独创性表达，应受著作权法保护。第三，法院将原作品具有独创性的部分和侵权作品进行了比较，认为《梦里花落知多少》与《圈里圈外》中具有独创性的 12 处主要情节明显雷同，57 处一般情节和语句部分内容明显相似，因此法院认定《梦里花落知多少》构成对庄羽作品《圈里圈外》的著作权侵权。第四，如果将某些情节和语句分别独立进行对比将很难直接得出准确结论，如果单独对某一情节和语句进行对比就认为构成剽窃，对被控侵权人也不公平，因此需要运用整体观感法对两部作品整体上进行比对。本案中，《梦里花落知多少》中的主要人物及其情节与《圈里圈外》中的主要人物及情节存在众多雷同之处，从构成相似的主要情节和一般情节、语句的数量来看，已经远远超出了可以用"巧合"来解释的程度。因此，法院运用内外部测试法认定郭敬明创作的《梦里花落知多少》对庄羽的作品《圈里圈外》进行了抄袭。第五，结合郭敬明在创作《梦里花落知多少》之前已经接触过《圈里圈外》的事实，应当可以推定《梦里花落知多少》中的这些情节和语句并非郭敬明独立创作的结果，其来源于庄羽的作品《圈里圈外》。

综上，小说是典型的叙事性文学体裁，长篇小说又是小说中叙事性最强、叙事最复杂的一种类型。同时，文学创作是一种独立的智力创造过程，更离不开作者独特的生命体验。因此，即使以同一时代为背景，甚至以相同的题材、事件为创作对象，尽管两部作品中也可能出现个别情节和一些语句上的巧合，不同的作者创作的作品也不可能雷同。在本案中，涉案的两部作品都是以现实生活中青年人的感情纠葛为题材的长篇小说，作品《圈里圈外》形成在先，郭敬明在先接触了作品《圈里圈外》，《梦里花落知多少》与《圈里圈外》主要情节雷同，一般情节与语句上存在部分相似之处。从整体对比来看，两本作品中的主要人物及情节也存在众多雷同之处，《梦里花落知多少》与《圈里圈外》整体上构成实质性相似，侵犯了庄羽作品《圈里圈外》的著作权。

7. 动漫形象实质性相似的认定
——迪士尼与《汽车人总动员》制片人等著作权侵权、不正当竞争纠纷案*

📑 案情概况

原告：迪士尼企业公司（Disney Enterprises，Inc.）。

原告：皮克斯（Pixar）。

被告：厦门蓝火焰影视动漫有限公司。

被告：北京基点影视文化传媒有限公司。

被告：上海聚力传媒技术有限公司。

原告迪士尼企业公司与其子公司原告皮克斯是知名动画电影作品《赛车总动员》（Cars）、《赛车总动员 2》（Cars2）的著作权人。2015 年 7 月，由被告厦门蓝火焰影视动漫有限公司制作、被告北京基点影视文化传媒有限公司发行的动画电影《汽车人总动员》在国内上映。厦门蓝火焰影视动漫有限公司（简称"蓝火焰公司"）是制片人，北京基点影视文化传媒有限公司（简称"基点公司"）是发行单位，上海聚力传媒技术有限公司（简称"聚力公司"）在 PPTV 网站向社会公众提供了该电影。

---

* 案件来源：上海市浦东新区人民法院［2015］浦民三（知）初字第 1896 号民事判决书。

原告诉称，电影《汽车人总动员》中的动画形象 K1 和 K2，抄袭了原告电影中的动画形象"闪电麦坤"和"法兰斯高"。被告还制作了展板和海报，抄袭了原告的动画形象。被告运营的 PPLIVE 网站传播了海报、预告片和电影。《汽车人总动员》的名称与原告电影名称极其相似，在被告宣传海报中突出了汽车和总动员字样，故意遮盖"人"字，导致一般受众无法识别并对电影来源产生了混淆和误认。海报中还突出使用并抄袭了原告动画形象的 K1 和 K2。故被告的行为构成著作权侵权和不正当竞争。原告请求法院判令，蓝火焰公司、基点公司、聚力公司停止侵权；蓝火焰公司、基点公司连带赔偿原告经济损失 300 万元；蓝火焰公司、基点公司连带赔偿原告因制止侵权行为而支出合理费用 100 万元。

裁判结果

上海市浦东新区人民法院依照《中华人民共和国著作权法》第 10 条第 5 项、第 6 项、第 8 项、第 12 项，第 48 条第 1 项，第 49 条；《中华人民共和国反不正当竞争法》第 5 条第 2 项、第 20 条；《最高人民法院关于审理著作权民事纠纷案件适用法律若干问题的解释》第 7 条，第 25 条第 1 款、第 2 款，第 26 条；《最高人民法院关于审理不正当竞争民事案件应用法律若干问题的解释》第 1 条第 1 款、第 4 条、第 17 条第 1 款的规定，判决如下：

（1）被告厦门蓝火焰影视动漫有限公司、北京基点影视文化传媒有限公司于本判决生效之日起停止复制、发行、展览及通过信息网络传播有 K1、K2 动画形象的《汽车人总动员》电影、电影预告片、电影海报，停止使用《汽车总动员》作为电影名称的不正当竞争行为；

（2）被告上海聚力传媒技术有限公司于本判决生效之日起停止通过信息网络传播有 K1、K2 动画形象的《汽车人总动员》电影、电影预告片、电影海报；

（3）被告厦门蓝火焰影视动漫有限公司于本判决生效之日起 10 日内赔偿原告迪士尼企业公司、皮克斯经济损失人民币 100 万元，被告北京基点影视文化传媒有限公司对上述赔偿金额中的人民币 80 万元与被告厦门蓝火焰影视动漫有限公司承担连带赔偿责任；

（4）被告厦门蓝火焰影视动漫有限公司、北京基点影视文化传媒有限公司于本判决生效之日起 10 日内赔偿原告迪士尼企业公司、皮克斯为制止本案侵权行为所支付的合理开支人民币 353 188 元。

案例评析

本案所涉及的法律问题主要是如何认定动漫形象实质性相似。本案原告诉称，电影《汽车人总动员》中的动画形象 K1 和 K2 抄袭了原告电影中的动画形象 "闪电麦坤" 和 "法兰斯高"。被告还制作了展板和海报，抄袭了原告的动画形象，被告运营的 PPLIVE 网站传播了海报、预告片和电影。《汽车人总动员》的名称与原告电影名称极其相似，在被告宣传海报中突出了汽车和总动员字样，故意遮盖 "人" 字，导致一般受众无法识别并对电影来源产生混淆和误认，海报中还突出使用并抄袭了原告动画形象的 K1 和 K2。故被告的行为构成著作权侵权和不正当竞争。这里，对著作权侵权和不正当竞争的判断，涉及的重要法律问题就是动漫形象实质性相似。

一、动漫形象属于我国《著作权法》所保护的作品

实践中，动漫著作权侵权纠纷是著作权侵权案件中较为常见的案件类型，从法律上讲，涉及如何认识动漫这种作品形式以及如何判定是否构成侵权。但是，有的法院认为动漫是一个动态的画面，很难将其归属于《著作权法》规定的作品中。另外，这种动态的特点，使得在侵权认定上是否构成实质性相似成为难点。动漫是漫画和动画片的合称，也包括电子游戏等。动漫形象初始的表现方式可能是美术作品，也就是一副一副的漫画，这样，每一个动漫形象的表现方式就是片断式的，是以图片的形式留给人们印象。但是，形象留给人们的往往不是某个画面中的姿态和表情，而是作为形象总体的性格、容貌和姿态等连续的印象。

动漫形象既区别于文学载体，又区别于卡通连载故事，而应被确切地定性为添加了要素的视觉作品，通过线条、轮廓、颜色的运用，不再是抽象的概念或思想，而已经成了特定化、固定化的具体形象，完全符合我国《著作权法》的独创性要求，理应受到《著作权法》的保护。[1] 如果保护形象只保护作品中出现的画面，以单独的图片来计算显然意义不大，因为动漫企业或者动漫创作者都投入大量的人力、物力和财力创作动漫形象及其衍生产品。

---

〔1〕 陈政豪："动漫形象的复制权保护研究"，载《知识经济》2014 年第 20 期。

当他人擅自使用图片来招揽顾客时，只要在画面中采用了能表现这个动漫形象的一些特征，人们即可联想到该动漫形象。所以，经营者"如何"使用著作权人的动漫形象并不重要，重要的是经营者"是否"使用了著作权人创作的形象。复制或抄袭他人创作的动漫形象显然侵犯了原作品的表达，侵犯了著作权人对动漫形象享有的复制权、获得报酬权、署名权和修改权等权利，理应被《著作权法》所禁止。

二、本案被告构成著作权侵权和不正当竞争

本案中，根据《著作权法》第 2 条第 2 款的规定："外国人、无国籍人的作品根据其作者所属国或者经常居住地国同中国签订的协议或者共同参加的国际条约享有的著作权，受本法保护。"原告是在美国设立的企业，我国和美国都是《伯尔尼公约》的成员国。根据该公约关于国民待遇的规定，原告的作品可以受我国《著作权法》的保护。"闪电麦坤"及"法兰斯高"动画形象是拟人化的赛车，这两个动画形象保留了赛车通常都有的基本结构，如车身、车窗、车灯、车轮、尾翼等。主要在以下一些部位进行了拟人化设计：车辆前挡风玻璃被设计成拟人化的眼睛，有眼珠和可上下活动的上眼睑；进气格栅处为一张扁平状大嘴，露出白色牙齿；眼睛和嘴部动作能够带动表情变化。上述两个动画形象在保留赛车原有基本构造的基础上，通过拟人化的眼部和口部设计，使车辆具有拟人化的形象，能够通过表情表达情绪。此外，车辆的涂装色也反映了动画形象的性格等因素。"闪电麦坤"是流线型带尾翼的公路赛车，采用红色作为其车身的主要涂装色，两侧有火焰的图案，展现了该角色充满活力、拼搏进取的性格特征。"法兰斯高"是 F1 方程式赛车，"法兰斯高"的驾驶舱被设计为头盔状，车身较现实中的车身进行了相应缩短，并增加了更大的弧度使拟人化的形象更为协调。车身设计成绿、白、红三色，说明其是来自意大利的赛车。"法兰斯高"的整体设计突出了其自信、强悍的性格特征。上述两个动画形象在既有车辆样式的基础上进行了独创性的设计，尤其是其拟人化的脸部具有很高的独创性，整体动画形象具有美感，属于美术作品，受我国《著作权法》的保护。在《赛车总动员 2》的电影海报中，片名"CARS2"以类似汽车标志的方式呈现在图片中央，数字"2"和"CARS2"四周分别由具有金属感的 V 字形轮廓及波形轮廓包围。片名背后为蓝色立体感的地球形状，地球的下方为以"闪电麦坤"为代表的四辆拟人化

汽车形象，车辆下方有浅色车辆倒影。该电影海报具有独创性，属于受《著作权法》保护的美术作品。

　　根据《最高人民法院关于审理著作权民事纠纷案件适用法律若干问题的解释》第 7 条的规定，当事人提供的涉及著作权的底稿、原件、合法出版物、著作权登记证书、认证机构出具的证明、取得权利的合同等，可以作为证据。在作品或者制品上署名的自然人、法人或者其他组织视为著作权、与著作权有关权益的权利人，但有相反证明的除外。根据原告举证的美国版权局的版权登记记录及在我国出版发行的两部电影的光盘，可以认定原告迪士尼公司、皮克斯是上述电影及美术作品的著作权人，被告的行为构成著作权侵权和不正当竞争。

三、本案动漫形象"实质性相似"的具体认定

　　对于动漫形象"实质性相似"的判断，我们可以从下面角度进行考虑。如果两者相似的原因是表达空间有限，而且两者大部分都使用进入公有领域的要素及组合，那么两者的细微差异都会被认定为各自的独创性表达。如果两者相似原因是存在较大的表达空间，并且后者使用了前者的独创性表达，那么即便两者存在差异，后者仍然会被认定构成"实质性相似"。

　　首先，本案中的"闪电麦坤""法兰斯高"是赛车动画形象，具有赛车通常具有的结构及样式，这些已进入公有领域。但原告并非简单复制现实中的赛车样式，而是在此基础上进行了变形，尤其是对车辆前脸进行了大量的重新设计，加上了拟人化的眼部和嘴部，使原本没有生命的赛车具有了拟人化的形象，能够通过眼神和嘴形等表达情感，上述设计具有独创性。比较原、被告的动画形象，虽然两者存在一定区别，但仍有很多相似之处，尤其是在拟人化的部分，两者都是将前挡风玻璃处设计为眼部，并包含了可上下移动的上眼睑，都将进气栅处设计为嘴部，此外两者还采用了近似的涂装色。原告动画形象通过拟人化的眼部、嘴部以及特定色彩的组合，构成独创性表达，而被告恰恰在上述设计组合上复制了原告，两者构成"实质性相似"。本案中，原、被告描画的动画形象都是对汽车拟人化的表达。汽车拟人化的表达还是有一定的创作空间，并非一定要将前挡风玻璃处设计为眼部，将进气栅处设计为嘴部。法院认定原告的汽车人形象拟人化的脸部具有很高的独创性。而被告就眼部、嘴部的布局恰恰是采取了与原告相同的表达方式。尽管原、

被告描画的汽车人形象存在一定的差异（诸如色调等），但这种差异并不影响法院认定两者构成"实质性相似"。"闪电麦坤""法兰斯高"是赛车动画形象，具有赛车通常具有的结构和样式。如"闪电麦坤"具有公路赛车通常具有的结构及样式，如具有车灯、车轮、车窗、尾翼等结构及流线型的车身，"法兰斯高"具有F1方程式赛车通常具有的结构及样式，如突出的前鼻翼和尾翼、狭小的驾驶舱、宽大的轮胎、裸露的悬挂系统等。这些赛车通常具有的结构和样式已进入公有领域，但原告并非简单地复制现实中的赛车样式，而是在此基础上进行了变形，尤其是对车辆前脸进行了大量的重新设计，加上了拟人化的眼部和嘴部，使原本没有生命的赛车具有了拟人化的形象，能够通过眼神和嘴型等表达情感，上述设计具有独创性。

其次，将《汽车人总动员》电影海报中的动画形象K1与"闪电麦坤"、K2与"法兰斯高"进行比较，K1、K2使用了原告"闪电麦坤"及"法兰斯高"卡通形象最具独创性的眼部和嘴部的表达方式，两者几乎没有差别。故认定《汽车人总动员》电影海报中的K1、K2与"闪电麦坤"及"法兰斯高"卡通形象构成"实质性相似"。将电影中的动画形象K1、K2与"闪电麦坤"及"法兰斯高"比较，"闪电麦坤"及"法兰斯高"的色调更加艳丽、饱满，K1、K2色调较为灰暗，眼睛和嘴部较为粗糙。虽然两者存在一定区别，但两者仍有很多相似之处，尤其是在拟人化的部分，两者都是将前挡风玻璃处设计为眼部，并包含了可上下移动的上眼睑，都将进气格栅处设计为嘴部。此外，两者还采用了近似的涂装色，K1和"闪电麦坤"都采用红色为涂装色，K2和"法兰斯高"都采用红白蓝三色为涂装色。某种简单的设计思路作为思想不应被垄断，应当允许合理的参考与借鉴。但是，当多重的设计组合充分展示出了拟人化的独有特征后，这种设计的组合不再属于不受保护的思想，而进入了独创性表达的范畴。本案原告"闪电麦坤"和"法兰斯高"动画形象通过拟人化的眼部、嘴部以及特定色彩的组合，构成独创性表达，而被告恰恰在上述设计组合上复制了原告。K1、K2使用了"闪电麦坤""法兰斯高"具有独创性的表达，两者构成"实质性相似"。

《赛车总动员》于2006年在国内上映，《赛车总动员2》于2011年在国内上映。国内媒体在2006年、2011年期间曾对上述电影及其中的动画形象、电影海报作了集中的报道。被告蓝火焰公司、基点公司有机会接触原告的作品。汽车的拟人化设计有较大的创作空间，但两被告直接使用了原告动画作品中具有独创性的表达，主观上明显具有复制原告涉案动画形象的意图，其制作、发行的电影及电影海报中的动画形象与原告作品构成"实质性相似"，故两被告著作权侵权成立。

8. 游戏中的人物形象、装备图案和副本地图构成美术作品

—— 暴雪娱乐有限公司、上海网之易网络科技发展有限公司
与北京分播时代网络科技有限公司等著作权侵权纠纷案[1]

案情概况

上诉人（一审被告）：北京分播时代网络科技有限公司，住所地：中华人民共和国北京市海淀区。

法定代表人：刘勇，董事长。

委托诉讼代理人：高光，北京市隆安律师事务所律师。

委托诉讼代理人：张丽，北京市隆安律师事务所律师。

上诉人（一审被告）：广州市动景计算机科技有限公司，住所地：中华人民共和国广东省广州市天河区。

法定代表人：黎直前，董事长。

委托诉讼代理人：何阳，男，汉族，住所地：广东省广州市天河区，系公司员工。

被上诉人（一审原告）：暴雪娱乐有限公司，住所地：美利坚合众国特拉华州纽卡斯尔县威尔明顿市。

法定代表人：迈克·莫汉，首席执行官。

委托诉讼代理人：原素雨，福建联合信实（上海）律师事务所律师。

委托诉讼代理人：张珊珊，福建联合信实（上海）律师事务所律师。

被上诉人（一审原告）：上海网之易网络科技发展有限公司，住所地：中华人民共和国上海市张江高科技园区。

法定代表人：丁磊，执行董事。

---

[1]　案件来源：广东省高级人民法院［2016］粤民终1719号民事判决书。

委托诉讼代理人：原素雨，福建联合信实（上海）律师事务所律师。

委托诉讼代理人：张珊珊，福建联合信实（上海）律师事务所律师。

一审被告：成都七游科技有限公司，住所地：中华人民共和国四川省成都市高新区。

法定代表人：薛飞。

暴雪娱乐有限公司（简称"暴雪公司"）是享有全球第一网络游戏称号的《魔兽世界》系列游戏的著作权人，该系列游戏中所包含的英雄人物、怪兽、副本、场景、装备等美术作品、地图作品、文字作品、类电影作品等游戏元素以及《魔兽世界》系列小说，皆为暴雪娱乐公司独立创作完成并享有著作权的作品。上海网之易网络科技发展有限公司（简称"网之易公司"）是《魔兽世界》在中国大陆地区的独家运营商。被诉游戏《全民魔兽》（原名《酋长萨尔》）由成都七游科技有限公司（简称"七游公司"）开发、北京分播时代网络科技有限公司（简称"分播公司"）独家运营，并由广州市动景计算机科技有限公司（简称"动景公司"）提供下载。该游戏利用《魔兽世界》的故事背景，抄袭了原告游戏中的 18 个英雄、7 个怪兽形象、20 个装备图案以及 5 个副本地图，侵害了原告美术作品的著作权。同时，该游戏还使用《全民魔兽：决战德拉诺》的游戏名称、酋长萨尔的人物名称以及与《魔兽世界》相似的游戏装潢，属于擅自使用原告知名游戏商品特有名称、装潢的不正当竞争行为。暴雪公司、网之易公司向法院起诉，请求判令：①分播公司、动景公司、七游公司立即停止侵犯暴雪公司、网之易公司的著作权，包括七游公司立即停止向公众测试、发布、出版或以任何其他方式向公众提供《全民魔兽》游戏；分播公司立即停止代理、运营《全民魔兽》游戏；动景公司立即停止传播《全民魔兽》游戏；分播公司、动景公司、七游公司立即删除侵权宣传资料。②七游公司、分播公司连带赔偿暴雪公司、网之易公司含维权合理开支在内的经济损失共 500 万元，动景公司对其中的 25 万元负连带赔偿责任。③分播公司在被诉游戏官网（http://lmvsbl.rekoo.com）及腾讯游戏网（http://games.qq.com）上刊登由法院审核的道歉声明，消除不利影响。

一审判决后，分播公司、动景公司不服，提起上诉。分播公司上诉请求：①撤销一审判决第 2、4、6 项；②改判驳回暴雪公司、网之易公司要求分播公司停止侵权、赔偿损失和道歉的诉讼请求。动景公司上诉请求：①撤销一审判决第 5 项；②改判动景公司不承担连带赔偿责任；③暴雪公司、网之易公司承担诉讼费用。

📄 **裁判结果**

广州知识产权法院依照《中华人民共和国侵权责任法》第 8 条、第 9 条，《中华人民共和国著作权法》第 47 条、第 48 条、第 49 条，《最高人民法院关于审理著作权民事纠纷案件适用法律若干问题的解释》第 25 条、第 26 条的规定，判决：

（1）成都七游科技有限公司于判决发生法律效力之日起立即停止向公众提供《全民魔兽：决战德拉诺》（原名《酋长萨尔：魔兽远征》）游戏；

（2）北京分播时代网络科技有限公司于判决发生法律效力之日起立即停止代理、运营《全民魔兽：决战德拉诺》（原名《酋长萨尔：魔兽远征》）游戏；

（3）广州市动景计算机科技有限公司于判决发生法律效力之日起立即停止传播《全民魔兽：决战德拉诺》（原名《酋长萨尔：魔兽远征》）游戏；

（4）成都七游科技有限公司、北京分播时代网络科技有限公司于判决发生法律效力之日起 10 日内连带赔偿暴雪娱乐有限公司、上海网之易网络科技发展有限公司人民币 400 万元；

（5）广州市动景计算机科技有限公司对上述第 4 项判决金额中的 20 万元承担连带赔偿责任；

（6）北京分播时代网络科技有限公司于判决发生法律效力之日起 30 日内在《全民魔兽：决战德拉诺》（原名《酋长萨尔：魔兽远征》）官网（http://lmvsbl. rekoo. com）和腾讯游戏网（http://games. qq. com）刊登声明，向暴雪娱乐有限公司、上海网之易网络科技发展有限公司道歉（内容须经法院审定）；

（7）驳回暴雪娱乐有限公司、上海网之易网络科技发展有限公司其他诉讼请求。

广东省高级人民法院依照《中华人民共和国民事诉讼法》第 170 条第 1 款第 1 项规定，判决如下：

驳回上诉，维持原判。

📄 **案例评析**

本案所涉及的法律问题主要是游戏中的人物形象、装备图案和副本地图是否构成美术作品。近年来，我国的网络游戏市场发展迅速，与网络游戏相关的知识产权侵权纠纷也逐渐增多，由于网络游戏本身的特点，这些纠纷多集中在著作权侵权、商标侵权及不正当竞争方面。在本案中，暴雪公司、网之易公司认为，七游公司开发、分播公司独家运营、动景公司提供下载的被诉游戏侵害了其美术作品著作权。而游戏中的人物形象、装备图案和副本地图是否构成美术作品，是认定是否侵权的前提条件。

一、著作权法上的美术作品应具备的条件

从法律的角度看，网络游戏中包含着多个受法律保护的客体，侵权判断的前提是要理清楚其中包含哪些法律上相对独立的客体，每一个客体对应哪些权利，这些客体及其所对应的法定权利构成了原告的请求权基础。首先，网络游戏最终体现为可被计算机执行的代码，构成《计算机软件保护条例》第3条所定义的计算机程序。其次，从用户感知的角度看，网络游戏是包含了特定故事情节的视听作品，可能构成《著作权法》第3条第6项规定的"以类似摄制电影的方法创作的作品"。再次，网络游戏通常是基于单独的视觉图形而制作，这些单独的视觉图形可能构成《著作权法》第3条第4项规定的美术作品。最后，网络游戏所使用的、具有区分游戏来源的标识可以申请成为注册商标而受到商标法的保护。即使没有申请注册商标，相关的标识也可能构成《反不正当竞争法》规定的知名商品特有的名称，他人使用相同的名称构成不正当竞争。

《著作权法实施条例》第2条规定，作品是指文学、艺术和科学领域内具有独创性并能以某种有形形式复制的智力成果。该条例第4条规定，美术作品是指绘画、书法、雕塑等以线条、色彩或者其他方式构成的有审美意义的平面或者立体的造型艺术作品。据此，要成为著作权法上的美术作品，应具备以下条件：一是属于文学、艺术和科学领域内的智力成果；二是具有独创性；三是具有可复制性；四是以线条、色彩或其他方式构成，并具有审美意义的造型。首先，属于文学、艺术和科学领域内的智力成果：智力劳动的范围很广，文学、艺术和科学范围的创作只是智力劳动的一种，除此之外还有很多，如在生产过程中运用自己的经验和智慧，添入了某种催化剂，使生产效率大大提高；又如在体育比赛中和对方斗智，出人意料地摆出新的阵容、阵式，战胜对手等，这些也属于智力劳动，但如果未以文字、图表等具体表

现形式将其表达，就不属于文学、艺术和科学范畴的创作，不能被称为作品。其次，具有独创性：著作权法所称的作品必须是自己创作的，而不是从别人的作品中抄袭来的。所谓创作，指文学、艺术和科学作品的创造，即作者通过对政治、经济、文化和其他社会生活进行观察、体验、研究、分析，并对社会生活的素材加以选择、提炼、加工，运用自己的构思、技巧，塑造出艺术形象或表述科学技术的创造性劳动。最后，具有可复制性：即能以某种有形形式复制。作品是沟通作者内心世界与客观外部世界的桥梁，思想情感或"腹稿"如果没有借助语言、艺术或科学符号等表达出来，就无法使社会大众阅读、欣赏或感知到，无法被复制或传播就谈不上具有社会价值，因此也无法借由著作权法进行保护。

二、本案游戏中的人物形象、装备图案和副本地图构成美术作品

本案中，暴雪公司、网之易公司主张《魔兽世界：德拉诺之王》游戏中的 18 个英雄形象、7 个怪兽形象、20 个装备图案以及 5 个副本地图构成美术作品。首先，关于独创性。《魔兽世界》系列游戏是由暴雪公司制作的一款网络游戏，属于大型多人在线角色扮演游戏。游戏以该公司出品的战略游戏《魔兽争霸》的剧情为历史背景，依托《魔兽争霸》的历史事件和英雄人物，有着完整的历史背景时间线。玩家在《魔兽世界》中冒险、完成任务，进行新的历险、探索未知的世界、征服怪物等。《魔兽世界》游戏设计了 13 个种族可供玩家进行选择，每个种族都有自己鲜明的特色，包括各个种族的故事背景、城市、能力天赋以及不同的运输方式和坐骑，玩家可以选择加入联盟或是部落两大阵营，所有涉案人物形象是根据《魔兽世界》的故事而创作。由于《魔兽世界》故事对相关人物描述非常具体，不少形象特征体现了该人物的种族、身份、独特的际遇甚至所使用的武器的来源，故涉案人物形象具有较高的独创性。比如萨尔这个人物，《魔兽世界》故事关于萨尔的描述是：性别男，种族兽人，身份是大地之环领袖、部落大酋长（前任）、霜狼氏族族长（前任）。萨尔的武器是由前任部落大酋长奥格瑞姆传给他的毁灭之锤。霜狼的图案之后被印刻在这把战锤上，来纪念萨尔与霜狼氏族的血缘关系。在奥格瑞姆死后，萨尔继承他的黑色铠甲，同时也继承了部落大酋长的职位。在萨尔卸下了自己部落大酋长的身份成为一名萨满之后，萨尔放下了自己的战衣，并换上了更符合自己身份的萨满法袍。与这些文字描述对应的萨尔形

象特征包括：为体现兽人种族特征，萨尔有突出下獠牙；为体现与霜狼氏族的血缘关系，萨尔手持一把印有狼图案的大锤；为体现萨满身份，萨尔身披法袍。涉案装备图案和副本地图同样基于《魔兽世界》基本故事情节创作，在对方未能提交相反证明的情况下，一审法院确认其满足作品的最低独创性要求。其次，关于可复制性。《魔兽世界》游戏也是一款计算机软件作品，其中的人物形象、装备图案和地图，实质是体现在该软件作品用户界面中的人物形象、装备图案和地图。对于计算机软件作品用户界面，可以根据需要进行复制，故涉案人物形象、装备图案和副本地图满足可复制性要件。最后，涉案人物形象、装备图案及副本地图，均是以线条、色彩构成，具有一定的审美意义，故构成美术作品。

9. 美术作品的权利归属及侵权认定

——季成与中国艺术研究院、九州出版社、北京世纪高教书店 等著作权纠纷案*

[↗] **案情概况**

原告：季成，男，汉族，大唐国际发电股份有限公司工程师。
委托代理人：朱寿全，北京市长济律师事务所律师。
委托代理人：马天轶，北京市长济律师事务所律师。
被告：中国艺术研究院，住所地：北京市朝阳区。
法定代表人：王文章，院长。
委托代理人：史炳武，北京市浩天信和律师事务所律师。
委托代理人：刘畅，北京市洁天信和律师事务所律师。
被告：九州出版社，住所地：北京市西城区。
法定代表人：徐尚定，社长。
委托代理人：曹玥，男，九州出版社法务主管。
被告：北京世纪高教书店，住所地：北京市海淀区。

---

* 案件来源：北京市海淀区人民法院［2010］海民初字第 25222 号民事判决书。

投资人：张剑锋，总经理。
委托代理人：张勇军，男，北京世纪高教书店店长。

汪鑫福自 20 世纪 20 年代起至 90 年代去世时陆续创作了大量京剧脸谱，相当一部分都收藏在艺术研究院陈列室中。20 世纪 50 年代时，汪鑫福曾在中国艺术研究院（前身戏曲改进局）工作。2000 年 1 月，经北京森森圆文化传播有限公司组织联系，由艺术研究院提供图片及文字，九州出版社提供书号出版了《中国戏曲脸谱》一书。该书中使用了汪鑫福绘制并收藏在陈列室中的 177 幅京剧脸谱，但没有为汪鑫福署名。季成作为汪鑫福的外孙，自其母亲去世后即为"脸谱"的继承人。季成于 2010 年初发现《中国戏曲脸谱》一书，并于 2010 年 8 月从北京世纪高教书店购买到该书，故起诉要求三被告停止侵权、向其赔礼道歉、赔偿经济损失 53.1 万元、精神损害抚慰金 1 万元及合理费用 3 万余元等。

裁判结果

北京市海淀区人民法院依照 1991 年 6 月 1 日施行的《中华人民共和国著作权法》第 16 条、第 18 条、第 49 条，《中华人民共和国继承法》第 3 条第 6 项、第 10 条之规定，判决如下：

（1）被告中国艺术研究院停止在《中国戏曲脸谱》一书中使用涉案脸谱；

（2）被告九州出版社停止出版含有涉案脸谱的《中国戏曲险谱》一书；

（3）被告北京世纪高教书店停止销售含有涉案险谱的《中国戏曲脸谱》一书；

（4）被告中国艺术研究院、被告九州出版社共同赔偿原告季成经济损失 3.543 万元。

案例评析

本案所涉及的法律问题主要是美术作品著作权的归属问题及侵权认定。法院裁判汪鑫福所绘制的京剧脸谱，不属于中国艺术研究院主张的、主要利用了单位的物质技术条件创作，并由单位承担责任的第二类职务作品。且中国艺术研究院曾书面承认其享有涉案脸谱的所有权，汪鑫福的家属享有著作权。涉案脸谱属于美术作品，原件所有权的转移不视为作品著作权的转移。

中国艺术研究院的矛盾解释混淆了作品原件所有权人与著作权人所享有权利的区别，美术作品原件所有权人在享有作品原件所有权的同时，享有该作品著作权中的展览权，但不享有该作品的其他著作权，也不得损害著作权人所享有的其他著作权。

一、美术作品著作权的内容

美术作品著作权包括美术作品人身权和美术作品财产权。美术作品人身权，又称精神权利，具体包括发表权、署名权、修改权、保护作品完整权；美术作品财产权，又称经济权利，包括复制权、发行权、出租权、展览权、表演权、放映权、广播权、信息网络传播权、摄制权、改编权、翻译权、汇编权及应当由著作权人享有的其他权利。

本案中，原作者的署名权益受到侵犯，即被告在使用原作者的作品时没有为原作者署名。虽然署名权不能继承，不能由本案的原告享有，但原告作为著作财产权的继承人有权要求对署名权益予以保护。另外，法院以"作者的继承人并不享有作品的署名权，即使发生侵权行为，也不宜脱离署名权的人身专属性而向作者的继承人赔礼道歉"为由，对季成要求三被告在市级报刊上公开赔礼道歉的主张，不予支持。法院的这一认定几乎否定了作者死亡后著作人身权的保护问题，造成了事实上的法律不平等。按照法院的认定，侵权人使用他人享有著作权的作品而未署名，如果作者未死亡，可以适用赔礼道歉；若作者死亡，则不能适用赔礼道歉。这种判决结果正是说明了著作人身权不能继承的属性。

二、美术作品著作权的归属

美术作品的创作具有一次性、不可回复性，作者的灵感和个性通过作者的笔触一次性地凝结于其画稿之上。有些时候一幅美术作品往往需要一人或多人共同完成，在创作过程中，因为著作权归属不明晰导致侵权纠纷频发，而规范确立著作权归属是有效避免纠纷的重要保证。[1] 因此，规范确立美术作品的著作权归属，从而为权利人维护自己的合法权益，维护正常的社会公共秩序提供必要的法律保证，就显得尤为重要。

---

〔1〕 苏志甫："视觉艺术品著作权司法保护中的几个典型问题"，载《中国版权》2014 年第 3 期。

　　就美术作品而言，它涉及两类权利：一类是美术原件所有人对美术作品原件的所有权，即占有、使用、收益、处分其所享有的美术作品原件的权利；另一类是美术作品的创作人对于美术作品所享有的著作权。以上两类权利是不同的权利，美术作品原件所有权的转移，不视为作品著作权的转移。也就是说，如果作品原件经权利人许可归陈列室收藏，但著作权还在作者手上，陈列室得到原件的所有权，则美术作品原件的展览权归陈列室即所有人享有。如画家将画出售给甲，甲只享有该画的所有权，但不享有该画的著作权。

　　在本案中，涉案脸谱属于美术作品，诉讼中，中国艺术研究院一方面主张涉案作品为《著作权法》规定的第一类职务作品，另一方面又坚持涉案脸谱的著作权均归属中国艺术研究院。中国艺术研究院的矛盾解释混淆了作品原件所有权人与著作权人所享有的权利的区别，美术作品原件所有权人在享有作品原件所有权的同时，享有该作品著作权中的展览权，但不享有该作品的其他著作权，也不得损害著作权人所享有的其他著作权。[1] 汪鑫福虽以出售等方式将涉案脸谱原件所有权转让给艺术研究院，艺术研究院也强调其于 20 世纪 80 年代后以 8 元一个的价格收购汪鑫福绘制的脸谱，但在无法律规定或双方约定的情况下，汪鑫福对涉案脸谱所享有的著作权并不当然转移给艺术研究院，艺术研究在 2000 年出版的《中国戏曲脸谱》一书中使用涉案脸谱时，应当取得著作权人的许可。

　　总之，确定美术作品的版权归属，不仅是法律如何规定的问题，在更多情况下是当事人怎样商定的问题。法律规定只是原则性、概括性或指导性的，甚至是选择性的。例如，即使法律规定版权归雇员或受委托方，现实生活中也可能归雇主或委托方，反之亦然。法律有强硬的决定作用，但实际情况是市场有最终的决定作用。然而，作品的质量却能影响市场的天平。所以，美术工作者和艺术家应始终以作品的质量为本钱，学会将自己的智力优势转换成市场优势，在确定版权归属的过程中，为自己争得最佳的权利划分或利益分享的安排，以达到最大效率的维权及公平。

三、美术作品侵权行为的认定

　　根据《著作权法》第 10 条的规定，著作权人依法享有精神权利和财产权

---

　　〔1〕　王坤："剽窃概念的界定及其私法责任研究"，载《知识产权》2012 年第 8 期。

利，就财产权而言，还可以分为复制权、演绎权和传播权三种基本类型。在未经著作权人许可的情况下，任何他人实施了著作权人依法享有的专有权的行为即构成著作权侵权行为。[1] 侵权行为是指侵犯他人民事权益的行为，著作权侵权行为是指行为人违反《著作权法》规定的义务，侵害他人依《著作权法》享有的精神权利或经济权利的行为。认定行为人有该种侵犯权利人署名权的行为，有以下几种情况：其一是复制他人作品，署上他人之名假冒其亲笔作品高价出售；其二是把自己制作的美术作品冠以他人的名字，予以出售；其三是把第三人的作品冠以他人的名字予以出售，包括复制、改造第三人作品再冠以他人姓名出售的情况；其四是应该给权利人署名的而没有给权利人署名的情况。

本案中，署名权为脸谱著作权纠纷案的争议焦点之一，故上述详细说明了署名权的侵权认定。汪鑫福 20 世纪 20 年代起至 90 年代去世时陆续创作了大量京剧脸谱，相当一部分都被收藏在中国艺术研究院陈列室中。20 世纪 50 年代时，汪鑫福曾在中国艺术研究院（前身戏曲改进局）工作。2000 年 1 月，经北京森淼圆文化传播有限公司组织联系，由中国艺术研究院提供图片及文字，九州出版社提供书号出版了《中国戏曲脸谱》一书，该书使用了汪鑫福绘制并收藏在陈列室中的 177 幅京剧脸谱，但没有为汪鑫福署名。如此一来，便是上述第四种情形，即应该给权利人署名而没有给权利人署名的情况。

10. 赛事转播画面不构成电影作品
——北京天盈九州网络技术有限公司等与北京新浪互联信息服务有限公司不正当竞争纠纷案[2]

案情概况

上诉人（一审被告）：北京天盈九州网络技术有限公司，住所地：北京市海淀区。

---

[1] 龙文波："从学习到抄袭——美术作品中的侵权认定方法"，载《大众文艺》2018 年第 22 期。
[2] 案件来源：北京市知识产权法院［2015］京知民终字第 1818 号民事判决书。

法定代表人：乔海燕，执行董事。

委托代理人：刘新焱，北京玺泽律师事务所律师。

被上诉人（一审原告）：北京新浪互联信息服务有限公司，住所地：北京市海淀区。

法定代表人：汪延，董事长。

委托代理人：戎朝，上海百悦律师事务所律师。

委托代理人：张喆，北京新浪互联信息服务有限公司法务部经理。

一审第三人：乐视网信息技术（北京）股份有限公司，住所地：北京市海淀区。

法定代表人：贾跃亭，董事长。

委托代理人：徐冰冰，乐视网信息技术（北京）股份有限公司法务。

委托代理人：张勇，乐视网信息技术（北京）股份有限公司法务。

北京新浪互联信息服务有限公司（简称"新浪公司"）一审诉称：①北京天盈九州网络技术有限公司（简称"天盈九州公司"）未经合法授权，在网站上设置中超频道，非法转播中超联赛直播视频，严重侵犯了新浪公司的独占权利，存在主观恶意性。故天盈九州公司擅自将电视台正在直播的中超比赛的电视信号通过信息网络同步向公众进行转播的行为侵犯了新浪公司享有的以类似摄制电影方式创作的涉案体育赛事节目的作品著作权。②赛事组织者的赛事转播的授权制度是一种值得法律保护的正当的竞争秩序，天盈九州公司的行为破坏了这种商业模式构成的竞争秩序和其所体现的商业道德，构成了不正当竞争。因此，请求判令天盈九州公司：①停止侵犯新浪公司拥有的中超联赛视频的独占传播、播放权的行为；②立即停止对体育赛事转播权及其授权领域正当公平竞争秩序和商业模式的破坏；③立即停止以明显规避授权限制为目的，在凤凰网上与第三方进行所谓"体育视频直播室"合作方式达到在门户网站上直播中超赛事视频效果的行为；④立即停止向用户做引人误解的虚假表示，对视频播放服务的来源做引人误解的虚假宣传；⑤赔偿新浪公司经济损失 1000 万元；⑥天盈九州公司在其经营的凤凰网首页及《中国电视报》上发表声明，消除侵权及不正当竞争行为造成的不良影响。

天盈九州公司一审辩称：①新浪公司诉求不明；②其起诉于法无据，足球赛事不是《著作权法》的保护对象，对体育赛事享有权利并不必然对体育赛事节目享有权利；③新浪公司主体不适格，其未获得作者授权，且其获得的授权有重大瑕疵；④新浪公司起诉的被告不正确；⑤其主张的赔偿数额缺乏依据。

乐视网信息技术（北京）股份有限公司（简称"乐视公司"）一审述称：我公司享有涉案赛事的转播权；我公司虽与天盈九州公司曾就涉案域名（www.ifeng.sports.letv.com）有过合作，但就涉案赛事而言并无合作，转播赛事并非来源于我公司网站。故乐视公司没有共同侵权的行为。

北京市朝阳区人民法院认为，涉案体育赛事节目构成作品，被诉行为侵害了新浪公司的著作权，应承担赔偿责任。

上诉人天盈九州公司不服一审判决，提起上诉称：（1）一审法院存在如下程序违法情形：①一审法院在庭审结束两个月后，且双方当事人均表示异议的情况下，追加了乐视公司作为第三人。该第三人既与本案处理结果没有法律上的利害关系，亦无须承担任何责任，其不符合追加第三人的法定条件，一审法院这一做法违反了《中华人民共和国民事诉讼法》第56条的规定。②新浪公司仅主张两场比赛的播放构成侵权，但一审法院却判决我方停止两个赛季的播放，这一判决已超出新浪公司的起诉范围。（2）一审判决适用法律错误。①涉案体育赛事节目的独创性过低，不能构成作品，一审判决中有关上述体育赛事节目构成作品的认定有误；②即便上述体育赛事节目构成作品，但新浪公司获得授权的内容仅涉及比赛的直播信号，且仅是针对门户网站的非独占性授权，该授权并不能对抗被诉行为；③凤凰网提供的涉案体育赛事节目链接于乐视网，乐视网所播放的涉案体育节目具有合法授权，因此，被诉行为不构成侵犯著作权的行为。（3）一审法院判定的赔偿数额过高，缺乏合理依据。据此，请求二审法院撤销一审判决并驳回新浪公司的全部诉讼请求。

裁判结果

北京市朝阳区人民法院依照《中华人民共和国侵权责任法》第13条，《中华人民共和国著作权法》第10条第17项、第47条第11项、第49条，《中华人民共和国著作权法实施条例》第2条，《最高人民法院关于审理侵害信息网络传播权民事纠纷案件适用法律若干问题的规定》第4条之规定，判决如下：

（1）天盈九州公司停止播放中超联赛 2012 年 3 月 1 日至 2014 年 3 月 1 日期间的比赛；

（2）天盈九州公司在其凤凰网（www.ifeng.com）首页连续 7 日登载声明；

（3）天盈九州公司赔偿新浪公司经济损失 50 万元。

北京市知识产权法院依据《中华人民共和国民事诉讼法》第 170 条第 1 款第 2 项之规定，判决如下：

撤销北京市朝阳区人民法院作出的［2014］朝民（知）初字第 40334 号民事判决；

驳回北京新浪互联信息服务有限公司的全部诉讼请求。

案例评析

本案所涉及的法律问题主要是赛事转播画面是不是电影作品和以类似摄制电影方法创作的作品。在本案中，新浪公司认为，天盈九州公司未经合法授权，在网站上设置中超频道，非法转播中超联赛直播视频，严重侵犯了新浪公司的独占权利，故天盈九州公司擅自将电视台正在直播的中超比赛的电视信号通过信息网络同步向公众进行转播的行为侵犯了新浪公司享有的以类似摄制电影方式创作的涉案体育赛事节目的作品著作权，要求天盈九州公司承担侵权责任。天盈九州公司认为足球赛事不是《著作权法》的保护对象，对体育赛事享有权利并不必然对体育赛事节目享有权利。二审法院认为，《著作权法》中的"其他作品"需要以"法律、行政法规规定"为前提，法院在规定的作品类型之外无权设定。电影作品至少需具有固定性及独创性两个要件，在本案中，赛事直播信号所承载的连续画面在直播时尚未被稳定地固定在有形载体上，体育赛事直播中存在诸多客观因素限制，使得公用信号所承载的连续画面在通常情况下不符合电影作品所要求的独创性高度。故其未构成电影作品，不构成对新浪公司著作权的侵犯。

一、体育赛事的权利归属

准确界定体育赛事转播权的法律性质及权利归属，是保护体育赛事转播权的基础，也是保护体育赛事转播权的关键。[1] 因而，在对赛事转播画面是否为电影作品进行分析之前要先明确权利归属问题。我国《著作权法》规定著作权人为作者及其他依照本法享有著作权的公民、法人或者其他组织。在体育赛事中，网站或者电视台等之所以对体育赛事享有转播、直播的权利，往往源自于赛事组织者或者其代理人的授权。但是，赛事组织者或其代理人的权利往往源自于赛事协会的章程。著作权（包括邻接权）是支配权，具有对世效力。因此，著作权的内容和主体只能由法律规定，而不能由合同或章程规定。此外，章程只对社团内部的民事主体有效力，约束的是内部法律行为，对外部法律行为是没有效力的，除非该章程有法律、法规的明确规定。因此，如果赛事组织者没有以自己的名义拍摄赛事画面、委托他人拍摄、与他人合作拍摄或者作品为职务作品，那么赛事组织者并不当然享有赛事转播画面的著作权。

在本案中，原告提供了中超公司对新浪公司的授权作为获得权利的来源。而中超公司的授权又是来源于中国足球协会的授权，中国足球协会是根据中国足协章程和国际足协章程享有的权利。章程只具有合同的效力，其不能设立包括知识产权在内的支配权以及其权利归属。因此，法院依据章程认定其权利的归属是值得商榷的。

二、电影作品的构成要件

对于赛事转播画面是否属于电影作品和以类似摄制电影方法创作的作品，主要是看其是否符合构成要件。电影作品和以类似摄制电影方法创作的作品是指摄制在一定介质上，由一系列伴音或者无伴音的画面组成，并借助适当装置放映或者以其他方式传播的作品。电影作品核心要素是具体的情节或素材，作者通过对情节或素材的运用而形成的、足以表达其整体思想的连续画面即为电影作品。在通常情况下，电影作品要么会为观众带来思想上的共鸣（如故事片或纪录片），要么会为观众带来视觉上的享受（如风光片），要么二者兼而有之。至于其是否具有通常意义上的编剧、演员、配乐等要素，著作权法并不关注。就构成要件而言，电影作品至少应符合固定性及独创性两个要求。

---

[1] 张玉超：《中国体育知识产权保护制度研究》，知识产权出版社 2012 年版，第 101 页。

首先，符合固定性要求。就我国立法而言，电影作品和以类似摄制电影方法创作的作品要符合固定性要求。我国《著作权法实施条例》明确规定"电影作品和以类似摄制电影的方法创作的作品"应"摄制在一定介质上"。可见，我国将固定作为此类作品的构成条件之一。我国《著作权法》第 10 条第 13 项有关"摄制权，即以摄制电影或者以类似摄制电影的方法将作品固定在载体上的权利"的规定亦从另一角度说明我国著作权法对于电影作品具有固定性的要求。

第二，符合独创性要求。独创性的要求是作品获得著作权法保护的首要条件。独创性是各种类型作品的共同属性，但不同类型的作品独创性判断的角度及高度均有所差异。一是关于独创性的角度。对于体育赛事转播画面是否属于电影作品，应充分考虑其对素材的选择，对素材的拍摄，对拍摄画面的选择和编排。首先，对于素材的选择，由于体育赛事是客观事件，所供选择的素材越多，其独创性越高。因为素材越多，选择就越自由，进而越能体现导演的个性化选择。其次，对于素材的拍摄，在拍摄过程中采用何种拍摄方法、采用何种角度、要给观众何种视觉感受都来自于导演的个性化选择。最后，对于拍摄画面的选择和编排，电影作品是一系列连续的画面而非一张张图片，因此剪辑是个性化选择的重要表现。二是关于独创性的高度。我国著作权法规定了著作权和邻接权，两者保护的对象不同，我国著作权保护电影作品和以类似摄制电影方法创作的作品，邻接权保护录音、录像制作者权。无论是从我国著作权法的体系化角度看，还是从国际著作权与邻接权制度历史发展以及司法实践的现有做法看，在我国著作权法区分著作权和邻接权两种制度，且对相关连续画面区分为电影作品与录像制品的情况下，应当以独创性程度的高低作为区分二者的标准。

二、本案中体育赛事转播画面不构成电影作品

本案中，体育赛事转播画面不符合固定性及独创性要求，不构成电影作品，因而被告不构成侵权。

首先，不符合固定性要求。对于赛事转播画面是否满足固定性要求要分阶段来认定。如果是在直播过程中随拍随播，此时赛事画面并没有被固定在一定的载体上，也就不满足电影作品和以类似摄制电影方法创作的作品的固定性要求。但如果是在赛事直播结束后，此时就满足了固定性要求。在本案

中，现场直播过程中，因采用的是随摄随播的方式，此时整体比赛画面并未被稳定地固定在有形载体上，因而此时的赛事直播公用信号所承载的画面并不能满足电影作品中的固定性要求。赛事直播结束后，公用信号所承载的画面整体已被稳定地固定在有形载体上，此时的公用信号所承载的画面符合固定性要求。被诉行为系网络直播行为，该过程与现场直播基本同步。在这一过程中，涉案赛事整体比赛画面尚未被稳定地固定在有形载体上，因而此时的赛事直播公用信号所承载的画面并不满足电影作品中的固定性要求。

其次，不符合独创性要求。在素材的选择上，体育赛事的直播对象是每场赛事，直播事件是已定的，直播团队没有选择的可能性。当然，对于赛事而言，可能有好几个时间段，但对于直播而言，要求的是完整地展现比赛进程。因此，导演也没有太多选择的可能性。赛事公用信号的统一制作标准、对观众需求的满足、符合直播水平要求的摄影师所常用的拍摄方式及技巧等客观因素也极大地限制了直播团队在素材拍摄上可能具有的个性选择空间。具体而言，每个直播赛事的拍摄都有技术规范，要按照这些技术规范进行拍摄。这些技术规范通常是为了满足观众的需求和更好地展现直播过程而设立的。因此，虽然不同的导演可能会展现不一样的画面，但总体而言其要表达的思想是没有太大变化的。对于拍摄画面的选择与编排，由不同的直播团队进行直播，或者由不同的人担任导播，呈现的赛事直播画面会有所区别，这体现了直播过程中的个性因素。但是，直播团队的首要目的还是如实展现比赛进程，导演对画面的选择要契合比赛进程。导播的选择还要受观众合理预期的制约，即多数观众想要看到的画面应该在画面中有所展示。总之，就纪实类电影作品的三个独创性判断角度而言，在素材的选择上，中超赛事公用信号所承载的连续画面基本不存在独创性劳动。而在被拍摄的画面以及对被拍摄画面的选择及编排均受到相关客观因素限制的情况下，中超赛事公用信号所承载的连续画面的个性化选择空间已受到了极大限制。

需要注意的是，并不是在任何情况下的中超赛事直播公用信号所承载的连续画面均不可能符合电影作品独创性的要求，上述结论是在对中超赛事直播各种限制因素综合考虑的基础上所做的类型化分析。但如果在具体案件中，涉案体育赛事直播并未受上述限制，或者存在其他独创性的体现，则其当然可能构成电影作品。基于此，体育赛事公用信号所承载的连续画面是否符合电影作品的独创性要求，应针对个案进行具体判断。

11. 网络游戏连续画面的保护

——广州网易计算机系统有限公司与广州华多网络科技有限
公司侵害著作权及不正当竞争纠纷案[1]

📷 案情概况

原告：广州网易计算机系统有限公司，住所地：广东省广州市天河区。
法定代表人：丁磊，该公司执行董事。
委托代理人：周洁、许慧娟，均为该公司职员。
被告：广州华多网络科技有限公司，住所地：广东省广州市天河区。
法定代表人：李学凌，该公司总经理。
委托代理人：赵烨、丁亮，均为北京德恒律师事务所律师。

2004 年 5 月 25 日，广州网易计算机系统有限公司（简称"网易公司"）
在国家版权局作了计算机软件著作权登记，软件名称为"梦幻西游软件
online"［简称：梦幻］V1.5.19，权利取得方式为原始取得，权利范围为全
部权利，首次发表日期为 2003 年 12 月 18 日。广州网易互动娱乐有限公司系
网络游戏《大话西游 3》和《梦幻西游》的著作权人。2012 年 4 月博冠公司
吸收合并了广州网易互动娱乐有限公司，博冠公司享有《大话西游 3》《梦幻
西游》网络游戏美术作品的著作权。2013 年 7 月 25 日，博冠公司在国家版权
局作了计算机软件著作权登记，软件名称为"博冠《梦幻西游 2》游戏软件
V3.0.0"，权利取得方式为原始取得，权利范围为全部权利，开发完成日期为
2013 年 6 月 12 日，首次发表日期为 2013 年 7 月 2 日。2015 年 1 月 14 日，博
冠公司出具《授权及确认函》，将该游戏软件著作权中的财产权独占地许可网
易公司使用，网易公司作为该游戏软件著作财产权在全球的独占被许可人，
有权以其自己的名义对任何单位和个人采取法律行动。2016 年 4 月 30 日，网
易公司和博冠公司出具《授权及补充声明函》，重申上述《授权及确认函》
中的内容，称博冠公司已于 2015 年 1 月 14 日将《梦幻西游 2》游戏软件的全

---

[1]　案件来源：广州知识产权法院［2015］粤知法著民初字第 16 号民事判决书。

部著作权授权给网易公司，并授权网易公司以自己名义对其他任何侵权方采取法律行为。

互联网网站 http://www.yy.com 和 http://yy.tv（被称为"YY 直播"）以及 http://www.huya.com（被称为"虎牙直播"）为广州华多网络科技有限公司（简称"华多公司"）所经营。从 2012 年起，华多公司经营的 YY 直播网站和 YY 语音客户端进行了《梦幻西游》游戏内容直播、录播或者转播服务。华多公司召集、签约大量的游戏主播，并提供非法注入游戏客户端的代码程序或者动态屏幕截取的工具给这些游戏主播，供其抓取游戏内容。同时，提供 YY 直播网站和 YY 语音客户端平台，供这些游戏主播在该平台上以直播、录播或者转播的方式传播该款游戏内容，还通过出售虚拟道具、发布广告等方式牟取了巨额利益。

网易公司诉称，华多公司提供游戏直播的工具和平台，以利益分成的方式召集、签约主播进行《梦幻西游》游戏内容直播，并以此牟利，侵害了网易公司的著作权。经多次书面发函、口头交涉，华多公司不予理会，反而煽动主播人员对抗网易公司。华多公司得知无权使用该款软件后，仍然继续使用，利用网易公司关于该款游戏的市场竞争优势为其带来利益，同时构成不正当竞争。

裁判结果

广州知识产权法院根据《中华人民共和国侵权责任法》第 15 条第 1 款第 1 项、第 6 项和第 2 款，《中华人民共和国著作权法》第 3 条第 6 项、第 9 条、第 10 条第 1 款第 17 项、第 11 条、第 22 条、第 47 条第 11 项、第 49 条第 1 款，《中华人民共和国著作权法实施条例》第 4 条第 11 项，《最高人民法院关于审理著作权民事纠纷案件适用法律若干问题的解释》第 25 条、第 26 条，判决如下：

（1）从本判决发生法律效力之日起，被告广州华多网络科技有限公司停止通过信息网络传播电子游戏《梦幻西游》或《梦幻西游2》的游戏画面。

（2）从本判决发生法律效力之日 10 日内，被告广州华多网络科技有限公司赔偿广州网易计算机系统有限公司经济损失 2000 万元。

案例评析

本案所涉及的法律问题主要是网络游戏连续画面的认定及保护。本案中，网易公司通过书面邮件和电子邮件的形式致函华多公司，称其发现华多公司通过 YY 语音的游戏直播功能模块对《梦幻西游》等游戏非法注入外挂程序，直接违法显现 YY 的直播图标和控件，严重影响了游戏的正常运行、界面布局和客户端稳定性，对网易的众多玩家造成了很大的不良影响，非法注入外挂和复制传播的行为已严重侵犯了网易公司的著作权及其他权益。而被告方华多公司则认为，《梦幻西游》直播画面是玩家游戏时即时操控所得，不符合《著作权法》规定的作品确定性的构成要件，不构成法律规定的任何一种作品类型。同时认为直播画面布局和构成不由游戏设计者确定，而是一系列程序算法与大量玩家互动产生的瞬间结果，其在表达形式上与电影不具有类似性，其不构成以类似摄制电影的方法创作的作品。因此，华多公司认为涉案内容不能依据《著作权法》获得保护。

一、网络游戏连续画面的著作权归属

对于构成《著作权法》意义上"作品"的网络游戏连续画面，谁可以对其主张著作权，需要根据构成网络游戏画面的不同情形来确定。第一种情形，是游戏自带的游戏画面，多表现为游戏通关的过场画面或者动画，可以构成美术作品或者以类似摄制电影的方法创作的作品，著作权归属游戏开发商。第二种情形，属于有玩家参与的游戏画面，但玩家对画面表达并未做出实质贡献，对于这种画面的著作权，仍然归属于游戏开发商。第三种情形，同样属于有玩家参与的游戏画面，但玩家对画面表达做出了实质贡献，玩家享有相应游戏画面的著作权。[1]

第二种情形在网络游戏中最为常见，其特点在于就游戏画面的主要组成元素来说，尽管游戏玩家的参与可以让画面有所变动，但由于游戏开发商对游戏人物及场景设计并非完全开放，玩家对其变动非常有限，并不足以依靠操作游戏角色而形成新的作品。换言之，玩家对画面的"贡献"微弱，并非创作意义上的变化。本案中，法院认定该作品的"制片者"归属于游戏软件的权利人（即网易公司）即属于此种情形。

---

〔1〕 李晓宇："网络游戏直播的著作权侵权认定"，载《中国版权》2017 年第 1 期。

二、通过类电影作品对网络游戏连续画面进行保护的必要性

司法实践中，网络游戏直播所呈现的连续画面应通过什么方式对其进行保护显得至关重要。[1] 由于我国现行《著作权法》并未将网络游戏单独作为一个客体进行保护，因而我国以往的司法实践往往都是对网络游戏进行拆分保护，根据网络游戏各要素的独创性标准分别构成计算机程序、文字作品、美术作品、音乐作品、电影作品等，以此作为不同的作品类型而分别进行保护。这种分别保护的做法在实践中存在诸多问题，有学者提出将网络游戏连续画面看作一个整体来给予保护，即认为网络游戏与传统电影无论是在表现效果还是在创作过程上都高度相似，可以将其纳入电影作品的类别，通过类电影作品对网络游戏连续画面进行保护。[2]

通过类电影作品对网络游戏连续画面进行保护，能够更好地保护权利人的各种合法权益。首先，在举证上，将游戏包含的不同作品要素（如美术作品、文字作品、音乐作品、汇编作品等）进行分别主张及侵权认定，权利人举证责任较重，需要就不同类别的作品分别去列举比对，且部分内容如界面、情节的递进等可能无法获得保护。而主张游戏构成类电作品，举证的侧重点在于连续性画面的实质性相似，以及情节的发展、递进、人物关系、场景关系等。其次，在侵权后果上，主张不同的作品类型侵权，经比对后，根据侵权内容的多少以及在整个游戏中的作用，结果可能是就侵权部分停止侵权，被侵权人对游戏进行表面的修改后仍可以继续发行运营。而一旦构成以类似摄制电影的方法创作的作品侵权，则涉及作品整体、构架的调整，甚至停止游戏运营这一停止侵权路径。再次，在赔偿上，主张以美术作品、文字作品等不同作品类型侵权，由于相关内容仅为整个游戏中大量作品的其中之一，判赔需要衡量其在游戏内容中所占的比重、对游戏的贡献率以及因侵权内容而获得的利润，判赔额度总体来说较之整个游戏构成以类似摄制电影的方法创作的作品侵权少。而以类似摄制电影的方法创作的作品的侵权，判赔额可能达到百万甚至千万，司法实践中已有的游戏构成以类似摄制电影的方法创

---

〔1〕 王迁、袁锋："论网络游戏整体画面的作品定性"，载《中国版权》2016 年第 4 期。

〔2〕 冯晓青、江锋涛主编：《知识产权法前沿问题研究》，中国政法大学出版社 2017 年版，第 162~163 页。

作的作品侵权案件中，法院判决赔偿的数额高达 3000 万元。

综上，通过类电影作品对网络游戏连续画面进行保护优于分别进行保护的做法，有利于促进游戏产业的发展，起到保护创新的目的，更有利于著作权人实现其权益，防止侵权。本案就是将网络游戏连续画面作为一个整体，即以类似摄制电影的方法创作的作品来进行保护，而非分别以文字作品、音乐作品、美术作品等不同类型将游戏连续画面进行拆分后予以保护。

三、本案以类电影作品对网络游戏连续画面进行保护的认定

网络游戏是一个由复合元素综合组成的产物，但总的来说可以分成两部分：一是计算机程序；二是运行程序后通过屏幕显示的整体内容（可有配音）。本案中，游戏的核心内容可分为游戏引擎和游戏资源库，前者是由指令序列组成的计算机软件程序，后者是由各种素材片段组成的资料库，含有各种音频、视频、图片、文字等文件，可以视为程序、音频、视频、图片、文档等的综合体。涉案电子游戏由用户在终端设备上登入、操作后，游戏引擎系统自动回应用户请求，调用资源库的素材在终端设备上呈现，产生一系列有伴音或无伴音的连续画面。我国《著作权法实施条例》第 4 条规定，电影作品和以类似摄制电影的方法创作的作品，是指摄制在一定介质上，由一系列有伴音或者无伴音的画面组成，并且借助适当装置放映或者以其他方式传播的作品。以类似摄制电影的方法创作的作品作为《著作权法》中的一种作品类型，获得保护的前提与其他作品是相似的，也要满足独创性标准。[1] 因此，在认定时应该与我国现行司法实践对电影作品独创性的判断标准保持一致，具体可以结合网络游戏的整体视听效果、故事情节和游戏类型等要素，根据个案合理判断网络游戏的独创性。

就其整体而言，涉案游戏的画面以文学作品《西游记》中的情节梗概和角色为引，展示天地间芸芸众生"人""仙""魔"三大种族之间发生的"门派学艺""斩妖除魔"等情节、角色和场景，具有丰富的故事情节、鲜明的人物形象和独特的作品风格，表达了创作者独特的思想个性，且能以有形形式复制，与电影作品的表现形式相同。这种游戏的创作过程，是游戏策划人员对故事情节、游戏规则等进行整体设计，美工对游戏原画、场景、角色等素

---

〔1〕　刘承韪、吕冰心："论电视节目模式的著作权法保护"，载《法学论坛》2018 年第 2 期。

材进行设计，程序员根据需要实现的功能进行具体代码编写后形成的。此创作过程综合了角色、剧本、美工、音乐、服装设计、道具等多种手段，与"摄制电影"的方法类似。因此，涉案电子游戏在终端设备上运行呈现的连续画面可被认定为以类似摄制电影的方法创作的作品。游戏画面的播放，是用户登入后操作的显示结果。

作为一款在线的多人参与的游戏，其运行本身需要信息网络的环境，网络环境确能提供条件，促进不同用户的在线交流。对于用户（玩家）和观看者而言，其体验可能来自感知连续画面以及追求游戏中预设的"过关"或者"升级"等操作结果这两方面。在后者的体验活动中，游戏画面的存在价值似乎发生了转换，但是，即使在这种情况下，游戏画面的播放作为前提的存在乃是不可避免的。"过关"或者"升级"的操作结果可以视为在游戏呈现画面基础上的递进追求，其与呈现画面共同体现了电子游戏的多元价值。因此，从法理上讲，即使游戏画面被作为游戏工具使用，是关注、分析角度不同使然，但并不因而导致游戏画面价值的丧失。涉案电子游戏在用户登入运行过程中呈现的连续画面，与传统电影作品或者类电影作品有明显差异：前者具有双向互动性，不同玩家（用户）操控涉案电子游戏或者同一玩家以不同玩法操控游戏，会呈现不同的动态画面，尤其是在多人参与的情况下，呈现结果往往难以穷尽。但这点差异并不影响其仍作为类电作品获得保护，因为《著作权法》对类电影作品的认定要件并未限定连续画面的单向性。而且，游戏系统的开发者已预设了游戏的角色、场景、人物、音乐及其不同组合，包括人物之间的关系、情节推演关系，不同的动态画面只是不同用户在预设系统中的不同操作产生的不同操作、选择之呈现结果，用户在动态画面的形成过程中无《著作权法》意义上的创作劳动。

因此，尽管游戏连续画面是用户参与互动的呈现结果，但仍可将其整体画面认定为以类似摄制电影的方法创作的作品。该案中，玩家的交互性操作不影响对网络游戏整体画面的定性。需注意的是，对于那些不符合电影作品独创性标准的网络游戏，其各组成部分（如单幅画面、文字组合和音乐等）只要符合独创性的要求，仍然可以分别获得著作权保护。

12. 音乐作品著作权侵权的认定

——潘龙江与本山传媒有限公司等著作权权属、侵权纠纷案〔1〕

案情概况

上诉人（原审原告）：潘龙江，男。

被上诉人（原审被告）：本山传媒有限公司，住所地：辽宁省沈阳市沈河区。

法定代表人：赵本山，董事长。

委托代理人：刘笑添，该公司行政专员。

被上诉人（原审被告）：东阳悦文嘉瑞影视传媒有限公司，住所地：浙江省横店影视产业实验区。

法定代表人：张堰，经理。

委托代理人：马文倩，该公司法务。

被上诉人（原审被告）：辽宁广播电视音像出版社，住所地：辽宁省沈阳市和平区。

委托代理人：张立红，该公司职员。

被上诉人（原审被告）：北京市新华书店王府井书店，住所地：北京市东城区。

法定代表人：田文明，总经理。

委托代理人：冯春莉，该书店业务主管。

潘龙江是《红尘情歌》的曲作者，2012 年 12 月 16 日，其在王府井书店购买了电视剧《不是钱的事》DVD 光盘。经比对，涉案电视剧第 16 集和第 18 集未经其许可使用了涉案歌曲。涉案电视剧版权所有人为本山传媒有限公司（简称"本山传媒公司"）和东阳悦文嘉瑞影视传媒有限公司（简称"东阳悦文公司"），上述两公司在电视剧中公开使用和表演涉案歌曲的行为，侵犯了其对涉案歌曲所享有的著作权中的署名权、表演权、复制权、发行权、

---

〔1〕　案件来源：北京知识产权法院 [2015] 京知民终字第 00156 号民事判决书。

广播权。辽宁广播电视音像出版社作为 DVD 出版单位，应同上述二公司共同承担连带赔偿责任。北京市新华书店王府井书店作为销售商，对销售《不是钱的事》DVD 光盘未尽到合理的审查义务，亦应承担共同侵权责任。综上，潘龙江诉至法院，要求判令：①本山传媒公司、被告东阳悦文公司在涉案电视剧中停止使用涉案歌曲，辽宁广播电视音像出版社停止出版涉案电视剧 DVD 光盘，北京市新华书店王府井书店停止销售涉案电视剧 DVD 光盘；②四侵权人连带赔偿经济损失及合理支出 15 万元；③四侵权人赔偿精神损失费 2 万元；④四侵权人在《中国新闻出版报》显著位置刊登声明向原告赔礼道歉、消除影响，在酷狗音乐网（网址为 www.kugou.com）和一听音乐网（网址为 www.1ting.com）上发表声明向潘龙江赔礼道歉、消除影响；⑤四被告共同承担本案诉讼费。

一审判决后，潘龙江不服，在法定期限内提起上诉，称：①原审法院对侵权行为给上诉人造成的经济和精神损害程度认定不准确，判赔过轻；②原审法院对涉案歌曲的知名度、被上诉人主观过错程度、侵权行为性质和使用方式认定不准确，判赔过轻。综上，原审法院认定事实不清，请求法院撤销原审判决，依法支持上诉人的全部诉讼请求。东阳悦文公司、北京市新华书店王府井书店当庭表示同意原审判决。本山传媒公司、辽宁广播电视音像出版社未向法院陈述意见。

裁判结果

北京市东城区人民法院依照《中华人民共和国著作权法》第 10 条第 1 款第 2、5、6、9 项，第 10 条第 2 款，第 48 条第 1 项，第 49 条；《最高人民法院关于审理著作权民事纠纷案件适用法律问题若干问题的解释》第 7 条，第 19 条，第 20 条第 1、2、4 款，第 26 条第 1 款；《中华人民共和国民事诉讼法》第 144 条之规定判决如下：

（1）于本判决生效之日起，被告本山传媒有限公司、被告东阳悦文嘉瑞影视传媒有限公司停止在涉案电视剧中使用歌曲《红尘情歌》曲部分，被告辽宁广播电视音像出版社停止出版包含歌曲《红尘情歌》曲部分的电视剧《不是钱的事》光盘（ISBN978-7-88378-074-8），被告北京市新华书店王府井书店停止销售涉案包含歌曲《红尘情歌》曲部分的电视剧《不是钱的事》光盘（ISBN978-7-88378-074-8）；

（2）于本判决生效之日起 10 日内，被告本山传媒有限公司、被告东阳悦文嘉瑞影视传媒有限公司、被告辽宁广播电视音像出版社连带赔偿原告潘龙江经济损失 15 000 元及合理支出 2030 元；

（3）于本判决生效之日起 30 日内，被告本山传媒有限公司、被告东阳悦文嘉瑞影视传媒有限公司、被告辽宁广播电视音像出版社在《中国新闻出版》上就包含歌曲《红尘情歌》曲部分的电视剧《不是钱的事》光盘（ISBN978-7-88378-074-8）中侵犯原告潘龙江署名权的行为刊登公开赔礼道歉声明，消除影响。（致歉内容需经本院审核，逾期不执行，本院将依法公开本判决的主要内容，所需费用由被告本山传媒有限公司、被告东阳悦文嘉瑞影视传媒有限公司、被告辽宁广播电视音像出版共同负担。）

（4）驳回原告潘龙江的其他诉讼请求。

北京知识产权法院依照《中华人民共和国民事诉讼法》第 170 条第 1 款第 1 项之规定，判决：

驳回上诉，维持原判。

案例评析

本案涉及的法律问题主要是音乐作品著作权侵权的认定。在受著作权法保护的作品类型中，音乐制品是较大的一类，而且，它的权利相对比较复杂。以一首被制作成 CD 的歌曲为例，它涉及的主体有：词作者、曲作者、演唱者、演奏者、录制合成者、生产发行者、商业使用者、消费者等等。相应地，音乐作品著作权侵权的认定也存在诸多问题。

一、音乐作品侵权的特点

侵权主体上，在民事侵权行为中，由一人单独实施的单独侵权行为，是最常见、最普通的侵权行为。除此以外，还有一种是二人或二人以上由于共同过错造成他人损害的共同侵权行为。在著作权侵权行为中，除了上述两种形式以外，还存在着第三种形态，即由数个行为人分别对同一权利人进行的侵害，这在音乐作品著作权侵权中尤为常见。

侵权对象上，民事侵权对象包括财产权、人身权、人格权、知识产权等。与传统的民事权利（财产权、人身权）以及知识产权中的专利权、商标权相比，著作权具有权利的多重性及可分性的特点，即著作权包含了著作财产权和著作人身权，其中，著作财产权又包含了复制、表演等十多项权利。上述权利既可独立行使，也可结合行使。相应地，著作权侵权行为的侵害对象也会表现出下述特点：一是财产权与人身权同时被侵害；二是多项财产权与人身权同时被侵害，音乐作品侵权亦具有上述特点。

此外，根据《著作权法》第46条第3项的规定，出版他人享有专有出版权的图书的，构成侵权行为。这表明，著作权侵权行为的侵害对象还包括合同债权。随着社会的发展，一些国家的法律也开始将第三人对债权的侵害作为侵权行为对待，作为与现代社会文化、科学事业的发展休戚相关的法律，著作权法率先将对债权的侵犯规定为侵权行为，保证了债权当事人所享有专有出版权的图书出版者权利的顺利实现。[1]

二、音乐作品著作权侵权行为的认定原则

司法实践中，音乐作品著作权侵权行为的认定应遵循以下原则：一是过错原则。根据《民法总则》的一般规定及《著作权法》的具体规定，过错是著作权侵权认定中的一项原则。著作权法将侵权行为分列两类，一般来说，第46条所列7项侵权行为基本上属于故意侵权，第45条所列的8项侵权行为则包括了故意侵权和过失侵权两种。在英、美著作权法中，均有关于因不知而侵权的规定。我国专利法也有这方面的规定，《专利法》第62条规定，使用或者销售不知道是未经专利权人许可而制造并售出的专利产品的，不视为侵犯专利权。然而，我国著作权法却无此类规定。二是损害原则。侵权行为是侵害他人合法权益的行为，该行为造成了损害后果。无损害后果的行为，不构成侵权行为。由于侵权行为总是与损害后果相联系，因此一些学者将侵权行为称为侵权损害。[2] 著作权侵权行为同样与一定的损害后果相联系，这种损害后果既包括有形损失（经济损失），也包括无形损失（精神、名誉损失）。而且，与一般民事侵权行为主要是造成积极损害（直接损失）——现有财产因损害事实的发生而减少——不同，著作权侵权行为所造成的损害多表现为消极损害（间接损失、可得利益的损失），即新财产的取得，因损害事实

---

〔1〕 王军、方龙飞："多主体实施方法权利要求直接侵权构成辨析"，载《电子知识产权》2018年第9期。

〔2〕 宋健："知识产权损害赔偿问题探讨——以实证分析为视角"，载《知识产权》2016年第5期。

的发生而受妨害。三是公平原则。公平原则在民事权利保护领域已得到比较广泛的运用，在法律缺乏具体规定的情况下，法官可直接根据公平观念作出裁断，确定当事人间权利义务和民事责任的分派。公平原则在著作权侵权行为的认定上的运用，可以表现在相对的两个方面：一是据此认定不构成侵权；二是据此认定侵权。[1] 作为第一方面，它具体表现为公平使用原则，例如，美国联邦第九上诉法院曾在审理一起计算机软件纠纷案时认为，软件设计人员使用受著作权法保护的程序部分以便了解该软件某些非保护部分的内容及功能，如果其目的是发展一套与现有产品具有相容性或竞争性的软件，则此种用法属于公布使用的范围，不构成侵权。我国也有以逆向工程解码法来发展自己软件的事件，这种情形在我国也不被视为侵权。另一方面，作为过错原则和损害原则的补充，当行为人的过错及损害后果不易确定时，可依公平原则来判定行为人是否构成侵权。

三、本案音乐作品著作权侵权的认定

音乐作品著作权侵权的认定中，首先是对原告作品的分析。我国和世界上绝大多数国家对著作权的产生都采取自动保护原则，即作品一经创作完成，著作权即告产生。因此，与专利、商标等其他类型的知识产权侵权认定不同，著作权侵权认定还涉及权利的有效性问题。一部拥有有效著作权的作品必须同时具备属于著作权法保护的作品范围、具备独创性、能以某种有形形式复制等条件，只要有任何一个条件不具备，原告作品就不受著作权法保护。这样，被告当然未侵权。如果原告作品同时符合上述条件，则该作品受著作权法保护。接下来则是对被控侵权作品及被告使用方式的分析。对被控侵权作品的分析，可适用以下两个标准：一是"接触"，即接触前一作品的机会；二是"实质相似"，即应受著作权保护部分实质相似。其中，后者是认定的重点。在认定原、被告的作品是否"实质相似"时，可将原告作品中受著作权保护的部分（不包括"思想"及已处于公有领域中的"思想的表达"）与被告作品的相应部分进行对比，判定两者是否实质相似。

本案中，根据潘龙江提供的《作品登记证书》《福建歌声》杂志、《伤感网络情歌对唱》光盘及《豪驾立体音效 2》光盘，可以证明潘龙江是涉案歌

---

[1] 易军："民法公平原则新诠"，载《法学家》2012 年第 4 期。

曲的曲作者，享有涉案歌曲的曲著作权。潘龙江作为著作权人，其有权就他人未经许可使用其作品的行为主张权利，并要求相关行为人承担侵权责任。涉案电视剧光盘《不是钱的事》第16集和第18集未经潘龙江许可，使用了涉案歌曲。经比对，被控侵权歌曲和涉案歌曲在旋律上基本一致，本山传媒公司和东阳悦文公司作为涉案电视剧的著作权人，其在涉案电视剧中未经潘龙江许可使用了其享有著作权的歌曲，且未给其署名，侵犯了潘龙江所享有的著作权中的署名权、表演权、复制权、发行权。虽本山传媒公司辩称其与东阳悦文公司签有书面协议约定若涉及侵权问题，相关责任由东阳悦文公司承担，但二者之间的合同关系具有相对性，不能对抗合同之外的第三人。涉案电视剧使用涉案歌曲的行为不构成我国《著作权法》第23条第2项所规定的合理使用，故本山传媒公司和东阳悦文公司应就被控侵权行为承担停止侵害、赔礼道歉、赔偿损失的民事责任。辽宁广播电视音像出版社作为涉案电视剧DVD光盘的出版单位，其就涉案电视剧DVD光盘的出版未尽到合理的注意义务，故其就涉案电视剧DVD光盘需与东阳悦文公司和本山传媒公司承担连带赔偿责任，并承担赔礼道歉、停止侵害的民事责任。涉案电视剧DVD光盘系北京市新华书店王府井书店从北京荣辅景音像中心购进，有合法的进货来源，仅承担停止侵害的民事责任。

13. 模型作品的界定及其保护

——北京中航智成科技有限公司诉深圳市飞鹏达精品制造有限公司著作权侵权纠纷案[1]

📄 案情概况

再审申请人（一审被告、二审被上诉人）：深圳市飞鹏达精品制造有限公司，住所地：广东省深圳市龙岗区。

法定代表人：冯强，该公司总经理。

委托代理人：李静传，北京市中瑞律师事务所律师。

---

〔1〕 案件来源：中华人民共和国最高人民法院〔2017〕最高法民再353号民事判决书。

委托代理人：徐丹丹，北京市中瑞律师事务所律师。

被申请人（一审原告、二审上诉人）：北京中航智成科技有限公司，住所地：北京市朝阳区。

法定代表人：须智，该公司总经理。

委托代理人：姚欢庆，男，汉族，中国人民大学副教授。

委托代理人：李月峰，北京市君永律师事务所律师。

成都飞机设计研究所为"歼十飞机（单座）"的设计、研发单位，该飞机的实际制造者为成都飞机工业（集团）有限责任公司。北京中航智成科技有限公司（简称"中航智成公司"）取得上述两单位的许可，为该飞机模型的唯一生产商及供应商，并能够以自己的名义主张"歼十飞机（单座）"所涉及的知识产权。在获得许可后，中航智成公司根据成都飞机设计研究所"歼十飞机（单座）"原始设计图纸及"歼十飞机（单座）"设计了相应的等比例模型。2011 年 9 月，中航智成公司经过公证购买得到了深圳市飞鹏达精品制造有限公司（简称"飞鹏达公司"）生产、销售的"45cm 小歼 10"飞机模型，中航智成公司认为飞鹏达公司的上述行为侵犯了中航智成公司对"歼十飞机（单座）"的设计图纸、模型及飞机本身分别享有图形作品、美术作品或模型作品的复制权及发行权。据此，中航智成公司请求法院保护其合法权益，本案经历了一审、二审及再审。

裁判结果

北京市第一中级人民法院依照《中华人民共和国著作权法实施条例》第 2 条，第 4 条第 8 项、第 12 项、第 13 项之规定，判决：

驳回中航智成公司的全部诉讼请求。

北京市高级人民法院依据《中华人民共和国民事诉讼法》第 170 第 1 款第 2 项，《中华人民共和国著作权法》第 3 条、第 10 条、第 48 条，《中华人民共和国著作权法实施条例》第 4 条之规定，判决如下：

（1）撤销北京市第一中级人民法院［2013］一中民初字第 7 号民事判决；

（2）深圳市飞鹏达精品制造有限公司于本判决生效之日起立即停止制造、销售"歼十飞机（单座）"模型的行为；

（3）深圳市飞鹏达精品制造有限公司于本判决生效之日起 10 日内赔偿北

京中航智成科技有限公司经济损失 40 万元及合理费用支出 33 360 元；

中华人民共和国最高人民法院依照《中华人民共和国民事诉讼法》第 207 第 1 款、第 170 条第 1 款第 2 项的规定，判决如下：

（1）撤销北京市高级人民法院［2014］高民（知）终字第 3451 号民事判决；

（2）维持北京市第一中级人民法院［2013］一中民初字第 7 号民事判决。

案例评析

本案所涉及的法律问题主要是模型作品的立法及保护。本案中，关于中航智成公司主张的"歼十飞机（单座）"模型是否构成受《著作权法》保护的作品、飞鹏达公司的行为是否侵害中航智成公司享有的著作权以及是否应当承当相应侵权责任的问题，是本案亟须解决的双方争议点，这涉及一个重要的法律问题，即这种高精确、等比例缩放模型是否可以因构成模型作品而受到保护。

一、模型及模型作品的界定

模型，即通过主观意识借助实体或者虚拟表现构成客观阐述形态结构的一种表达目的的物件。模型构成形式可分为实体模型与虚拟模型：实体模型，即拥有体积及重量的物理形态概念的实体物件；虚拟模型，即用电子数据通过数字表现形式构成的形体以及其他实效性表现。日常生活中常见的模型多分为两类：第一类即类似案件中的"歼十飞机（单座）"模型，严格按照一定比例对实物进行缩小或放大或按照原尺寸制成；第二类模型则是模型制作者在根据实物进行缩小、放大或按照原尺寸制作的过程中，没有严格按照各构成要素的比例关系，人为地改变了点、线、面或几何结构，导致最终形成的作品与原作品存在显著差异。比如，以波音飞机为原型可以制造供儿童日常玩耍的玩具，因为针对对象是儿童，所以并不需要做成波音飞机的精确缩小版，只要适应儿童的日常审美即可。

模型作品，是指为展示、试验或者观测等用途，根据物体的形状和结构，按照一定比例制成的立体作品。著作权法意义上的"模型"与"模型作品"绝非同义词。根据《著作权法实施条例》第 2 条的规定，我国《著作权法》保护的作品必须同时具备以下三个要件：一是必须属于文学、艺术和科学领域内的智力创作；二是具有独创性；三是能以有形的形式复制。作为上述三要件之一的作品的独创性，指作者在创作作品的过程中投入了某种智力性劳动，创作出来的作品具有最低限度的创造性，且作品是由作者独立思考并独立完成的，体现了作者的精神劳动和智力判断。上述第一类模型，其无法构成符合独创性要求的"作品"，因为独创性要求劳动者独立贡献，源于其本人且能够被客观识别的东西，而不能仅仅重复前人的劳动成果。严格按照原尺寸制作，或者按照一定比例对实物进行缩小或放大，最终所制造的模型并没有贡献出源于其本人的任何新的点、线、面和几何结构，而是按照比例关系准确地再现了它们。再者，有些模型完全是工业化流程的产物，另一些则是需要纯手工制作，需要艺人高超的技巧。但即使是后者，由于最终形成的模型与原物相比，除了尺寸严格按照比例缩放之外，并没有产生客观可识别的、"源于制作者"的成果，制作者所运用的仅仅是为进行"精准复制"所需要的技巧。因而，由此形成的也只是大尺寸、小尺寸或者原尺寸的复制件而已。换言之，如果原物本身就体现了造型艺术作品，则这种制作过程产生的仅仅是"作品的模型（复制件）"而不是"模型作品"。[1] 对于第二类模型而言，其在制作过程中没有严格按照各构成要素的比例关系，最终形成的作品与原作品存在显著差异，由此形成的模型可构成作品。但这样一种作品又很难成为《著作权法实施条例》所称谓的"模型作品"。

可见，《著作权法实施条例》对"模型作品"的定义是自相矛盾的，"模型作品"需要具有一定的独创性，但"模型作品"的定义又恰恰排斥了具有独创性的制作过程。事实上，立法者也意识到了关于"模型作品"条款的缺陷，因而，正在进行的《著作权法》第三次修改中，立法者对"模型作品"这一概念有了新的考量，并在草案中拟以"立体作品"替代"模型作品"，对这类型的作品进行命名和定义上的双重修止。其中，国家版权局公布的《著作权法（修订案草案）》将"立体作品"定义为"为生产产品、展示地理地形而创作的三维作品"。

二、"歼十"战斗机的外观造型及其模型的保护

本案经历了一审、二审及再审。一审法院认为，歼十飞机模型系对歼十

---

〔1〕 王迁："'模型作品'定义重构"，载《华东政法大学学报》2011 年第 3 期。

飞机的等比例缩小和精确复制，故而无论模型产生时间早晚均不具有独创性，驳回了中航智成公司的全部诉讼请求。但二审法院认为，根据《著作权法实施条例》第 4 条第 13 项的规定，模型作品是根据物体的一定比例放大或缩小而成。为了实现展示、试验或者观测等目的，模型与原物的近似程度越高或者越满足实际需要，其独创性越高。对模型作品的界定，应当从实施条例的相关规定及其目的出发，依法作出合理的解释，不能脱离现有法律规定。本案中，根据央视国际的报道，成都飞机设计研究所完成的歼十飞机模型于 2007 年 1 月 5 日已公开发布。虽然该模型是歼十飞机造型的等比例缩小，但根据《著作权法实施条例》的相关规定，该模型的独创性恰恰体现于此，其已构成模型作品，应当受到《著作权法》的保护。

最高人民法院认为，中航智成公司一审起诉要求保护的"歼十飞机"模型作品，是其从成都飞机设计研究所获得授权制造、销售的歼十飞机模型，该模型是歼十飞机的等比例缩小，故歼十飞机产生在先，中航智成公司在本案中要求保护的歼十飞机模型产生在后。中航智成公司主张飞鹏达公司生产、销售的歼十飞机模型侵害其对歼十飞机模型享有的模型作品著作权，应当对其获得授权制造、销售的歼十飞机模型构成受我国《著作权法》保护的模型作品负有举证责任。中航智成公司在本案中要求保护的歼十飞机模型与歼十飞机相比，除材质、大小不同外，外观造型完全相同。因此，无论中航智成公司在将歼十飞机等比例缩小的过程中付出多么艰辛的劳动，中航智成公司均未经过自己的选择、取舍、安排、设计、综合、描述，创作出新的点、线、面和几何结构，其等比例缩小的过程仅仅只是在另一载体上精确地再现了歼十飞机原有的外观造型，没有带来新的表达，属于严格按比例缩小的技术过程。在中航智成公司不能证明其根据歼十飞机等比例缩小而制造的歼十飞机模型具有独创性的情况下，该过程仍然是复制，产生的歼十飞机模型属于歼十飞机的复制件，不构成受我国《著作权法》所保护的模型作品。即便按二审法院认定的事实，中航智成公司制造、销售的歼十飞机模型是对成都飞机设计研究所完成的歼十飞机模型的复制，因二审法院认定由成都飞机设计研究所完成的歼十飞机模型，亦为歼十飞机的等比例缩小，故基于与上述同样的理由，该成都飞机设计研究所完成的模型亦不具有独创性，不受我国《著作权法》的保护。因此，再审法院认为二审法院关于"模型与原物的近似程度越高，其独创性越高"的认定，违背了我国《著作权法》的基本原理，最高人民法院予以纠正。又鉴于我国《著作权法》只保护作品的表达，不延及思想、工艺、操作方法或数学概念，且我国《著作权法》保护的表达是具有文学、艺术和科学审美意义的智力成果，不保护为满足人们实际生活需要的实用性和功能性的表达，因此，二审法院关于"模型越满足实际需要，其独创性越高"的认定，也违背了我国《著作权法》的立法本意，应当予以纠正。

对于飞机模型的保护，只要满足了相关法律规定，可通过外观设计专利来保护。我国《专利法》第 2 条规定，外观设计是指对产品的形状、图案或者其结合以及色彩与形状、图案的结合所作出的富有美感并适于工业应用的新设计。故而，在达到专利法所要求的新颖性与创造性的要求后，诸如"歼十"飞机这样的工业产品完全可以通过申请外观设计专利来保护自己的外观造型。[1] 另外，由于飞机外观造型设计较为复杂，不同的部分应当分门别类地依据各自属性来选择合适的保护方案。例如，外观设计专利就只保护不包含实用性的装饰性设计，而对于飞机外观设计中体现了较强的功能性的部分则通过申请发明专利获得保护。值得注意的是，由于外观设计的保护必须指明产品类别，而工业品和模型分属不同类别，因此必须要分别申请，如此才能得到较为妥善的保护。

14. 演绎作品的侵权问题及侵权责任的转化

——杭州大头儿子文化发展有限公司诉央视动画有限公司侵害著作权纠纷案[2]

案情概况

上诉人（原审原告）：杭州大头儿子文化发展有限公司，住所地：浙江省杭州市上城区。

法定代表人：朱建兰，总经理。

委托代理人：梁朝玉，北京观韬律师事务所律师。

---

〔1〕 文利荣："我国专利双轨制保护模式完善问题研究"，湖南师范大学 2013 年硕士学位论文。

〔2〕 案件来源：浙江省杭州市中级人民法院［2015］浙杭知终字第 358 号民事判决书。

委托代理人：甘为民，北京观韬（上海）律师事务所律师。
上诉人（原审被告）：央视动画有限公司，住所地：北京市东城区。
法定代表人：蔡志军，总经理。
委托代理人：孙建红、郭春飞，北京天驰君泰律师事务所律师。

1995 年版动画片《大头儿子小头爸爸》由中央电视台和东方电视台联合摄制，在其片尾播放的演职人员列表中载明："人物设计：刘泽岱"。2012 年 12 月 14 日，刘泽岱将自己创作的"大头儿子""小头爸爸""围裙妈妈"三幅作品的著作权转让给洪亮。2014 年 3 月 10 日，洪亮将上述著作权转让给杭州大头儿子文化发展有限公司（简称"大头儿子文化公司"）。2013 年，央视动画有限公司摄制了动画片《新大头儿子小头爸爸》并在 CCTV、各地方电视台、央视网上进行播放。大头儿子文化公司认为央视动画公司在未经著作权人许可且未支付报酬的情况下，利用上述美术作品形象改编为新人物形象、制作成动画片等行为侵犯了其著作权，故起诉至杭州市滨江区人民法院诉请判令央视动画有限公司停止侵权，登报赔礼道歉、消除影响，并赔偿经济损失及合理费用。杭州市滨江区人民法院认为，刘泽岱作为受托人对其所创作的三幅美术作品享有完整的著作权。大头儿子文化公司经转让继受取得了上述作品除人身权以外的著作权。央视动画有限公司未经许可，在 2013 年版动画片以及相关的展览、宣传中以改编的方式使用相关作品并据此获利的行为，侵犯了大头儿子文化公司的著作权，应承担相应的侵权责任。因赔偿数额等原因，双方都提出了上诉。

裁判结果

浙江省杭州市滨江区人民法院依照《中华人民共和国著作权法》第 10 条第 3 款、第 12 条、第 13 条第 1 款、第 17 条、第 47 条；《最高人民法院关于审理著作权民事纠纷案件适用法律若干问题的解释》第 25 条第 1 款、第 2 款，第 26 条；《中华人民共和国民事诉讼法》第 64 条第 1 款；《最高人民法院关于民事诉讼证据的若干规定》第 78 条之规定，判决：

（1）央视动画有限公司于判决生效之日起 10 日内赔偿大头儿子文化公司经济损失人民币 400 000 元；

（2）央视动画公司于判决生效之日起 10 日内赔偿大头儿子文化公司为维

权所支出的合理费用人民币 22 040 元。

浙江省杭州市中级人民法院依照《中华人民共和国民事诉讼法》第 170 条第 1 款第 1 项、第 175 条之规定，判决如下：

驳回上诉，维持原判。

[↗] 案例评析

本案所涉及的法律问题主要是演绎作品的侵权问题及侵权责任的转化。本案中，央视动画有限公司摄制的动画片《新大头儿子小头爸爸》是以原有的美术作品的形象为基础，是对原有作品的演绎，形成了演绎作品。在案件的审理过程中，原审原告诉请以提高赔偿额的方式代替停止侵权的行为。因此，该案件不仅涉及演绎作品的侵权问题，同时涉及承担侵权责任的方式转化问题。

一、演绎作品的著作权归属

演绎作品是在已有作品的基础上经过创造性劳动而派生出来的作品，是传播原作品的重要方法。[1] 演绎作品虽然是原作品的派生作品，但并不是简单的复制原作品，而是以新的思想表达形式来表现原作品，需要演绎者在正确理解、把握原作品的基础上，通过创造性的劳动产生新作品。《著作权法》第 12 条规定："改编、翻译、注释、整理已有作品而产生的作品，其著作权由改编、翻译、注释、整理人享有，但行使著作权时不得侵犯原作品的著作权。"该条明确了演绎作品的作者，在对原作品进行再创作时，应事先征得原作者的同意，并依照规定支付报酬。同时，原作者仍享有署名权，再创作人不得对原作品进行歪曲、篡改等，如果演绎作品的创作人是对已超过保护期的作品进行再创作，可以不征得原作者的同意，同时可以不支付报酬，但不得侵犯原作者的署名权，作品的不受歪曲、篡改权不得侵犯。

本案中，央视在原告的三个动画人物的基础上进行了再创作，增添了新的艺术创作成分，加入了自己的智力劳动。由于是在原作品的基础上进行的艺术加工，所以构成演绎作品。由于该演绎作品是由央视支持，代表央视的

---

〔1〕 张艳冰："演绎作品著作权及其归属制度完善研究——以《著作权法》（修订稿）为视角"，载《邵阳学院学报（社会科学版）》2014 年第 4 期。

意志创作，并最终由央视承担责任的作品，所以央视应被视为该演绎作品的作者，对该作品享有著作权。演绎作品是在已有作品的基础上产生的，没有原作品，也就无所谓演绎作品。因此，除法律规定的"合理使用"的范围外，演绎原作品需要征得原作者以及其他对原作品享有著作权的权利人的同意。在实践中，取得原作品的演绎权，通常需要演绎者与原作者签订演绎合同，明确权利义务，并依照约定支付报酬。演绎作品的作者在行使其演绎作品的著作权时，不得侵犯原作者在著作权中的其他权利，包括尊重原作者的署名权，演绎作者应当在演绎作品上注明原作品的名称、原作者的姓名，尊重原作品的内容，不得歪曲、篡改原作品等，否则可能导致对原作品的侵权而承担民事责任。同时，由于演绎作品是以原作品为基础，对原作品具有依赖性，因此，演绎作者对演绎作品享有的著作权并不是完整的著作权，不能独立地行使。[1]

本案的纠纷就在于央视虽然享有对该演绎作品的著作权，但是并未事先征得原著作权人的许可，也未支付报酬，更没有相关合同对权利进行明确，实质上属于非法演绎作品。所谓非法演绎作品，是指未经原著作权人许可，擅自使用其作品进行演绎创作所形成的具有独创性的新作品。其含义有以下几层：一是此作品为演绎作品，具有独创性；二是此作品应当经过原著作权人许可而未经原著作权人许可；三是此作品无须许可或虽经许可，但侵犯了原作品的其他著作权。[2] 本案中，被告的演绎作品显然没有获得原著作权人的许可，构成对其的非法演绎。对于非法演绎作品不能因为其是非法的就直接认定该演绎作品没有著作权。在演绎过程中，央视也付出了劳动，加入了自己独创性的创作。而且，该非法演绎作品在一定程度上获得了巨大的经济价值，得到公众喜爱并产生可观的经济收益；同时也有一定的社会价值。所以，不能片面地否定非法演绎作品的作用及价值，相反，要通过立法的方式，加强对这类作品规范和控制，从源头上减少非法演绎作品的产生。

二、著作权侵权诉讼中停止侵权的民事责任转化

本案是一例以提高赔偿额的方式来代替停止侵权行为的案件，依本案来

---

[1] 赵海燕："演绎作品证伪及权利归属探讨"，载《湖北广播电视大学学报》2014年第9期。

[2] 孙玉芸："论非法演绎作品的法律保护"，载《南昌大学学报（人文社会科学版）》2012年第5期。

看，此种做法显然符合社会的经济效益标准，有利于贯彻利益平衡原则，体现社会公共利益。停止侵权是法律规定的权利救济的方式之一，也是侵权救济方式中对侵权人最严厉的惩罚。在本案中，由于停止侵权将导致公共利益受到损害，因此基于利益平衡原则判决侵权不停止，以支付合理费用的方式对权利人进行救济无疑是最佳的选择。[1] 同时也体现了法律适用的灵活性，给了法官自由裁量权。

在本案中，一审法院认为被告在未经著作权人许可且未支付报酬的情况下，拍摄制作《新大头儿子和小头爸爸》，并发行、复制、销售、播放、网络传输该动画片。根据《中华人民共和国著作权法》第 47 条规定："有下列侵权行为的，应当根据情况，承担停止侵害、消除影响、赔礼道歉、赔偿损失等民事责任：……（六）未经著作权人许可，以展览、摄制电影和以类似摄制电影的方法使用作品，或者以改编、翻译、注释等方式使用作品的。"故被告央视动画有限公司未经原告大头儿子文化公司许可，在《新大头儿子和小头爸爸》动画片以及相关的展览、宣传中以改编的方式使用原告大头儿子文化公司的作品并据此获利的行为，侵犯了原告大头儿子文化公司的著作权，应承担相应的侵权责任。但法院并没有最终判决央视动画停止侵权。法院给出的解释为：该动画片获得了广泛认知度，取得了很好的社会效果，如判决停止播放会造成社会资源的巨大浪费，故以提高赔偿额的方式作为停止侵权行为的替代方式，判决央视动画有限公司赔偿原告大头儿子文化公司 40 万元。法院用提高赔偿额的方式代替停止侵权行为的这种转化判决，无疑是对社会资源的一种节约。动画片的制作不仅需要人物造型，还需要表现故事情节的剧本、音乐及配音等创作，仅因其中的人物形象缺失原作者许可就判令停止整部动画片的播放，将使其他创作人员的劳动付诸东流。同时，用提高赔偿额的方式代替停止侵权行为，还使得有很高知名度和社会影响力的《新大头儿子和小头爸爸》能继续存在于公众的视野中。本案可作为侵权民事责任转化的典型，为其他的民事案件尤其是知识产权案件树立典范，使得后来的案件可以汲取经验，最大限度地做到维护公共利益与权利人的个人利益的高度统一。

----

〔1〕 韩庆扬："论著作权侵权诉讼中停止侵权的民事责任转化——以大头儿子案为例"，载《电子知识产权》2016 年第 9 期。

　　凡事都有其两面性，无论是从基于维护公共利益、实现利益平衡，还是从提高社会经济效益的目的出发，在使用这些依据将停止侵权的责任进行转化时都会存在一些无法避免的问题。将停止侵权的责任转化为支付合理使用费，在一定程度上可能产生司法权过分干预权利人之嫌。知识产权保护的是一种私权利，在私权救济能够覆盖的范围内，公权力应该保持谦抑。否则，司法的过度干预会违反当事人的意思自治。因此，在实践中，司法机关要依法裁判做到有法可依，充分保障当事人的意思自治，防止司法权力的扩张和过分干预当事人的意思自由。在著作权侵权案件中对停止侵权责任的转化更要审慎，在我国现有的法律环境下，只有在涉及公共利益时才可考虑适用停止侵权责任的转化。[1]

15. 古籍点校作品的著作权保护
——李子成与葛怀圣著作权权属、侵权纠纷案**

案情概况

再审申请人（一审被告、二审上诉人）：葛怀圣
被申请人（一审原告、二审被上诉人）：李子成

　　2008年9月18日，葛怀圣到李子成处找弥北李氏一族的有关族志和族谱资料时，二人协商共同点校民国版《寿光县志》一书。此后，双方开始合作点校。2009年6月，第一稿全部打印排版完成。2009年7、8月，形成第二稿。2009年10月，形成第三稿，即李子成印刷成册的《寿光县志》校注本上、下册。此后，双方发生分歧，终止合作。该印刷成册的《寿光县志》校注本上、下册上标明，顾问：王冠三、孙仲春、魏道揆、葛怀圣，主编：李子成，该第三稿并未正式出版。其中，葛怀圣点校了该第三稿中卷十二《人

---

　　[1] 李玉香、孙浩源："专利侵权诉讼不判决停止侵权的法律探讨"，载《湖南大学学报（社会科学版）》2014年第2期。

　　** 案件来源：中华人民共和国最高人民法院［2016］最高法民再175号民事判决书。

物志》中的两册，卷十三《金石志》，卷十四《艺文志》，卷十五《大事记》，卷十六《杂记》《附录》全部，其余部分由李子成点校。2010 年 7 月 16 日，李子成给葛怀圣发电子邮件，称《寿光县志》清样（第四稿）已基本完稿，与葛怀圣商量印刷《寿光县志》的有关事宜，如定价、是否合作署名、费用承担及修改等问题。葛怀圣于 7 月 19 日去李子成处取回第四稿继续进行校对，因书中点校、注释部分错误仍然很多，双方对于有关文义的理解等问题各持己见，尤其是对于是否多加注释的问题不能形成一致意见，发生严重分歧，双方于 2010 年 9 月 27 日再次终止合作。2011 年 1 月 23 日，李子成在其博客上发布消息称，民国版《寿光县志》（简体字、校注本）已正式成书，并向爱好者提供。葛怀圣在第四稿的基础上，又点校了第五、六、七稿，最终于 2011 年 4 月 29 日由中国诗词楹联出版社正式出版民国版《寿光县志》点校本。该书标明，点校：葛怀圣，校审：孙仲春、李永吉，印数：1000 册，定价：450 元。李子成认为，李子成的民国版《寿光县志》校注本与葛怀圣出版的民国版《寿光县志》点校本就点校部分，相同之处有 95%，不同之处有 5%；而葛怀圣认为，相同之处有 85%，不同之处有 15%。李子成、葛怀圣一致认为，所谓点校，就是对古籍中的繁体字改成简化字并加标点、分段落，以及改正文字的错误。而校注则是点校和注释的结合，是在点校的基础上对古籍中难懂的部分予以注释。

　　葛怀圣申请再审称，李子成完成的涉案民国版《寿光县志》点校本，是以复原古文原意为目的，不具有独创性，不构成著作权法意义上的作品，不受著作权法保护。一、二审判决认定葛怀圣侵犯李子成的著作权，适用法律错误。综上，请求撤销一、二审判决，驳回李子成的全部诉讼请求。被申请人李子成辩称。首先，涉案民国版《寿光县志》点校本凝聚了点校者大量的智力劳动，属于具有独创性的作品，应受到著作权法的保护；其次，葛怀圣在一、二审中曾认可上述点校本是与李子成共同点校的，作为合作作品亦不应遗漏李子成的署名；最后，葛怀圣出版的民国版《寿光县志》点校本在出版社、出版号等方面有大量伪造信息，应予以处理。综上，请求驳回葛怀圣的再审请求。

裁判结果

　　山东省潍坊市中级人民法院依据《中华人民共和国著作权法》第 12 条、

第 49 条,《最高人民法院关于审理著作权民事纠纷案件适用法律若干问题的解释》第 25 条第 1 款、第 2 款之规定,判决如下:

(1) 葛怀圣于判决生效后 10 日内赔偿李子成经济损失及合理费用共计 6 万元;

(2) 葛怀圣于判决生效之日起 1 个月内向李子成赔礼道歉,并在《寿光日报》上刊登声明,以表明李子成是涉案民国版《寿光县志》点校本的共同点校人。

山东省高级人民法院依据《中华人民共和国民事诉讼法》第 170 条第 1 款第 1 项之规定,判决如下:

驳回上诉,维持原判。

中华人民共和国最高人民法院依据《中华人民共和国民事诉讼法》第 207 条第 1 款、第 170 条第 1 款第 1 项之规定,判决如下:

维持山东省高级人民法院〔2014〕鲁民三终字第 340 号民事判决。

📑 案例评析

本案所涉及的法律问题主要是古籍点校作品的著作权保护。一审被告、二审上诉人、再审申请人葛怀圣认为,古籍点校不具有独创性,古籍点校作品不构成著作权法意义上的作品,点校人不享有著作权,其行为不侵害李子成的著作权。那么,涉案民国版《寿光县志》点校本是否构成著作权法意义上的作品就成了本案的一个重要焦点。

一、古籍点校作品及其独创性

(一)古籍点校作品的界定

要讨论古籍点校作品的著作权问题,首先应对古籍的概念加以明确。古籍就是古代典籍,泛指古书。学界通说认为,中国古籍包括四个方面的图书:即 1911 年辛亥革命以前编撰出版的图书,1911 年以后至 1919 年五四运动以前采用传统著述方式编撰出版、内容涉及古代学术文化并具有古典装帧形式的图书,以少数民族文字编撰出版的古籍图书,外国人在古代中国编撰出版的与中国思想学术有密切关系的著译图书。古籍历来没有标点,大多数古籍也没有分段。在古籍的传世过程中会产生多个版本,各个版本的文字都有差异,除了古今字、通假字、异体字、俗写字,还有各种原因造成的多字、少字、错字、错简、倒误等情况。特别是唐代以前的古籍，由于没有发明印刷术，古籍的流传完全靠手工传抄，更容易形成文字的歧义，这无疑会给现代人的阅读造成极大的阻碍。要使得这些古籍能够在现代的读者群体中传播，就需要对古籍进行整理。现在出版的古籍文本一般都是经过点校的，也就是经过一定整理的文本。"点校"是现代古籍整理工作的一种基本形式，是编辑加工古籍使之成为可靠的、便于阅读的出版物的一项基础性工作。

所谓古籍点校作品，是点校者在古籍版本的基础上，运用本人掌握的专业知识，在对古籍分段、标点，特别是对用字修改、补充、删减做出判断的前提下，依据文字规则、标点规范，对照其他版本或史料对相关古籍划分段落加注标点、选择用字并撰写校勘记录而形成的作品。古籍点校作品具有以下特点：首先，恢复古籍原貌并使之便于今人阅读，古籍点校作品的目的在于方便现代人的阅读，使公众能够读懂古籍，而不是对古籍进行改编。恢复古籍原貌并不是指古籍点校作品与古籍在表达上的一致，而是力图准确把握古籍的原意。其次，古籍点校作品是整体作品，对古籍进行点校并未产生新的古籍。古籍点校作品点校的内容与古籍内容具有整体性，不能单独地看待对古籍的点校部分，而应该将点校部分和古籍内容作为古籍点校作品的整体内容统一对待。再次，古籍点校作品和古籍作品是各自独立的作品，古籍点校作品是利用古籍作品进行再次创作完成的作品，它来源于古籍，又不同于古籍。因为古籍点校作品与古籍在表达方式上发生了巨大的改变，因此，二者是各自独立的作品。

（二）古籍点校作品的独创性

判断古籍点校作品是否具有著作权时，核心要素仍然是判断古籍点校作品是否具有独创性。古籍点校作品事实上已经具备了著作权的法律基础，因为著作权法允许使用注释、翻译、汇编、整理这样的手段来创作作品，也不禁止创作时完全利用公共领域的知识和资源。因此当古籍点校作品满足独创性和可复制性的构成要件时，就应当认定其具有可版权性。[1] 客观因素决定了点校者必须投入独创性劳动，古籍点校的目的在于让现代人可以阅读古籍作品，整理者在对古籍进行点校时，必须投入独创性劳动来获得古籍点校作品。整理者通过对点校体例的独特设计，组合运用标点、分段、校勘等古籍

---

〔1〕 任海涛："古籍点校作品的可版权性研究"，载《中国编辑》2015 年第 5 期。

点校手段，使内容零散的古籍得以为现代人阅读。这个过程体现了整理者独创的选择和编排。因此，古籍点校作品的独创性就体现在整理者对点校体例的独创安排，以及如何考证、选取历史事实，并且按照整理者的思想对这种选择进行独创的组合、编排之上。从不同古籍点校人员的最终成果来看，特定古籍内容可能会形成不同的表达方式，也可能会形成相同的表达方式，但其中都会包含古籍点校人员凝聚了创造性劳动的判断和选择，并非简单的技巧性劳动。虽然对古籍的点校所遵循的基本原则相同或类似，但具体点校内容的选择和编排，通常会因受到整理者个人知识水平、文学功底、史学知识、世界观、价值观、人生观及客观条件等多方面因素影响而有所不同。这种不同是整理者独创性思维的体现，也是区分不同古籍点校作品的关键。

二、古籍点校作品的法律属性

古籍点校作品是一种特殊的文字类型的演绎作品，特殊性表现为古籍点校作品具有整理作品与汇编作品的双重法律属性。首先，古籍点校作品是文字作品。文字作品即以文字形式表现的作品，是著作权法列举的作品类型中的一种，也是最常见的作品类型。文字作品是作者通过文字的形式来表达自己的思想，包括小说、散文、诗歌、议论文、学术文章等诸多体裁。其次，古籍点校作品是文字作品中的演绎作品。演绎是一种在对已经存在作品进行的使用中带有独创性特征的智力创作行为，演绎作品是在已有作品的基础上经过创造性劳动而派生出来的作品，是传播原作品的重要方法。演绎作品虽然是原作品的派生作品，但并不是简单的复制原作品，而是以新的思想表达形式来表现原作品，需要演绎者在正确理解、把握原作品的基础上，通过创造性的劳动产生新作品。最后，古籍点校作品是文字作品中特殊的演绎作品。这种特殊性表现在古籍点校作品兼具整理作品与汇编作品的法律属性，是整理作品与汇编作品的合成体。整理作品是对原作品进行系统化、条理化的加工，在保持原作思想的前提下，使之便于读者阅读、理解。汇编反映了作者对内容的选择和编排，汇编作品的独创性就体现在作者与众不同的选择、安排、设计和判断上。从这个意义上讲，体现汇编作品独创性之处，也正是古籍点校作品的独创性所在。

三、本案古籍点校作品的著作权保护

本案中，双方当事人争议的焦点问题是：李子成是否享有涉案民国版《寿光县志》点校本的署名权和发行权，葛怀圣出版民国版《寿光县志》点校本的行为是否侵害了李子成的署名权和发行权。

自 2008 年 9 月 18 日开始，李子成、葛怀圣就对民国版《寿光县志》合作进行整理、点校，虽然经历了两次合作与两次分手，但双方对共同点校这一事实均不否认，且葛怀圣当庭认可就双方合作校注的第三稿（民国版《寿光县志》校注本）与正式出版的民国版《寿光县志》点校本相比，就点校部分，相同之处有 85%，不同之处有 15%。因此，就点校的内容来讲，至少有 85%的相同部分凝聚了李子成、葛怀圣的创造性劳动，属于具有独创性思维的表达。一方面，对一篇文学作品而言，通过对民国版《寿光县志》进行标点符号添加、段落层次划分，已加入了点校者对民国版《寿光县志》原意的理解；另一方面，对点校者而言，在面对无标点、无分段，甚至部分文字残损的原本时，尽管其目的是要探寻原意，但均是依照点校者的理解对原本含义进行推敲，句读、分段等在客观上形成了一种特殊形式的表达，构成了著作权法意义上的作品，应当受到著作权法的保护。

《著作权法》第 12 条规定，改编、翻译、注释、整理已有作品而产生的作品，其著作权由改编、翻译、注释、整理人享有。同时，该法第 13 条规定，两人以上合作创作的作品，著作权由合作作者共同享有。葛怀圣对涉案作品系其与李子成合作创作没有异议，因此，李子成、葛怀圣均对民国版《寿光县志》点校部分共同享有著作权。根据《著作权法》第 47 条第 2 项之规定，未经合作作者许可，将与他人合作创作的作品当作自己单独创作的作品发表的，构成侵害著作权的行为，应承担停止侵害、消除影响、赔礼道歉、赔偿损失等民事责任。在本案中，涉案作品在葛怀圣出版之前从未发表过，葛怀圣在出版的民国版《寿光县志》点校本第一页上仅标明点校人为葛怀圣，其将与李子成合作创作的作品当作自己单独创作的作品发表，侵犯了合作作者李子成的署名权与发行权，李子成请求判令葛怀圣赔偿损失、赔礼道歉并在报纸上刊登勘正错误声明的诉讼请求应予支持。

需要注意的是，现实中，大家对古籍点校作品的著作权保护有一种担忧，那就是如果对古籍点校作品进行著作权保护，是否会导致对古籍资源的垄断，

进而构成对中华民族传统文化传播的阻碍，最终损害社会公共利益。不可否认，在漫长的产生、发展、传承过程中，古籍已经成为公共精神财富，是中华民族的集体记忆。如同民间文学艺术作品取材于源远流长的民间文学艺术一样，古籍点校作品来源于古籍，在古籍的基础上演绎完成，并有可能最终和古籍融为一体。对古籍点校作品给予著作权法的保护，意味着个体可以通过占用丰富的社会资源得到私权利。这种合法的垄断行为因原作品的特殊性，必然广受质疑。事实上，著作权保护是一种垄断性的权利保护，但并不是对思想、对公共资源的垄断。给予古籍点校作品著作权保护，并不意味着谁先对古籍进行了整理，谁就拥有了古籍资源，著作权保护范围并不包括古籍本身。对古籍点校作品实施法律保护后，任何人都有权利利用古籍而无须获得许可，古籍点校作品享有著作权与他人自由使用古籍并行不悖。给予古籍点校作品著作权保护，不仅不妨碍对古籍的研究和利用，反而会提供有力帮助。因此，古籍点校作品享有著作权，并未损害公共利益，与立法宗旨不冲突，且有利于我国古籍点校行业的健康发展、古籍作品的传播及传统文化的传承。

16. 有奖征集作品广告的法律性质

——赵伟轩诉上海马克华菲企业发展有限公司、北京新奥西郡房地产开发有限公司侵犯著作权纠纷案[1]

📄 案情概况

原告：赵伟轩，女，汉族，北京林业大学研究生。

委托代理人：赵强，男，汉族，北京市房山区琉璃河镇福兴村主任助理。

被告：上海马克华菲企业发展有限公司，住所地：上海市徐汇区。

法定代表人：杨坤田，总经理。

委托代理人：郭怡平，男，汉族，上海马克华菲企业发展有限公司法务经理。

被告：北京新奥西郡房地产开发有限公司，住所地：北京市西城区。

---

[1] 案件来源：北京市西城区人民法院 [2008] 西民初字第11881号民事判决书。

法定代表人：史焯炜，董事长。

委托代理人：刘明岩，男，汉族，北京新奥西郡房地产开发有限公司职员。

2006 年 10 月，上海马克华菲企业发展有限公司（简称"马克华菲公司"）在刊物上刊登"缤纷无限、创意狂欢"活动广告。广告内容为：简单的 TEE 也可以拥有自己的个性，我们为你提供自由的平台，尽情发挥你的想象，还有神秘礼物为你送上，快来加入 MARK 潮人的地带，设计一款世界上独一无二只属你自己的 TEE。广告中写明：①运用你的疯狂创意，超 IN 的配色图案概念，可以直接在我们提供的杂志模板上绘画并邮寄过来，材料工具无限制。②你也可以在我们官方网站上下载大尺寸模板，通过 PHOTOSHOP、ILL 等软件进行创作，作品分辨率为 300dpi。③请将设计完成的作品邮寄至：上海龙漕路 200 弄 28 号 7 楼马克华菲企划部收。截止日期：2006 年 11 月 15 日。广告中结尾是："另，每位获奖者都将成为马克华菲 VIP 会员，更有机会让你的作品成为下一季的服装图案设计并且投入生产。"2006 年 11 月，赵伟轩以电子邮件方式将自己的 3 幅作品邮寄给马克华菲公司。2007 年 3 月，马克华菲公司在其官方网站及刊物上刊登了赵伟轩创作的上述 3 幅作品，并注明赵伟轩的作品获得一等奖。之后，马克华菲公司将赵伟轩获奖的 3 幅作品印制在服装上并投入生产。2008 年 6 月 20 日，赵伟轩在北京西单大悦城北京马克华菲服饰有限公司柜台购买了一件印有其作品的 T 恤。西单大悦城是北京新奥西郡房地产开发有限公司开发的投资地产项目。新奥西郡公司将西单大悦城 4F-01、02、03、04 商铺出租给北京马克华菲企业发展有限公司使用，租期 3 年。

赵伟轩向北京市西城区人民法院起诉，认为马克华菲公司在未经赵伟轩授权许可的情况下，将赵伟轩的 3 幅作品印制在 T 恤上，违反了《著作权法》的相关规定，侵害了赵伟轩的合法权益。故请求法院判令：①北京新奥西郡房地产开发有限公司停止销售侵权商品；②马克华菲公司赔偿经济损失 15 万元、精神损失 1 万元；③马克华菲公司在自己网站显著位置刊登不少于 10 日的道歉声明。一审宣判后，赵伟轩和马克华菲公司均不服，向北京市第一中级人民法院提起上诉。

裁判结果

北京市西城区人民法院依照《中华人民共和国著作权法》第 10 条、第 11

条、第24条、第47条第1款第1项、第48条第2款之规定，判决如下：

（1）本判决生效后，被告上海马克华菲企业发展有限公司应在其自己的网站上刊登向原告赵伟轩的道歉声明，该声明应保留10日；

（2）本判决生效后10日内，被告上海马克华菲企业发展有限公司赔偿原告赵伟轩人民币30 000元；

北京市第一中级人民法院做出二审判决：驳回上诉，维持一审判决。

[方] 案例评析

本案例所涉及的法律问题主要是有奖征集广告作品的法律地位。在本案中，马克华菲公司在未经赵伟轩授权许可的情况下，将赵伟轩获奖的3幅作品印制在服装上并投入生产，侵犯了赵伟轩的合法权益。

一、本案被告发布的创意设计征集广告不成立委托创作合同要约

本案中，原告赵伟轩与被告上海马克华菲企业发展有限公司争议的焦点是被告上海马克华菲企业发展有限公司在刊物FALLIN&FOLLOW上发布的服装创意设计征集广告是否为委托创作合同要约，原告的作品是否为委托创作的作品。

《合同法》第14条规定，要约是指希望和他人订立合同的意思表示。该意思表示应当内容具体、确定，即要约的内容，应当足以满足合同成立的最低要求，不得缺少必要条款；要约经受要约人承诺，要约人即受该意思表示约束。要约作为一种意思表示，除了必须具备意思表示的一般要件外，还有其特定的构成要件，包括要约是由特定人作出的意思表示、要约必须具有订立合同的意图、要约必须向要约人希望与之订立合同的受要约人发出等几个方面。具体到著作权使用许可合同，其成立的最低要求是合同应当对一方当事人将获得作品使用权进行约定，至于对使用权范围以及作品是否使用进行约定，均不影响合同成立。因此，明确一方当事人获得作品使用权的内容是成立著作权使用许可合同要约的必要条件。如果在一个意思表示中未包含一方当事人将获得作品使用权的内容，由于缺少合同成立的必要内容，不可能构成著作权使用许可合同的要约。但如果仅是未明确作品是否使用以及使用范围，则不影响著作权使用许可合同成立，作品用途可以通过合同解释的方式确定，作品是否使用属于被许可人自由处分的事项。

本案中，马克华菲公司在征集作品的广告中，对征集作品的种类、投稿

起止时间、奖励标准等项目规定明确，但其中"更有机会让你的作品成为我们下一季的服装图案设计并且投入生产"只是表明获奖作品有机会被该公司使用，无法表明受要约人一经承诺，要约人即受该意思表示的约束，也并非约定作品一经获奖，马克华菲公司即取得作品的使用权。同时，广告中的"奖项设置"亦未明确为使用获奖作品的报酬。要约的两个要件之一在于一经承诺，要约人即受要约的约束。由于广告中并未声明所有的投稿者都将获奖，亦未声明马克华菲公司将获得所有投稿作品的使用权。相反，是否获奖取决于马克华菲公司的评奖行为，获奖才有可能投入使用，因此该广告未构成要约，仅构成要约邀请。要约邀请指希望他人向自己发出要约的意思表示。要约邀请具有以下特点：要约邀请是一种意思表示，故应具备意思表示的一般成立要件；要约邀请的目的在于诱使他人向自己发出要约，而非与他人订立合同，故只是订立合同的预备行为，而非订约行为；要约邀请只是引诱他人发出要约，既不能因相对人的承诺而成立合同，也不能因自己做出某种承诺而约束要约人，行为人撤回其要约邀请，只要没有给善意相对人造成信赖利益的损失，一般不承担法律责任。如前述，如果认定广告构成提出交易条件的要约邀请，赵伟轩的投稿行为可以被认定为默认该交易条件的要约，一经马克华菲公司承诺，双方即就作品使用权达成合意。本案中，广告中的"更有机会"一词只是说明获奖作品有可能被马克华菲公司使用，至于这种可能性究竟取决于马克华菲公司单方的使用权，还是取决于双方进一步协商的结果，广告中并没有明确的说明。因此，不能认定广告明确了马克华菲公司获得作品使用权的条件，该广告属于未提出交易条件的要约邀请，赵伟轩的投稿行为亦不能被认定为著作权使用许可合同中的要约。赵伟轩和马克华菲公司之间就作品的使用权问题未能达成合意，马克华菲公司不能依据广告取得赵伟轩作品的使用权。其未经许可使用赵伟轩的作品用于销售，属于擅自使用他人作品的侵权行为，依法应当承担民事责任。

委托作品，是指根据作者与某一个人或法人签订的委托合同所创作的作品。[1] 委托一方按双方同意的标准支付作者一定的报酬，作者则为此创作某一具体作品。我国《著作权法》规定，受委托创作的作品，著作权的归属由委托人和受托人通过合同约定。合同未作明确约定或者没有订立合同的，著

---

〔1〕　浦法仁：《法律辞典》，上海辞书出版社 2009 年版，第 169 页。

作权属于受托人，委托人在约定的使用范围内享有使用作品的权利，双方没有约定使用作品范围的，委托人可以在委托创作的特定目的范围内免费使用该作品。按照委托人的特定要求进行创作是委托创作作品的一个重要特征，没有委托人的特定要求，就不构成委托创作作品。委托人是否提出特定要求，是否允许参与者张扬个性应属于当事人自由约定的范围，不属于法律应当调整的范围。从马克华菲公司刊登的活动广告内容可以看出，虽然该活动广告在征集作品的形成、截止时间、奖励标准等内容上做出了明确规定，但在征集作品的用途上表述不清。广告语"更有机会让你的作品成为我们下一季的服装图案设计并且投入生产"中的"更有机会"不明确、不具体，无法表明受要约人一经承诺即受该意思表示的约束。从该项活动的广告语主旨"缤纷无限、创意狂欢"来看，该项活动不过是马克华菲公司承诺，"我们为你提供自由的平台，来尽情发挥你的想象"，而由参与者张扬个性恣意涂鸦互动活动。因而，原告的作品不具有委托作品的特征，不是委托创作的作品。

二、本案原告作品的著作权保护

著作权又称版权，分为著作人身权利与著作财产权，公民的著作权受法律保护。《著作权法》第 11 条规定，著作权属于作者，创作作品的公民是作者。原告赵伟轩作为涉案三幅作品的创作者，拥有该作品的著作权，任何单位和个人未经原告允许不得以营利为目的使用该作品，被告在未经原告授权许可的情况下，将原告的 3 幅作品印制在 T 恤上，分别以 395 元、395 元、355 元的价格出售，给原告造成了很大的经济损失，因为该作品为原告一系列风格作品 21 张的其中 3 张，原告的作品全部是手绘作品，花费了大量心血。

被告上海马克华菲企业发展有限公司未经原告赵伟轩许可，将其创作的作品复制在该公司生产的 T 恤上进行销售，并从中获利的行为，侵犯了原告赵伟轩的著作权，应当承担停止侵害、消除影响、赔礼道歉、赔偿损失的民事责任。在赔偿损失上，著作权法所规定的损失赔偿标准是基于权利人所受损失的填平原则，所指的损失是直接损失，不包括非直接的可能发生或者正在发生的所谓拍卖、获奖等间接损失。在充分考虑涉案作品的艺术价值、侵权人的侵权方式、主观过错程度等因素的基础上，人民法院酌情确定被告马克华菲公司赔偿原告赵伟轩人民币 30 000 元。鉴于被告马克华菲公司未征得原告赵伟轩许可，擅自使用其作品，尚不属于严重违背原告意愿发表其作品，且未给原告的信誉、社会评价带来负面影响，故对原告赵伟轩要求被告马克华菲公司赔偿精神损失的诉请，人民法院未予支持。

17. 民间文学艺术作品的著作权保护

——白广成与北京稻香村食品有限责任公司著作权权属侵权纠纷案[1]

案情简介

原告：白广成。

委托代理人：孙海潮，北京市海勤律师事务所律师。

被告：北京稻香村食品有限责任公司。

法定代表人：毕国才，董事长。

委托代理人：冷荣芝。

委托代理人：刘世彪。

北京鬃人是北京传统民间工艺。2007 年 6 月，北京鬃人被北京市人民政府评为"市级非物质文化遗产"。原告白广成与其兄白大成是北京鬃人的唯一传承人。"跑驴"是北京鬃人的传统制作项目。2007 年 5 月，原告白广成制作完成了涉案作品"跑驴"。该作品底座刻有"北京鬃人白"的字样，涉案作品曾多次在公开场合展出。2009 年 9 月，原告购得被告北京稻香村食品有限责任公司生产的"老北京"广式月饼一盒，单价 146 元。月饼的包装盒和手提袋上使用了涉案作品"跑驴"。具体使用情况为：①手提袋一面的左上部使用 1 次，该面还有"老北京皮影""老北京冬虫儿""老北京京剧" 3 幅图画。②月饼大包装盒盒顶左侧中部使用 1 次，该面还有"老北京皮影""老北京冬虫儿""老北京京剧""老北京兔儿爷""老北京沙燕风筝""老北京四合院" 6 幅图画。③大包装盒内装有 6 例独立小包装盒，每个小包装盒在盒面上使用 4 次，小包装盒上也有上述 6 幅图画。经比对，月饼包装盒上使用的

---

[1]　案件来源：北京市东城区人民法院［2010］东民初字第 02764 号民事判决书。

"跑驴"作品与原告创作的"跑驴"作品具有一致性。原告认为，被告未经其许可，未支付使用费，以营利为目的，擅自将其独自创作的涉案作品"跑驴"作为其月饼包装的一部分，并进行了颜色的修改，获利巨大，侵犯了其署名权、修改权、使用权和获得报酬的权利。为维护其合法权益，诉至法院，请求判令被告：①立即停止侵权行为。②在《北京晚报》上公开赔礼道歉。③赔偿原告经济损失人民币53万元。④承担诉讼费用。

裁判结果

北京市东城区人民法院依据《中华人民共和国著作权法》第10条第1款第2、5、6项，第10条第2款，第47条第11项，第48条第1项，第49条；《最高人民法院关于审理著作权民事纠纷案件适用法律若干问题的解释》第7条第1款，第25条第1、2款之规定，判决如下：

（1）自本判决生效之日起，被告北京稻香村食品有限责任公司停止在其生产、销售的"老北京"广式月饼包装盒上使用原告白广成创作的"跑驴"作品。

（2）自本判决生效之日起30日内，被告北京稻香村食品有限责任公司在《北京晚报》上就其生产、销售的"老北京"广式月饼包装盒上，未经许可使用原告白广成创作的"跑驴"作品，未署原告姓名的行为，刊登致歉声明。

（3）自本判决生效之日起10日内，被告北京稻香村食品有限责任公司赔偿原告白广成经济损失人民币20 000元。

案例评析

本案例所涉及的法律问题主要是民间文学艺术作品的著作权保护。北京鬃人系传统技能类的非物质文化遗产，《非物质文化遗产法》的通过，标志着我国非物质文化遗产行政法保护体系（即公法保护体系）的完善；北京鬃人同时也是民间文学艺术作品，对民间文学艺术作品的私法保护体系现在并不明朗，仅在《著作权法》第6条中规定，"民间文学艺术作品的著作权保护办法由国务院另行规定"。被告未经许可使用原告创作的"跑驴"作品，未署姓名，亦未支付报酬，侵犯了原告的合法权益，应承担侵权责任。

一、民间文学艺术作品的涵义

民间文学艺术作品，是指在一国国土上，由该国的民族或种族集体创作，经世代相传，不断发展而构成的作品。

　　民间文学艺术作品具有以下特点：第一，民间文学艺术作品是一种通过某个社会群体几代人的不断模仿而进行的非个人的、连续的、缓慢的创作活动过程的产物。第二，民间文学艺术作品的表现形式丰富。包括语言形式（民间故事、民间诗歌）、音乐形式（民歌、民间器乐等）、动作形式（民间舞蹈及戏剧等）以及用物质材料体现的形式（绘画、雕塑、工艺品、编织品等）。第三，民间文学艺术作品的作者是创作该民间文学艺术作品的社会群体。这个社会群体可以是一个民族，也可以是本民族的某个村落，还可以指几个民族。也就是说，民间文学艺术作品强调的是某一族群的文化遗产，[1]通常无具体的作者，表演民间文学艺术作品的某个说唱人、舞蹈人，不是民间文学艺术作品的作者。传统版权制度中，版权是赋予个体作者的，作品要获得版权保护，必须具有固定性和原创性，并且作品的版权保护是受期限限制的。因而，传统版权法所规定的这些必要属性，民间文学艺术（表达）都不能满足、不能完全满足或者并不适应。

　　民间文学艺术作品与非物质文化遗产相比，非物质文化遗产的概念来源于联合国教科文组织通过的《保护非物质文化遗产公约》。我国《非物质文化遗产法》第 2 条规定："本法所称非物质文化遗产，是指各族人民世代相传并视为其文化遗产组成部分的各种传统文化表现形式，以及与传统文化表现形式相关的实物和场所。包括：（一）传统口头文学以及作为其载体的语言；（二）传统美术、书法、音乐、舞蹈、戏剧、曲艺和杂技；（三）传统技艺、医药和历法；（四）传统礼仪、节庆等民俗；（五）传统体育和游艺；（六）其他非物质文化遗产。"由此可以看出，民间文学艺术作品属于非物质文化遗产的范畴。

二、本案民间文学艺术作品的著作权保护

　　该案在审理中出现了不同观点：一种观点认为，由于民间文学艺术作品著作权保护办法未出台，涉案作品不属于《著作权法》保护的作品。法院在无法律依据的情况下应驳回原告起诉；一种观点认为，保护办法虽未出台，但从《著作权法》第 6 条的文义解释来看，民间文学艺术作品是可以受到著作权保护的，只不过由于其本身具有特殊性，故需另行制定特别保护办法。

---

　　〔1〕　王迁：《著作权法》，中国人民大学出版社 2015 年版，第 134 页。

从司法适用角度来看，涉及民间文学艺术作品的纠纷，法官不得简单以没有法律规定为由驳回当事人的诉讼请求，而应当通过法律解释方法来对纠纷做出正确的法律适用、充分论证的法律说理，才具有司法裁判的正当性，同时也可以弥补民间文学艺术作品保护领域在立法上的欠缺。在保护办法未出台之前，如民间文学艺术作品符合《著作权法》保护作品的条件，可适用《著作权法》进行保护，但同时需兼顾民间文学艺术作品的特殊性。

北京鬃人是源于清末、流传于北京地区的特色民间工艺艺术，已被评为北京市非物质文化遗产。北京鬃人艺术作为代代相传的手工技艺，本身具有非物质的特性。白广成是北京鬃人艺术的传承人，在吸纳传统工艺和艺术风格的基础上制作完成的"跑驴"作品，是以有形载体形式表现的民间艺术作品。民间艺术作品可以成为知识产权保护的对象。目前，我国著作权法规定民间文学艺术作品的著作权保护办法由国务院另行规定，但相关保护办法至今并未出台。在此种情况下，如民间艺术作品符合著作权法上作品的条件，可适用著作权法进行保护。本案中，原告持有"跑驴"作品原件，且其兄白大成出庭证明该作品系原告所做，在无相反证据的情况下，可认定原告为该作品的作者。"跑驴"虽属于北京鬃人的传统制作项目，但并无证据证明原告创作的"跑驴"作品与之前的鬃人作品相同，人民法院应当确认涉案作品"跑驴"具有独创性，是《著作权法》所保护的作品。被告在其生产月饼的包装盒上使用了涉案作品"跑驴"，且包装盒上的"跑驴"作品与原告创作的涉案作品"跑驴"具有一致性，不构成对修改权的侵犯，但确系自立体三维作品到平面二维作品的使用，属于复制行为之一。这是因为，根据《著作权法》的规定，复制权是以印刷、复印、拓印、录音、录像、翻录、翻拍等方式将作品制作一份或者多份的权利。复制包括三种类型：第一种类型是不改变作品载体或虽改变载体但不改变体现方式的复制；第二种类型是从无载体变为有载体的复制；第三种类型是从平面到立体或从立体变为平面的复制。本案中，被告使用涉案作品，是在包装盒上印刷有涉案作品，而涉案作品属于工艺类的美术作品，这种行为属于从三维作品到二维作品的复制。因而，被告应承担相应的侵权责任。

需要注意的是，传统版权制度具有保护民间文学艺术作品的可能性和可行性，但基于民间文学艺术作品与一般作品的特殊性，《著作权法》所保护的只是部分民间文学艺术作品，除此之外的民间文学艺术作品还需要特别法律规定予以保护。也就是说，民间文学艺术作品是一种特殊作品，民间文学艺术作品的著作权也是一种特殊的著作权，其权利的类型、行使均不同于传统的著作权。此外，民间文学艺术作品作为非物质文化遗产，在对其加以保护时还需考虑到非物质文化遗产的保存、保护、弘扬、传承和振兴的发展理念，具体认定是否构成侵权、赔偿数额等方面需平衡著作权制度对传承人私权的保护和非物质文化遗产的弘扬、传承、振兴之间的关系。修改中的《著作权法（送审稿）》第 10 条规定："民间文学艺术表达的保护办法由国务院另行规定"。送审稿中删除了"著作权保护方法"这一限定，并且采用了"民间文学艺术表达"这一语汇。这项修改是在听取了学者建议后，跟随了目前的国际趋势而为之，似乎是要将民间文学艺术作品从著作权框架中分离出来，采用特别法来保护。考虑到民间文学艺术作品客体的复杂性，著作权法的许多规则（如主、客体的确定性、保护期限有限性等），难以适应民间文学艺术作品保护的特殊要求，这一修改具有一定合理性。并且，如果该项修改得以通过，将更加有助于公众甚至法律人士区分民间文学艺术作品和民间艺人借鉴民间文学艺术作品的表达方式而独立创作的文学、美术等作品。

18. 计算机软件著作权侵权的判定
—— 上海瑞星电子有限公司与沈阳索维电子科技有限公司
计算机软件侵权纠纷案[1]

📑 案情概况

原告：上海瑞星电子有限公司。
被告：沈阳索维电子科技有限公司。

原告分别于 2001 年 3 月、10 月开发了《商业胜手》连锁超市门店 MIS 软件 R3.1、《商业胜手》配货中心 MIS 软件 R3.1、《商业胜手》总部 MIS 软件 R3.1、《商业胜手》连锁超市 MIS2000 软件，并分别于 2002 年 6 月、8 月、12 月取得国家版权局计算机软件著作权登记证书及产品登记证书。2003 年 2

---

[1]　案件来源：辽宁省沈阳市中级人民法院［2004］沈民四知初字第 76 号民事判决书。

月，原属原告公司的职员或派驻分公司的职员张孝宝、叶伟、冯振花、冯圣杰以个人股东名义成立了被告公司，并将原告享有著作权的上述计算机软件私自使用，用于商业经营。引用上述源程序创作的《商业胜手》连锁超市POS/MIS项目建议书、《商业胜手》连锁超市门店-项目建议书、上海瑞星电子有限公司POS/MIS软件系统服务体系等，以及相关的源程序和目标程序等著作权均被被告盗用。被告的行为违反法律规定，故原告诉请法院依法判令被告停止侵犯原告著作权的行为，并在侵权范围内消除影响、赔礼道歉，赔偿原告损失50万元，承担本案诉讼费。

被告辩称：在计算机软件行业中，文档资料都存在相似的现象，原告没有证据证明被告有侵权行为，原告要求被告赔偿50万元也没有事实和法律依据，被告一直处于亏损状态，不存在违法所得。

⧉ 裁判结果

沈阳市中级人民法院依据《中华人民共和国著作权法》第47条第1款第1项、第48条第2款，《计算机软件保护条例》第24条第1款第1项，《最高人民法院关于审理著作权民事纠纷案件适用法律若干问题的解释》第25条，《最高人民法院关于民事诉讼证据的若干规定》第75条之规定，判决如下：

（1）被告沈阳索维电子科技有限公司于本判决生效后立即停止侵犯原告上海瑞星电子有限公司"《商业胜手》连锁超市门店MIS软件R3.1"计算机软件著作权的行为；

（2）被告沈阳索维电子科技有限公司于本判决生效后15日内赔偿原告上海瑞星电子有限公司经济损失10万元。

⧉ 案例评析

本案所涉及的法律问题主要是计算机软件侵权的判定。计算机软件著作权是指软件的开发者或者其他权利人依据有关著作权法律的规定，对于软件作品所享有的各项专有权利。著作权侵权行为的认定在审判实践中一向是一个重点问题和难点问题，计算机软件著作权又涉及一系列复杂的法律与技术问题，需要对发生争议的某一计算机程序与比照物进行对比和鉴别，这更增加了其侵权认定的难度。

一、计算机软件著作权侵权行为的表现形式

根据《著作权法》和《计算机软件保护条例》的规定，计算机软件侵权行为主要有未经软件著作权人的同意而发表其软件作品，将他人开发的软件当作自己的作品发表，未经合作者的同意将与他人合作开发的软件当作自己独立完成的作品发表，在他人开发的软件上署名或者涂改他人开发的软件上的署名，未经软件著作权人或者其合法受让者的同意修改、翻译、注释其软件作品，未经软件著作权人或其合法受让者的同意复制或部分复制其软件作品，未经软件著作权人及其合法受让者同意向公众发行、展示其软件的复制品，未经软件著作权人或其合法受让者同意向任何第三方办理软件权利许可或转让事宜等类型。

本案涉及的侵权行为属于未经软件著作权人或其合法受让者的同意复制或部分复制其软件作品及未经软件著作权人及其合法受让者同意向公众发行、展示其软件的复制品。复制权是软件著作权人享有的专有权利，任何人未经软件著作权人许可，复制或者部分复制软件著作权人的软件，就构成对软件著作权人合法权益的侵犯；发行权、展示权是软件著作权人享有的专有权利，任何人未经软件著作权人许可，向公众发行、展示软件著作权人的软件，亦构成对软件著作权人合法权益的侵犯。

二、计算机软件著作权侵权行为的认定原则

侵犯计算机软件著作权的方式多种多样，所侵犯的权利内容也各不相同。法律虽然对计算机软件著作权侵权行为及其法律责任都做出了明确规定，但在司法实践中，相关法律规定难以适应复杂的现实状况。侵害软件著作权的认定，存在技术上、事实上以及法律上的诸多困难，应遵循以下基本原则。

（一）"思想表达二分法"原则

"思想表达二分法"是著作权法中的一项重要原则，它将作品分为思想与表达两方面，著作权只保护对于思想观念的独创性表达，而不保护思想观念本身。"思想表达二分法"原则同样适用于计算机软件著作权保护，通过思想与表达的区分，排除不受著作权法保护的思想，这是认定侵权行为的主要阶段。

司法实践中，由于计算机软件同时兼具"文字作品"和"实用工具"二重属性，如何确定"思想、表达二分"的法律标准仍然是个难题。各种形式

的计算机程序的编码（即文字性成分）都是思想的表达，应当受到著作权法的保护；而程序的功能目标通常被认为是思想，不受著作权法保护。难点在于编码与功能目标之间存在宽泛的模糊区域，是仅通过编码与功能目标的划分所难以规制的。这部分中间区域哪些属于思想，哪些属于表达，有待进一步的法律标准来明确，SSO 标准是解决这一问题的尝试。[1] SSO 即计算机软件的结构（Structure）、顺序（Sequence）和组织（Organization）。这一标准是指虽然两种软件的源程序、目标程序的表述均不相似，但二者的结构、顺序和组织构成相似则仍构成侵权。需注意的是，结构、顺序和组织属于公有领域范畴，不应构成计算机软件的一部分。SSO 法则将计算机软件著作权的保护范围划得过宽，有可能造成技术的垄断，不利于软件产业的发展和进步。

（二）"实质性相似加接触"原则

"实质性相似加接触"原则是国外法院普遍适用的程序侵权认定方法。实质性相似指被控侵权的软件在表达方式上与原告的软件存在实质性的相似。主要分为两类情形：一是文字部分相似，以软件程序代码中引用的百分比为依据来判断；二是非文字部分相似，主要靠定性分析来判断，量化分析比较困难。总的来说，所谓实质性相似应是指软件整体上的相似，包括软件程序的组织结构、处理流程、所用数据结构、所产生的输出方式、所要求的输入形式等方面的相似，并不单纯以引用的文字百分比来判断。其中，实质性相似对比的方法包括整体感觉法、直接比对法和特征发现法。例如，原被告游戏界面、游戏步骤、游戏方式以及游戏人物基本一致，且被告游戏界面出现了授权原告著作权的原始著作权人的信息，就可以使用整体感觉法直接认定实质性相似。直接比对法是将原被告的源代码进行对比，通常涉及司法鉴定，周期长、费用高。特征发现法指在被告的源程序中出现原告特意在自己程序中设置的对程序运行没有意义和作用，但能体现权利人某些特征的指令或符号，比如开发人的姓名、单位等。如果此时被告不能对此作出合理解释，那么基本上可以认定被告存在抄袭行为。因为两程序在实质上的相似并不充分排除开发者各自独立开发出相似作品的巧合，所以在双方软件程序存在实质性相似的前提下，还必须同时存在新程序开发者曾经接触过旧程序开发者源

---

[1] 徐昱春："计算机软件著作权侵权行为认定"，载《北京工业大学学报（社会科学版）》2007 年第 2 期。

程序的事实，即新程序开发者存在看到或者复制旧的源程序的可能，法院才可推断在后创作的软件程序侵权。

"实质性相似加接触"原则在现有条件下作为判定计算机软件著作权侵权存在与否的标准较为合理可行，因而我国法律虽未明确规定适用该项判定原则，但法院在实际操作中在一定程度上对该原则加以了借鉴，并在借鉴适用该原则的基础上，提出了"实质性相似加接触加排除合理来源"的评判原则。也就是说，即使两程序存在实质相似且新程序开发人确实曾经接触过旧程序开发者的程序，但只要新程序开发人能够对实质性相似部分作出合理的解释，也不能轻易认定为侵权。

二、本案计算机软件著作权侵权的认定

本案中，关键的问题在于证明"实质性相似"的存在。对此，原告通过申请法院采取证据保全措施，已提供了一定的证据加以证明，其中包括被告索维信息系统软件的操作手册及目标程序、被告公司股东曾在原告公司任职。此时，要进一步比较原、被告软件程序的相似程度，就必须比较源程序。在原告已提供《商业胜手》门店系统软件源程序及操作手册的情况下，要求原告提供被告软件的源程序几乎不可能，因而此时被告应当承担提供索维信息系统软件源程序的举证责任。被告持有被控侵权的索维信息系统软件源程序等证据，却以涉及商业秘密为由拒不提供。经人民法院释明，被告虽在鉴定过程中提供了索维信息系统软件的源代码，但由于被告未提供验证服务器，目标程序无法运行，且被告承认其提供的源代码经编译后与本院保全的目标程序不一致，视为被告未提供被控侵权软件的源代码，致使法院无法对原告《商业胜手》门店系统软件与被告索维信息系统软件源代码的相似程度进行判定，被告应当承担举证不能的法律责任，依据《最高人民法院关于民事诉讼证据的若干规定》第 75 条的规定，有证据证明一方当事人持有证据无正当理由拒不提供，如果对方当事人主张该证据的内容不利于证据持有人，可以推定该主张成立。法院因此推定原告提出的主张成立，即被告索维信息系统软件源程序与原告《商业胜手》门店系统软件源程序存在实质相似。又因被告公司股东曾在原告公司任职，有机会接触《商业胜手》门店系统软件的源代码，因此原告有理由怀疑被告剽窃原告诉争软件的源代码等核心技术，被告应承担侵权责任。

第3章 CHAPTER3

著作权具体权项的法律保护

　　著作权亦称版权，是指作者对其创作的文学、艺术和科学技术作品所享有的专有权利。著作权是一种包含若干特殊的人身权和财产权的混合权利，享有著作权的作者通常可以决定是否对他的作品进行著作权意义上的使用，可以决定是否就他的作品实施某些涉及其人格利益的行为，可以在必要时请求有关的国家机关以强制性的协助来保护或实现他的权利。

　　《著作权法》调整的法律关系因作品创作而产生，表现为作者与传播者、作者与使用者、传播者与使用者、作者与社会公众之间的相互关系。著作权是一种内容不断发展的权利，除了期限以外，著作权权项的设置反映了著作权的强弱。在整个著作权制度的演变过程中，权项的增加是著作权扩张的一种表现。[1] 著作权最初仅为复制权，而今著作权所包含的内容已远大于此。我国《著作权法》所包含的著作权具体权项包括发表权、署名权、修改权、保护作品完整权、复制权、发行权、出租权、展览权、表演权、放映权、广播权、信息网络传播权、摄制权、改编权、翻译权、汇编权及应当由著作权人享有的其他权利。此外，著作权人可以许可他人行使、全部或者部分转让其享有的著作权财产权利，并依照约定或者《著作权法》有关规定获得报酬。[2] 著作权权利内容的扩张、权项的增加，如同期限的延长，均为整个著作权演变的一种趋势。[3] 深入理解这些权项的具体内容和含义，对于著作权人如何行使自己的权利以及如何保护自己的权利具有重要的意义。

---

〔1〕　冯晓青：“著作权扩张及其缘由透视”，载《政法论坛》2006年第6期。
〔2〕　参见《著作权法》第10条。
〔3〕　陈杰：《论著作权的正当性》，知识产权出版社2016年版，第185页。

19. 著作权中署名权的法律保护

——吴冠中与上海朵云轩、香港永成古玩拍卖有限公司著作权侵权纠纷案[1]

案情概况

上诉人：上海朵云轩，住所地：上海市南京东路。

法定代表人：祝君波，总经理。

委托代理人：戴小京，上海朵云轩职工。

委托代理人：陶武平，上海市申大律师事务所律师。

被上诉人：吴冠中，男，中央工艺美术学院教授。

委托代理人：沈志耕，北京市纵横律师事务所律师。

委托代理人：柳三泓，上海市天人律师事务所律师。

1993 年 10 月 27 日，被告上海朵云轩、香港永成古玩拍卖有限公司联合在香港拍卖出售了一幅《毛泽东肖像》，上有"炮打司令部，我的一张大字报，毛泽东"字样，落款为"吴冠中画于工艺美院一九六二年"。拍卖前，原告曾通过有关单位转告上海朵云轩这幅不是其所画。系假冒其署名的伪作，但上海朵云轩在接到通知和书面函件后，仍与香港永成古玩拍卖有限公司联合拍卖，甚至出具专家鉴定意见，称这是吴冠中的作品，致使该伪作被他人以港币 52.8 万元购去。两被告的行为侵犯了原告的著作权，使其声誉和真作的出售均受到了不应有的损害。为此，请求法院判令被告停止侵害、消除影响、公开赔礼道歉，赔偿经济损失港币 52.8 万元。

一审判决宣判后，被告上海朵云轩不服，向上海市高级人民法院提出上诉。上诉人上海朵云轩上诉请求撤销一审的判决，对本案重新判决。主要事实和理由是：一审判决对事实的认定存在着重大错误和严重失实；法律适用

---

[1]　案件来源：上海市高级人民法院［1995］沪高民终（知）字第 48 号民事判决书。

错误，本案不应适用某一被告所在地法律，而应适用"拍卖地法律"，即香港特别行政区的法律；一审判决上海朵云轩与香港永成古玩拍卖有限公司承担相同的法律责任是不公正的。原审被告香港永成古玩拍卖有限公司没有在法定期限内提出书面答辩，但在庭审时辩称：上海朵云轩曾数次向本公司转达有关方面及作者对拍卖《毛泽东肖像》的意见，本公司在征求作品委托人意见及邀请有关书画鉴定家对该画进行全面鉴定后，作出了继续拍卖的决定。此决定既是非常慎重的，又是具有法律效力的；本案争论的焦点不是署名的真伪而是作品的真伪；本公司之拍卖行为发生在香港特别行政区，一切行为准则均应依香港特别行政区法律。

◪ 裁判结果

上海市第二中级人民法院依照《中华人民共和国著作权法》第 46 条第 7 项，《中华人民共和国民法通则》第 134 条第 1、7、9、10 项之规定，判决如下：

（1）被告上海朵云轩、香港永成古玩拍卖有限公司联合拍卖假冒吴冠中署名的美术作品《毛泽东肖像》的行为，共同严重侵犯了原告吴冠中的著作权，应停止侵害；

（2）两被告在《人民日报（海外版）》《光明日报》上载文向原告公开赔礼道歉，消除影响，内容须经本院审核通过；

（3）两被告共同赔偿原告损失人民币 73 000 元。

上海市高级人民法院依照《中华人民共和国民事诉讼法》第 153 条第 1 项的规定，判决如下：

（1）维持上海市第二中级人民法院［1994］沪中民（知）初字第 109 号民事判决的第 1 项：上诉人上海朵云轩、原审被告香港永成古玩拍卖有限公司联合拍卖假冒吴冠中署名的美术作品《毛泽东肖像》的行为，共同严重侵犯了原告吴冠中的著作权，应停止侵害；

（2）维持上海市第二中级人民法院民事判决的第 2 项：上诉人上海朵云轩、原审被告香港永成古玩拍卖有限公司在《人民日报（海外版）》《光明日报》上载文向被上诉人吴冠中公开赔礼道歉，消除影响，内容须经本院审核通过；

（3）变更上海市第二中级人民法院［1994］沪中民（知）初字第 109 号

民事判决的第 3 项"两被告共同赔偿原告损失人民币 7.3 万元"为"上海朵云轩、香港永成古玩拍卖有限公司共同赔偿吴冠中损失人民币 7.3 万元，其中上海朵云轩赔偿吴冠中 2.7 万元，香港永成古玩拍卖有限公司赔偿吴冠中 4.6 万元"。

⤴ 案例评析

本案所涉及的法律问题主要是在美术作品上假冒他人的署名是否属于侵害著作权中的署名权。被告上海朵云轩、香港永成古玩拍卖有限公司不听劝阻，执意联合拍卖伪造吴冠中署名的美术作品《毛泽东肖像》的行为，违反了我国著作权法的有关规定，共同严重侵犯了原告吴冠中的著作权，造成了其物质和精神损害，应承担停止侵害、消除影响、公开赔礼道歉、赔偿损失的连带民事责任。

一、署名权的概念及其内容

署名权，是指作者表明自己作者的身份，在作品上署名的权利。署名权与姓名权都涉及姓名，两者不能混为一谈。姓名权属于民事人身权，凡自然人均有姓名权，是法律对所有自然人权利的一种保护。姓名权的主要内容包括：自然人有权决定、使用和依照规定改变自己的姓名，也有权禁止他人干涉、盗用、假冒自己的姓名。署名权属于著作人身权，其以创作作品为前提。有作品，才可能存在署名权的问题，无作品，署名权无从谈起。因此，著作权法保护的是"作者"的权益，而不是任何普通人的权益，并非所有民事主体都能享有署名权。[1]

署名权的内容一般认为包括下列几项：一是作者有权要求确认其作者身份。作者署名，在一般情况下是为了表明作者身份。因此，表明作者身份的权利，是署名权的应有之义。有时作者不署名，或署根本无法表露身份的假名，其目的在于不表明作者身份。因此，不表明作者身份的权利，也是署名权的应有之义。二是作者有权决定在作品上署名的方式，如署真名、假名或者不署名，或署根本无法表露身份的假名。在作者为多人的情况下，署名的方式应包含对署名的顺序的安排。本着私法自治的原则，如果各合作作者对

---

〔1〕　郑国辉主编：《著作权法学》，中国法制出版社 2012 年版，第 72 页。

署名顺序有约定，则从约定；而没有约定的，可以按照创作作品付出的劳动、作品排列、作者姓氏笔画等确定署名顺序。一般而言，第一作者往往是对作品智力贡献最多、最大或最关键的，其余作者则依次类推。需注意的是，对署名顺序的擅自更改不能说是侵犯了署名权。这是因为，我国现行著作权法并未明确规定署名顺序的问题，署名顺序虽然可以反映每个合作作者在作品中的贡献和作用有所不同，并且在一定程度上影响社会舆论对作者成就的评估，但署名顺序先后并不能改变作者享有权利的性质和范围。如果当事人对署名顺序有约定的话，则属于违约行为。三是作者有权禁止他人在自己的作品上署名，这是最常见的抄袭行为。四是作者有权禁止自己的名字被署到他人的作品上，这种行为被称为"冒名"。[1]

二、本案侵权行为性质的争议

本案的侵权行为性质是指两被告联合拍卖假冒吴冠中亲笔署名的美术作品的行为究竟侵犯了原告的什么权利，是姓名权还是著作权中的署名权。

一种观点认为，被告的行为是侵犯了原告的姓名权。这种观点主要依据是我国著作权法所保护的客体为作品，离开了作品，对作者著作权的保护便等于是"无源之水，无本之木"。换言之，凡著作权人主张对著作权保护的，必须先有权利人自己作品的存在，后有对作品的法律保护。本案吴冠中既然从未画过《毛泽东肖像》画，何以主张对著作权的保护。持上述观点的人士认为，对被告的行为以侵犯姓名权定性为好，追究行为人侵犯公民姓名权的法律责任适宜。[2]

另一种观点则认为，这种行为侵害了著作权，因为著作权法所禁止的冒名不是一般的冒名，不同于一般商品的假冒。由于作品均是精神创造成果，假冒作家之名发表低劣作品，会给该作家声誉造成损害，这是典型的侵犯人身权利。[3] 我国著作权法关于"制作、出售假冒他人署名的美术作品的"行为既包括了制作、出售假冒他人署名的作者已经完成创作的作品，也包括出售假冒他人署名的作者未曾创作过的美术作品。美术作品最容易被人假冒，

---

〔1〕 李雨峰：《中国著作权法：原理与材料》，华中科技大学出版社 2014 年版，第 79 页。
〔2〕 王迁：《知识产权法教程》（第 3 版），中国人民大学出版社 2011 年版，第 106 页。
〔3〕 郑成思：《版权法》（修订本），中国人民大学出版社 1990 年版，第 147 页。

同样一件美术作品，署上著名画家的姓名，就可能价值连城，不署上著名画家的姓名就可能一文不值。因而，作者有权禁止别人冒其名，亦即其能够以否定的方式行使署名权。在实践中，英、美国家版权权法都有类似的规定。WIPO 出版的《伯尔尼公约指南》是这样解释署名权的：该作者可按意愿行使，他甚至可以否定的方式来行使，如以假名或者匿名发表其作品，以及在任何时候改变主意恢复其真名或者署名。按此解释，作者有权拒绝把他的姓名用于根本不是他的作品之上，任何人也不得将他人署名用于并非由署名人创作的作品。按德国著作权专家迪茨博士的解释，《德国著作权法》第 107 条关于署名权的规定，同样包括以否定式的方式行使权利的内容。[1]

三、本案署名权法律保护的特殊性

本案系争作品上之署名，并不是被告所假冒，是谁假冒并未查实，侵权人只是接受委托人的委托拍卖系争作品。拍卖，是一种出售物品的方式，但又不同于一般意义上的出售。正因为它是一种"出售"行为，"出售"的又是美术作品，故此种拍卖行为不仅受拍卖法的调整，也受著作权法中特别规定的调整。著作权法规定，出售假冒他人署名的美术作品的行为，是一种同时应当承担民事责任和行政责任的侵权行为。在出售假冒他人署名的美术作品的行为中，出售者并没有实施假冒他人署名权的行为，出售者违反的是不得出售假冒伪劣商品的义务。出售假冒他人署名的美术作品，不仅损害了购买者的利益，也损害了被假冒者的名誉。所以，从民事性质上，出售假冒他人署名的美术作品，构成了对被假冒者的名誉权的损害。也正因为如此，权利人在起诉中才认为其声誉受到了不应有的损害，要求被告承担民事责任。

公民享有表明其身份，在作品上署名的权利，亦享有禁止他人制作、出售假冒其署名的美术作品的权利，上述权利受法律保护。根据现有证据，本案系争的《毛泽东肖像》，落款非吴冠中署名，是一件假冒吴冠中署名的美术作品。两被告之间订有共同主持拍卖的协议书，《图录》中也载明为联合主办，且实际拍卖时又共同主持拍卖活动，表明对系争作品的拍卖为两被告的共同行为。两侵权人拍卖书画的行为是一种包括征集书画、刊印发行《图录》

---

〔1〕〔德〕迪茨："论著作权"，载郑成思主编：《知识产权研究》（第 1 卷），中国方正出版社1996 年版，第 2 页。

以及实际竞拍清账的系列行为。拍卖是一种特殊形式的买卖，拍卖书画是一种出售美术作品的行为。两侵权人在获知权利人对系争作品提出异议，且无确凿证据证明该作品系权利人所作，落款系权利人本人署名的情况下，仍将系争作品竞拍出售，获取利益，违反了《著作权法》第48条第8项的规定，系出售假冒他人署名美术作品的行为，共同严重地侵犯了吴冠中的著作权，造成其物质和精神损害，应承担停止侵害、消除影响、公开赔礼道歉和赔偿损失的连带民事责任。但鉴于系争作品是由香港永成古玩拍卖有限公司直接接受委托，上海朵云轩曾数次转达有关方面及作者的意见等事实，根据共同侵权应当承担连带责任的原则以及两侵权人在侵权中的过错程度，香港永成古玩拍卖有限公司对本案的侵权行为应负有主要责任，上海朵云轩系拍卖联合主办单位之一，也应有一定的责任，并且相互承担连带责任。

20. 保护作品完整权侵权的认定
—— "天下霸唱" 与《九层妖塔》电影侵害著作权纠纷案*

📄 案情概况

原告：张牧野（笔名：天下霸唱），男，汉族，作家。
委托代理人：王韵，北京市大器律师事务所律师。
被告：中国电影股份有限公司，住所地：北京市西城区。
法定代表人：喇培康，董事长。
委托代理人：李景健，北京盈科（天津）律师事务所律师。
委托代理人：王军，北京市盈科律师事务所律师。
被告：陆川，男，汉族，导演。
委托代理人：李景健，北京盈科（天津）律师事务所律师。
委托代理人：邵思，北京颐合中鸿（上海）律师事务所律师。
被告：梦想者电影（北京）有限公司，住所地：北京市朝阳区。
法定代表人：王彩霞，执行董事。

---

* 案件来源：北京市西城区人民法院［2016］京0102民初83号民事判决书。

委托代理人：李景健，北京盈科（天津）律师事务所律师。

委托代理人：王立岩，北京盈科（上海）律师事务所律师。

被告：乐视影业（北京）有限公司，住所地：北京市怀柔区。

法定代表人：张昭，董事。

委托代理人：姜宇嵘，北京大成律师事务所律师。

委托代理人：阚文颖，北京大成律师事务所律师。

第三人：北京环球艺动影业有限公司，住所地：北京市门头沟区。

法定代表人：陆丁，负责人。

委托代理人：李景健，北京盈科（天津）律师事务所律师。

委托代理人：高远，北京颐合中鸿律师事务所律师。

原告，张牧野笔名"天下霸唱"，系我国著名作家，创作了《鬼吹灯》系列文字作品。小说讲述的是几名"摸金校尉"利用祖传的风水方术知识到处探险寻宝的故事。自 2006 年 2 月发表以来，吸引了数千万的读者。基于《鬼吹灯》的好评和庞大的读者基础，被告将《鬼吹灯（盗墓者的经历）》中的《鬼吹灯之精绝古城》改编拍摄成电影，并于 2015 年 9 月 23 日以《九层妖塔》之名在全国各大影院上线放映。该电影上映后，张牧野发现电影《九层妖塔》并未标明原创作者的姓名，除此之外，电影的内容对原著歪曲、篡改严重，故事情节、人物设置、故事背景均与原著相差甚远，远远超出了法律允许的必要的改动范围，社会评价极低，不但侵犯了原告的保护作品完整权，也给原告造成了巨大的精神伤害。据此，张牧野将该电影的出品方中国电影股份有限公司以及该电影编剧及导演陆川等诉至北京市西城区人民法院，请求判令判令：①四被告立即停止侵权行为，即立即停止所有途径对侵权作品电影《九层妖塔》的发行、播放和传播；②四被告向原告公开赔礼道歉、消除影响；③四被告连带赔偿原告精神损害抚慰金人民币 100 万元。

📄 裁判结果

北京市西城区人民法院依据《中华人民共和国合同法》第 60 条，《中华人民共和国侵权责任法》第 8 条、第 22 条，《中华人民共和国著作权法》第 1 条、第 9 条、第 10 条、第 11 条、第 12 条、第 15 条、第 47 条第 11 项，《中华人民共和国著作权法实施条例》第 10 条、第 19 条，《中华人民共和国民事诉讼法》第 56 条第 2 款、第 64 条之规定，判决如下：

（1）本判决生效后 30 日起，被告中国电影股份有限公司、被告梦想者电影（北京）有限公司、被告乐视影业（北京）有限公司、第三人北京环球艺动影业有限公司在发行、传播电影《九层妖塔》时署名"天下霸唱"为电影《九层妖塔》的原著小说作者；

（2）本判决生效之日起 30 日内，被告中国电影股份有限公司、被告梦想者电影（北京）有限公司、被告乐视影业（北京）有限公司、第三人北京环球艺动影业有限公司在一家全国发行的报纸上就涉案侵权行为刊登致歉声明，向原告张牧野公开赔礼道歉，消除影响。

案例评析

本案所涉及的法律问题主要是被告是否侵害原告的保护作品完整权。《著作权法》规定保护作品完整权的意义在于保护作者的名誉、声望以及维护作品的完整性。但由于保护作品完整权具有高度抽象性特征，因此，对于该权利的控制范围、具体边界的确定，不应一概而论，应当综合考察使用作品的权限、方式、原著的发表情况以及被诉作品的具体类型等因素。

一、著作人身权以及保护作品完整权概述

著作人身权是指作者通过创作表现个人风格的作品而依法享有获得名誉、声望和维护作品完整性的权利。该权利由作者终身享有，不可转让、剥夺和限制。作者死后，一般由其继承人或者法定机构予以保护。根据我国《著作权法》第 10 条的规定，著作人身权通常包括：发表权，即决定作品是否公布于众的权利；署名权，即表明作者身份，在作品上署名的权利；修改权，即修改或者授权他人修改作品的权利；保护作品完整权，即保护作品不受歪曲、篡改的权利。[1] 从外国的著作权法看，人身权并不限于这四项。有些国家还规定了表明作者身份权、作品的收回权。表明作者身份权，是指要求被承认为作品作者的权利。作品收回权，是指作者有权在作了适当赔偿损失的前提下收回已经发表的作品。收回权被认为是赋予作者的一个极端权利，只有在保护精神权利比较典型的国家才能见到，如法国、德国、意大利规定了收回

---

[1] 李雨峰：《中国著作权法：原理与材料》，华中科技大学出版社 2014 年版，第 79~80 页。

权。在世界各国著作权法中，全部规定上述六项人身权的并不多见。法国规定了全部的六项权利，大多数国家只是规定其中的四项或者五项。《伯尔尼公约》只是明确规定了作品的身份权和保护作品完整权两项精神权利，即使在作者转让了经济权利之后仍然享有。在作品著作权转让后，必要时作者仍有权声明自己是作品的作者，反对对作品进行任何有损于作者荣誉和声望的歪曲、"阉割"和其他改动。对于其他几项精神权利，公约没有提及。

《著作权法》第 10 条第 1 款第 4 项规定，保护作品完整权，即保护作品不受歪曲、篡改的权利。作者有权保护其作品不被他人丑化，不被他人作违背其思想的删除、增添或者其他损害性的变动。这项权利的意义在于保护作者的名誉、声望以及维护作品的完整性。保护作品完整权与修改权是互相联系的，侵犯修改权往往也侵犯了作者的保护作品完整权。在著作权立法上，将两者规定成一条的也不少见。但修改权与保护作品完整权两者的侧重点不同。修改权是为了更好地表达作者的意志，保护作品完整权主要是从维护作者的尊严和人格出发，防止他人对作品进行歪曲性处理以损害作者的声誉。因此，修改权维护作者的意志，保护作品完整权维护作者的声誉。

二、判定侵犯保护作品完整权应考虑的因素

判定是否侵犯保护作品完整权，应当综合考察以下因素：

第一，使用作品的权限方面，应当区分被诉作品是否获得相应授权。对于通过合法方式取得部分或者全部著作财产权的，作者本人虽然控制着作品的人身权，但基于合同履行的诚实信用原则和作品创作与传播之间的利益平衡原则，应当对保护作品完整权的行使予以一定程度的限制。

第二，使用作品的方式方面，应当区分复制行为与改编行为。对于作品的复制，一般是将作品以"原貌"使用，不改变其表达形式，仅在图书、期刊、报纸、网络上进行复制。在此情形下，对于是否侵犯保护作品完整权，应当坚持严格的标准，只要复制后呈现的内容、观点与作者在原著中表达的不一致，一般可以认定构成对原著的歪曲、篡改。但是，改编行为则不同，改编作品是在已有作品基础上再创作的作品，改编作品具有两个特点：一是利用了已有作品的表达；二是包含着改编者的创作。相对于原著而言，改编作品具有改编者新的创作和表达，必然要对原著的内容、观点发生一定程度的改变。因此，对于是否侵犯保护作品完整权的判断，应当看是否降低了原

著的社会评价、损害了原著作者的声誉。

第三，原著的发表情况方面，应当区分是否已经发表。在作品发表之时，原则上必须尊重作品的全貌，如果此时改动作品，不但会损害作者的表达自由，也会影响公众对作品内容、观点的了解。此时，关于保护作品完整权构成要件的判断，应看是否对原著的内容、观点进行了改动。在作品发表之后，作者的思想、表达已经向社会公开，公众亦能知晓原著作品的全貌，此时应当重点考虑被诉作品是否损害原著作者的声誉。

第四，被诉作品的具体类型，应当区分是否有特殊规定。《著作权法实施条例》第10条规定，著作权人许可他人将其作品摄制成电影作品和以类似摄制电影方法创作的作品的，视为已同意对其作品进行必要的改动，但是这种改动不得歪曲篡改原作品。基于该条规定的基本精神，在判断电影作品是否侵犯原著作者的保护作品完整权时，也必须充分考虑电影作品特殊的表现手法和创作规律。

三、本案不构成对原告保护作品完整权的侵犯

本案争议的法律焦点是保护作品完整权的边界问题，但纵观小说创作、电影改编、公众观看的各环节，实际上涉及文化创造者、商业利用者和社会公众的多方利益。为协调好激励创作、促进产业发展和保障大众文化需求之间的关系，在充分尊重、维护小说作者人格尊严和声誉的前提下，考虑到电影行业上百年的改编历史和电影产业当下的发展现实，亦应充分尊重合法改编者的创作自由和电影作品的艺术规律，促进文化的发展与繁荣，满足社会公众的多元化文化需求，使利益各方共同受益、均衡发展。因而，在当事人对著作财产权转让有明确约定、法律对电影作品改编有特殊规定的前提下，判断电影《九层妖塔》是否侵犯原告的保护作品完整权时，应当秉持尊重当事人意思自治、尊重创作自由的基本原则，不能简单依据电影"是否违背作者在原著中表达的原意"这一标准进行判断，也不能根据电影"对原著是否改动、改动多少"进行判断，而是注重从客观效果上进行分析，即要看改编后的电影作品是否损害了原著作者的声誉。

涉案电影《九层妖塔》系通过合法转让方式获得原著小说《精绝古城》的改编摄制权，在作品的著作财产权转让后，作者固然可以继续行使其自身专属的著作人身权，但作者对于其自身享有的著作人身权中的保护作品完整

权的行使应当受到一定程度的限制。易言之，根据著作权法立法鼓励作品创作、传播的主要宗旨，在作者作出明确意思表示，将其著作财产权转让给他人后，关于被转让人的合法改编行为是否侵犯其保护作品完整权，不能简单依据是否违背作者在原著中表达的原意这一主观标准进行判断，而是应综合考虑原著小说的表达和电影的创新部分，分析改动是否超出了必要的范围，重点考虑改编后的作品是否降低原著小说的社会评价、是否损害了原著作者的声誉。

在考虑改编后的作品是否损害原著作者的声誉时，还应当考虑被诉作品的特殊性。本案涉案侵权作品电影《九层妖塔》为特殊的作品类型——电影作品。电影作品的具体内容一般通过银幕形象呈现出来，侧重于视觉的艺术体验。因此，在将小说改编成电影时，必须加强空间的表现力，通过空间去表现人物情感和故事，创造出一个全新的艺术境界。再则，受电影作品篇幅长度的限制，在将小说特别是长篇小说改编成电影时，必然要对人物关系、情节结构、主要场景做较大幅度的调整和改动。当一部小说作品被转变成电影，它不仅仅是通过摄影机、剪辑、表演、布景和音乐把原著做相对的变形，而且是根据独特的电影法则和惯例，以及根据制片人和导演的理解作相对的转化。特别是商业电影在制作过程中需要考虑预算限制、资金的筹措和支出、演员遴选、市场需求、宣传要求等种种复杂的问题。这些因素的变化都可能引起电影内容的调整。鉴于电影作品的特殊创作规律，再结合著作权法实施条例关于"必要的改动"的规定，在判断涉案电影是否侵犯原告的保护作品完整权时，应当要充分考虑改编者的艺术创作自由，尽量缩小保护作品完整权的控制范围。

作品是作者思想的外现与反映，是作者人格的外化与延伸。保护作品完整权的主要意义在于从维护作者的尊严和人格出发，防止他人对作品进行贬损、丑化以损害作者的声誉。因此，关于电影《九层妖塔》是否损害了原著作者的声誉，我们应当结合具体作品，参照一般公众的评价进行具体分析。在本案中，我们明显可以看出，电影观众发表的评论，它的真正指向基本上都是对电影作品的批评，不涉及降低对原作品本身的认知，损害原作品本身的价值，而且就算有个别读者对原告的声誉进行了攻击，比如"天下霸唱，你有多缺钱，版权卖给陆川"，那也只是个别现象。对于任何一部面向大众的影视作品，特别是根据广为传播的原著作品改编完成的电影作品，在问世之后，都要经受广泛的社会评价及批评，这符合电影传播的市场规律，这种情况的出现是无可厚非的。保护作品完整权的目的是保护作者的思想观点与其作品所表达出来的思想观点的同一性，防止他人对通过被歪曲后的作品对作者真实的精神世界、意图、目的产生误解。通过对小说《精绝古城》的创作、出版情况的了解，我们可以得知，小说自 2005 年在天涯网上连载，于 2006 年正式出版。而改编电影作品《九层妖塔》的上映时间为 2015 年。正如原告所述，小说自 2006 年 2 月发表以来，吸引了数千万的读者。《鬼吹灯》系列小说出版后，更是多版本、多次印刷，销量过千万册。由于具有较高的知名度和广泛的读者基础，小说的内容、观点已经深入人心。而从原告提供的关于电影读者评论的证据也可以看出，绝大多数观众的评论都是将电影作品《九层妖塔》与小说作品《精绝古城》的差异之处做对比，就算评论中带有大量的批评语言，批评真正指向的对象也只是电影作品而已。也就是说，一般读者都能够清晰地看到电影与小说两者之间的差别，并没有对原著小说的内容、观点造成误解。

因而，结合判定侵犯保护作品完整权应考虑的因素，涉案电影《九层妖塔》的改编、摄制行为并未损害原著作者的声誉，不构成对原告保护作品完整权的侵犯。

21. 著作权中复制权的法律保护
—— 夏月英与雄县玖亿医疗器械有限公司侵害作品复制权纠纷案[*]

案情概况

原告：夏月英，女，汉族。

委托诉讼代理人：刘宏伟，北京超成律师事务所律师。

被告：雄县玖亿医疗器械有限公司，住所地：河北省保定市雄县。

法定代表人：许巧珍，该公司经理。

---

[*] 案件来源：河北省保定市中级人民法院 ［2017］ 冀 06 民初字第 43 号民事判决书

委托诉讼代理人：郭栋，男，该公司副经理。

委托诉讼代理人：王颖，河北佳篷律师事务所律师。

2016 年 6 月 1 日原告创作完成《金公主》美术作品，并于 2016 年 10 月 21 日向国家版权局进行版权登记，取得《作品登记证书》。原告创作完成该作品后，将其授权许可给泰国金公主公司使用，该公司将其使用在足贴产品包装上，获得了巨大的经济效益。原告发现被告将原告享有版权的作品印在产品包装上，侵犯了作品的复制权、获得报酬的权利，原告于 2016 年 11 月 23 日申请北京市长安公证处对被告的侵权行为进行证据保全，取得［2016］京长安内经证字第 36671、36672 号公证书。并向法院提起诉讼。2016 年 11 月 23 日，原告向北京市长安公证处申请保全证据公证。同日，在公证员的见证下，原告的委托代理人操作该公证处的计算机登录相关页面并进行截屏操作，其在浏览器地址栏输入"1688.com"，打开并登录该网站，在检索框中输入"皇家足贴源头工厂"并进行搜索，在搜索结果页面中点击"泰国 ROYAL 皇家足贴源头工厂排毒去湿代工 OEM 代工外贸出口定制"。进入该页面后显示该网店商家为被告雄县玖亿医疗器械有限公司（简称"玖亿公司"），其所展示并销售的足贴商品外包装使用了原告夏月英创作的《金公主》美术作品。北京市长安公证处对这一操作过程进行了截图并公证，制作了［2016］京长安内经证字第 36671 号公证书。随后，原告委托代理人在该网站购买了 100 个足贴，经原告申请，北京市长安公证处公证员对前述购买行为后的收取物品过程进行了保全证据公证，现场监督了原告的委托代理人收取并打开包裹的过程，在该包裹中取得了足贴样物品 10 件以及加盖"雄县玖亿医疗器械有限公司财务专用章"的"收据"一张，北京市长安公证处就上述过程制作了［2016］京长安内经证字第 36672 号公证书。

原告夏月英的诉讼请求：①判令被告立即停止侵权行为；②判令被告赔偿侵害著作财产权损失及合理支出 6 万元；③本案诉讼费用由被告承担。被告玖亿公司辩称，答辩人没有实施侵权行为，原告的诉求没有事实依据，应依法驳回。

裁判结果

河北省保定市中级人民法院依照《中华人民共和国著作权法》第 2 条第 1

款、第 48 条第 1 项、第 49 条，《最高人民法院关于审理著作权民事纠纷案件适用法律若干问题的解释》第 7 条、第 25 条第 1 款、第 2 款之规定，判决如下：

（1）被告雄县玖亿医疗器械有限公司立即停止对原告夏月英享有著作权的《金公主》美术作品的侵犯，删除在"www.1688.com"网站中侵权产品图片及相关链接；

（2）被告雄县玖亿医疗器械有限公司于本判决生效后 10 日内赔偿原告夏月英经济损失及合理支出 2 万元。

案例评析

本案所涉及的法律问题主要是《著作权法》上的复制权。本案中，原告创作完成《金公主》美术作品，并获得国家版权局的《作品登记证书》。由此可知，原告夏月英依法享有该作品的著作权，享有该著作权中的复制权等一系列权利，被告未经原告或其他相关权利人许可，擅自在其产品外包装上使用了原告享有著作权的《金公主》美术作品，并在"www.1688.com"网站对侵权产品进行展示并销售，侵犯了原告的作品复制权，应当承担相应的法律责任。

一、原告为依法享有涉案作品著作权的权利人

著作权是一种财产权，具有财产属性，从著作权客体来看，它是以某种客观存在的具体形式体现出来的创造性的智力创作成果，即文学、艺术和科学作品，是作者智力创造性劳动的结晶。由于创作作品的作者付出的劳动通常都不是一般的简单劳动，而是能创造出较高价值的复杂劳动，这些劳动创造的价值均凝聚在作品之中。因此，我国对著作权人的保护首要就是对其作品进行保护。著作权是属于著作权人的权利，他人未经著作权人许可不得侵犯。

著作权人，又称"著作权主体"，是指依法对文学、艺术和科学作品享有著作权的人。著作权人可被分为原始著作权人和继受著作权人。原始著作权人，指创作作品的公民和依照法律规定视为作者的法人或者非法人单位。由公民个人创作完成的作品，创作作品的公民是作者，该公民对作品享有著作权；由法人或者其他组织主持，代表法人或者其他组织意志创作，并由法人或者其他组织承担责任的作品，法人或者其他组织视为作者。该法人或其他组织对作品享有著作权。继受著作权指通过继承、受让、受赠等法律许可的

形式取得著作权财产权的公民、法人或者非法人单位。

　　根据著作权法的有关规定，在作品或者制品上署名的自然人、法人或者其他组织是著作权有关权益的权利人，但有相反证明的除外。《最高人民法院关于审理著作权民事纠纷案件适用法律若干问题的解释》第 7 条的规定，当事人提供的涉及著作权的底稿、原件、合法出版物、著作权登记证书、认证机构出具的证明、取得权利的合同等，可以作为著作权权利的证据。本案中，原告独自一人创作完成《金公主》美术作品，该美术作品已经国家版权局审核并获颁《作品登记证书》，因而原告为该作品的原始著作权人，对《金公主》美术作品依法享有著作权的人身权和财产权，这些权利受到我国《著作权法》的保护。

二、著作权中复制权的概念及特征

　　复制权是《著作权法》上的概念，是著作权财产权利中重要的一项权能，复制是使作品能够广泛传播和使用的重要手段，因而作者著作权集中体现在行使复制权上。我国《著作权法》第 10 条第 5 项规定："复制权，是指以印刷、复印、录音、录像、翻录、翻拍等方式将作品制作成一份或多份的权利。"复制有广义、狭义之分。狭义之复制，乃指以印刷、照相、复写、影印、录音、录像或其他行为做成与原作品同一形态的复制，如将文书加以手抄、印刷、照相，将绘画、雕刻加以摹拓，将录音带、录像带加以翻版录制等等。广义之复制，还包括对著作加以若干改变，即不是再制与原著作之形态完全相同之物，仅要求其旨趣具有同一性，如将草图、图样做成美术品与建筑物，音乐著作之录音，将小说改编成剧本、拍成电影，编辑数篇论文，本国文翻译成外国文，雕刻制成绘画，绘画制成照片或风景明信片，模型制成美术工艺品，等等。最广义之复制，还包括无形复制在内，如将剧本、乐谱予以上演、演奏或播送，讲稿的演说或讲义文稿之朗读。

　　我国《著作权法》上的"复制"系一种广义的概念，不论作品的载体发生何种变化，抑或是"平面"与"立体"的转换，只要构成对涉案作品独创性表达的再现，而且该种再现和加工并未达到构成新作品的条件，而仅仅是在其他载体上对涉案作品加以固定，便构成《著作权法》意义上的复制行为。即《著作权法》意义上的"复制"具备"三性"：作品内容的再现性、作品表达形式的重复性与作品复制行为的非创造性。[1] 首先，内容的再现性，是指要构成复制，必须在原作品之外，通过一定方式展现原作品，以便大众可以感知并了解该作品。其次，表达形式的重复性，即指作品表达形式在物质载体之间进行的重复，对于不具备有形载体的作品以特定方式再现则不构成复制。例如，对于文字作品的朗诵，因为声波是为人肉眼所看不到的载体，所以朗诵不构成复制行为。最后，复制行为的非创造性，是指这种再现行为不具备版权法意义上的独创性，无法产生新的作品。而对于具备独创性，能够产生与原作不完全相同的新作品的行为，则不属于复制，例如对建筑物的拍摄、文字作品的表演等。

在本案中，原告对《金公主》美术作品享有复制权，被告将该美术作品用于其产品的外包装之上，为典型的复制行为，并且其行为并不属于合理使用和法定许可的范围。同时，理论上，在著作权人意思不明的情况下，我们应当按照我国《著作权法》立法所确立的著作权人意思推定规则来解释著作权人的意思。在本案中，原告将作品许可给泰国金公主有限责任公司使用，其已经通过明显的意思表示来说明原告对该美术作品享有著作权，且他人应征得著作权人同意使用，而被告未取得著作权人的许可而私自使用进行牟利行为，视为侵犯原告的著作权。

三、侵犯《著作权法》中复制权的法律责任

根据《著作权法》第48条的规定，未经著作权人许可，复制、发行、表演、放映、广播、汇编、通过信息网络向公众传播其作品的，应当根据情况，承担停止侵害、消除影响、赔礼道歉、赔偿损失等民事责任；同时损害公共利益的，可以由著作权行政管理部门责令停止侵权行为，没收违法所得，没收、销毁侵权复制品，并可处以罚款；情节严重的，著作权行政管理部门还可以没收主要用于制作侵权复制品的材料、工具、设备等；构成犯罪的，依法追究刑事责任。

在本案中，依照《著作权法》第48条的规定，被告玖亿公司的行为构成对原告著作权的侵犯，原告要求被告立即停止侵权行为，并承担赔偿损失等民事责任的诉讼请求，符合法律规定，应予支持。在赔偿数额上，根据《著

---

[1] 吴汉东：《著作权合理使用制度研究》，中国政法大学出版社1996年版，第168~170页。

作权法》第 49 条的规定，侵犯著作权或者与著作权有关的权利的，侵权人应当按照权利人的实际损失给予赔偿；实际损失难以计算的，可以按照侵权人的违法所得给予赔偿；赔偿数额还应当包括权利人为制止侵权行为所支付的合理开支；权利人的实际损失或者侵权人的违法所得不能确定的，由人民法院根据侵权行为的情节，判决给予 50 万元以下的赔偿。本案原告没有提供其侵权所受的实际损失的证据，被告的违法所得没有相关证据能够证明。因此，人民法院基于被告侵权时间较短（只有半年左右）、侵权方式只是将原告的美术作品用于其产品包装上面、诉讼标的较小、侵权产品利润较低等因素，酌定被告赔偿原告 2 万元。

22. 著作权中发行权的法律保护
——深圳市盟世奇商贸有限公司与天津市宁河县泽安商贸有限公司侵害著作权纠纷案[1]

案情概况

上诉人：天津市宁河县泽安商贸有限公司，住所地：天津市宁河县芦台镇。

法定代表人：于连刚，该公司总经理。

委托代理人：赵晓冬，男，满族。

委托代理人：于振安，男，汉族。

被上诉人：深圳市盟世奇商贸有限公司，住所地：深圳市龙华新区。

法定代表人：李仁国，该公司总经理。

委托代理人：黄学国，山东海扬律师事务所律师。

委托代理人：张公稳，山东海扬律师事务所律师。

深圳华强数字动漫有限公司（简称"华强公司"）出品的动画片《熊出没》，自 2012 年 1 月在央视少儿频道播出后，深受观众喜欢，先后获得国内

---

[1]　案件来源：天津市高级人民法院 ［2015］ 津高民三终字第 0018 号民事判决书。

外诸多大奖。片中动画形象"熊大""熊二""光头强""蹦蹦"等更是人人皆知，家喻户晓，华强公司享有《熊出没》动画片影视剧作品及上述动画形象美术作品的全部著作权。2012年4月2日，华强公司将《熊出没》卡通形象授权给深圳市盟世奇商贸有限公司（简称"盟世奇公司"）使用，授权范围是中国大陆独占性（专有）使用上述形象生产、销售毛绒玩具，并有权就未经许可使用上述形象生产、销售毛绒玩具的行为进行维权。盟世奇公司发现天津市宁河县泽安商贸有限公司（简称"泽安商贸公司"）未经许可，擅自销售"熊大"动画形象美术作品的毛绒玩具商品，侵犯了盟世奇公司享有的复制权、发行权、财产报酬权，给盟世奇公司造成了经济损失。盟世奇公司为维护合法权益，请求法院判令：①泽安商贸公司停止销售侵犯盟世奇公司"熊大"美术作品著作权的毛绒玩具商品；②泽安商贸公司赔偿盟世奇公司经济损失及合理开支共计30 000元；③泽安商贸公司承担本案诉讼费。

一审判决后，泽安商贸不服，提出上诉，其上诉主要理由为：①盟世奇公司不是作品《熊出没》的著作权人及著作权相关专有使用权的权利人，依法不具备诉讼主体资格。②泽安商贸公司一审时提交了进货单据，能够提供涉案物品合法来源，请求免责。③被上诉人盟世奇公司一审提交的公证购买的被控侵权物品上无任何标识，购货小票上只是注明"毛绒玩具"或"电动毛绒玩具"，而公证书却证明购买"熊大一个""熊二一个"，公证机关无权给毛绒玩具命名。④上诉人不同意一审法院对被控毛绒玩具是否是"熊大"的认定意见。⑤上诉人不认可一审法院判决被上诉人赔偿盟世奇公司10 000元，并承担367元诉讼费用的判决结果。

[ ] **裁判结果**

天津市第二中级人民法院依照《中华人民共和国著作权法》第11条、第47条、第48条、第49条，《中华人民共和国民事诉讼法》第64条之规定，判决：

（1）泽安商贸公司立即停止销售侵犯盟世奇公司著作权的"熊大"毛绒玩具的行为；

（2）泽安商贸公司自本判决生效之日起10日内赔偿盟世奇公司经济损失和为制止侵权支出的合理费用共计10 000元。

天津市高级人民法院依照《中华人民共和国著作权法》第3条第4项，

第 10 条第 1 款第 5 项、第 6 项，第 10 条第 2 款，第 15 条第 2 款，第 16 条，第 21 条第 2 款，第 24 条，第 48 条第 1 项，第 49 条、第 53 条；《中华人民共和国著作权法实施条例》第 2 条、第 4 条第 8 项、第 9 条；《最高人民法院关于审理著作权民事纠纷案件适用法律若干问题的解释》第 10 条、第 25 条第 1 款、第 2 款；《中华人民共和国民事诉讼法》第 170 条第 1 款第 1 项的规定，判决如下：

驳回上诉，维持原判。

案例评析

本案所涉及的法律问题主要是《著作权法》上的发行权。盟世奇公司通过授权取得了"熊大"动漫美术作品在毛绒公仔产品上的著作权专有使用权，泽安商贸公司未经授权销售"熊大"毛绒玩具的行为侵犯了盟世奇公司的专有发行权，应当承担停止侵权，赔偿损失的民事责任。

一、盟世奇公司具备诉讼主体资格

"熊大"动漫美术作品的著作权属于案外人华强公司，盟世奇公司通过华强公司的授权取得了美术作品"熊大"卡通形象著作权人的专有许可，许可其在毛绒公仔玩具上专有使用"熊大"等卡通形象，并可以自己的名义维权。泽安商贸公司认为《著作权法》第 24 条规定了使用他人作品应当由著作权人与被许可人双方订立书面许可使用合同，而华强公司单方出具的《授权证明书》不属于许可人与被许可人订立的书面合同，因此，盟世奇公司没有获得合法授权。《著作权法》第 10 条第 2 款规定，著作权人可以许可他人行使对受保护作品的复制权、发行权、出租权等经济权利，并依照约定或者本法的有关规定获得报酬，该条并没有限制著作权人许可他人使用作品的方式。《著作权法》第 24 条规定了使用他人作品应当同著作权人订立许可使用合同，《著作权法》规定不经许可的除外，同时规定了许可的内容主要包括许可使用的权利种类、许可使用的是专有使用权还是非专有使用权、许可使用的地域范围、期间等。《著作权法》第 24 条立法本意在于强调使用他人作品必须经过著作权人许可，该条款并没有限制许可人与被许可人签订许可使用合同为著作权人许可他人使用作品的唯一形式。本案中，华强公司作为美术作品"熊大"卡通形象的著作权人出具《授权证明书》，授予盟世奇公司在毛绒公仔产品上专有使用《熊出没》作品及作品中包括"熊大"动漫美术作品在内的卡通形象，且盟世奇公司实际生产了"熊大"毛绒玩具，通过该正版毛绒玩具的防伪验证码进行查询，证实该玩具系华强公司授权生产，因此，可以认定《授权证明书》是华强公司真实意思表示。盟世奇公司依据《授权证明书》取得了在中国大陆境内将美术作品"熊大"卡通形象用于毛绒玩具产品的著作权专有使用权，华强公司与盟世奇公司已经形成了许可使用合同关系。泽安商贸公司认为只有双方依据《著作权法》第24条签订书面许可使用合同才能形成许可合同关系，限制了著作权人许可他人使用自己作品的形式，其对法律条文的理解不符合立法本意。因此，盟世奇公司通过华强公司的授权取得了将美术作品"熊大"卡通形象用于毛绒玩具产品的著作权专有使用权，具备诉讼主体资格，有权提起本案诉讼。

二、著作权中发行权的概念及特征

根据我国《著作权法》的规定，发行权是以出售或赠与方式向公众提供作品的原件或者复制件的权利。著作权法意义上的发行权具有以下特征：首先，发行权控制以出售或者赠与等方式发行作品的行为，该行为应当以转移作品有形物质载体所有权的方式提供作品的原件或复制件。在传统著作权法理论中，只有导致公众获得作品原件成复制件的行为才能构成发行行为。《著作权法》将发行权定义为"向公众提供作品的原件或者复制件的权利"已暗示了这一意思。这是因为"原件"就是作品首次被固定在有形物质载体之上形成的，而"复制件"指通过复制行为，作品被固定在其他物质载体之上。换言之，无论是"原件"还是"复制件"，均指"作品"加"有形物质载体"。因此，"提供作品原件或者复制件"就是指提供固定着作品的有形物质载体，也即转移有形物质载体的行为。出售和赠与都是以转移作品载体所有权的方式实现对作品的利用，出售者和赠与者均永久地转移作品载体所有权。由于出售和赠与都会与作品的载体发生联系，所以作品的发行是与作品载体的转移结合在一起的。对于载体受让人来说，转让人享有发行权（或者发行权已经穷竭）是合法取得所有权的必要条件。其次，发行权控制的行为具有公开性。著作权法意义上的发行是"公开发行"，它是面向不特定的公众提供作品原件或者复制件的行为。如果是非公开地提供作品原件或复制件，则不构成发行行为。例如，在校园里散发作品复制件的行为，属于公开发行，但是将作品复制件赠送给同寝室好友的行为，因不具有公开性而不属于发行权控制。最后，发行权的内容较为丰富。权利人可以对发行对象、发行范围和发行方式等内容进行控制。当然，权利人可以自己行使发行权，也可以授权他人行使。根据发行权权利穷竭的原理，发行权在首次行使后即告耗尽，在这种情形下，权利人所享有的发行权只能行使一次。[1]

三、泽安商贸公司侵犯了盟世奇公司的专有发行权

"熊大"动漫美术作品是为华强公司发行的三维喜剧动画片《熊出没》开发的角色形象，该角色形象的绘制方法是以线条、色彩手绘创作初稿，然后以 Maya 三维软件进行角色最终造型渲染图的制作，该渲染图依然是以平面方式表达的艺术造型。而经过华强公司授权，盟世奇公司生产的"熊大"毛绒玩具及被控侵权商品是以立体方式表达的造型。《著作权法》第 10 条第 1款第 5 项规定了复制权的内容，该条款列举了印刷、复印、拓印、录音、录像、翻录、翻拍的七种复制方式，虽然，由平面到立体的复制并不属于上述列举的七种复制方式，但是，该条款通过使用"等方式"的用语并没有穷尽复制的方式。判断某种行为是否构成对受保护作品的复制，关键在于判断新的载体中是否保留了原作品的基本表达，同时没有通过发展原作品的表达而形成新作品。如果最终表达载体再现了被保护作品或其具有独创性的特征并加以固定，且没有形成新的作品，就应当属于著作权法规定的复制。就本案而言，"熊大"动漫美术作品系以动漫方式表现的一只虚构的熊的形象，其独创性特征在于：熊上肢长下肢短，脖颈部以下胸部以上呈现月牙形双尾翼图案，熊头部上窄下宽，两只棕色小耳朵位于头顶部，头面部特征为：大眼睛，眼睛处于头上部 2/3 处，镶嵌在白色底框中，眼眶呈粉红色，白色眼仁，绿色眼珠，眼珠较小，眼珠中间镶嵌黑色圆点；酒红色鼻子较大呈凸起的椭圆形状；嘴巴较大，采用拟人化的双唇形态特征，双唇凸起；鼻子和嘴巴镶嵌在白色寿桃形图案中。

将被控侵权商品与"熊大"动漫美术作品的独创性特征相比较，不同之处仅在于前者酒红色鼻子呈凸起的倒心形，后者呈椭圆形；前者双唇微张呈月牙形，双唇中间为黑色月牙形，后者双唇凸起，双唇中间颜色不明显，其

---

[1]　梅术文：《网络知识产权法：制度体系与原理规范》，知识产权出版社 2016 年版，第 60~61 页。

他设计特征均相同。将被控侵权商品与盟世奇公司发行的"熊大"毛绒玩具设计特征相比较，不同之处在于前者眼珠呈浅绿色，酒红色鼻子呈凸起的倒心形，眼眶和嘴唇呈浅粉色；后者眼珠呈绿色，酒红色鼻子呈心形，眼眶和嘴唇呈粉色，其他设计特征基本相同。因此，可以认定被控侵权商品复制了盟世奇公司发行的"熊大"毛绒玩具的所有设计特征，盟世奇公司发行的"熊大"毛绒玩具再现了"熊大"动漫美术作品的独创性特征，被控侵权商品亦以毛绒玩具为载体再现了"熊大"动漫美术作品的独创性特征，应当认定制作被控侵权商品是以毛绒玩具为载体再现了"熊大"动漫美术作品的独创性特征属于对该动漫美术作品的复制。

本案中，被控侵权商品系通过对"熊大"动漫美术作品进行复制而来。盟世奇公司对购买被控侵权商品的过程进行了公证，公证书载明被控侵权商品系从泽安商贸公司购买。我国《著作权法》第10条第1款第5项、第6项分别规定了复制权和发行权的内容。盟世奇公司现有证据只能证明泽安商贸公司实施了未经许可的发行行为，不能证明泽安商贸公司实施了未经许可的复制行为。依据《著作权法》第10条第1款第6项规定，侵犯发行权是指未经许可以出售或者赠与方式，向公众提供作品的原件或者复制件的权利。泽安商贸公司未经专有著作权人盟世奇公司许可，销售通过对"熊大"动漫美术作品进行复制而形成的被控侵权商品，侵犯了盟世奇公司的专有发行权。

四、侵犯《著作权法》中发行权的法律责任

《著作权法》第53条规定，复制品的出版者、制作者不能证明其出版、制作有合法授权的，复制品的发行者或者电影作品或者以类似摄制电影的方法创作的作品、计算机软件、录音录像制品的复制品的出租者不能证明其发行、出租的复制品有合法来源的，应当承担法律责任。依据该规定，复制品的发行者不能证明其发行的复制品有合法来源的，应当承担法律责任。本案中，泽安商贸公司提供的证据不能证明其发行被控侵权商品具有合法来源。泽安商贸公司作为占地面积较大的综合商贸公司，其对于经营的玩具商品是否具有合法来源具有审慎的注意义务。"熊大"动漫美术作品系为《熊出没》等动画片创作的卡通形象，动画片《熊出没》的获奖情况可以证明"熊大"卡通形象在相关公众中具有一定的知名度，泽安商贸公司在经销玩具类商品时，应当知道"熊大"卡通形象他人享有著作权。但其在经销被控侵权商品

时并没有审查该商品的发行是否争得著作权人许可，其主观过错明显。泽安商贸公司提供的现有证据不能证明其销售被控侵权商品具有合法来源，其应当承担相应的法律责任。

根据《著作权法》第 48 条的规定，未经著作权人许可，发行其作品的，应当根据情况，承担停止侵害、消除影响、赔礼道歉、赔偿损失等民事责任。本案中，泽安商贸公司应当承担停止侵害、赔偿损失的民事责任。关于赔偿数额，《著作权法》第 49 条规定，侵犯著作权或者与著作权有关的权利的，侵权人应当按照权利人的实际损失给予赔偿；实际损失难以计算的，可以按照侵权人的违法所得给予赔偿。赔偿数额还应当包括权利人为制止侵权行为所支付的合理开支。权利人的实际损失或者侵权人的违法所得不能确定的，由人民法院根据侵权行为的情节，判决给予 50 万元以下的赔偿。本案中，盟世奇公司在提供了公证费、购货发票后，请求法院根据侵权行为的情节确定赔偿数额。《最高人民法院关于审理著作权民事纠纷案件适用法律若干问题的解释》第 25 条第 1 款规定，权利人的实际损失或者侵权人的违法所得无法确定的，人民法院根据当事人的请求或者依职权适用《著作权法》第 49 条第 2 款的规定确定赔偿数额。第 2 款规定，人民法院在确定赔偿数额时，应当考虑作品类型、合理使用费、侵权行为性质、后果等情节综合确定。本案中，法院综合考虑"熊大"卡通形象的知名度、使用时间、商业价值等因素，酌情确定泽安商贸公司赔偿盟世奇公司经济损失及为制止侵权支出的合理开支共计 10 000 元。

23. 音乐作品放映权的法律保护

——铜陵市郊区环球娱乐会所与北京鸟人艺术推广有限责任公司侵害作品放映权纠纷案[1]

案情概况

上诉人（一审被告）：铜陵市郊区环球娱乐会所，经营场所：铜陵市郊区罗家村。

---

〔1〕 案件来源：安徽省高级人民法院〔2018〕皖民终 221 号民事判决书。

经营者：陈吉祥。

委托代理人：项多章，安徽众佳律师事务所律师。

委托代理人：汪勇，安徽众佳律师事务所实习律师。

被上诉人（一审原告）：北京鸟人艺术推广有限责任公司，住所地：北京市朝阳区。

法定代表人：周亚平，该公司董事长。

委托诉讼代理人：赵忠州，该公司员工。

北京鸟人艺术推广有限责任公司（简称"北京鸟人公司"）是一家专业音乐制作公司。该公司在发现其享有著作权、放映权、复制权的《杯水情歌》《吹眼睛》等87首音乐电视作品被铜陵市郊区环球娱乐会所（简称"环球娱乐会所"）擅自播放后，向人民法院提起诉讼，请求判令环球娱乐会所：①立即停止侵权行为，删除其KTV曲库中的87首音乐电视作品；②赔偿北京鸟人公司经济损失69 600元及为制止侵权行为而发生的合理费用2642元，合计72 242元；③环球娱乐会所承担本案诉讼费用。一审判决后，环球娱乐会所不服，向安徽省铜陵市高级人民法院提起上诉。

环球娱乐会所上诉请求：撤销一审判决，发回重审或改判驳回北京鸟人公司一审全部诉讼请求。事实和理由如下：（1）北京鸟人公司不享有音乐电视作品合集《好歌天天唱》的著作权。根据《中国标准录音制品编码》《〈中国标准录音制品编码〉国家标准实施办法》及《音像、电子出版物专用书号管理办法》的规定，ISRC编码仅是申领书号的前置条件，仅凭北京鸟人公司提供的ISRC歌曲编码表不能证实被诉侵权作品为合法出版物。此外，北京鸟人公司举证的盒带上的出版号为ISBN978-7-88102-468-4，在国家版权局官网上无法查询，北京鸟人公司也没有提供国家版权局核发的《书号通知书》，其提供的现有证据无法证明《好歌天天唱》为合法出版物。一审判决认定北京鸟人公司享有音乐电视作品合集《好歌天天唱》的著作权，系适用法律错误。（2）环球娱乐会所没有使用北京鸟人公司作品，无侵权行为。①民权县浩天知识产权代理有限公司非本案公证事项的利害关系人，不能以自己的名义提出公证申请。北京鸟人公司为公证事项的当事人，而河南省民权县公证处所在地不是公证事项当事人的住所地、经常居住地或行为发生地的公证机构，其对本案公证事项无管辖权。②公证程序违反强制性规定，公证结论不能被采信。本案系行为公证，在公证过程中，设备来源不清楚，且未脱离申请人的控制，公证内容与公证记录不符，公证程序不合法。公证录制的视频因录制时间、地点、主体不明等原因不能确认。根据证据规则，该视频不能单独作为定案依据。即便视频资料能作为证据，也只证明侵权行为仅此一次，不能证明环球娱乐会所还有其他播放的侵权行为。（3）消费者在 KTV 点歌不收取费用，且被诉侵权作品没有点播率，故北京鸟人公司无损失发生。

北京鸟人公司认为：（1）北京鸟人公司依法享有被诉侵权作品的著作权，系适格原告。被诉侵权作品系通过表演、摄影、剪辑与合成等方式构成，视频展现的内容体现了权利人的独特构思，具备独创性。包装封面、盘片上均以著作权人的身份进行署名，每首歌曲都申请了国际标准音像制品编码（IS-RC），该编码为作品的唯一身份信息，可在中国标准录音制品编码（ISRC）中心官网查询，足以证明北京鸟人公司为被诉侵权作品的著作权人。（2）民权县公证处制作的公证书程序合法。根据《公证程序规则》的规定，除法定情形外，当事人可以委托他人代理申办公证，北京鸟人公司委托民权县浩天知识产权代理有限公司并以其名义申请办理证据保全公证，符合上述规则的规定。民权县浩天知识产权代理有限公司接受委托向其住所地公证处申办公证事项于法有据。民权县公证处的公证人员对公证全过程进行了监督，并对公证过程制作了公证书，将摄像内容刻录成光盘作为公证书的附件。该公证内容真实、程序合法，具有证明力。（3）北京鸟人公司请求赔偿损失的依据充分，赔偿数额合理。环球娱乐会所未经北京鸟人公司的授权擅自使用被诉侵权作品已构成侵权，应承担相应法律责任。一审法院综合考虑被诉侵权作品的类型、数量、制作成本、流行程度、维权成本以及环球娱乐会所侵权行为的持续时间、规模等因素，判令环球娱乐会所承担赔偿责任证据充分。

裁判结果

安徽省铜陵市中级人民法院依照《中华人民共和国著作权法》第 9 条第 2 项、第 10 条第 1 款第 10 项、第 11 条第 4 款、第 15 条第 1 款、第 48 条第 1 项、第 49 条，《最高人民法院关于审理著作权民事纠纷案件适用法律若干问题的解释》第 25 条，《中华人民共和国民事诉讼法》第 253 条之规定，判决如下：

（1）环球娱乐会所于判决生效之日立即停止侵权并删除《杯水情歌》《吹眼睛》等 87 首音乐电视作品；

（2）环球娱乐会所于判决生效之日起 10 日内赔偿北京鸟人公司经济损失 19 800 元。

安徽省高级人民法院依照《中华人民共和国民事诉讼法》第 170 条第 1 款第 1 项之规定，判决如下：

驳回上诉，维持原判。

案例评析

本案所涉及的法律问题主要是著作权中音乐作品放映权的侵权认定。本案中，被告环球娱乐会所未经原告北京鸟人公司许可，将北京鸟人公司享有著作权的 84 首音乐电视作品纳入其 KTV 曲库并进行放映，侵犯了北京鸟人公司作品放映权。

一、著作权中的放映权概述

《著作权法》第 10 条第 10 项规定："放映权，即通过放映机、幻灯机等技术设备公开再现美术、摄影、电影和以类似摄制电影的方法创作的作品的权利。"这里说的公开再现，是指个人或家庭以外的放映。这种放映是面向公众的，包括特定的和不特定的均在内，并且不问是否营利，只要是公开放映，就应属于著作权人的放映权范围。放映权适用的作品主要是美术作品、摄影作品和电影作品，但此定义是开放式的，末句的"等"字表明，放映权所适用的范围不仅是明确规定的电影、美术、摄影作品，也包括能够放映的其他作品。在放映权的适用范围上，我们的规定与《德国著作权法》的规定较为一致。如《德国著作权法》第 19 条规定："放映权指通过技术设备使公众感知到美术著作、摄影著作、电影著作或科学技术种类的各种表现形式的权利。放映权不包括使公众感知到电台播放的这类著作的权利。"但许多国家的著作权法规定的放映权在字面上仅适用于电影类作品。如《日本著作权法》第 26 条之一规定："著作人享有公开上映其电影著作物或颁布其复制品的专有权。"《英国版权法》第 19 条规定："公开播放或放映作品是录音、影片、广播或电缆节目之版权所禁止的行为。"此外，美国、意大利、西班牙等国也仅规定了电影作品的放映问题。

规定放映权的特别意义在于电影著作权人有权禁止未经其许可公开放映其电影作品的行为。例如，某些小型放映厅擅自公开放映本来是供家庭使用的录像带、激光视盘等。这种行为不仅严重损害了电影著作权人的利益，而且扰乱了文化市场的经济秩序。[1]

二、环球娱乐会所侵犯了北京鸟人公司的放映权

《著作权法》第 15 条规定："电影作品和以类似摄制电影的方法创作的作品的著作权由制片者享有，但编剧、导演、摄影、作词、作曲等作者享有署名权，并有权按照与制片者签订的合同获得报酬。电影作品和以类似摄制电影的方法创作的作品中的剧本、音乐等可以单独使用的作品的作者有权单独行使其著作权。"音乐电视是以类似摄制电影的方法创作的作品，与歌词、歌曲等一样，均应受到法律保护。依据《著作权法》第 11 条之规定，著作权属于作者，如无相反证据，在作品上署名的公民、法人或者其他组织为作者。

本案中，北京鸟人公司通过北京东方影音公司出版了音乐电视作品合集《好歌天天唱》，依据《〈中国标准录音制品编码〉国家标准实施办法》第 3 条和《音像电子出版物专用书号管理办法》第 2 条之规定，每一可独立使用的录音制品或音乐录像制品均须分配一个单独的中国标准录音制品编码（简称 ISRC 编码）。该编码只标识被编码对象，不能作为出版物标识。而全国所有正式出版、发行的音像制品或电子出版物，均使用中国标准书号（简称 IS-BN）作为出版物标识。北京鸟人公司提供的音像制品合集中每首歌曲均有对应的 ISRC 编码，合集封套上也标注了 ISBN 编码，符合音像制品出版物的上述法律规定。在专辑封套上，明确注明了北京鸟人公司为著作权人，环球娱乐会所没有提供相反证据推翻该事实，可以认定北京鸟人公司对该专辑享有著作权。

关于公证书效力的问题，《公证程序规则》第 9 条规定，公证当事人是指与公证事项有利害关系，并以自己名义向公证机构提出公证申请，在公证活动中享有权利和承担义务的自然人、法人或其他组织。根据《公证程序规则》第 11 条之规定，当事人可以委托他人代理申办公证，但申办遗嘱、遗赠扶养协议、赠与、认领亲子、收养关系、解除收养关系、生存状况、委托、声明、

---

〔1〕　郑国辉主编：《著作权法学》，中国法制出版社 2012 年版，第 78 页。

保证及其他与自然人人身有密切关系的公证事项，应当由其本人亲自申办。从上述规定可以看出，委托他人代理公证应是以委托人的名义办理公证，而不是以受托人的名义。本案中，北京鸟人公司委托民权县浩天知识产权代理有限公司并以民权县浩天知识产权代理有限公司的名义办理公证事项，与上述规则不符。《公证程序规则》第14条规定：公证事项由当事人住所地、经常居住地、行为地或事实发生地的公证机构受理。本案中，民权县公证处所在地不在侵权事实的发生地，也不在公证事项的当事人北京鸟人公司住所地，民权县公证处受理该公证事项管辖权有瑕疵，但公证法对于委托人以自己名义办理公证事项、管辖权有瑕疵的公证行为的效力并没有做出禁止性规定，不应以此否定公证书的效力。案涉公证书对公证时间、地点、参与人员、公证过程进行了描述，整个公证过程均在公证人员的监督下完成，公证机关另将视频作为公证书的附件，体现了公证过程的完整性和真实性。若涉案公证书在主体、管辖或程序上存在瑕疵，依据《公证程序规则》的规定，公证事项的利害关系人认为公证书有错误的，可以向公证机构提出复查，由公证机构依法做出撤销或者更正、补正处理。本案中，环球娱乐会所并未举证证明其向公证机构提出了复查的申请。且经播放比对，公证书所附视频资料中的音乐电视作品播放的部分截屏、拍摄画面、歌词、旋律，与《好歌天天唱》合集中对应音乐电视作品的画面、歌词、旋律一致，北京鸟人公司、环球娱乐会所对比对结果均无异议，因而，环球娱乐会所KTV曲库中未经享有著作权的北京鸟人公司许可便收录其不享有著作权的87首歌曲，以营利为目的对作品进行放映，此行为侵犯了北京鸟人公司著作权中的放映权，应当承担侵权责任。

24. 作品改编权侵权的判定
——琼瑶诉于正著作权侵权纠纷案[1]

案情概况

上诉人（原审被告）：余征（笔名于正），男，汉族，编剧、制作人。

---

[1] 案件来源：北京市高级人民法院［2015］京民终字第315号民事裁定书。

委托代理人：马晓刚，北京市昊天信合律师事务所律师。

被上诉人（原审原告）：陈喆（笔名琼瑶），女，汉族，作家、编剧。

委托代理人：王军，北京市盈科律师事务所律师。

陈喆（笔名：琼瑶）于 1992 年至 1993 年间创作完成了电视剧剧本及同名小说《梅花烙》（统称涉案作品），并自始完整、独立享有涉案作品著作权（包括但不限于改编权、摄制权等）。涉案作品在中国大陆地区多次出版、发行，拥有广泛的读者群与社会认知度、影响力。2012 年至 2013 年间，余征未经陈喆许可，擅自采用涉案作品核心独创情节进行改编，创作电视剧剧本《宫锁连城》，湖南经视公司、东阳欢娱公司、万达公司、东阳星瑞公司共同摄制了电视剧《宫锁连城》（又名《凤还巢之连城》），涉案作品全部核心人物关系与故事情节几乎被完整套用于该剧，严重侵害了陈喆依法享有的著作权。在发现侵权之前，陈喆正在根据其作品《梅花烙》潜心改编新的电视剧本《梅花烙传奇》，余征、湖南经视公司、东阳欢娱公司、万达公司、东阳星瑞公司的侵权行为给陈喆的剧本创作与后续的电视剧摄制造成了实质性妨碍，让陈喆的创作心血毁于一旦，给陈喆造成了极大的精神伤害。而余征、湖南经视公司、东阳欢娱公司、万达公司、东阳星瑞公司却从其侵害著作权行为中获得巨大收益，从该剧现有的电视频道及网络播出情况初步判断，该剧已获取了巨大的商业利益。陈喆通过网络公开发函谴责余征的侵权行为后，余征不但不思悔改，竟然妄称"只是巧合和误伤"，无视陈喆的版权权益。因此，陈喆提起诉讼。一审判决后，余征不服，提起上诉，其上诉主要理由为：① 一审判决证据不足，认定事实错误，陈喆并非是《梅花烙》剧本及小说的著作权人。根据提交的新证据，即一份"台湾智慧财产局"的函以及 1992 年本案涉案作品《梅花烙》在我国台湾地区的登记资料，陈喆在 1992 年创作完成了《梅花烙》，但已经将《梅花烙》的著作财产权完全转让给了其他公司（艺人传播有限公司），已经失去了对《梅花烙》的全部权利。本案一审原告故意隐瞒了这一证明权利主体的证明文件，而一审法院对这一事实并没有审查就认定陈喆享有著作权，造成了错判。② 一审适用法律不当，认定侵权没有法律依据。一审忽视了著作权保护的是作品的表现形式而不是作品内容，在两部作品的整体对比上，以陈喆方提供的在新浪网等进行的受众观赏体验相似度调查为参考，没有法律依据。一审法院认定 9 个情节相似，便据此认定抄袭，而实际上有将近 1000 个情节点，一审忽略了故事情节中实质上不同的细节。综上，一审判决依法应予撤销、发回重审，或者直接改判，判决驳回被上诉人陈喆的诉讼请求。

裁判结果

北京市第三中级人民法院依照《中华人民共和国著作权法》第 10 条第 1 款第 13 项、第 14 项、第 11 条第 4 款，《中华人民共和国侵权责任法》第 9 条第 1 款之规定，作出判决：

（1）被告于判决生效之日起立即停止电视剧《宫锁连城》的复制、发行和传播行为；

（2）被告余征于判决生效之日起 10 日内向原告陈喆公开赔礼道歉，消除影响；

（3）被告于判决生效之日起 10 日内连带赔偿原告经济损失及诉讼合理开支共计 500 万元。

北京市高级人民法院依据《中华人民共和国民事诉讼法》第 153 条第 1 款第 1 项的规定，判决如下：

驳回上诉，维持原判。

案例评析

本案所涉及的法律问题主要是作品改编权及改编作品的著作权。文学作品创作中难免出现创意借鉴，但应限制在合理范围内。本案中，陈喆享有《梅花烙》的改编权，受法律保护，余征实质性使用了《梅花烙》的人物设置、人物关系以及一些具有较强独创性的情节，超越了合理借鉴的边界，构成对被上诉人作品改编权的侵害。

一、作品改编权及改编作品的著作权

根据《著作权法》第 10 条第 14 项的规定，改编权，即改变作品，创作出了具有独创性新作品的权利。改编权是著作权中的财产性权利，可同翻译、整理、汇编等项权利统称为"演绎权"，也有人称之为"改作权""改造权"。所谓改变作品，一般是指在不改变作品内容的前提下，将作品由一种类型改变成另一种类型。改编权也包括将作品扩写、缩写或者改写，虽未改变作品类型，只要创作出具有独创性的作品，也可以认为是改编。即改编是一种根据已创作出的文学、艺术、科学作品进行的一种再创作，这种创作主要利用了已有作品中的独创性成分。[1] 实践中，改编的方式大体分为如下三类：一是改编后的艺术形式完全不同于原来的艺术形式，如将小说改编为影视作品，是较为常见的改编方式；二是虽然传达媒体未变，但是原作与改编后的作品用途有所不同，如将古筝曲改编为钢琴曲，或是进行创造性的翻唱，在音乐界较为常见；三是根据美术摄影作品进行的改编，这种方式是否属于改编在业界还有争议，争论点就在于后者是否存在独创性的表达，有部分人认为这种近似复刻的行为应当被纳入复制权的保护范畴。改编权作为一种财产性权利，受到《著作权法》的保护，故而改编者在进行改编之前，或者在商业性的利用改编作品之前，都应当获得原作权利人许可。作者可以自行改编，或许可、禁止他人改编自己的作品，并从中获取报酬。

改编作品的作者享有著作权，但是未得到许可侵权改编的作品是否享有著作权？如享有著作权，那其在何种程度上受到保护便是一个值得研究的问题。改编行为是一种事实行为，它并不以原著作权人的同意为实施的必要条件，虽未经作者同意改编其作品，但这种改编行为亦付出了智力劳动并具有一定的创造性，按照我国对独创性表达保护的原则，改编作品因其具有创造性智力劳动成果而亦应受到《著作权法》的保护。但侵权改编作品的著作权在一定程度上受到限制，改编作品具有的仅仅是消极权利，即只有当他人未经许可使用了基于改编行为创作的新的表达部分时，该改编作品权利人才可以依据《著作权法》来主张自己的权利。作为一种消极的权利形式，其严重受限于原作权利人，在通常情况下侵权作品是不享有传播权的，因为该权利的行使必然导致原作合法权益的损害。我国《著作权法》第 48 条规定，有侵权行为的应当承担停止侵害、消除影响、赔礼道歉、赔偿损失等民事责任，其中的停止侵害的方式通常根据个案有所变化，但是就改编权而言，原作品的著作权人可以禁止非法演绎作品的传播和利用。

在本案中，法院判定余征等被告侵犯了陈喆作品的改编权，并不意味着余征不享有对《宫锁连城》剧本的著作权，但是其著作权相对受到限制，不能侵犯陈喆的在先权利，故而法院判令被告停止对《宫锁连城》的复制、发行、传播行为。

---

〔1〕　陈锦川：《著作权审判：原理解读与实务指导》，法律出版社 2014 年版，第 54 页。

二、改编权侵权判定的原则

在我国的司法实践中，对著作权侵权行为采取排除合理使用后，以接触加实质性相似作为原则进行判定，而这两项原则又以作品的独创性标准和著作权保护的思想与表达二分法为前置要件。

（一）侵权认定中的接触原则

判定著作权侵权需要满足两个要件：被诉侵权人需对在先原作品存在接触，且其作品与原作品存在实质性相似。接触作为一种事实的证明，是指享有著作权的作品在被控侵权作品之前已面向不特定公众发表，并可以为不特定公众所获知，或是存在如下情形也可推断存在接触，即在后作品与在先作品明显相似，足以排除在后作品独立创造的可能，或在后作品包含的相同特征、技术、风格，其相同之处难以用巧合做出解释。接触要件的存在意义在于著作权所保护的独创性不以新颖性为前提，不要求独一无二，法律不支持著作权人享有无限制的垄断性权利。[1] 也就是说，如果在本案中余征没有接触过《梅花烙》，那么其所创作的《宫锁连城》自始不存在改编权侵权的可能性，因为判定侵权的两个要件缺一不可。

（二）侵权认定中的实质性相似原则

实质性相似原则，很难得到有确凿标准的定义，司法实践中常存在一种判断，即实质性相似是指相同或实质性相似达到一定程度并且可能影响权利人人身权和财产权利益的实现。对实质性相似的判断，实践中通常采用三步检验法，也就是抽象、过滤、比较三者相结合。对三步检验法的应用过程做概括的阐释，即首先，确定两部作品的相似之处属于作品的思想还是表达，剔除思想部分；其次，确定相似的表达是原作品独创的表达还是惯常的表达，过滤惯常表达部分；再次，比较独创性表达在两部作品中是否构成实质性相似。何种程度的相似构成侵权在立法中并没有明确的规定，故而有些学者简单地给出一个纯数字比例是不恰当的。该比例解决的仅仅是定量的问题而不是定性的问题。对于侵权的判定应当同独创性中以普通受众的一般认知能力为基础是相互结合的，以本案为例，如果看过两部作品的普通受众对这两部作品进行了对比，认为这两部作品在某种程度上或者某部分具有替代关系，

---

[1] 冯晓青："利益平衡论：知识产权法的理论基础"，载《知识产权》2003 年第 6 期。

就属于从一个侧面证明了存在侵犯著作权的问题。法官在认定侵权的过程中，在两部作品的整体对比中引入"受众感受度"，从受众对于前后两部作品之间的相似性感知及欣赏体验上对两部作品进行了对比比较。

三、本案改编权侵权的判定

（一）满足侵害著作权中的"接触"要件

著作权侵权中，"接触"并不限于以直接证据证明实际获得他人作品内容，依社会通常情况，被告应当具有"合理可能性"获得原告作品时，例如以展览、发表、发行、表演、放映、广播等方式实现作品公开的效果，即可以推定构成接触。电视剧的公开播出即可推定为相应剧本的公开发表。在本案中，电视剧《梅花烙》的公开播出即可达到剧本《梅花烙》内容公之于众的效果，受众可以通过观看电视剧的方式获知剧本《梅花烙》的全部内容。因此，电视剧《海花烙》的公开播出可以推定为剧本《梅花烙》的公开发表。鉴于本案各侵权人具有接触电视剧《梅花烙》的机会和可能，故可以推定各侵权人亦具有接触剧本《梅花烙》的机会和可能，从而满足了侵害著作权中的接触要件。

（二）满足侵害著作权中的"实质性相似"要件

剧本主要以场景及台词设置为作品内容的展现方式，而小说是以直观的情节叙述及情感渲染等作为基本展现手法，二者在文字表现形式上大相径庭。在以小说为基础进行剧本改编的行为判断中，以小说为参照比对剧本，或以剧本为参照比对小说，如果单纯以两者的直观文字表述为基础和判定依据进行比对，并在台词不同的情况下否定前后两作品之间的相似性是不恰当的。而情节往往凝聚着剧本及影视作品的更为主要的创作内容，因此在台词不同而情节却存在显著相似性、关联性的情况下，仅根据台词表达来否定作品之间的相似性，从而作出否定侵权的结论，对原作者而言是不公平的。对于剧本与剧本之间的比较也应遵循这样的原则，因为台词会因作者创作风格的不同而存在重大差异，而情节则应作为相似性、关联性判断的基本着眼点。

在过去的司法实践中，情节一般是被作为思想来判定的，也就是说，起诉抄袭情节的案件通常是以败诉而告终，但学界对于情节是否一律属于思想不受《著作权法》保护，还是存在争议的。主张情节属于思想，不受保护的学者一般是持如下理由，即情节是属于公知领域、特定场景和有限表达的，对思想、事实信息等进行私人垄断，必定严重损害与作品有关的人类公共利益，故而对于情节而言是不受《著作权法》保护的。相反，一些学者则主张对于情节应当予以具体判定，在符合独创性和具体性的双重条件时应当判定其属于智力性劳动成果的表达，予以保护。所谓独创性情节是指该情节是作品中的增量知识，在公知素材基础上存在独创性的加工。而具体性情节则是指该情节需在开端、发展、高潮、结局方面有着相对具体的描述。单纯的抽象情节，如果情节是常见的，内容不具体，那么其是不受《著作权法》保护的，因为相对而言，它是更接近金字塔顶端思想层面的内容，而非是独创性的表达。也就是说，当情节之间的前后衔接、逻辑顺序将全部情节紧密贯穿为完整的个性化创作表达时，桥段因其具体而独创性的内容就成了受保护的表达。

本案中，陈喆就小说《梅花烙》及剧本《梅花烙》分别列举了 17 个桥段和 21 个桥段，包括"偷龙转凤""皇上赐婚，多日不圆房""公主求和遭误解"等。经比对发现，剧本《宫锁连城》就各情节的设置，与剧本《梅花烙》、小说《梅花烙》的独创安排高度相似，仅在相关细节上与陈喆作品设计存在差异，而此类差异并不代表差异化元素的戏剧功能发生实质变更，以至于可造成与陈喆作品的情节设置相似的欣赏体验。由于剧本《宫锁连城》与剧本《梅花烙》及小说《梅花烙》在相关情节的设置上存在相似性关联，各侵权人亦未能充分举证证明剧本《梅花烙》及小说《梅花烙》中的上述相关内容缺乏独创性或剧本《宫锁连城》就相关情节另有其他创作来源等合理理由，故此应认定剧本《宫锁连城》相关情节的设置与权利人主张的相关作品情节之间存在改编及再创作关系。

25. 著作权的许可使用

——纸贵满堂图书（北京）有限公司与书法出版社著作权权属、
　　侵权纠纷案[1]

案情概况

原告：纸贵满堂图书（北京）有限公司，住所地：北京市海淀区。

---

〔1〕　案件来源：北京市朝阳区人民法院［2015］朝民（知）初字第 05479 号民事判决书。

法定代表人：曲波，总经理。

委托代理人：殷召良，北京市鑫河律师事务所律师。

委托代理人：谢永江，北京市鑫河律师事务所律师。

被告：书法出版社，住所地：北京市朝阳区。

法定代表人：李世俊，社长。

委托代理人：张杰，北京市君泰律师事务所律师。

纸贵满堂（北京）有限公司（简称"纸贵满堂公司"）曾用名为唐码书业（北京）有限公司（简称"唐码书业公司"），于 2014 年 2 月 21 日经工商行政管理部门核准，变更为现名称，书法出版社更名前为大众文艺出版社。2008 年 12 月 18 日，纸贵满堂公司使用唐码书业公司的名称（甲方）与大众文艺出版社（乙方）签订了一份《出版合同》，合同载明拟出版的作品名称为《中国人必读知识文丛（全 100 册）》，作者姓名栏处载明"刘永升主编"并附有刘永升的身份证复印件，合同有效期为 3 年。刘永升于 2013 年 12 月 17 日出具书面证明，证明其为唐码书业公司的职工，其主编的《中国人必读知识文丛》系为完成单位任务而创作、编辑的职务作品，该丛书的著作权人为唐码书业公司。2012 年 11 月，纸贵满堂公司购买了一本大众文艺出版社出版的涉案图书《快读二十四史》。该图书为 32 开本，图书封面上显示有"青少年必读知识文丛"以及"刘永升主编"字样；版权页上方显示如下信息"快读二十四史/刘永升主编—北京：大众文艺出版社，2009.11（青少年必读知识文丛）"，载明的书号与前述《中国人必读知识文丛》的书号不同，版次显示为"2010 年 1 月第 1 版"，定价为 24.8 元。该书的结构及文字内容与《中国人必读知识文丛》中的《快读二十四史》分册完全相同，但二者的排版及插图不同。该书最后亦附有 100 本图书的书目，图书名称与《中国人必读知识文丛》所收录书目相同。

纸贵满堂公司认为，书法出版社发行的《青少年必读知识文丛》系列图书中的《快读二十四史》一书系该公司拥有著作权的《中国人必读知识文丛》系列图书中的一部分。书法出版社使用该公司的上述作品并未征得许可，且未支付报酬，侵害了该公司依法享有的复制权、发行权。另外，出版社擅自将纸贵满堂公司作品中的一部分单独出版，侵害了该公司依法享有的汇编权。为维护其权益，纸贵满堂公司请求法院判令：书法出版社停止侵权、收回并销毁侵权图书；赔偿我公司经济损失及合理费用共计 7000 元（包括购书费用 5.23 元和律师费 3000 元）。书法出版社辩称经纸贵满堂公司授权，其社取得了《中国人必读知识文丛》系列图书的专有出版权。在该专有出版权期限内，这属于对之前图书的重印和再版，不需要重新取得授权。而且，在出版前其社也电话通知了纸贵满堂公司，且纸贵满堂公司现有证据无法证明其取得了涉案图书的著作权，涉案图书有具体的作者，图书载明的主编刘永升并未获得实际作者的授权。故其社出版涉案图书是有合同依据的，不构成侵权。

裁判结果

北京市朝阳区人民法院依照《中华人民共和国著作权法》第 48 条第 1 项、第 49 条,《中华人民共和国著作权法实施条例》第 28 条,《中华人民共和国合同法》第 122 条之规定，判决如下：

（1）被告书法出版社于本判决生效之日起立即停止出版发行涉案侵权图书；

（2）被告书法出版社于本判决生效之日起 10 日内赔偿原告纸贵满堂图书（北京）有限公司经济损失及诉讼合理支出共计 4500 元。

案例评析

本案所涉及的法律问题主要是著作权的许可使用。书法出版社出版涉案被控侵权图书的行为违反了《出版合同》的约定，亦侵犯了纸贵满堂公司对涉案图书享有的复制权和发行权。纸贵满堂公司选择依照著作权法的规定要求书法出版社承担侵权责任，于法有据，书法出版社就其涉案侵权行为应承担停止侵害、赔偿损失的法律责任。

一、著作权许可使用的种类

著作权的许可使用，是指将著作权经济权利的一部或者全部许可给他人在一定期间内使用，同时向使用人收取相应的使用费以实现权利人的经济利益。作品财产权是一种排他权，著作权人以外的任何人行使作品财产权中的任何一项权利都需要得到著作权人的许可。未经许可而利用其中任何一项权利的，即构成侵犯著作权的行为。著作权人的许可有时也称为同意或者授权，这是受著作权保护作品贸易的一种重要方式。[1] 在一般情况下，许可使用是由权利人和使用人订立许可使用合同实现的，将彼此之间的权利义务明确地规定在合同中。著作权的任何一种有偿转移，都是通过作者与购买人或使用作品的人签订转让或授权许可使用合同的形式进行的。因此，从广义上讲，可以将著作权的任何一种有偿转移纳入著作权转让或授权许可使用的范围。著作权的许可使用应当订立合同。《著作权法》第 24 条第 1 款规定，使用他人作品应当同著作权人订立许可使用合同，本法规定可以不经许可的除外。其中，"本法规定可以不经许可的除外"是指法律规定的合理使用和法定许可的情形。许可使用合同是否应当采取书面形式，视其许可使用的种类而定。《著作权法实施条例》第 23 条规定："使用他人作品应当同著作权人订立许可使用合同，许可使用的权利是专有使用权的，应当采取书面形式，但是报社、期刊社刊登作品除外。"由此可知，专有使用权的许可合同应当订立书面合同，而非专有使用权的许可合同则由许可人与被许可人的意思自治决定。

著作权许可使用的种类可分为专有许可和非专有许可。专有许可，是指著作权人授权他人在一定的地域和期间内以特定的方式独占使用作品，被许可人有权排除包括著作权人在内的任何人以同样的方式使用作品。在著作权专有使用许可的条件下，被许可人是否有权将自己取得的专有使用权再行向第三人发放专有使用许可或一般使用许可。换句话说，被许可人是否享有从属许可权，对于这个问题，应当以双方合同的约定为准。如果在许可使用合同中双方未就此问题作出明确的约定，那么被许可人则只能自己行使权利，而不能再许可第三人行使。专有许可的被许可人如果受到第三人不法侵害作品的著作权时，一般得以自己的名义提起侵权诉讼，以保护自己的权益。非专有许可，又被称为一般许可或普通许可，是指著作权人授权他人在一定期间和范围内以特定方式使用其作品的情形。在非专有使用许可的情况下，著作权人同时可以在相同的地域，以相同的方式许可其他人使用同一作品。换言之，著作权人不仅可以自己使用，还可以许可给其他人使用，也就是说，被许可人可能不止一人。如音乐作品的著作权人，可以同时许可多个音乐团体演唱或演奏同一作品，与此同时，著作权人自己也可以在上述范围内使用相同的作品。被许可人对第三人侵犯作品著作权的行为一般不能以自己的名

---

〔1〕　汤宗舜：《著作权法原理》，知识产权出版社 2005 年版，第 107 页。

义向侵权人提起诉讼，而只能依靠著作权人行使救济权利，因为被许可人并不是著作权的主体，除非著作权人许可的是专有使用权。

二、著作权许可使用合同的内容

根据《著作权法》第 24 条第 2 款的规定，许可使用合同包括下列主要内容：

（一）许可使用的权利种类

著作权中的精神权利原则上由著作权人自己行使，而经济权利则既可以由作者自己行使，也可由作者通过许可使用的方式将财产权许可他人使用。经济权利的种类很多，《著作权法》第 10 条就规定了 13 种类型。因此，在许可他人使用时，著作权人必须明确许可使用的财产权利。例如，被许可人以有线或者无线方式向公众提供作品，需要取得著作权人的信息网络传播权；被许可人翻译外文图书并复制、发行，需要取得著作权人的翻译权、复制权和发行权。许可使用合同中著作权人未明确许可的权利，根据《著作权法》第 27 条的规定，未经著作权人同意，另一方当事人不得行使。然而，针对某些被许可的权利，由于其中已隐含了其他相关权利，因此《著作权法实施条例》第 10 条规定，著作权人许可他人将其作品摄制成电影作品和以类似摄制电影的方法创作的作品的，视为已同意对其作品进行必要的改动，但是这种改动不得歪曲、篡改原作品。

（二）许可使用的权利是专有使用权或者非专有使用权

使用的权利是专有使用权或者非专有使用权，应当在合同中明确约定，这是因为许可使用的权利是专有许可使用权或者非专有使用权，将影响著作权人是否仍可以行使其自己的权利，以及被许可人是否会受到其他被许可人的竞争，因此应当在合同中明确约定。如果合同约定为专有使用权，原则上应当采取书面形式。至于专有使用权的内容则由合同约定，合同没有约定或者约定不明的，根据《著作权法实施条例》（2002 年）第 24 条的规定，视为被许可人有权排除包括著作权人在内的任何人以同样的方式使用作品。需要说明的是，上述《著作权法实施条例》（2002 年）第 24 条的规定，其是指"专有使用权的内容"由合同约定，并非指"专有使用权"由合同约定。从而，如果是合同没有约定为专有使用权的情形，并不视为被许可人有权排除包括著作权人在内的任何人以同样的方式使用作品。对于图书出版合同，《著作权法实施条例》（2002 年）第 28 条还特别规定，图书出版合同中约定图书出版者享有专有出版权，如果没有明确其具体内容，视为图书出版者享有在合同有效期限内和合同约定的地域范围内享有以同种文字的原版、修订版出版图书的专有权利。

（三）许可使用的地域范围、期间

许可使用的地域范围是指使用作品地域、对象等。比如，电影作品的著作权人只允许某某电视台在某某地区播放该电影，其他地区不得播放。又如某图书的著作权人只允许图书出版社在国内发行，不允许向国外发行等。这些都属于使用作品的地域范围问题。1990 年颁布的《著作权法》将这一内容规定为"许可使用的范围"，而许可使用的范围主要是指使用作品的地域范围，故《著作权法（修正案）》将这一内容修改为"许可使用的地域范围"，以便当事人在签订合同时更明确约定清楚这一内容。许可使用的期间，是指使用作品的人享有使用作品的年限，也可以说是使用人享有使用权的承续期间，一般表示为从某年某月某日到某年某月某日，也可以表示为从订立合同的时间起到某年某月某日为止。期间的长短由当事人在合同中约定。当事人可以根据作品的性质以及许可使用的权利种类等，在合同中明确约定。

（四）付酬标准和办法

他人使用著作权人的作品应当向著作权人支付报酬，当事人应当在合同中确定支付报酬的付酬标准和办法。付酬标准和付酬办法既有联系，也有区别。付酬标准一般是确定付酬多少的问题，付酬办法一般是确定怎样付酬的问题。比如，出版图书，每千字多少元属于付酬标准，是预付还是出版之后再付是一次性付酬还是分期付酬，是付现金还是支票、汇票以及以何种货币支付等则属于付酬办法。根据《著作权法》第 10 条第 2 款和第 28 条的规定，著作权人许可他人行使著作财产权除可依照双方的约定获得报酬外，也可按照国务院著作权行政管理部门会同有关部门制定的付酬标准获得报酬。当事人约定不明确的，按照国务院著作权行政管理部门会同有关部门制定的付酬标准支付报酬。

（五）违约责任

违约责任是指合同一方或者双方没有履行合同约定的义务或者不适当履行合同约定的义务，依照法律的规定或者按照当事人的约定应当承担的法律责任。违约责任是促使当事人履行合同义务，使对方免受或少受损失的法律措施，也是保证合同履行的主要条款。违约责任的具体内容，如是否规定违约金、违约的赔偿金额以及赔偿金额的计算方法等，由当事人协商后在合同中确立。根据《著作权法》第 54 条的规定，当事人不履行合同义务或者履行合同义务不符合约定条件的，应当依照《民法通则》《合同法》等有关法律规定承担民事责任。

（六）双方认为需要约定的其他内容

对于上述五点主要内容以外的事项，如果双方认为需要另为约定，本着意思自治原则，许可人与被许可人可自行约定。例如，订立仲裁条款以解决合同履行过程中发生的争议。

三、本案著作权许可使用的内容

本案中，双方在《出版合同》中仅约定授予的权利是以图书形式出版发行作品的专有许可使用权，但对于该权利的具体内容并未作进一步明确。根据《著作权法实施条例》第 28 条的规定，图书出版合同中约定图书出版者享有专有出版权但没有明确其具体内容的，视为图书出版者享有在合同有效期限内和在合同约定的地域范围内以同种文字的原版、修订版出版图书的专有权利。同时，双方在《出版合同》中的相关约定亦可以用于解释纸贵满堂公司的授权范围。首先，双方当事人在《出版合同》中明确约定授权作品的名称为《中国人必读知识文丛》，并约定书法出版社经纸贵满堂公司同意，可以更改作品名称。其次，关于图书的再版及改版，双方约定书法出版社再版时应事先通知纸贵满堂公司，如纸贵满堂公司需要对作品进行修改应在收到再版通知后 30 日内答复书法出版社，否则书法出版社可按原版重印。上述约定意味着书法出版社未经纸贵满堂公司通知或同意，不得擅自改版，仅可在先行通知纸贵满堂公司的情况下进行再版。根据查明的事实，被控侵权图书《快读二十四史》系书法出版社另行出版的《青少年必读知识文丛》系列图书中的一本，该图书的书号、开本、排版、插图及定价与纸贵满堂公司主张权利的《快读二十四史》一书均不相同。故该书不属于在先出版的《快读二十四史》一书的原版再版或修订版，而属于书法出版社重新排版的另一套图书，书法出版社并未举证证明其此举获得了纸贵满堂公司的同意。因此，书法出版社出版涉案被控侵权图书《快读二十四史》的行为超出了《出版合同》约定的授权范围。根据《合同法》第 122 条的规定，因当事人一方的违约行为，侵害对方人身、财产权益的，受损害方有权选择依照合同法要求其承担违约责任或者依照其他法律要求其承担侵权责任。现书法出版社出版涉案被控侵权图书的行为违反了《出版合同》的约定，亦侵犯了纸贵满堂公司对涉案图书享有的复制权和发行权。纸贵满堂公司选择依照《著作权法》的规定要求书法出版社承担侵权责任，于法有据，书法出版社就其涉案侵权行为应承担停止侵害、赔偿损失的法律责任。

第4章 CHAPTER4

信息网络传播权的法律保护

著作权最主要的保护方式就是赋予著作权人控制作品传播方式的专有权。传播技术的进步一直是影响著作权法发展的一个最重要因素，甚至是决定性因素。[1]20世纪90年代，随着互联网的发展和普及，世界又增加了一种全新的信息传播方式，即网络传播。网络传播方式与传统的传播方式相比有很多不同之处，如果把传统的著作权法规范简单地套用到网络中，自然会产生很多矛盾和冲突。面对网络给著作权保护所带来的冲击，许多国家和有关著作权保护的国际组织纷纷推出应对措施，以促使著作权在网络空间得到合理、有效的保护。

我国2001年通过的《关于修改〈中华人民共和国著作权法〉的决定》中，在第10条著作权的财产权中增加了一项新的权利，即"信息网络传播权"。同时还对1990年《著作权法》中涉及邻接权的有关条款作了相应修改。为了更好地保护信息网络传播权，平衡作者、网络服务提供者、读者等主体之间的权益，国务院于2006年5月颁布了《信息网络传播权保护条例》，并在2013年1月30日进行了修订。

随着互联网与人们日常生活的日益密切和我国网络信息业的快速发展，通过信息网络传播权利人作品、表演、录音录像制品的情况越来越普遍。由于网络传播的全球性、交互性、集合性等特点，信息网络传播权的保护难度日益增加，涉及信息网络传播权的纠纷越来越多，人民法院在审判过程中需要解决的法律适用问题也愈加凸显，如何调整权利人、网络服务提供者和作品使用者之间的关系，维护相关人员的合法权利，已成为互联网发展、理论界和司法界亟待解决的问题。

---

〔1〕 冯军、黄宝忠主编：《版权保护法制的完善与发展——基于欧盟经验与中国实践的视角》，社会科学文献出版社2008年版，第146页。

26. 信息网络传播权侵权的认定

——北京播思软件技术有限公司与北京中文在线数字出版股份有限公司著作权权属、侵权纠纷案*

📑 **案情概况**

上诉人（原审被告）：北京播思软件技术有限公司，住所地：北京市海淀区。

法定代表人：曹常生，执行董事。

委托代理人：邹振东，北京市中鹏律师事务所律师。

被上诉人（原审原告）：北京中文在线数字出版股份有限公司，住所地：北京市东城区。

法定代表人：童之磊，总裁。

委托代理人：徐耀明，男，北京中文在线数字出版股份有限公司职员。

委托代理人：王荻，女，北京中文在线数字出版股份有限公司职员。

北京中文在线数字出版股份有限公司（简称"中文在线公司"）经知名作家余秋雨授权，取得了其创作的《千年一叹》《霜冷长河》《行者无疆》《文化苦旅》《山居笔记》《借我一生》六部作品（简称"涉案作品"）的信息网络传播权专有使用权，并可以自身名义对任何侵犯授权上述作品著作权的行为行使包括提起诉讼要求停止侵权行为、赔偿经济损失在内的相关权利。2012 年 4 月，中文在线公司发现北京播思软件有限公司（简称"北京播思公司"）未经许可，在其开发经营的应用终端"蜜蜂读书"中擅自使用上述作品，并将"蜜蜂读书"应用终端发布于苹果应用商店供用户任意传播和下载，涉嫌侵权字数总计 1745 千字。经中文在线公司申请，北京市中信公证处对北京播思公司未经许可传播上述作品的事实进行公证，并出具了 [2012] 京中信内经证字第 03406 号及 04095 号公证书。北京播思公司以营利为目的，非法复制、通过网络传播上述作品的行为，严重侵犯了中文在线公司的信息网络

---

* 案件来源：北京市第一中级人民法院 [2013] 一中民终字第 10815 号民事判决书。

传播权和获得报酬权，给中文在线公司造成了严重的经济损失，故请求法院依法判令北京播思公司依法承担侵权责任。

一审判决后，北京播思公司不服，提起上诉称：①原审法院没有就立案错误和追加深圳播思公司的主张给予审理，程序违法；②北京播思公司不是"mobee 网""蜜蜂读书"软件的实际经营者，没有侵权行为，也没有协助他人侵权。③"蜜蜂读书"软件本身没有数据库，其提供的搜索是聚合搜索，由用户搜索并下载侵权作品，该软件本身不侵权，应当适用"避风港"条款。综上，请求二审法院判决撤销原审判决，裁定驳回起诉，或者改判北京播思公司无需承担侵权责任，由其他主体独立承担全部责任。中文在线公司辩称：①北京播思公司是"蜜蜂读书"应用程序的经营者。②北京播思公司的经营行为构成侵权。一审判决认定事实清楚、适用法律正确，请求二审法院驳回上诉，维持原审判决。

裁判结果

北京市海淀区人民法院依照《中华人民共和国著作权法》第 48 条第 1 项、第 49 条之规定，判决如下：

（1）自判决生效之日起，北京播思公司立即停止侵权；

（2）自判决生效之日起 10 日内，北京播思公司赔偿中文在线公司经济损失及合理支出共计 86 000 元。

北京市第一中级人民法院依照《中华人民共和国民事诉讼法》第 170 条第 1 款第 1 项之规定，判决如下：

驳回上诉，维持原判。

案例评析

本案所涉及的法律问题主要是信息网络传播权侵权的认定。北京播思公司侵犯了中文在线公司对涉案作品享有的信息网络传播权，依法应该承担停止侵权、赔偿损失的法律责任。

一、信息网络传播权及其发展

信息网络传播权，是指著作权人通过互联网或其他有线或者无线的信息传输网络向公众提供作品的权利。与一般作品的播放（如广播）不同的是，公众可以在个人选定的时间与地点获得作品。如公众在互联网中阅读作品、观看影片、电视片，或者通过电话通信系统收听歌曲、故事等。

随着计算机技术、数码技术和光纤技术的发展，特别是近十余年来国际互联网络技术的迅速发展，全球信息高速公路的形成，作品的网上传播成了一个需要解决的法律问题。有关网络传输作品的纠纷也日益增多。国际上经过近十年的讨论，基本上取得了共识。世界知识产权组织于 1996 年 12 月 20 日通过了《世界知识产权组织版权公约》。该公约第 8 条规定，在不损害《伯尔尼公约》有关条款规定的情况下，"文学和艺术作品的作者应享有专有权，以授权将其作品以有线或无线方式向公众传播，包括将其作品向公众提供，使公众中的成员在其个人选定的地点和时间可获得这些作品"。其明确规定了作者的信息网络传播权。世界上的许多国家也在认真研究网络环境下著作权保护的问题，并制定了相关立法。

我国互联网的发展十分迅速，上网计算机及上网人数不断增加。每个上网的用户都是网上信息的接收者，也可能是网上信息的提供者和传播者。不经许可将他人作品上网传播、任人利用，损害了作者以及出版者等其他权利人的利益。因此，形成的纠纷日益增多，人民法院已开始受理网络侵权诉讼。为了正确审理涉及计算机网络的著作权纠纷案件，2000 年 12 月，最高人民法院根据《民法通则》《著作权法》和《民事诉讼法》等法律的规定，制定并发布实施了《最高人民法院关于审理涉及计算机网络著作权纠纷案件适用法律若干问题的解释》。该司法解释第 2 条规定："受著作权法保护的作品，包括著作权法第 3 条规定的各类作品的数字化形式。在网络环境下无法归于著作权法第 3 条列举的作品范围，但在文学、艺术和科学领域内具有独创性并能以某种有形形式复制的其他智力创作成果，人民法院应当予以保护。著作权法第 10 条对著作权各项权利的规定均适用于数字化作品的著作权。将作品通过网络向公众传播，属于著作权法规定的使用作品的方式，著作权人享有以该种方式使用或者许可他人使用作品，并由此获得报酬的权利。"此外，该解释还对网络侵权行为、网络侵权案件的管辖、法律适用、法律责任和诉讼程序等问题作了规定。因此，网络环境下著作权的保护，已成为我国的司法实践。

2001 年修改的《著作权法》规定的信息网络传播权的定义，直接来自于《世界知识产权组织版权公约》第 8 条的表述，信息网络传播权，即以有线或者无线方式向公众提供作品，使公众可以在其个人选定的时间和地点获得作品的权利。网络环境下著作权的保护问题十分复杂，如作者将作品上载属于什么权利，在网上传播作品应受到什么限制，如何确定公众对网络传输作品的合理使用等，都是需要解决的问题。这些问题都需要认真调查研究，才能作出具体规定。所以，《著作权法》原则性地规定了作者以及表演者、音像制作者的信息网络传播权，并在第 59 条规定，信息网络传播权的保护办法由国务院另行规定。2006 年 5 月 18 日，国务院制定了《信息网络传播权保护条例》，以中华人民共和国国务院令第 468 号的形成公布，2006 年 7 月 1 日起施行。

二、本案信息网络传播权侵权的认定

本案中，相关网络服务提供者利用"蜜蜂读书"软件实施了涉案侵权行为，而该软件运行过程中显示的开发者为"mobee 网"。而根据中文在线公司提交的 ICP 信息备案管理系统查询结果，"mobee 网"的主办单位为北京播思公司，备案审核通过时间为 2010 年 4 月 27 日。但该网站标示信息载明的经营者为深圳播思公司。北京播思公司辩称该网站是由深圳播思公司备案，其从未参与过该网站的经营。《互联网信息服务管理办法》第 4 条规定："国家对经营性互联网信息服务实行许可制度；对非经营性互联网信息服务实行备案制度。未取得许可或者未履行备案手续的，不得从事互联网信息服务。"工业和信息化部 ICP 信息备案管理系统查询显示"mobee 网"的主办单位为北京播思公司，虽然北京播思公司主张该网站的实际经营者为深圳播思公司，并提交了《合作谅解备忘录》等证据，但这些证据均为北京播思公司与深圳播思公司的内部约定，并不当然产生对抗第三人的效力，否则既不利于充分保障权利人的权利，也势必会使得《互联网信息服务管理办法》所规定的前述备案制度形同虚设。因此，北京播思公司为"mobee 网"的经营者之一，应对相关侵权行为承担连带责任。

北京播思公司辩称，"蜜蜂读书"软件本身没有数据库，其提供的搜索是聚合搜索，由用户搜索并下载侵权作品，该软件本身不侵权，应当适用"避风港"条款。《信息网络传播权保护条例》第 23 条规定："网络服务提供者为服务对象提供搜索或者链接服务，在接到权利人的通知书后，根据本条例规定断开与侵权的作品、表演、录音录像制品的链接的，不承担赔偿责任。"由

此可见，网络服务提供者不承担赔偿责任的前提之一是其提供的服务系搜索或者链接服务。在本案中，根据网站中广告宣传、软件下载安装过程中的提示及利用软件搜索涉案作品的过程，如对下载软件者年龄限制，以实物图书形式呈现搜索结果，书库的搜索结果中不显示网址、上传者信息等内容，可以推定涉案侵权内容应来源于涉案软件的书库。北京播思公司亦未提交证据证明涉案作品系由他人提供并置于向公众开放的网络服务器中，故北京播思公司实施了信息网络传播行为。另外，涉案作品是知名作家的知名作品，搜索结果显然已经过了选择和编辑，部分作品还以内容简介的方式进行推荐，公众可以在其网页上直接下载，故即使北京播思公司未直接实施信息网络传播行为，亦明知或应知网络用户侵害了中文在线公司的信息网络传播权。

综上，北京播思公司侵犯了中文在线公司对涉案作品享有的信息网络传播权，依法应该承担停止侵权、赔偿损失的法律责任。

27. 信息网络传播权侵权中网络服务提供者的注意义务
—— 苹果公司与麦家侵害作品信息网络传播权纠纷案[*]

📑 案情概况

上诉人（原审被告）：苹果公司，住所地：美利坚合众国加利福尼亚州库比蒂诺市。

法定代表人：诺琳·克拉尔，授权代表。

委托代理人：张辉，上海市方达（北京）律师事务所律师。

委托代理人：吴林，上海市方达（北京）律师事务所律师。

被上诉人（原审原告）：麦家，男。

委托代理人：王国华，北京市中闻律师事务所律师。

原审第三人：艾通思有限责任公司（iTunesS. a. r. l.），住所地：卢森堡大公国 L-2763。

法定代表人：吉恩·来沃夫（GeneLevoff），董事。

---

* 案件来源：北京市高级人民法院 [2013] 高民终字第 2619 号民事判决书。

委托代理人：田甜，上海市方达（北京）律师事务所律师。

麦家享有《风语》《风声》《暗算》《解密》等作品的著作权，其于 2012 年发现被告美国苹果公司经营的应用程序商店（App Store）在线销售并为 Iphone、Ipad 用户提供下载其享有著作权的涉案作品。苹果公司未经其许可，将作者享有著作权的涉案作品通过网络向社会公众提供下载并获取经济利益，其行为侵害了作者所享有的著作权，给作者带来了巨大的经济损失，故起诉至法院，请求判令苹果公司停止侵权并赔偿各经济损失及合理支出。一审判决后，苹果公司不服，提起上诉，请求撤销原审判决第 1 项，维持原审判决第 2 项，并判令被上诉人承担本案全部诉讼费用。主要上诉理由为：①应用程序商店提供网络服务时，既没有帮助第三方开发者实施侵权的行为，也没有对涉案侵权结果存在主观过错，原审判决认定程序商店的运营者承担责任是错误的；②程序商店的运营者是艾通思有限责任公司（简称"艾通思公司"），而非苹果公司，苹果公司未从开发者提供涉案内容中直接获取经济利益，原审判决认定苹果公司对涉案侵权行为负有较高的注意义务是错误的；③艾通思公司为程序商店在中国的经营者，原审判决认定苹果公司为经营者，属于认定错误；④原审判决未能查清苹果公司满足网络服务商免责条件的事实；⑤原审判决没有查清涉案应用程序是否为未经授权的侵权应用程序；⑥原审法院错误地接纳了被上诉人在原审法庭辩论终结后新增加的诉讼请求；⑦在判定民事赔偿责任方面，在被上诉人未能举证证明实际损失的情况下，原审判决推定其实际损失，并分配赔偿责任是错误的。

裁判结果

北京市第二中级人民法院依据《中华人民共和国著作权法》第 10 条第 1 款第 12 项、第 48 条第 1 项、第 49 条，《信息网络传播权保护条例》第 2 条，《最高人民法院关于审理侵害信息网络传播权民事纠纷案件适用法律若干问题的规定》第 7 条、第 8 条、第 9 条之规定，判决如下：

（1）苹果公司于本判决生效之日起 10 日内，赔偿麦家经济损失人民币 200 000 元及因诉讼支出的合理费用；

（2）驳回麦家的其他诉讼请求。

北京市高级人民法院依照《中华人民共和国民事诉讼法》第 170 条第 1

款第 1 项之规定，判决如下：

驳回上诉，维持原判。

📄 案例评析

本案所涉及的法律问题主要是关于信息网络传播权侵权中网络服务提供者的注意义务。在信息网络传播权侵权纠纷中，权利人往往主张网络服务提供者承担相关侵权责任。网络服务提供者是否应承担责任，取决于其是否尽到了合理注意义务，而这正是"避风港"条款适用的难点。

一、信息网络传播权的特征

信息网络传播权是著作权人及相关权利人享有的以有线或者无线方式向公众提供作品，使公众可以在其个人选定的时间和地点获得作品的权利。这一权利的规定，在一定程度上缓解了信息网络技术发展给传统著作权法律关系带来的冲击和挑战。我国《著作权法》关于信息网络传播权的规定，实际上是为了与《世界知识产权组织著作权条约》和《世界知识产权组织表演和录音制品条约》中关于"向公众传播权"的规定相对应。

信息网络传播权是一种新兴的知识产权，是信息网络技术高速发展的产物。它与复制权、发行权、广播权等传统的著作权利有很大的不同。具体来说，有以下基本特征：首先，环境的特殊性。从权利的含义中可以理解到，"以有线或者无线的方式"向公众传播或提供作品并不仅指在互联网中传播作品。很多学者将信息网络传播权局限于互联网中进行讨论，实际上是缩小了该项权利的调整范围。显然，公众不仅可以在互联网上阅读作品、观看电影电视节目，而且还可以通过电视电话网络收看、收听自己喜欢的节目。其次，传播的公开性。信息网络是一个完全开放的环境，一件作品一旦被放置于该环境中就等于处在公开状态。作品在信息网络中公开传播，其最终目的是使任何公众都可以获得该作品。信息网络传播权的对象必须是范围广泛的社会公众，而不仅指某部分特定的人群。再次，方式的互动性。信息网络具有较强的交互性。作品在信息网络中的传播不同于以往的传播。传统的传播一般都是单向传播的方式，虽然传播的对象也是社会公众，但是公众只能被动接受而并不能决定接受传播的时间、地点和内容。而信息网络环境中的传播则是双向的、互动的，公众可以依自己的喜好选择作品以及获得作品的时间和地点。

本案中的《暗算》《风声》《解密》《风语》等出版后，得到了读者的好评，其中《解密》获得 2002 年中国长篇小说排行榜第一名，第六届国家图书奖；《风声》获得 2007 年度最佳长篇小说奖；《暗算》获得第七届茅盾文学奖，此外，《风声》等作品曾被改编为同名影视作品播出。苹果公司是苹果应用商店（App Store）的经营者、管理者、所有者以及 Ipad 等苹果设备产品的生产者、销售者。2012 年，麦家发现苹果公司经营的苹果应用商店（App Store）销售并向读者提供下载麦家享有著作权的涉案作品的服务，读者可直接通过苹果公司生产销售的 Iphone、Ipad、Itouch 等全系列产品进入苹果应用商店（App Store），将其中的涉案作品下载到苹果设备中进行阅读，此即涉及信息网络传播权。

二、网络服务提供者在信息网络传播中的作用

信息网络传播行为人不仅具备将作品上传或放置在网络服务器的主动性，还能够对上传或放置在服务器上的作品施加控制，比如从网络服务器、共享目录中删除上传的作品。但从技术原理看，网络服务提供者并不具备向公众提供作品的主动性。具体而言，信息存储空间提供者利用其控制或经营的可以连接到互联网上的服务器，向服务对象提供信息存储空间，信息存储空间提供者和服务对象之间属于网络空间服务法律关系。信息存储空间提供者承担为服务对象提供双方约定的信息存储空间，而服务对象则掌握在信息存储空间中上传作品的主动权和一定的控制力，信息存储空间提供者对服务对象上传的作品不进行也没有法定义务进行事先审核。就搜索引擎服务提供者而言，其利用网络 SPIDE（蜘蛛）程序，从互联网上自动抓取网页向网络用户提供搜索结果，搜索结果并未存储于搜索引擎服务提供者的服务器中，而是通过超链接技术引导网络用户进入信息内容提供者的网页。因此，网络服务提供者并没有直接从事信息网络传播行为，信息存储空间或者搜索结果指向的被链接网站存在涉嫌侵权的内容时，网络服务提供者可以依据"避风港"条款主张免责。

但是，网络作为一个开放、自由的平台，服务对象享有免费的信息存储空间、用户借助搜索引擎寻找自己需要的信息的同时，网络服务提供者也需要有稳定的营利模式，并能够发展、存续下去。因此，随着网络技术的发展。网络服务提供者被动的角色也随之改变。比如，信息存储空间服务者对服务对象上传的内容进行分类整理，搜索引擎服务提供者采用页面链接、深度链

接、垂直链接等方式。网络服务提供者对信息存储空间、搜索结果的积极介
入，意味着要求其承担较高的合理注意义务，并进而影响到"避风港"条款
的适用。

三、本案苹果公司在信息网络传播权侵权中未尽到注意义务

信息网络传播权的侵权一般以过错责任原则为主，无过错责任原则为辅。
美国《千禧年数字版权法》首创"红旗标准"，规定网络服务提供者有条件
免责：当有关他人实施侵权行为的事实和情况已经像一面色彩鲜艳的红旗在
网络服务提供者面前公然地飘扬，以至于处于相同情况下的理性人都能够发
现。如果网络服务提供者采取"鸵鸟政策"，即像一头鸵鸟那样将头深深地埋
入沙子之中，装作看不见侵权事实，则同样能够认定网络服务提供者至少
"应当知晓"侵权行为的存在。要指出的是，在当前的司法实践中，许多法官
在案件审理中已开始采纳"红旗标准"。简单地说，即如果侵犯著作权的事实
是显而易见的，网络服务提供者就不能以不知道侵权的理由来推脱责任。

《最高人民法院关于审理侵害信息网络传播权民事纠纷案件适用法律若干
问题的规定》第 8 条、第 9 条、第 11 条规定，人民法院应当根据网络服务提
供者的过错，确定其是否承担教唆、帮助侵权责任，网络服务提供者明知或
者应知网络用户利用网络服务侵害信息网络传播权，未采取删除、屏蔽、断
开链接等必要措施，或者提供技术支持等帮助行为的，人民法院应当认定其
构成帮助侵权行为。网络服务提供者的过错包括对于网络用户侵害信息网络
传播权行为的明知或者应知；根据侵权的具体事实是否明显，综合考虑网络
服务提供者提供服务应当具备的管理信息的能力、网络服务提供者是否主动
对作品进行了选择、编辑、推荐等各种因素，综合认定网络服务提供者是否
构成应知；网络服务提供者从网络用户提供的作品、表演、录音录像制品中
直接获得经济利益的，人民法院应当认定其对该网络用户侵害信息网络传播
权的行为负有较高的注意义务。

本案中，由于苹果公司已经提供了涉案应用程序开发者的信息，因此在
无相反证据的情况下，可以认定涉案应用程序系第三方开发商上传。苹果公
司所经营的应用程序商店，是为开发者上传涉案应用程序供公众下载提供服
务，属于网络服务提供行为。由于苹果公司所经营的应用程序商店是一个以
收费下载为主的网络服务平台，并且在与开发商的协议中，约定了固定比例

的直接收益，因此可以认定苹果公司应对开发商的侵权行为负有较高的注意义务。涉案应用程序"茅盾文学奖全集""最经典谍战小说合集""热播男人剧集"均使用了涉案作品的主要内容。苹果公司在可以明显感知涉案应用程序为应用程序开发商未经许可提供的情况下，仍未采取合理措施，其并未尽到上述注意义务，具有主观过错，其涉案行为构成侵权。

28. 信息网络传播权侵权中网络服务提供者的责任认定

——上海激动网络股份有限公司与广州市千钧网络科技有限公司、

北京我乐信息科技有限公司侵害信息网络传播权纠纷案[1]

📑 案情概况

原告：上海激动网络股份有限公司，住所地：上海市闵行区。

法定代表人：吕文生，董事长。

委托代理人：余纪成，上海申之春律师事务所律师。

被告：广州市千钧网络科技有限公司，住所地：广州市天河区。

法定代表人：周娟，总经理。

被告：北京我乐信息科技有限公司，住所地：北京市朝阳区。

法定代表人：周娟，总经理。

两被告共同委托代理人：张一帆、李承志，均系该司职员。

上海激动网络股份有限公司（简称"激动公司"）起诉称，其拥有电视剧《铁血莲花》的独家信息网络传播权。北京我乐信息科技有限公司（简称"我乐公司"）和广州市千钧网络科技有限公司（简称"千钧公司"）在其经营的域名为 56. com 的我乐网上非法向公众提供了该电视剧的在线播放服务，用户进入该网站后，通过搜索可得到该剧的播放链接，点击链接即可免费在线观看。两被告未经原告许可在线播放、传播转载，并在剧集播放界面发布广告牟利的行为已严重侵害了原告的合法权利，并给原告造成了重大损

---

[1] 案件来源：广东省广州市天河区人民法院［2013］穗天法知民初字第513号民事判决书。

失。原告起诉要求判令两被告：①立即停止对原告享有的信息网络传播权的侵害，停止提供涉案电视剧的在线播放服务；②赔偿原告经济损失 37 065 元，为调查被告侵权行为和起诉所支出的合理费用 7235 元，合计 44 300 元。

千钧公司答辩称：首先，激动公司提供的证据不足以证明其享有涉案电视剧的独家信息网络传播权；其次，我公司经营的我乐网提供的是信息存储空间服务，相关电视剧为网友上传，我公司不知道有涉案电视剧在我乐网传播，诉后也已经删除了相关视频，我公司已经尽到了合理的注意义务，符合免责的条件；最后，激动公司提出的索赔数额没有法律依据。综上，我公司不同意激动公司的全部诉讼请求，请求法院予以驳回。我乐公司答辩称：我乐网的主办单位是千钧公司，我公司不是本案适格被告，请求法院驳回激动公司对我公司的起诉。

裁判结果

广东省广州市天河区人民法院依照《信息网络传播权保护条例》第 22 条之规定，判决如下：

驳回原告上海激动网络股份有限公司的诉讼请求。

案例评析

本案所涉及的法律问题主要是信息网络传播权侵权中网络服务提供者的认定。原告激动公司拥有涉案影像的信息网络传播权，且在被告网站上发现涉案影像未经授权的在线播放服务，但法院最终判决驳回原告诉讼请求，这和两被告在本案中作为网络服务提供者存在密切关系。

一、著作权侵权中的避风港原则与红旗原则

由于网络内容过于庞杂，每个网络服务提供商每天接纳的信息数以百万计，其没有能力进行事先内容审查，一般推定事先对侵权信息的存在不知情。只有权利人将涉嫌侵权的信息通知网络服务提供商，网络服务提供商才能知道存在涉嫌侵权的内容，其应将该内容删除。网络服务提供商将涉嫌侵权内容删除后，不承担侵权责任。但网络服务提供商在接到通知后拒不删除涉嫌侵权内容，应承担间接侵权责任。"避风港"条款是指在发生著作权侵权案件时，当网络服务提供商只提供空间服务，并不制作网页内容，如果网络服务

提供商被告知侵权，则有删除的义务，否则就被视为侵权。如果侵权内容既不在网络服务提供商的服务器上存储，又没有被告知哪些内容应该删除，则网络服务提供商不承担侵权责任。

　　然而，很多网络服务提供商以"避风港原则"对抗权利人，为了避免"避风港原则"的无限扩大，损害权利人的利益，与"避风港原则"相对应的"红旗原则"几乎同时出现。"红旗原则"最早被规定在 DMCA 中，我国《信息网络传播权保护条例》也借鉴了这个原则。该条例规定，明知或者应知所链接的作品、表演、录音录像制品侵权的，应当承担共同侵权责任。网络服务提供商必须"不知道也没有合理的理由应当知道"侵权作品的存在，才能获得"避风港原则"的庇护。该条例规定的"明知"很容易理解，就是权利人向网络服务提供商发出通知后，网络服务提供商知道了侵权作品的存在，仍拒不删除，就应当承担共同侵权责任。该条例规定的"应知"即为"红旗原则"的具体体现。关于应知，《最高人民法院关于审理侵害信息网络传播权民事纠纷案件适用法律若干问题的规定》第 9 条规定："人民法院应当根据网络用户侵害信息网络传播权的具体事实是否明显，综合考虑以下因素，认定网络服务提供者是否构成应知：（一）基于网络服务提供者提供服务的性质、方式及其引发侵权的可能性大小，应当具备的管理信息的能力；（二）传播的作品、表演、录音录像制品的类型、知名度及侵权信息的明显程度；（三）网络服务提供者是否主动对作品、表演、录音录像制品进行了选择、编辑、修改、推荐等；（四）网络服务提供者是否积极采取了预防侵权的合理措施；（五）网络服务提供者是否设置便捷程序接收侵权通知并及时对侵权通知作出合理的反应；（六）网络服务提供者是否针对同一网络用户的重复侵权行为采取了相应的合理措施；（七）其他相关因素。网络服务提供商提供了信息存储空间，个别网络用户将侵权作品上传。"一开始，侵权作品被湮没在众多的作品中，但网络服务提供商通过一些技术手段，例如按点击率自动生成排行榜，或通过其他技术手段将电影作品分成"动作""喜剧""爱情""动画"等门类，而侵权作品在此过程中，可能会升至排行榜的前列，有可能会被归入某一门类。这时，侵权作品就会像一面鲜艳的"红旗"一样渐渐升起，飘扬在网络服务提供商的面前。如果网络服务提供商仍然掩耳盗铃，仍然说自己不知道侵权作品的存在，显然是站不住脚的。在这种情况下，完全可以推定网络服务提供商对侵权作品的存在是"应知"的，应承担共同侵权的责任。

二、本案被告作为网络服务提供者符合免责条件

网络服务提供者包括网络信息服务提供者和网络接入服务提供者，是权利人和作品使用者之间的桥梁。为了促进网络产业的发展，有必要降低网络服务提供者通过信息网络提供作品的成本和风险。而且，网络服务提供者对服务对象提供侵权作品的行为，往往不具有主观过错。为此，《信息网络传播权保护条例》借鉴一些国家的有效做法，对网络服务提供者提供服务规定了四种免除赔偿责任的情形：一是网络服务提供者提供自动接入服务、自动传输服务的，只要按照服务对象的指令提供服务，不对传输的作品进行修改，不向规定对象以外的人传输作品，不承担赔偿责任。二是网络服务提供者为了提高网络传输效率自动存储信息向服务对象提供的，只要不改变存储的作品、不影响提供该作品网站对使用该作品的监控，并根据该网站对作品的处置而做相应的处置，不承担赔偿责任。三是网络服务提供者向服务对象提供信息存储空间服务的，只要标明是提供服务、不改变存储的作品、不明知或者应知存储的作品侵权、没有从侵权行为中直接获得利益、接到权利人通知书后立即删除侵权作品，不承担赔偿责任。四是网络服务提供者提供搜索、链接服务的，在接到权利人通知书后立即断开与侵权作品的链接，不承担赔偿责任。但是，如果明知或者应知作品侵权仍链接的，应承担共同侵权责任。

本案中，我乐网是为网络用户提供信息存储空间服务的网站，我乐网上的涉案电视剧是由网络用户上传，千钧公司和我乐公司提供的是信息存储空间服务。在未经权利人的合法授权下，我乐网上传播的涉案电视剧属侵权内容。作为信息存储空间服务提供者，千钧公司和我乐公司不具有审查上传视频是否侵权的能力，面对用户上传的海量视频，不负有事先对所有视频是否侵权进行主动审查、监控的义务。但为了防止恶意用户上传非法内容，被告采取了相关技术措施对侵权信息进行过滤和监控，并设置了举报投诉制度，已尽到了合理的注意义务。且两公司并未改变涉案电视剧，未对涉案视频进行推荐、选择、整理，也未从涉案电视剧中获得了直接经济利益。从激动公司查找和播放涉案电视剧的公证书来看，其是从我乐网首页搜索得到的，无法证明涉案电视剧处于我乐网首页、其他页面的首页或者其他明显可见的位置。也就是说，涉案作品知名度不高，作品没有显著性，不能苛求被告在每日网友上传的海量视频中查找涉案作品。且激动公司在起诉前也未通知过千

钧公司、我乐公司，后者亦严格履行注意义务，定时自纠自查，及时删除了相关侵权视频或断开了涉案作品的链接，足以证明其对涉案作品在我乐网上的播放情况并不知情，一旦发现有可能侵权的涉案视频便主动删除，证明并无任何侵权故意。同时，我乐网存在的涉案电视剧内容并非全集而是少量的个别剧集，并且分属于不同的上传者，故千钧公司和我乐公司不知道，也没有合理的理由应当知道其网站中存在涉案电视剧内容，主观上不具有过错。故千钧公司和我乐公司的行为符合免责条件，不承担赔偿经济损失和合理费用的责任。

29. 信息网络传播权侵权中网络服务提供者的直接侵权责任

——安乐影片有限公司与浙江浩影网络有限公司著作权权属、侵权纠纷案[1]

案情概况

原告：安乐影片有限公司，住所地：中国香港特别行政区夏悫道。

法定代表人：黄伟仪，董事。

委托代理人：翁才林、费清清（特别授权代理），上海天闻律师事务所律师。

被告：浙江浩影网络有限公司，住所地：浙江省杭州市西湖区。

法定代表人：蔡耀腾，董事长。

委托代理人：严飞（特别授权代理），浙江路友律师事务所律师。

电影作品《霍元甲》由中国电影集团公司北京电影制片厂、星河投资有限公司联合出品，安乐影片有限公司拥有该片在中国大陆地区的信息网络传播权。2010 年 7 月，原告发现被告在其经营的网站（网址为：www. pipi. cn）及名为皮皮的播放器上向公众提供涉案电影的在线播放服务。原告从未许可被告通过互联网向公众传播上述作品。被告的行为严重侵犯了原告的合法权

---

[1] 案件来源：杭州市西湖区人民法院［2010］杭西知初字第 460 号民事判决书。

益，故向法院提起诉讼，请求判令被告：①立即停止对原告享有著作权的电影《霍元甲》的侵害，停止提供涉案电影作品的在线播放服务；②赔偿原告经济损失 10 万元、为调查被告侵权行为和起诉被告所支出的合理费用 2 万元，合计人民币 12 万元；③承担本案全部诉讼费用。

被告辩称：①原告不享有涉案电影在中国大陆地区的独占性信息网络传播权。②被告网站只是提供链接，即使侵权成立，也只是一种间接、帮助行为，希望法院在赔偿数额方面酌情予以考量。

裁判结果

浙江省杭州市西湖区人民法院依照《中华人民共和国著作权法》第 10 条第 1 款第 12 项、第 2 款，第 48 条第 1 项，第 49 条；《最高人民法院关于审理著作权民事纠纷案件适用法律若干问题的解释》第 7 条、第 25 条、第 26 条第 1 款之规定，判决如下：

（1）浙江浩影网络有限公司于本判决生效之日起停止提供电影作品《霍元甲》的在线播放服务。

（2）浙江浩影网络有限公司赔偿安乐影片有限公司经济损失及为本案支出的合理费用共计人民币 18 000 元，于本判决生效之日起 10 日内支付。

（3）驳回安乐影片有限公司的其他诉讼请求。

案例评析

本案所涉及的法律问题主要是信息网络传播权侵权中网络服务提供者直接侵权。本案中，安乐影片有限公司在中国大陆地区对《霍元甲》电影作品享有信息网络传播权，浙江浩影网络有限公司未得到安乐影片有限公司的许可，即在其经营的网站向网络用户提供有偿在线播放该电影作品的服务，侵犯了安乐影片有限公司对该电影作品享有的信息网络传播权，已构成直接侵权。

一、信息网络传播权侵权中网络服务提供者直接侵权的判断

我国《侵权责任法》第 36 条规定，网络用户、网络服务提供者利用网络侵害他人民事权益的，应当承担侵权责任。网络用户利用网络服务实施侵权行为的，被侵权人有权通知网络服务提供者采取删除、屏蔽、断开链接等必要措施。网络服务提供者接到通知后未及时采取必要措施的，对损害的扩大

部分与该网络用户承担连带责任。网络服务提供者知道网络用户利用其网络服务侵害他人民事权益，未采取必要措施的，与该网络用户承担连带责任。这是我国法院审理网络服务提供者侵权案件的主要依据，也是网络服务提供者承担侵权责任的准绳。《信息网络传播权保护条例》第2条规定，权利人享有的信息网络传播权受著作权法和本条例保护。除法律、行政法规另有规定的外，任何组织或者个人将他人的作品、表演、录音录像制品通过信息网络向公众提供，应当取得权利人许可，并支付报酬。

侵害信息网络传播权的判断标准既要历史地、动态地看待，更要依照法律要求进行确定。就直接侵权而言，服务器标准是判断是否构成侵害信息网络传播权的一项重要的操作性标准，但不是唯一标准，即具体判断标准并不都是基于服务器标准和由服务器标准所派生，仍有一些此外的独立判断标准不为服务器标准所涵盖。侵害信息网络传播权的认定必须回到法律要求与事实特征相结合的标准上来，即凡未经许可行使他人的信息网络传播权，或者直接破坏权利人对其作品通过信息网络传播的控制权，不论是初始提供行为还是后续提供行为，均可构成直接侵权行为。

二、本案被告构成直接侵权

信息网络传播权是以有线或者无线方式向公众提供作品，使公众可以在其个人选定的时间和地点获得作品的权利，它是著作权中财产权的重要内容。信息网络传播权侵权认定中，有"避风港原则"和"红旗原则"。"避风港原则"是指在发生著作权侵权案件时，当网络服务提供商只提供空间服务，并不制作网页内容，如果网络服务提供商被告知侵权，则有删除的义务，否则就被视为侵权。如果侵权内容既不在网络服务提供商的服务器上存储，又没有被告知哪些内容应该删除，则网络服务提供商不承担侵权责任。后来，"避风港原则"也被应用在搜索引擎、网络存储、在线图书馆等方面。"红旗原则"是"避风港原则"的例外适用，"红旗原则"是指如果侵犯信息网络传播权的事实是显而易见的，就像是红旗一样飘扬，网络服务商就不能装作看不见，或以不知道侵权的理由来推脱责任。在这样的情况下，如果不移除链接的话，就算权利人没有发出过通知，我们也应该认定这个设链者知道第三方是侵权的。本案中，原告经电影作品《霍元甲》著作权人的授权，取得了涉案电影作品在中国大陆地区的信息网络传播权，其享有的合法权益受国家法律保护。被告在未经权利人许可未支付报酬的情况下，在其经营的"www. pipi. cn"网站上，提供在线播放软件皮皮播放器的下载安装，并在皮皮播放器上向公众提供涉案电影的在线播放服务，其行为不符合著作权中的"避风港原则"和"红旗原则"的适用。

本案中，被告提出，其网站只是提供链接，是一种间接、帮助行为。事实上，用户只需要打开 IE 浏览器，在 IE 地址栏中输入"www. baidu. com"，进入页面；在搜索栏中输入"皮皮"，点击"百度一下"，进入页面；点击"高清电影天堂、免费观看电影、最新电影-皮皮网"进入页面，此时显示的网址为："http://www. pipi. cn"，在下载安装完成皮皮播放器 2. 7. 0. 1 最新版后，可搜索到涉案电影并可在线播放。可见，在被告经营的网站上提供安装特定的"皮皮播放器"软件服务，在安装完成此播放器后即能搜索观看到涉案电影作品，被告已构成直接侵权，依法应当承担侵权的民事责任。

30. 信息网络传播权侵权中网络服务提供者的间接侵权责任

——广州数联软件技术有限公司与广东中凯文化发展有限公司侵犯信息网络传播权纠纷案*

↗ 案情概况

上诉人（原审被告）：广州数联软件技术有限公司，注所地：广东省广州市经济技术开发区。

法定代表人：杨飞，董事长。

委托代理人：王磊，广东广信律师事务所律师。

被上诉人（原审原告）：广东中凯文化发展有限公司，住所地：广东省广州市白云区。

法定代表人：郭岳洲，总经理。

委托代理人：周涛，浙江天册律师事务所上海分所律师。

原审被告：上海卡芙广告有限公司，注所地：上海市金山区。

---

* 案件来源：上海市高级人民法院［2008］沪高民三（知）终字第 7 号民事判决书。

法定代表人：吴韬，执行董事。

雅柏电影有限公司（简称"雅柏公司"）是《杀破狼》一片的出品公司、版权持有人，该片于 2004 年 9 月在香港完成，并于 2005 年 11 月首次在香港公映。2006 年 6 月 2 日，雅柏公司出具了一份《委托（授权）书》，受托人为广东中凯文化发展有限公司（简称"中凯公司"），将网络传播权及音像制品复制、发行权独家授权给中凯公司。该授权书称：雅柏公司合法持有电影《杀破狼》的所有版权并依法可以转让，现将该电影于中国大陆地区之资讯网络传播权及音像制品复制、发行权独家授权给中凯公司，授权年限为 5 年，自 2005 年 10 月 16 日到 2010 年 10 月 16 日止，该权利是独家专有的，在授权期限内，包括雅柏公司在内的任何第三人未经中凯公司同意，不得行使上述权利。中凯公司有权以自己的名义对侵犯中凯公司上述权利的侵权行为采取法律行动并索赔等。2004 年 12 月及 2005 年 12 月，广州数联软件技术有限公司（简称"数联公司"）与上海卡芙广告有限公司（简称"卡芙公司"）签订了两份《广告总代理协议》，双方约定：数联公司授权卡芙公司为 POCO 软件及其网站（www. poco. cn）之网络广告和《POCO 志》的唯一指定总代理商，负责寻找广告主在 POCO 发布广告，POCO 各个频道的冠名赞助，POCO 各项活动的策划、推广、执行以及《POCO 志》项下的各项广告代理业务。卡芙公司向数联公司每月支付广告费，其中 2006 年前三季度每月的广告费为 20 万元。数联公司还向卡芙公司出具了《广告业务代理授权书》。中凯公司称进入被告经营管理的 POCO 网站，该网站的首页左侧显示了"POCO 栏目导航"栏，在电影交流区中点击"动作片"一栏后，该页面的右侧以条块状排列显示了数部电影的海报与剧情简介，其中有《杀破狼》的电影海报与剧情简介，海报下注有"发布时间：20051119"，简介下有"资源下载"栏。该指引栏下面有《杀破狼》的电影海报、剧情简介以及电影类型、导演、演员、上映日期与国家地区等信息。因此，原告起诉被告引诱、帮助侵犯其专有的网络传播权。

裁判结果

上海市第一中级人民法院依照《中华人民共和国民法通则》第 134 条第 1 款第 1 项、第 7 项，《中华人民共和国著作权法》第 10 条第 1 款第 12 项、第

47 条第 1 项、第 48 条，《最高人民法院关于审理涉及计算机网络著作权纠纷案件适用法律若干问题的解释》第 3 条，《最高人民法院关于审理著作权民事纠纷案件适用法律若干问题的解释》第 25 条第 1 款、第 2 款之规定，判决如下：

（1）数联公司立即停止实施侵害中凯公司对电影作品《杀破狼》享有的信息网络传播权的行为；

（2）数联公司赔偿中凯公司经济损失人民币 50 000 元。

上海市高级人民法院认为依照《中华人民共和国民事诉讼法》第 153 条第 1 款第 1 项、第 158 条的规定，判决如下：

驳回上诉，维持原判。

案例评析

本案所涉及的法律问题主要是 P2P 网络服务提供者侵犯网络传播权。即数联公司作为网络服务提供者经营管理的 POCO 网站是否侵权的问题。

一、信息网络传播权的构成要件

我国《著作权法》第 10 条第 1 款第 12 项规定了信息网络传播权，即以有线或者无线方式向公众提供作品，使公众可以在其个人选定的时间和地点获得作品的权利。信息网络传播权是作者享有的经济权利，是作者利用作品获得经济利益的权利，具有专有性的特点，他人未经作者许可利用有关作品即构成侵权。

构成信息网络传播行为需要满足两个条件：一是该行为应当通过网络向公众提供作品。所谓提供作品，仅仅是指向公众提供获得作品的可能性而不要求公众实际获得了该作品。二是该行为应当是交互式的传播行为。所谓交互式传播，是指使公众可以在其选定的时间和地点获得作品的传播行为。这种模式是一种应访问者的要求而获得作品的方式，访问者的决定起主导作用。这种传播行为可以使公众根据自己的需要选择任何时间或地点获取信息。这也是信息网络传播行为与传统传播行为的本质区别。传统传播模式下，公众并没有主动选择时间或地点获取作品的可能，只能被动接受作品，传统的电台、电视台在信息传播中起决定作用。需要注意的是，信息网络传播行为并不局限于互联网，随着技术的发展，数字电视网也可以满足观众在选定的时间和地点获得作品的需求，因此数字电视经营商提供的服务也是信息网络传播行为。

很明显，数联公司 POCO 网站通过互联网提供《杀破狼》电影的资源，向公众提供了获得作品的可能，且给予公众自己自由获得作品时间、地点的选择权，体现了交互式的传播特点，构成信息网络传播行为。

二、网络服务提供者间接侵权责任的构成及类型

著作权间接侵权制度的建立和发展深受技术发展对于作品复制和传播途径所造成的影响。通过数字技术，传统作品可转变成以 0 和 1 形式存在的数字化形态，成为数字化作品。通过网络技术，所有数字化作品都可以快速在全球计算机网络中传播。间接侵权，是指虽然行为人并未直接实施受著作权控制的行为，但其行为与他人的直接侵权行为之间存在特定关系，因而被认定为侵权行为的情形。

网络服务提供者间接侵权责任，是指虽未直接实施用户的侵权行为，但如未尽到适当注意义务，未采取适当措施以防止其链接的侵权作品的传播，属于通过网络教唆、帮助他人实施侵犯著作权行为，主观上具有过错，应与直接实施侵权行为的网络用户承担共同侵权责任。著作权间接侵权责任的构成要件包括如下：第一，行为人的主观过错，一般是指"明知"或"应知"。第二，须有直接侵权行为的发生。行为人须在有著作权直接侵权行为发生的情况下承担间接侵权责任，如直接侵权行为没有发生，要求行为人承担间接侵权责任将导致著作权保护范围的不适当扩大。第三，行为人客观上以教唆、帮助或提供其他实质性帮助的方式参与了直接侵权行为。

著作权间接侵权责任主要包括以下几类：第一，帮助侵权。一个人如果有意地帮助他人实施侵权行为，或者如果明知一种行为构成侵权，仍然促成或实质性帮助他人进行侵权行为，则构成帮助性侵权。构成帮助性侵权需满足两个条件：一是主观上知道或有理由知道；二是对直接侵权人提供诱导、指使或其他实质性帮助。如果没有实质性帮助，直接侵权行为就不会发生。[1] 第二，替代侵权。替代侵权又称代位侵权行为，构成替代性侵权需具备以下三个要件：一是他人直接侵权行为的存在；二是被告具备控制直接侵权的权力和能力，如具有停止用户账户、阻止用户进入系统的能力；三是被告

---

[1] 刘平："著作权'间接侵权'理论之检讨与展望"，载《知识产权》2018 年第 1 期。

须从他人侵权中获得了直接的经济利益。[1] 第三，引诱侵权。引诱侵权是指如果行为人提供某种技术或者平台的目的在于鼓励用户将该种技术或平台用于实施侵犯版权的行为，那么该技术或者平台的提供者则必须承担间接侵权责任，而行为人的主观意图能够通过行为人清楚的意思表示或者促成直接侵权行为的行为进行判定。

三、本案数联公司作为网络服务提供者构成间接侵权

本案中，依据中凯公司提供的 ［2006］沪卢证经字第 1402 号《公证书》，名为"无为大侠§豁然贯通"的网络用户向 POCO 网站提供了电影作品《杀破狼》的下载链接地址，并上传了该影片的电影海报与剧情简介。尽管中凯公司对"无为大侠§豁然贯通"网络用户的身份提出质疑，认为其有可能是数联公司的工作人员，数联公司直接实施了侵权行为，但中凯公司并未提供任何证据证明该主张。依据现有证据认定，数联公司在 POCO 网站上提供了可供其他网络用户下载电影《杀破狼》的搜索与链接服务，并存储了该影片的电影海报与剧情简介。

从 POCO 网上对该网站及 POCO 软件的介绍可以看出，POCO 软件是以实现文件搜索和下载、即时通信为主要功能的 P2P 软件。数联公司建立的 POCO 网站为用户利用 POCO 软件实现资源共享提供了一个平台。由于数联公司的 POCO 软件与 POCO 网站除了传播涉案电影作品以外，还用于传播摄影与美食资源、通信等多项用途，因此，数联公司开发出 POCO 软件并在 POCO 网站上允许网络用户下载使用该软件，该行为本身并不构成侵权。但是，数联公司并非仅向社会公众提供该项技术及技术平台，其在 POCO 网站上就传播涉案电影作品所做的搜索链接服务明显有不当之处。首先，关于 POCO 网上的广告宣传语。数联公司在新用户注册登录的过程中，以"千万好友分享无限量影音资源""现在登录 POCO，立即下载海量多媒体资源，完全免费"等广告语吸引社会公众成为其用户。如果数联公司所称的海量多媒体资源是由其通过合法途径取得授权再无偿提供给网络用户下载，那么其作上述广告宣传并无不可。但是，数联公司并未向网络用户提供合法的下载服务，而是

---

〔1〕　谢惠加："网络版权帮助侵权与替代侵权规划初探——GROKSTER 案的评介与启示"，载《电子知识产权》2003 年第 12 期。

以上述广告语吸引用户登录其网站下载使用 POCO 软件。其次，关于数联公司推荐用户使用 POCO 软件的用途。POCO 软件作为一种用户到用户的文件共享技术，可以使运行该软件并登录 POCO 网站的用户直接搜索并下载其他在线用户的共享文件。该软件使用在 POCO 网上的功能与用途正如数联公司在推荐用户下载 POCO 软件的过程中所称，"革命性的多点传输技术更使电影、音乐、游戏等大容量文件传输速度空前提高，使用 POCO 软件可以真正畅快地体验到高速分享的乐趣"。因此，数联公司将其推荐用户下载使用 POCO 软件的目的直接指向了其网站所设的"影视交互区"等栏目。最后，关于数联公司对"影视交互区"中电影作品的分类设置。在 POCO 网的"影视交互区"内，数联公司设置了电影交流区、电视剧交流区等栏目。其中电影交流区按电影的类型又细分为动作片、科幻片等子栏目，涉案电影作品就来源于电影交流区的动作片一栏。同时，数联公司提供的《公证书》所演示的网络用户如何在电影交流区发布电影作品的步骤表明，数联公司在 POCO 网上预先设定了程序，使网络用户可以发布帖子上传电影海报与剧情简介，并向其他用户提供下载链接地址。该帖子生成之后，就会随即按用户选择的类别，在相应的电影作品类别中自动生成列表，如将涉案电影作品归入电影交流区的动作片一栏资源列表中，与其他数部影片一起形成条块状的滚动条可供用户查阅选择。上述内容的生成过程尽管从表面上看，数联公司并未在网络用户提供电影作品后作任何编排工作，但实际上其通过事先设定的一系列程序，使网络用户提供的侵权电影作品与数联公司对电影作品所做的分类编排形成对应，以便于其他用户搜索下载侵权电影作品。

众所周知，电影作品本身的性质决定了其制作完成需耗费大量的人力、物力、财力，电影作品的著作权人通常不会将电影作品无偿提供给社会公众欣赏，尤其是新片。就涉案电影作品而言，其于 2004 年 9 月在香港制作完成，2005 年 11 月首次在香港公映，而该片在 POCO 网上发布的时间为 2005 年 11 月 19 日，与该片在香港的首映时间基本同步。因此，从常理而言，著作权人不可能许可他人在网络上免费发布该部电影作品，这显然是网络用户擅自发布的行为。而数联公司实施的上述一系列行为，即以"免费卜载海量多媒体资源"等广告语引诱网络用户下载 POCO 软件、登陆 POCO 网，将 POCO 软件的用途直接指向影音下载区，在电影下载区作分类编排以方便网络用户传播侵权电影作品等，既是教唆、帮助网络用户方便、快捷地提供侵权电影作品的行为，又是引诱其他网络用户搜索与链接侵权电影作品的行为。

因而，网络用户在 POCO 网上擅自发布电影作品《杀破狼》供其他用户下载的行为，侵犯了中凯公司对该电影作品依法享有的信息网络传播权。数联公司尽管未直接实施侵权行为，但其作为网络服务提供者在 POCO 网站上提供的搜索链接等服务，在提供服务过程中，明知或应知链接的作品侵权，并教唆、引诱或帮助网络用户实施了上述侵权行为，侵犯了中凯公司对涉案电影作品享有的信息网络传播权。依照《最高人民法院关于审理涉及计算机网络著作权纠纷案件适用法律若干问题的解释》第 3 条之规定，应当与直接实施侵权行为人共同承担侵权责任。此外，数联公司还辩称，其已在 POCO 网上设置相应条款，提示督促用户尊重他人版权，数联公司没有能力对庞大用户群传播的电影作品之版权问题进行审查等。事实上，数联公司在 POCO 网上设立电影交流区栏目等行为的目的，就是通过提供免费欣赏电影的服务吸引网络用户，提高网站的点击率，并以出让网站广告经营权的方式获利。因此，数联公司对于网络用户在电影交流区传播的电影作品之版权问题，应当负有审查义务，而不应仅仅通过在网站上作一些有关权利的警告性提示或要求权利人发出权利通知来替代上述义务，除非数联公司能够提供证据证明其对涉案电影作品经审查后仍然不知其为侵权作品，否则数联公司不能以前述辩解理由免除相应的侵权之责。而且，在本案中，网络用户的侵权行为是显而易见的，数联公司却视而不见，放任侵权行为的扩大，其主观过错明显，应当承担相应的法律责任。

31. 信息网络传播权侵权中损害赔偿数额的确定
——暴风集团股份有限公司与深圳市腾讯计算机系统有限公司
侵害信息网络传播权纠纷案*

📄 案情概况

上诉人：暴风集团股份有限公司，住所地：北京市石景山区。

---

*　案件来源：北京知识产权法院［2017］京 73 民终 1258 号民事判决书。

负责人：冯鑫。

委托诉讼代理人：汪赛男，女，汉族，暴风集团股份有限公司职员。

被上诉人：深圳市腾讯计算机系统有限公司，住所地：广东省深圳市南山区。

法定代表人：马化腾。

委托诉讼代理人：侯捷，北京市海王律师事务所律师。

委托诉讼代理人：徐钢，男，满族，深圳市腾讯计算机系统有限公司职工。

《中国好声音（第三季）》是由灿星公司制作强力打造的大型励志专业音乐评论节目，于 2014 年 7 月 18 日由浙江卫视首播，2014 年 10 月 7 日结束，共 16 期节目。2014 年 5 月 20 日，灿星公司（甲方）与深圳市腾讯计算机系统有限公司（简称"腾讯公司"）（乙方）签订《独占信息网络传播权许可使用协议书》。该协议书载明：甲方授权乙方享有《中国好声音（第三季）》及《中国好声音（第三季）》制作过程中甲方所制作的相关衍生综艺节目在中国大陆地区的独占信息网络传播权、维权权利及转授权权利；授权平台包括但不限于乙方或在授权期限内其关联公司运营的腾讯网及其下属子页面、腾讯视频、QQ live、QQ 旋风等视频播放终端等平台及腾讯视频推广渠道；授权期限为 3 年，自授权内容（开播日）在本协议第二条中约定的播出电视台首播之日起计算满 3 年止；授权费为 1.2 亿元。暴风集团股份有限公司（简称"暴风集团公司"）在未取得节目信息网络传播权的情况下，在其经营的网站（www.baofeng.com）上播放该节目第二期"0725 四导师疯抢韩女团成员"。在播放涉案节目前有约 45 秒的片头商业广告，在播放过程中，显示有"暴风影音"水印，在暴风影音播放器侧栏显示有广告。暴风集团公司明知该节目的信息网络传播权由腾讯公司独家所有，却仍在其经营的网站上播放，严重侵害了腾讯公司的合法权益。腾讯公司为维护其合法权益，提起诉讼。

一审判决后，暴风集团公司不服，提起上诉，请求：撤销一审判决的赔偿腾讯公司经济损失 100 万元及诉讼合理支出 1 万元，改判暴风集团公司赔偿经济损失 10 万元，诉讼费用由腾讯公司承担。事实和理由主要是一审法院判决的赔偿数额没有事实和法律依据，对于经济损失的认定明显过高且极不公平合理。

[↗] **裁判结果**

北京市石景山区人民法院依照《中华人民共和国侵权责任法》第 36 条第 1 款,《中华人民共和国著作权法》第 10 条第 1 款第 12 项、第 3 款、第 11 条、第 47 条、第 49 条,《中华人民共和国民事诉讼法》第 64 条之规定,判决如下:

(1) 被告暴风集团股份有限公司于本判决生效后 10 日内赔偿原告深圳市腾讯计算机系统有限公司经济损失 1 000 000 元及诉讼合理支出 10 000 元,两项共计 1 010 000 元;

(2) 驳回原告深圳市腾讯计算机系统有限公司其他诉讼请求。

北京知识产权法院依据《中华人民共和国民事诉讼法》第 170 条第 1 款第 1 项的规定,判决如下:

驳回上诉,维持原判。

[↗] **案例评析**

本案所涉及的法律问题主要是信息网络传播权侵权中赔偿数额的确定。本案中,暴风集团公司主要是针对赔偿数额提起上诉的。损害赔偿作为著作权侵权的一种救济方式,对于补偿著作权利人的损害,惩戒侵权人的侵权行为具有至关重要的作用。虽然我国《著作权法》第 49 条规定了三种著作权侵权损害赔偿的计算方法,但仍属于原则性规定,实际操作性不强。信息网络传播权侵权中,经常出现搭乘他人权利便车,为自己牟取暴利的现象。因而必须对恶意侵犯他人知识产权的行为进行打击,为权利人提供充分、适当的保护,培育良好的知识产权市场交易环境,巩固我国知识产权强国政策近年来所取得的成果。对于缺乏尊重他人知识产权意识,在权利人多次发函要求停止实施侵权行为后,依然无法无天,肆意侵权,获得巨额非法收入的个别企业,应当采取适当力度进行打击,侵权成本应高于其收益,否则侵权就成了其获益的手段。

一、信息网络传播权的主客体

我国 2001 年修改的《著作权法》把信息网络传播权明确纳入了著作权利,规定信息网络传播权是指以有线或无线方式向公众提供作品、表演或录音录像制品，使公众可以在其个人选定的时间和地点获得作品、表演或录音录像制品的权利，从法律上明确界定了网络传播权、复制权、发行权等权利之间的关系。信息网络传播权在传统的展览权、放映权、表演权和广播权的基础上发展而来，我国《著作权法》将信息网络传播权单独作为一项进行规定，突出了信息网络传播权的重要性。为保护著作权人、表演者、录音录像制作者的信息网络传播权，鼓励有益于社会主义精神文明、物质文明建设的作品的创作和传播，国务院根据《著作权法》制定了《信息网络传播权保护条例》。该条例规定，权利人享有的信息网络传播权受著作权法和本条例保护。除法律、行政法规另有规定之外，任何组织或者个人将他人的作品、表演、录音录像制品通过信息网络向公众提供，应当取得权利人许可，并支付报酬。

信息络传播权的主体是指享有信息网络传播权的人，一般有著作权人和邻接权人两类。我国《著作权法》第 10 条第 12 项规定了著作权人的信息网络传播权。同时，《著作权法》第 38 条第 6 项规定了表演者对其表演享有许可他人通过信息网络传播其表演并获得报酬的权利，任何单位或者个人需要将表演者的表演，通过互联网向公众传播的，应当取得表演者的许可。《著作权法》第 42 条规定了录音录像制作者对其录制的录音录像作品享有许可他人复制、发行、出租、通过信息网络向公众传播并获得报酬的权利。由上述规定可见，我国信息网络传播权的主体为作者、表演者、录音录像作品制作者三类。[1] 信息网络传播权的客体是以网络为工具向公众传播的作品，包括《著作权法》第 3 条规定的所有作品形式。此外，可以将其分为三类：一是进入网络之前已存在于纸、光盘等传统载体上，经数字化可在网络上传播的作品；二是直接利用数字化技术在网络上创作的作品，即所谓的网络原创作品；三是网络出现后产生的新型作品。信息网络传播权的内容是指权利人对作品的信息网络传播权能如何处分，一般包括作品的网络传播权和许可他人进行网络传播并获得报酬。对于作品的网络传播权，一般指作品的网络上载权、网络公开展览权和网络下载权。其中，根据网站上载方式的不同，是否将作品复制在网站的计算机硬件上，以及临时复制的用途的不同，对信息网络传

---

〔1〕 郑新建：《计算机网络法律与知识产权专题》，中央广播电视大学出版社 2012 年版，第 169~170 页。

播权的保护也有不同。

　　本案中，根据涉案节目片尾署名，其著作权人为灿星公司，灿星公司将涉案节目独家信息网络传播权及维权权利授予腾讯公司，腾讯公司具有请求保护涉案节目网络信息传播权的权利基础。暴风集团公司未经许可在其经营的网站上提供涉案节目的在先播放，侵犯了腾讯公司的信息网络传播权，依法应承担相应的法律责任。

二、确定侵害著作权损害赔偿数额的基本方法

　　知识产权侵权损害赔偿的准确计算是"一个充满高度的个案特性和事实特性的分析过程"，[1]著作权侵权赔偿数额的确定亦然。"损害赔偿之计算，兼具事实、法律二问题之性质。谓事实问题者，盖以损害事故所造成之损害如何，本质上为一种事实。谓法律问题者，盖以探讨该一事实，须借助法律方法。"[2]因此，科学的损害赔偿计算方法是著作权损害赔偿制度的重要构成内容，从而将复杂的侵权责任承担问题转换为一定的量化方式，[3]其对当事人利益影响极大，同时也是法院在确定损害赔偿数额时首先要明确的问题。侵害著作权损害赔偿的目的既包括弥补权利人的损失，也包括制止侵权人再次侵权，还包括有效遏制未来潜在侵权行为的普遍发生。在确定损害赔偿数额时，应当根据案件的具体情况，既考虑个案中权利人的实际损失、侵权人的违法所得，也考虑同一侵权人类似侵权行为被起诉的概率，综合确定损害赔偿的数额。

　　《著作权法》第 49 条规定，侵犯著作权或者与著作权有关权利的，侵权人应当按照权利人的实际损失给予赔偿；实际损失难以计算的，可以按照侵权人的违法所得给予赔偿。赔偿数额还应当包括权利人为制止侵权行为所支付的合理开支。权利人的实际损失或者侵权人的违法所得不能确定的，由人民法院根据侵权行为的情节，判决给予 50 万元以下的赔偿。可见，《著作权法》规定了著作权侵权赔偿数额的确定方法有按照权利人的实际损失确定、按照侵权人的违法所得确定及法定赔偿等三种。一是按照权利人的实际损失

---

　　[1]　Mars Inc. v. Coin Acceptors Inc., 527E 3d, at 1366~1377 (Fed. Cir. 2008).
　　[2]　曾世雄：《损害赔偿法原理》，中国政法大学出版社 2001 年版，第 161 页。
　　[3]　刘远山、余秀宝："著作权侵权损害赔偿要论"，载《行政与法》2011 年第 5 期。

确定。根据《著作权法》的规定，"权利人的实际损失"是著作权侵权中侵权人承担损害赔偿数额计算的第一序位标准。侵权人因其侵权行为，给权利人造成某种损害，依法承担赔偿责任时，赔偿数额应为权利人因侵权行为所受到的实际损失。二是按照侵权人的违法所得确定。"侵权人违法所得"在著作权侵权赔偿数额确定方法中是居于第二位的标准，依据规定，当处于第一顺位的"权利人因被侵权所受到的实际损失"难以确定时，才可能适用处于第二顺位的计算标准，用以确定侵权人应当承担的损害赔偿数额。三是法定赔偿。法定赔偿只是一个学术用语，而非法律用语。我国知识产权侵权损害赔偿计算方法是基于填补损失原则构建起来的。"在补偿法则的指导下，因知识产权权利人未予事先同意或事后无法与侵权人达成合意，故国家为解决纠纷和保护权利，必须制定客观合理的补偿标准，以作为损害赔偿的基础。"[1]人民法院对侵权行为已查证属实，按权利人的实际损失或侵权人的违法所得这两种方法不能确定赔偿数额的，可以根据侵权行为的情节，判决给予50万元以下的赔偿，此即法定赔偿的规定。法定赔偿制度的确立，有效地保护了权利人的合法权益，提高了知识产权侵权诉讼的效率，实现了司法公正与司法效率的合理平衡。

二、本案侵害信息网络传播权损害赔偿数额的确定

本案中，腾讯公司主张按照其实际损失计算赔偿数额，其计算依据为：①分销许可使用费的损失，基于腾讯公司获得《中国好声音（第三季）》独家授权所支付的成本，即腾讯公司支付了1.2亿元获得《中国好声音（第三季）》共16期节目的独家授权，分摊到每期节目的采购费用应为750万元。暴风集团公司在涉案节目热播期实施侵权行为，致使腾讯公司事实上未能享有独家播出权利，因此暴风集团公司应当分担腾讯公司支出的采购成本的1/2，即375万元1期。②腾讯公司广告收益的损失，腾讯公司提供的广告协议都属于执行结算协议，需要根据网站的流量在节目播出后按照实际发生数据进行结算。腾讯公司拥有《中国好声音（第三季）》视频独家播放权利，在没有其他播放平台播放时，用户集中在腾讯公司平台观看，由此产生的广告收益自然集中在腾讯公司视频网络。暴风集团公司在节目热播期间侵权，

---

〔1〕 唐力、谷佳杰："论知识产权诉讼中损害赔偿数额的确定"，载《法学评论》2014年第2期。

分流了大量用户至其播放平台，相关广告收益也由其获得，腾讯公司的广告收益自然受损，因此应当按照腾讯公司提交的广告合同总金额 1.98 亿元，计算单期节目广告损失为 1250 万元。暴风集团公司则认为根据腾讯公司提供的现有证据不能证明其在所谓暴风影音客户端的行为给腾讯公司造成了任何损失，理由是：①腾讯公司的采购成本共 16 期 1.2 亿元，从与其随机选取的 13 份广告合同总金额为 1.9 亿元可以看出腾讯公司是获利的；②所有广告投放、竞标行为均发生在腾讯公司获得涉案节目权利之前，因此暴风集团公司在所谓暴风影音客户端上涉嫌播放的行为并不会对腾讯公司已经获得的广告收益产生影响。

在确定侵权损害赔偿数额时，要善于运用根据具体证据酌定实际损失或侵权所得的裁量性赔偿方法，引导当事人针对损害赔偿问题积极举证，进一步提高损害赔偿计算的合理性。权利人提供了用以证明其实际损失或者侵权人违法所得的部分证据，足以认定计算赔偿所需的部分数据的，应当尽量选择运用酌定赔偿方法确定损害赔偿数额。根据查明的事实，腾讯公司获得的权利范围与暴风集团公司具体使用情况在授权内容、使用范围、授权时间上均存在一定的差异，依据腾讯公司提交的广告合同亦无法直接推算出腾讯公司因暴风集团公司涉案行为遭受的广告损失具体数额。因此，在权利人的实际损失和侵权人因侵权行为的违法所得均难以确定的情况下，一审法院根据本案的具体情况，综合以下因素酌定赔偿数额为 100 万元，二审予以维持。第一，客观的市场价格是损害赔偿计算的重要依据，市场价格即涉案作品以涉案侵权方式合法使用的正常许可费。本案中，腾讯公司并非涉案作品的著作权人，而是涉案作品信息网络传播权独占许可使用合同的被许可人，腾讯公司虽然没有将涉案作品许可他人进行信息网络传播，但其获得许可的对价即是正常许可费的重要参考。腾讯公司实际履行了许可使用合同的付款义务，其取得涉案作品独占许可使用权的正常许可费为 750 万元/期，授权期限为 3 年。暴风集团公司认为上述采购金额应该均摊到 3 年授权期间内。但事实上，许可费用分摊的时间因素并不是平均的，因为此类系列综艺节目在首轮播出时价值最高，此后随播出次数的增加和时间的推移而价值递减，结合暴风集团公司播出涉案节目的时间正处于涉案节目首轮播出并且还是热播期间，致使腾讯公司事实上未能够享有独家播出权利，造成其独家采购协议目的落空。第二，涉案作品进行信息网络传播的模式为"网民免费+广告收费"，这种经营模式具有正当性，应当受到法律保护。综艺节目《中国好声音（第三季）》具有很高的知名度和影响力，根据腾讯公司支付的授权费用及节目广告收入情况，可以证明《中国好声音（第三季）》具有极高的商业价值。③暴风集团公司的侵权行为具有明显恶意，腾讯公司在涉案作品播出前曾特意告知暴风集团公司采取措施，避免侵害涉案作品的信息网络传播权。在腾讯公司播出涉案作品后不久，国家版权局亦公布了包含涉案作品的重点影视作品预警名单，要求包括暴风集团公司在内的相关网站采取措施。在上述情况下，暴风集团公司无视他人合法权益，仍然在涉案节目热播期间实施侵权行为，其侵权的主观恶意非常明显，且系进行大规模侵权，行为性质恶劣。第四，暴风集团公司网站的知名度高、用户数量大、广告客户覆盖面广，且在涉案节目片头单独投放了广告，在相关播放页面上亦投放了广告，且侵权期间恰好处于涉案节目的热播期间，话题度、点击率均处于较高水平，其通过实施侵权行为违法获利数额较大，其侵权行为给深圳腾讯公司造成了严重的经济损失。综上所述，依据相关证据及认定的事实，一审法院足以确信腾讯公司因暴风集团公司涉案行为所遭受的经济损失明显超出了《著作权法》法定赔偿数额的上限 50 万元，为弥补权利人的经济损失、惩戒恶意侵权行为，酌定本案赔偿数额为 100 万元。

此案的警示意义在于，对于缺乏尊重他人知识产权的意识，在权利人多次发函要求停止实施侵权行为及相关部分预警后，依然无法无天，肆意侵权，获得巨额非法收入的个别企业，应当采取适当力度进行打击，侵权成本应高于其收益，否则侵权就成了其获益的手段。

著作权合理使用的司法认定

著作权制度自其诞生以来，对文化艺术的繁荣发展做出了不可磨灭的贡献。究其原因与著作权制度追求社会公众、作者之间的"利益平衡"密不可分，著作权合理使用制度是重要手段之一。著作权合理使用是在著作权法规定的情况之下，以正当性的使用目的为前提，在合理保护范围内无须经过著作权利人的许可和同意，也无须给付著作权利人任何报酬和费用就可以使用先前作品的行为。

我国著作权合理使用的制度体系由《著作权法》第22条中的穷尽式列举与《著作权法实施条例》第21条中的两项一般判定要件构成，前者列举了12项适用合理使用制度的具体情形，后者则在前者穷尽列举的基础上增加了"不得影响该作品的正常使用"和"不得不合理地损害著作权人的合法利益"两个一般判定要件。其实质上是杂糅了不同法系和法域内容的判定标准：大陆法系著作权法中的权利限制与例外，即由立法者创制著作权例外类型，司法机关只能基于法定类型进行法律解释；英美法系版权法中的一般判定要件，即通过法官在个案中对一般判定要件的解释界定权利例外范围，并不断通过法官造法为一般判定要件补充新的含义，以适应传播技术与社会发展的需求。

因为我国合理使用制度的特殊规定方式，导致实践中对"合理使用"的适用标准并不统一。学理界对著作权合理使用基于法理的分析众说纷纭，导致最终认定"合理使用"时障碍重重。不同法院对著作权合理使用的不同解释方法，导致合理使用制度在适用上缺乏起码的稳定性。因此，加强著作权合理使用司法认定的研究，具有重要的现实意义。

32. 教材著作权合理使用的判断

—— 长春出版传媒集团有限责任公司与吉林大学出版社有限
责任公司等著作权权属、侵权纠纷案[1]

⌴ 案情概况

上诉人（一审被告）：吉林大学出版社有限责任公司，住所地：吉林省长春市朝阳区。

法定代表人：李新田，经理。

委托代理人：丁品越，该公司工作人员。

委托代理人：梅钟，北京市大器律师事务所律师。

被上诉人（一审原告）：长春出版传媒集团有限责任公司，住所地：吉林省长春市。

法定代表人：杨德宏，董事长。

委托代理人：王维林，北京盈科（长春）律师事务所律师。

一审被告：长春联合图书城有限公司，住所地：吉林省长春市。

法定代表人：张兴广，经理。

长春出版社根据教育部颁行的课程标准组织编写了长春版语文教科书并拥有著作权，后长春出版社更名为长春出版社传媒集团有限责任公司。吉林大学出版社出版的《名师解教材（三年级语文上）》抄袭长春出版社《义务教育课程标准试验教科书语文（三年级上册）》和相应的教师用书，并经联合书城销售，吉林大学出版社后更名为吉林大学出版社有限责任公司。经比对，吉林大学出版社出版的被控侵权图书与长春出版社涉案教材的目录完全相同，抄袭复制了长春出版社涉案教材的编排体系。同时，吉林大学出版社出版的被控侵权图书大量抄袭了长春出版社教科书和教师用书大量课文、习

---

〔1〕　案件来源：吉林省高级人民法院〔2015〕吉民三知终字第 68 号民事判决书。

题及答案等内容，在图书结构和内容两方面均侵犯了长春出版社的著作权。联合书城作为专业图书销售单位，在图书购销环节未能尽到审查注意义务，经销侵权图书，两被告的行为严重侵犯了长春出版社的著作权，故起诉至人民法院请求依法保护其合法权益。

一审判决后，吉林大学出版社有限责任公司不服，提起上诉称：①在编排体例和结构上，不应当认定教辅图书构成对教科书的侵权；②在内容上，教科书属汇编作品，长春出版社仅享有教科书作为整体的汇编作品著作权，而对其中收录的课文及插画等独立作品无权主张权利；③在结果上，教辅图书与教科书并不构成市场竞争关系，教辅图书对教材的经济利益没有造成事实上的不利影响，一审判决赔偿金额过高；④义务教育阶段的教科书作为一种公共文化产品，具有极强的公共性和垄断性，其著作权的保护应当区别于一般图书，如果判决支持教科书出版社的过度维权，将对教辅行业形成毁灭性打击，并将严重损害公共利益。综上，请求撤销一审判决，驳回长春出版社的诉讼请求。

📑 裁判结果

吉林省长春市中级人民法院依照《中华人民共和国著作权法》第10条，第14条，第17条，第22条，第47条第6项，第11项，第49条；《最高人民法院关于审理著作权民事纠纷案件适用法律若干问题的解释》第25条第1款及第2款、第26条；《中华人民共和国民事诉讼法》第144条之规定，判决如下：

（1）被告吉林大学出版社有限责任公司于本判决生效之日起立即停止侵害原告长春出版传媒集团有限责任公司《义务教育课程标准试验教科书语文（三年级上册）》（书号ISBN978-7-5445-2265-6）著作权的行为，未经原告授权，不得再次编写、出版、发行《名师解教材（三年级语文上）》（书号ISBN978-7-5601-7167-8）；

（2）被告吉林大学出版社有限责任公司于本判决生效之日后10日内赔偿原告经济损失人民币2.5万元；

（3）被告长春联合图书城有限公司于本判决生效之日起立即停止销售《名师解教材（三年级语文上）》（书号ISBN978-7-5601-7167-8）；

（4）驳回原告其他诉讼请求。

吉林省高级人民法院依照《中华人民共和国民事诉讼法》第170条第1

款第 1 项之规定，判决如下：

驳回上诉，维持原判。

案例评析

本案所涉及的法律问题主要是教材合理使用的问题。本案中，针对长春出版社诉称吉林大学出版社出版的《名师解教材（三年级语文上）》抄袭了涉案教材和相应的教师用书，其认为被控侵权图书与涉案教材的目录完全相同，抄袭、复制了涉案教材的编排体系，同时还认为被控侵权图书大量抄袭了长春出版集团教科书和教师用书大量课文、习题及答案等内容，在图书结构和内容两方面均侵犯了长春出版集团的著作权。但是，吉林大学出版社认为涉案教材本质为公共产品，而且涉案教材中的字词、短语均属于《义务教育语文课程标准》要求的教学内容，本质上属于公共领域范畴，属于在合理的限度内对已有作品的使用，不构成对教科书编排方式的侵害，不构成侵权。

一、著作权合理使用概述

著作权合理使用制度肇始于英国判例法，成就于美国判例法。在美国，著作权合理使用是重要的著作权限制机制，它是指在特定的条件下，法律允许他人自由使用享有著作权的作品而不必征得权利人的许可，不向其支付报酬的合法行为。著作权法中的合理使用，从著作权人的角度来看，是对其著作权范围的限定；从著作权人以外的人（即使用者）的角度来看，则是使用他人作品而享有利益的一项权利。著作权合理使用有一定的限制，即使用他人作品的，应当指明作者的姓名、作品的名称。但是，当事人另有约定或者因作品使用方式的特性而无法指明的除外。使用可以不经著作权人许可的已经发表的作品的，不得影响该作品的正常使用，也不得不合理地损害著作权人的合法利益。

著作权合理使用制度是著作权人对他人使用作品行为的容忍，是对其权利的限制。正因为如此，著作权合理使用的情形、内容以及具体范围都需由法律明确期定，必须严格适用。[1] 我国《著作权法》第 22 条是关于著作权合理使用的规定。该条规定："在下列情况下使用作品，可以不经著作权人许可，不向其支付报酬，但应当指明作者的姓名、作品的名称，并且不得侵犯

---

[1]　王锋主编：《知识产权法学》（第 2 版），郑州大学出版社 2010 年版，第 115 页。

著作权人依照本法享有的其他权利：（一）为个人学习、研究或者欣赏，使用他人已经发表的作品；（二）为介绍、评论某一作品或者说明某一问题，在作品中适当引用他人已经发表的作品；（三）为报道时事新闻，在报纸、期刊、广播电台、电视台等媒体中不可避免地再现或者引用已经发表的作品；（四）报纸、期刊、广播电台、电视台等媒体刊登或者播放其他报纸、期刊、广播电台、电视台等媒体已经发表的关于政治、经济、宗教问题的时事性文章，但作者声明不许刊登、播放的除外；（五）报纸、期刊、广播电台、电视台等媒体刊登或者播放在公众集会上发表的讲话，但作者声明不许刊登、播放的除外；（六）为学校课堂教学或者科学研究，翻译或者少量复制已经发表的作品，供教学或者科研人员使用，但不得出版发行；（七）国家机关为执行公务在合理范围内使用已经发表的作品；（八）图书馆、档案馆、纪念馆、博物馆、美术馆等为陈列或者保存版本的需要，复制本馆收藏的作品；（九）免费表演已经发表的作品，该表演未向公众收取费用，也未向表演者支付报酬；（十）对设置或者陈列在室外公共场所的艺术作品进行临摹、绘画、摄影、录像；（十一）将中国公民、法人或者其他组织已经发表的以汉语言文字创作的作品翻译成少数民族语言文字作品在国内出版发行；（十二）将已经发表的作品改成盲文出版。前款规定适用于对出版者、表演者、录音录像制作者、广播电台、电视台的权利的限制。"

二、著作权合理使用的判断标准

根据《著作权法》等相关法律法规的规定，判断是否合理使用，应结合以下几个标准进行判断：

（1）根据使用作品的目的来判断。不得以营利为目的，不得是恶意的，如果使用作品以攻击、诽谤、侮辱原作及著作权人，则不能认定其具备合理性。各国立法大致都将是否用于营利目的作为判断是否构成合理使用的标准。对合理使用非营利性的要求是出于对公平原则的考虑，如果允许使用者无偿利用他人享有著作权的作品而从中获利，这对著作权人来讲当然是不公平的。

（2）根据使用作品的性质来判断。要求必须是已经发表的作品，如作品尚未发表，则很可能因为被使用而先公之于众，影响作品发行；独创性越高的作品越不容易被合理使用，因其包含作者的独创性劳动更多。纪实性越强的作品，其被借用、参照、引用的可能性就越大。相比之下，对事实的引用较思想性的复制而言，侵权的可能性较小。被使用作品的性质这一要素应从作品本身的角度对合理使用进行判断，即使用何种性质的作品更容易被认定为是合理使用。在分析这一要素时，立法者和法官无法创制一个合理使用的适当标准，而必须通过考察所有因素来评定其范围。

（3）根据使用作品的程度来判断。使用作品的程度是指与具有著作权的作品的整体相比，使用的数量和质量占比如何。使用作品应当是少量且适当的。当然，对不同性质的作品有不同要求，影视作品有时被搬用两三秒就可被认定为抄袭，但教师讲解艺术作品时须得引用整个作品，该行为却不是侵权。当其他条件不变时，被使用数量占整部作品的比重越大，侵权的可能性就越大。

（4）根据对被使用作品的市场影响来判断。包括现实的和潜在的影响。如超低价复印图书对原著的潜在市场造成影响。对被使用作品的市场影响被认为是判断合理使用最重要的一个要素，因为合理使用和侵权使用只有一步之遥，判断是合理使用还是侵权使用最终要落脚在行为的结果上，合理使用并不是排除一切对著作权人造成损害的行为，而是要将这种损害限制在一定范围内，超出这个范围的使用就应当是许可使用或者法定许可，否则就是侵权行为。

三、本案被控侵权图书不属于对涉案教材的合理使用

本案中，吉林大学出版社认为长春出版社的涉案教材为"公共产品"，其编写相应教辅图书必然要参照涉案教材，因此属于合理使用，该观点是不能成立的。"公共产品"并非著作权法意义上的概念，长春出版社的涉案教材尽管是按照教育部颁行的相关课程标准编写的，并且作为义务教育课程标准教科书具有特殊性，但其内容的选择和编排均体现出了独创性，不能否认涉案教材整体作为汇编作品的属性，长春出版社享有该汇编作品的著作权，他人不得未经其许可而无偿使用。《著作权法》第 22 条明确规定了 12 种可以不经著作权人许可，不向其支付报酬，在指明作者的姓名、作品的名称，并且不侵犯著作权人依照《著作权法》享有的其他权利的前提下合理使用作品的情形，而吉林大学出版社未经原告许可而编写、出版、发行与长春出版社涉案教材相似的教辅图书的行为不属于上述 12 种情形中的任何一种。接受义务教育为公民的基本权利，但并非与义务教育相关的全部产业均为公益性事业。教材市场系开放的市场，任何具备相应资质、符合条件的出版者均可参与到市场竞争之中，亦可凭借其经营成果而获取利益。这种市场竞争方式能够鼓

励更多的出版者加大对教材编写的投入，对于提高教材质量，服务义务教育是有益的。长春出版集团出版的涉案教材能经全国中小学教材审定委员会审定通过，可见其为取得这一成果付出了大量的劳动，也必然有其独立的经济诉求，任何人均无权借义务教育之名擅自使用其享有著作权的作品，侵害其合法权益。因此，吉林大学出版社的行为并不属于法定合理使用。

本案中，吉林大学出版社侵害了长春出版社涉案教材的署名权和改编权，应当承担停止侵害、赔偿损失的民事责任。《著作权法》第 10 条第 1、2 款规定："著作权包括下列人身权和财产权：……（二）署名权，即表明作者身份，在作品上署名的权利；……（十四）改编权，即改变作品，创作出具有独创性的新作品的权利；……"长春出版社作为涉案教材的著作权人对涉案教材享有署名权和改编权。《著作权法》第 47 条："有下列侵权行为的，应当根据情况，承担停止侵害、消除影响、赔礼道歉、赔偿损失等民事责任：……（六）未经著作权人许可，以展览、摄制电影和以类似摄制电影的方法使用作品，或者以改编、翻译、注释等方式使用作品的，本法另有规定的除外；……"吉林大学出版社编写并出版发行的被控侵权图书中收录的作品和对收录作品的编排，书中"表达""综合学习活动"单元、"习题点拨"栏目的主要内容均与原告的涉案图书相同却未表明作者身份。此外，吉林大学出版社还在长春出版社涉案教材内容基础上增加"晨读十分钟""信息驿站""积累笔记"等栏目，该一系列行为系未经著作权人同意而进行的改编行为。吉林大学出版社的上述行为构成侵害著作权，即侵害了长春出版社对涉案作品的署名权和改编权，应当承担停止侵害、赔偿损失的民事责任。

33. 课堂教学中的著作权合理使用问题
——北影录音录像公司与北京电影学院侵犯著作权纠纷案*

案情概况

上诉人（原审原告）：北影录音录像公司，住所地：北京市海淀区。

---

* 案件来源：北京市第一中级人民法院［1995］一中知终字第 19 号民事判决书。

法定代表人：李保平，公司经理。

委托代理人：马晓刚，君合律师事务所律师。

委托代理人：王颖，男，35 岁，北影录音录像公司办公室干部。

被上诉人（原审被告）：北京电影学院，住所地：北京市海淀区。

法定代表人：刘国典，该院院长。

委托代理人：韩冰，北京市经济律师事务所律师。

委托代理人：侯克明，男，36 岁，北京电影学院院长助理。

1992 年 3 月，作家汪曾祺将《受戒》的电影、电视剧的改编权、拍摄权转让给北影录音录像公司（简称"北影公司"），双方于 1994 年 12 月续签了有效期至 1998 年 3 月的转让合同，北影公司是小说《受戒》的改编权及拍摄权的唯一合法享有者。1995 年 1 月，"《受戒》入围法国短片电影节"，北影公司得知北京电影学院将小说《受戒》改编、摄制成电影，并携该影片参加法国朗格鲁瓦国际学生电影节，并且该片还入围了法国克雷芒电影节。北影公司认为北京电影学院侵犯了其依法享有的作品改编专有使用权，给其带来了无法弥补的精神及财产损失，故要求法院判令北京电影学院停止侵权行为，销毁侵权影片拷贝，公开向原告赔礼道歉，赔偿原告经济损失人民币 20 万元，并赔偿原告为本案支付的一切费用以及承担本案诉讼费。

一审判决认为，北京电影学院为教学需要而拍摄该片并在校内放映，属于法律规定的合理使用，北京电影学院将该片送至朗格鲁瓦电影节，超出了合理使用范围，构成对北影公司享有的专有使用权的侵害。判决后，北影公司不服，提起上诉，认为《著作权法》规定的为教育目的的合理使用仅限于课堂教学，使用方式仅限于翻译或者少量复制，原审判决将电影学院拍摄电影的行为确认为合理使用，于法无据；原审判决不仅未能保护权利人的合法权益，而且会造成严重后果，上诉请求确认电影学院摄制电影为侵权行为，赔偿损失 25 万元。北京电影学院辩称：北影公司没有拍摄电影的法定资格，不应享有小说《受戒》的电影拍摄权；电影学院以教学为目的拍摄电影《受戒》及在校内放映属于合理使用，北影公司上诉理由不能成立；朗格鲁瓦国际学生电影节纯系学术活动，北京电影学院将电影《受戒》送至该电影节参展不属于出版发行，未超出合理使用范围；原审判决认定该行为侵权的根据不足，判令《受戒》只能在学院内使用于法无据；认定电影节组委会出售少量门票也与事实不符；要求撤销原审法院有关电影学院侵权部分的判决。

裁判结果

北京市海淀区人民法院依法判决：

（1）本判决生效后 10 日内，被告北京电影学院向原告北影录音录像公司以书面形式赔礼道歉（致歉内容需经本院审核）。

（2）被告北京电影学院制作的电影《受戒》拷贝及录像带自本判决生效之日起只能在其学院内供教学使用，不得投入公有领域。

（3）本判决生效后 10 日内，被告北京电影学院赔偿原告北影录音录像公司经济损失人民币 1 万元。

北京市第一中级人民法院依照《中华人民共和国民事诉讼法》第 153 条第 1 款第 1 项之规定，判决如下：

驳回上诉，维持原判。

案例评析

本案所涉及的主要法律问题是课堂教学中著作权合理使用的问题。《著作权法》规定，为了课堂教学目的可以合理使用受《著作权法》保护的作品，顺应了我国教育发展的要求。然而，其相关规定过于笼统、粗疏，实践中产生了许多困惑。本案中，北影公司认为北京电影学院未经其允许便将小说《受戒》改编、摄制成电影，并携该影片参加法国朗格鲁瓦国际学生电影节的行为，侵犯了其依法享有的作品改编专有使用权，原审判决将电影学院拍摄电影的行为确认为合理使用，于法无据。而电影学院认为，其以教学为目的拍摄电影《受戒》及在校内放映属于合理使用行为。

一、我国课堂教学中著作权合理使用的立法规定

著作权合理使用，即著作权人以外的人在一定情况下，可不经权利人许可，并且不支付报酬地使用他人已经发表的作品，但应该指明作者的姓名、作品的名称，并且不得侵犯著作权人的其他权利。现实中，如何判定合理使用是很困难的。一般认为，合理使用要从以下方面判断：一是要看有关使用行为的目的，即看是否有商业使用的目的；二是要看被使用作品的性质，对

不同类型作品的著作权的利用形式不同，划分是否为合理使用的界限也不同；三是要看在所使用的作品中，被使用的部分的质与量和整个作品在整体上的关系，如比例失当则不属合理使用；四是要看该使用对被使用作品的潜在市场或价值所产生的影响，如有重大不利影响，则不属合理使用。[1]

我国《著作权法》第 22 条对课堂教学中著作权的合理使用作了明文规定，该条第 1 款第 6 项规定，为学校课堂教学或者科学研究，翻译或者少复制已经发表的作品，供教学或科研人员使用，但不得出版发行，此时可以不经著作权人许可，不向其支付报酬，但应当指明作者的姓名、作品的名称，并且不得侵犯著作权人依照本法享有的其他权利。学校的课堂教学是一种传授知识的活动，科学研究是在总结、吸取前人经验或者知识的基础上，用科学方法探求事物的本质和规律的活动。这两项活动都离不开对知识的积累和探求。知识本身是人们在改造世界的实践中所积累的认识和经验的总和。学习知识和创造知识离不开对已有作品的利用。限制这种利用，就会阻碍整个民族文化水平的提高，阻碍科学技术的发展。为此，许多国家的著作权法以及国际条约都把为教学或者科学研究的目的而少量复制具有著作权的作品纳入合理使用的范围。例如，《伯尔尼公约》第 10 条第 2 项规定，本同盟成员方法律以及成员方之间现有或将要签订的特别协议得规定，可以合法地通过出版物、无线电广播或录音录像使用文学艺术作品作为教学的解说的权利，只要是在为达到目的的正当需要范围内使用，并符合合理使用。第 3 项规定，前面各款提到的摘引和使用应说明出处，如原出处有作者姓名，也应同时说明。

需要注意的是，本项中所讲的"课堂教学"一词是有严格限制的，考研辅导班、托福或 GRE 培训班等以营利为目的的教学不属于"课堂教学"；对于"少量复制"，一般说来，不应超出课堂教学或科学研究的需要；翻译可以是已有作品的一部分，也可以是全部。译多译少，根据课堂教学或者科学研究的需要而定；翻译或者少量复制的目的是供教学或科研人员为学校课堂教学或科学研究使用，不能用于出版发行；翻译或者复制他人已经发表的作品，应当指明作者的姓名、作品的名称；不得侵犯著作权人依照《著作权法》享

---

〔1〕 相靖："Campbell 案以来美国著作权合理使用制度的演变"，载《知识产权》2016 年第 12 期。

有的其他权利。

二、域外以教育为目的合理使用考察

由于著作权客体具有无形性的特点，作品发表之后，著作权人难以再进行直接、有效的控制，因而在司法实践中，如何判断使用他人作品是否属于合理使用存在很大困难。因此，个别国家对合理使用制度采用了概括式条款。其中概括式立法最典型的代表是美国，其《著作权法》第 107 条规定了几条规范合理使用的原则合理使用。只要符合法律规定的合理使用的要件，就认为属于合理使用的范畴。[1] 在为教育目的的合理使用上，各国《著作权法》都采用列举的方式规定了"为教育目的的合理使用制度"。从日本、英国、苏联、联邦德国、意大利等国的著作权法来看，为教育目的的合理使用限于引用、复制、表演、刊载、转载、摘录、汇编等方式。从各国的规定来看，各国均将"为教育目的的合理使用方式"局限于有限的使用方式之中，不能随意扩张。这也是避免别人假借"社会公益"的名义剥夺权利人的权利。从世界各国的立法来看，通过"摄制电影、电视"使用他人作品的方式均被排除在合理使用的范畴之外。这是因为摄制电影、电视的行为对作者的合法权益影响太大，特别是对作者的潜在市场的影响太大。如果将这种方式规定为合理使用的对象，会严重损害作者的合法权益。

与域外著作权法关于为教育目的的合理使用的规定相比，我国关于"为教育目的的合理使用"的规定存在缺陷，这是毫无疑问的。首先，使用范围过于狭窄，仅仅局限于"为学校课堂教学"，且此处的"学校"仅仅局限于中小学及普通高等学校，不包括广播电视大学、函授大学等学校。其次，对于使用方式的规定也值得推敲。我国《著作权法》规定的合理使用的方式局限于"翻译或少量复制"，与国外立法相比，多了一个翻译，但少了许多其他的方式。为了实施课堂教学而使用他人作品，一般包括以下情形：①为获取、保存作品而对其全部或部分进行复制，复制的手段包括手抄、刻印、影印、静电复印，还包括对磁介质的复录，值得注意的是，将作品从互联网上下载到个人计算机的存储器中也是一种复制行为；②将上述作品的复制件分发给学生；③将作品在课堂内朗诵、展示或播放；④为教学目的而改编、翻译、

---

[1] 熊琦："著作权合理使用司法认定标准释疑"，载《法学》2018 年第 1 期。

表演作品。而《著作权法》第 22 条第 6 款仅规定"为学校课堂教学或者科学研究，翻译或者少量复制已经发表的作品，供教学或者科研人员使用"构成合理使用。从法律设定此项合理使用的初衷来看，其目的是满足教育发展的需要。在课堂教学中朗诵、展示、表演作品，或为了课堂教学而改编作品及复制、翻译作品，是服从于同样的目的，对著作权的影响也是一样的，没必要对二者区别对待。因此，《著作权法》的该条规定过于狭窄，不利于实现法律预设的功能。

三、本案课堂教学中著作权合理使用评析

就本案而言，吴琼为完成作业而将小说作品《受戒》改编成电影剧本，属于《著作权法》第 22 条第 1 款第 1 项规定的"为个人学习、研究或者欣赏，使用他人已经发表的作品"的行为，可以不经著作权人许可，不向其支付报酬，但应当指明作者的姓名、作品的名称，并且不得侵犯著作权人依照该法享有的其他权利。在此，法律未对"使用"一词进行限定，所以吴琼的改编也是合理使用行为。当然，吴琼在本案中也未被列入被告，这是正确的。但是，作为不是个人的北京电影学院，情况就复杂了。北京电影学院根据吴琼改编的《受戒》剧本拍摄了电影，是否属于《著作权法》第 22 条第 1 款第 6 项规定的合理使用？这是大有疑问的，并且也是本案的争议焦点。从法律条文的字面规定来看，《著作权法》第 22 条第 1 款第 6 项规定的合理使用仅限于"翻译或者少量复制"，而不包括"拍摄成电视电影等"。从理论上看，摄制权与复制权、翻译权是完全不同的权利，新《著作权法》第 10 条对此也作出了明文规定，进一步完善了权利类型。

该案中，二审法院认为，根据《著作权法》第 22 条的规定，为学校的课堂教学，在合理范围内使用他人已发表的作品，可以不经著作权人许可及不向其支付报酬。此规定的目的在于，许可学校为课堂教学在一定范围内无偿使用他人作品，以保障教学活动得以顺利进行。北京电影学院系培养电影人才的艺术院校，其教学方式具有相对的特殊性，故该校为课堂教学使用作品的方式也应与一般院校有所不同，练习拍摄电影应属于该校进行课堂教学活动必不可少的一部分。根据《著作权法》等有关规定的精神，北京电影学院为此使用他人已发表的作品属于合理使用。电影学院组织应届毕业生使用小说《受戒》拍摄电影，其目的是帮助学生完成毕业作业及锻炼学生的实践能

力，在校内放映该片也是为了教学观摩及评定，均为课堂教学必要的组成部分。所以，电影学院在以上阶段以上述方式使用作品《受戒》应为合理使用，不构成对北影公司专有使用权的侵犯。需特别指出的是，此种方式的合理使用应严格限于从事电影教学的艺术院校，并仅可在必要的课堂教学范围内进行。该裁判理由实际上是参照了《美国著作权法》第 107 条的精神，在情理上堪可赞同，但毕竟与我国成文法不符。我国《著作权法》第 22 条第 1 款第 6 项规定的内容相当明确，并非因文义过窄致不足以表示立法原意而需要作扩大解释。2001 年修订《著作权法》时虽然在第 10 条明文确立了摄制权，却仍未将摄制归入合理使用范畴，这实际上是很值得探讨的。如果为学校教学或科研方面的合理使用仍然仅仅局限在"翻译或少量复制"上，而不包括"摄制"，那么同样的，改编、放映等行为也无疑被排除在外，而这些恰恰是学校进行教学科研所必需的。

北京电影学院将其拍摄的影片送到法国参加郎格鲁瓦学生电影节，有人认为，这是属于教育方面的文化交流，法院既然可以将摄制电影认定为合理使用，那么这种行为也可以算作合理使用。至于在法国郎格鲁瓦国际学生电影节期间，有少量门票向公众销售，是组委会的责任，被告没有过错。但是，法院认为，北京电影学院持《受戒》一片参加了朗格鲁瓦国际电影节，无论该电影节的性质如何，参展行为均不属于必不可少的课堂教学活动，故北京电影学院在电影节上放映使用小说《受戒》改编的影片，超出了为本校的课堂教学而使用的范围，不属于《著作权法》规定的合理使用。因电影节上放映《受戒》一片的场所系公开售票的电影院中的某一放映厅，而北京电影学院未能举证证明电影节组委会对进入该放映厅的观众采取过限制措施，故不排除有当地观众购票后观看了该片。北京电影学院使用以小说《受戒》改编的影片参加电影节的行为违反了《著作权法》的有关规定，侵犯了北影公司所享有的对小说《受戒》的专有使用权，给北影公司以同样方式使用该作品的潜在市场造成了不利影响，构成侵权，对此北京电影学院应承担责任。

34. 时事新闻报道中著作权合理使用的认定

——韩佩霖与扬子晚报、江苏新华报业传媒集团有限公司侵犯网络作品著作权纠纷案[1]

案情概况

上诉人（原审原告）：韩佩霖，男，汉族。

被上诉人（原审被告）：扬子晚报，住所地：江苏省南京市。

负责人：刘守华，该报总编辑。

委托代理人：刘孝浦，江苏新华报业传媒集团有限公司职员。

委托代理人：杨涛，江苏金路律师事务所律师。

原审被告：江苏新华报业传媒集团有限公司，住所地：江苏省南京市。

法定代表人：许洪祥，该公司董事长。

委托代理人：刘孝浦，该公司职员。

委托代理人：杨涛，江苏金路律师事务所律师。

　　韩佩霖于 2009 年 11 月 7 日拍摄了一幅摄影作品，内容为：洪泽一名公交车司机在不得已情况下将已睡着的孩子放在自己腿上跑了一趟车。韩佩霖将该照片上传到洪泽论坛上，并命名为"洪泽最牛司机"。同时在帖子中写道："这样的司机，难得啊！在百忙中还带孩子。"韩佩霖称他的初衷是想让大家体谅公交司机的辛苦，表示对公交车司机的同情。2009 年 11 月 12 日，在没有征得韩佩霖同意的情况下，扬子晚报、江苏新华报业传媒集团有限公司（简称"新华报业集团"）在其主办的《扬子晚报》及其电子版上刊登的题为"最牛公交车司机"的报道中擅自使用了韩佩霖的摄影作品，通过报纸公开发行并在网络上进行传播，但没有向韩佩霖支付报酬，也没有注明该作品的作者。更严重的是，韩佩霖认为该报道严重歪曲了他创作该作品的本意，认为扬子晚报恶意炒作，给韩佩霖带来了巨大的心理压力和精神负担。为维护其合法权益，韩佩霖向人民法院提起诉讼，要求：①扬子晚报、新华报业

---

[1]　案件来源：江苏省高级人民法院［2012］苏知民终字第 0243 号民事判决书。

集团停止侵犯韩佩霖著作权的行为；②扬子晚报、新华报业集团在省级刊物上发表声明，澄清事实，并向韩佩霖赔礼道歉；③扬子晚报、新华报业集团赔偿韩佩霖经济损失 45 万元、精神抚慰金 5 万元；④扬子晚报、新华报业集团承担诉讼费 8800 元，公证费 800 元及交通费 200 元。

一审判决扬子晚报在报道中使用韩佩霖的照片属于对该照片的合理使用，不侵犯韩佩霖的著作权，不承担赔偿责任。韩佩霖不服，向江苏省高级人民法院提起上诉。主要理由是：①扬子晚报、新华报业集团未经韩佩霖同意，使用涉案照片，并且传播了"船闸卖鱼的"发布的虚假信息，不构成合理使用。而且，韩佩霖在将涉案照片上传至洪泽论坛时，已经对照片采取了保护措施，即在照片下方标注了"Canon EOS 400D DIGITALF4. 0 I/60s IS0400"字样。②《扬子晚报》发行量大、传播范围广，侵权的后果严重。综上所述，请求撤销一审判决，支持上诉人一审全部诉讼请求。扬子晚报、新华报业集团答辩称，其对涉案照片的使用系合理使用，不构成侵权，请求驳回上诉，维持原判。

☐ 裁判结果

淮安市中级人民法院依据《著作权法》第 22 条第 1 款第 3 项，《著作权法实施条例》第 21 条，《最高人民法院关于审理著作权民事纠纷案件适用法律若干问题的解释》第 16 条、第 19 条，《中华人民共和国民事诉讼法》第 130 条的规定，判决如下：

驳回韩佩霖的诉讼请求。

江苏省高级人民法院依照《民事诉讼法》第 153 条第 1 款第 1 项之规定，判决如下：

驳回上诉，维持原判。

☐ 案例评析

本案所涉及的法律问题主要是时事新闻报道中著作权合理使用的认定问题。互联网作为便捷、高效的新媒体，对传播知识和信息具有无法替代的重要作用。在便捷、高效的同时，在互联网上复制和转载受《著作权法》保护的作品也非常容易，且转载者往往以"合理使用"为由认为不构成侵权，对此法律争议也较多。

一、时事新闻报道中著作权合理使用概述

著作权的合理使用是《著作权法》的一项基本制度，是指在特定条件下法律允许他人自由使用具有著作权的作品而不必征得著作权人的同意，也不必向著作权人支付报酬的制度。时事新闻是人们了解国家大事、世界大事的重要媒介，为了全面报道发生在国内外的时事新闻，我们的报纸、期刊、广播电台、电视台等媒体不可避免地要使用他人已经发表的作品。例如，中央人民广播电台新闻节目几乎每天都要广播《人民日报》《光明日报》《工人日报》《解放军报》等报纸刊登的政治、经济、文化、科技等方面的新闻内容。但怎样引用他人的作品才称得上是合理使用呢？我国《著作权法》第 22 条第 1 款第 3 项规定，为报道时事新闻，在报纸、期刊、广播电台、电视台等媒体中不可避免地会再现或者引用已经发表的作品，可以不经著作权人许可，不向其支付报酬，但应当指明作者的姓名、作品的名称，并且不得侵犯著作权人依照该法享有的其他权利。可见，《著作权法》在本项中规定了四个条件：一是引用作品的目的是报道时事新闻；二是引用的作品必须是已经发表的；三是引用他人作品应当指明作者的姓名、作品的名称、作品的出处，并且不得侵犯著作权人依照《著作权法》享有的其他权利；四是引用他人已经发表的作品，是为报道时事新闻而不可避免地引用。

时事新闻报道中著作权合理使用的情形也是国际通行之立法例。例如，《伯尔尼公约》第 10 条之二第 2 项规定，在用摄影或电影手段，或通过广播或对公众有线传播报道时事新闻时，在事件过程中看到或听到的文学艺术作品在为报道目的正当需要范围内予以复制和公之于众的条件，由本同盟各成员国的法律规定。《日本著作权法》第 41 条规定，通过摄影、电影、广播或者其他方法报道时事事件时，对构成该事件的著作物或在该事件过程中所见、所闻的著作物，出于报道目的、在正当的范围内，可以进行复制并可在报道该事件时使用，但应注明出处。《匈牙利作者权法》第 19 条（1）规定："只要注明出处，允许复制包含事实和消息的通讯报道。允许使用公开会议和公开讲演的内容，但是出版讲演的汇编应取得作者同意。"该条（2）规定："允许报纸、期刊、广播、电视在指明作者出处和作者姓名的情况下，复制有新闻价值的经济性和政治性文章，只要最先发表的这些文章来排除此类复制。"第 20 条（1）规定："在新闻纪录片中，以及在广播和电视新闻节目中，

可以传播与时事有关的作品，其传播程度应与传播的场合相称，在此种使用的情况下，无须指出作者姓名。"

二、本案为报道时事新闻使用涉案照片属合理使用

《著作权法》规定作者对其作品享有著作权，其立法目的并非使作者对作品的传播和使用进行绝对垄断，而是通过赋予作者有限的垄断权保障其从作品中获得合理的收益，以激励更多的人投身创作，促进更多高质量作品的产生和传播。因此，出于对公共利益与社会政策的考虑，法律规定了限制著作权的合理使用制度，即在特殊情况下使用作品，可以不经著作权人同意，不向著作权人支付报酬。根据《著作权法》第22条第1款第3项的规定，为报道时事新闻，在报纸、期刊、广播电台、电视台等媒体中不可避免地会再现或者引用已经发表的作品，可以不经著作权人许可，不向其支付报酬，但应当指明作者姓名、作品名称，并且不得侵犯著作权人依照本法享有的其他权利。《著作权法实施条例》第21条规定，依照《著作权法》有关规定，使用可以不经著作权人许可的已经发表的作品的，不得影响该作品的正常使用，也不得不合理地损害著作权人的合法利益。由此可见，判断作品使用是否构成合理使用，不仅要看是否属于《著作权法》第22条所规定的情形，还要以该使用方式是否只能在特定情况下作出、与作品的正常利用不相冲突，以及未损害权利人合法权益这三个条件为前提。

本案中，扬子晚报、新华报业集团在《扬子晚报》上使用涉案照片属于《著作权法》规定的合理使用，不需要承担侵权责任。首先，扬子晚报、新华报业集团在《扬子晚报》上使用涉案照片符合我国《著作权法》第22条第1款第3项的规定，即为了报道时事新闻而不可避免地引用已经发表的作品。时事，是指最近期间国内外发生的政治事件或社会事件。时事新闻，是指通过报纸、期刊、广播电台、电视台等媒体报道的单纯事实消息。本案中，涉案照片所反映的公交车司机将熟睡的婴儿放在腿上开车这一事件，即属于时事的范畴，《扬子晚报》涉案报道亦属于时事新闻的范畴。涉案照片已由韩佩霖于2009年11月7日上传至网络予以发表，虽然韩佩霖对涉案照片享有著作权，但社会大众亦享有对社会事件的知情权。扬子晚报、新华报业集团在《扬子晚报》涉案报道中使用涉案照片，有助于读者直观地感知这一社会事件的情况，其使用行为是报道时事新闻所必需的。其次，扬子晚报、新华报业

集团在《扬子晚报》上使用涉案照片与该照片的正常利用并不冲突。韩佩霖上传涉案照片的目的是让更多的网友理解、体谅公交车司机的辛苦。而《扬子晚报》在涉案报道中刊登这幅照片，特别是在该报道中附有编者附言"道一声辛苦，多一份关爱"，同样也是希望读者体谅公交车司机的辛苦，呼吁社会各界给予公交车司机更多的关爱，其与韩佩霖上传涉案照片的目的相同。韩佩霖认为，网友"船闸卖鱼的"的留言信息是虚假的，《扬子晚报》将网友"船闸卖鱼的"的虚假信息进行广泛传播，不属于合理使用。而网友"船闸卖鱼的"的留言信息是否虚假，与本案中扬子晚报、新华报业集团在《扬子晚报》上使用涉案照片是否属于合理使用并无关联。况且，虽然《扬子晚报》涉案报道中引用了网友"船闸卖鱼的"的留言，但这只是针对网友留言的客观记录，此外，《扬子晚报》的报道中还采访了当事公交车司机本人及其所在的公司，并不存在虚构事实、传播虚假信息的行为。再次，扬子晚报、新华报业集团在《扬子晚报》上使用涉案照片并未不合理地损害韩佩霖的著作权合法权益。根据《著作权法》以及相关司法解释的规定，合理使用他人作品，仍然需要注明作者的姓名、作品的名称，但当事人另有约定或者由于作品使用方式的特性无法指明等特殊情况除外。现实中，作者将其拍摄的照片上传至网络后，其他网络用户进行复制、转载的现象十分常见。由于网络传播的范围极广、传播的速度极快，网络用户的身份又具有虚拟性，要在短时间内于海量网络信息中确定一幅照片的真实作者是非常困难的。而时事新闻报道具有时效性，即新闻事实的发生和作为新闻予以报道的时间，以及新闻在传播后引起大众接触和产生社会效果之间的相关性，还有新闻引起的观众接触和产生社会效果具有一定的时间限度。时效性受到社会生活和信息传播技术的制约，在一定程度上决定了新闻的价值。超过一定的时间，新闻也就不再是"新"闻。正是由于时事新闻具有时效性这一特点，所以不应苛求新闻媒体必须在确定照片的真实作者之后才能使用照片，否则会损害社会公众的新闻知情权。本案中，韩佩霖在将涉案照片上传至网络时并未在照片上署名，亦未在其所发帖子中明确说明其是作者。虽然《扬子晚报》在报道中未注明涉案照片的作者姓名，但在其报道中可见如下字样："网友'课代表'于 2009 年 11 月 7 日下午 5 点多在洪泽论坛上发表一篇帖子，并贴出一幅图片，图片中一位男子的腿上放着一个孩子，手握方向盘正在开车。"由此可见，涉案报道已注明由网友提供，这是由摄影作品在网络上传播方式的特性和时事新闻的时效性所决定的，并未不合理地损害韩佩霖的著作权合法权益。

三、著作权合理使用应注意的问题

本案中，扬子晚报使用的是韩佩霖发布在公共论坛上的摄影图片，而其使用该照片是为了更好地向社会公众说明事实情况以及说明其所报道的时事新闻的情况，并没有以此来营利的目的，且扬子晚报在使用该作品时已经注明该照片由网友"课代表"提供，并说明了照片的来源。扬子晚报这一使用行为也并没有不合理地损害韩佩霖所享有的其他权利，同时也没有影响该照片的其他的使用方式。扬子晚报使用韩佩霖的照片这一行为完全符合著作权合理使用的构成要件，不承担侵权责任。

然而，由于《著作权法》并没有详细条款规定合理使用的范围，所以在使用时仍会伴随着不小的侵权风险，以下几种情况是需要注意的：一是只要注明版权所有者，使用方式就自动归为合理使用。在合理使用分析中，"转化性"通常是一个关键因素。但是，单纯注明受版权保护作品的所有者，并不能让非转化性资料归为合理使用的范畴。加入"所有版权归作者所有"和"非本人所有"之类的声明并不代表对资料的使用就属于合理使用，也不代表就拥有了版权所有者的许可。二是如果在视频中发表了免责声明，使用就属于合理使用。但是，单凭几项声明也无法符合合理使用原则，例如在视频中发布合理使用的四项因素，或者加入"无意侵犯版权"等语句，并不是免除版权侵害的"保护伞"。三是"娱乐性"或"非营利性"的使用自动归为合理使用。法院判案时会仔细研究使用目的，以评估是否为合理使用，但是也同时需要考虑其余三项因素。例如，在合理使用的裁定标准中，法院会声明上传的视频"仅供娱乐"并不能扭转其实质。同样，尽管"非营利性"的使用在合理使用分析中会得到优待，但是并不表示它就属于合理使用。四是在他人的作品中添加自己的原创资料，对其作品的使用就是合理使用。即使在使用过程中将自己的内容添加到他人的内容中，也不能在合理使用的法庭辩论中占优势，特别是在创作中并没有向原创作品中添加新的表述、含义时更是如此。

总之，我们应当提高知识产权意识，本着尊重原创与鼓励知识的合理传播的精神，依法充分利用著作权作品。

35. 著作权合理使用中适当引用的认定

——上海美术电影制片厂与浙江新影年代文化传播有限公司、华
谊兄弟上海影院管理有限公司著作权权属、侵权纠纷案[1]

📑 案情概况

原告：上海美术电影制片厂，住所地：上海市静安区。

法定代表人：钱建平，职务厂长。

委托代理人：柏立团，上海大邦律师事务所律师。

委托代理人：岳梦岩，上海大邦律师事务所律师。

被告：浙江新影年代文化传播有限公司，住所地：浙江省慈溪市。

法定代表人：童军立，职务董事长。

委托代理人：范红枫，浙江上林律师事务所律师。

委托代理人：郎慈甬，浙江上林律师事务所律师。

被告：华谊兄弟上海影院管理有限公司，住所地：上海市普陀区。

法定代表人：王中磊，职务总裁。

委托代理人：戎朝，上海百悦律师事务所律师。

电影《80 后的独立宣言》由浙江新影年代文化传播有限公司（简称"新
影年代公司"）投资制作，于 2014 年 2 月 21 日正式上映。新影年代公司制
作的电影《80 后的独立宣言》宣传海报上包含以下内容：上方 2/3 的篇幅中
突出部分为男女主角人物形象及主演姓名，背景则零散分布着诸多美术形象，
包括身着白绿校服的少先队员参加升旗仪式、课堂活动、课余游戏等情景；
黑白电视机、落地灯等家电用品；缝纫机、二八式自行车、热水瓶、痰盂等
日用品；课桌、铅笔盒等文教用品；铁皮青蛙、陀螺、弹珠等玩具；无花果
零食等图案，以及涉案的"葫芦娃""黑猫警长"卡通形象，其中"葫芦娃"
"黑猫警长"分别居于男女主角的左右两侧。海报下方 1/3 的部分为突出的电
影名称"80 后的独立宣言"以及制片方、摄制公司和演职人员信息等，并标

---

[1]　案件来源：上海市普陀区人民法院［2014］普民三（知）初字第 258 号民事判决书。

注有"2014.2.21 温情巨献"字样。华谊兄弟上海影院管理有限公司（简称"华谊兄弟上海影院"）微博于 2014 年 2 月 22 日发布有关涉案电影海报的微博："电影《80 后的独立宣言》讲述了当代 80 后年轻人在走出校门后，放弃了城市优越的生活环境，放弃了父母为其铺设好的平坦大路，而是选择去到条件相对艰苦的乡下打拼事业，自主创业的故事。影片中，'富一代'父母的教育方式也成为了电影中的亮点之一。"微博下方配有涉案电影海报。

上海美术电影厂（简称"美影厂"）诉称自己拥有动画片《葫芦兄弟》中"葫芦娃"角色形象美术作品的著作权，拥有动画片《黑猫警长》中"黑猫警长"角色形象美术作品的著作权。美影厂认为，新影年代公司未经许可，使用"葫芦娃"和"黑猫警长"角色形象美术作品，构成对其修改权、复制权、发行权、信息网络传播权的侵犯；华谊兄弟上海影院的行为构成对其信息网络传播权的侵犯，并与新影年代公司构成共同侵权。故请求判令：①两被告在《新闻晨报》或同级别纸质媒体显著位置向原告公开赔礼道歉，消除影响；②两被告停止侵犯原告拥有的"葫芦娃""黑猫警长"角色形象美术作品的著作权；③两被告连带赔偿原告经济损失及维权费用合计人民币 531 750 元。

被告新影年代公司辩称：现有证据无法证明原告美影厂对"葫芦娃"和"黑猫警长"形象美术作品享有著作权；即使其享有著作权，涉案海报主体内容是"80 后"男女青年，后面的小图案仅仅是为了表明主角是"80 后"，使用了缝纫机、热水瓶、"葫芦娃""黑猫警长"等图案，是为了说明电影主人公年龄特点；从使用来看，海报中的"葫芦娃""黑猫警长"和原告电影中的形象有所区别，比例上也只是主体画面中很小的一部分，属于合理使用；且影片有两个版本的海报，还有一个卡通版，涉案海报发行量很少，即使构成侵权，图片著作权的判赔金额也是比较低的。综上，被告新影年代公司请求驳回原告的诉讼请求。被告华谊兄弟上海影院辩称：现有证据无法证明原告美影厂对"黑猫警长"形象美术作品享有著作权。即使原告享有著作权，对于被告华谊兄弟上海影院来说，为配合电影公映使用海报作宣传是合理的使用行为，影片是合法公映的影片，涉案海报也是官方海报，并经审查，是制片方提供给发行机构的，其使用海报有合法来源，没有过错。况且，涉案美术作品是"80 后"的时代标识，具有社会公益性，在海报中的使用不醒目、比例不大，对原告的利益没有损害。即使构成侵权，图片著作权的判赔金额也是比较低的。综上，被告华谊兄弟上海影院请求驳回原告的诉讼请求。

判例结果

上海市普陀区人民法院依据《中华人民共和国著作权法》第 22 条第 1 款第 2 项，《中华人民共和国著作权法实施条例》第 21 条之规定，判决如下：

驳回原告上海美术电影制片厂的诉讼请求。

案例评析

本案所涉及的法律问题主要是著作权合理使用中适当引用的认定问题。被告新影年代公司在审理中提出的主要抗辩理由是，涉案电影讲述的是 "80 后" 的青年创业故事，其对涉案作品的使用是为了说明电影主角的年龄特征，构成《著作权法》上的 "合理使用"。人民法院归纳的本案争议焦点之一也是被告新影年代公司在电影海报中对涉案美术作品 "葫芦娃" "黑猫警长" 的使用是否构成合理使用。

一、著作权合理使用制度中适当引用概述

在自己的作品中引用他人作品，是指将别人的作品作为自己作品的根据，以创造新作品、说明新观点。对原作品进行引用，在文字作品中极为常见。比如，为对他人的著作进行评论而摘引一段原书的文字。在其他创作形式中，也有引用他人作品的情况。比如，为介绍某人的书法、绘画，在电视片中播放他的几幅书法、绘画作品。由于引用他人作品对某些作品的创作来说是必需的，如果不引用，新作中的某些问题就难以说清，甚至难以产生新作。因此，许多国家及国际公约对这种合理使用都有规定。例如，《伯尔尼公约》第 10 条第 1 项规定，从一部合法公之于众的作品中摘出引文、包括以报刊提要形式引用报纸期刊的文章，只要符合合理使用，在为达到目的的正当需要范围内，就属合法。第 3 项规定，前面各款提到的摘引和使用应说明出处，如原出处有作者姓名，也应同时说明。《德国著作权法》第 51 条（引用）规定，在目的规定的范围内允许复制、传播和公开再现：①为说明内容而在独立的科学著作中采用已出版的单独的著作；②在独立的语言著作中引用已发表的著作物的片段；③在独立的音乐著作物中引用已出版的音乐著作物的片段。《意大利版权法》第 70 条规定，为评论、论述或教育的目的，可以在符合上

述目的的限度内，摘录、引用或复制一部分作品的片段或部分章节，但不得与该作品的经济使用权相竞争。《日本著作权法》第 32 条第 1 款规定，已发表的著作物可以引用，但引用必须符合公正的惯例，在报道、评论、研究上的引用，其目的也必须限于正当的范围。这种引用须明确表示作品的出处。《匈牙利作者权法》第 17 条（1）规定，允许个人在指明作品出处和作者姓名的情况下，引用一部已出版的作品中的某些部分，只要引用的程度与使用引证的作品的特点和目的相称，而且引证忠实于原作。

我国《著作权法》第 22 条第 1 款第 2 项规定，为介绍、评论某一作品或者说明某一问题，在作品中适当引用他人已经发表的作品，可以不经著作权人许可，不向其支付报酬，但应当指明作者的姓名、作品的名称，并且不得侵犯著作权人依照该法享有的其他权利。根据该项规定，符合以下条件引用他人作品，可以不经著作权人许可，不向其支付报酬：第一，引用的目的是介绍、评论某一作品或者说明某一问题。第二，引用的比例必须适当。一般说来，引用不应当比评论、介绍或者说明还长。第三，引用的作品必须是已经发表的。第四，引用他人的作品，应当指明作者的姓名、作品的名称，并且不得侵犯著作权人依照《著作权法》享有的其他权利。

二、本案电影海报使用涉案美术作品属合理使用

《著作权法》对一系列专有权利进行保护的目的不仅在于保护作者的正当权利，提高作者创作文学、艺术和科学作品的积极性，同时还在于促进作品的传播与使用，从而丰富人们的精神文化生活，提高人们的科学文化素质，推动经济的发展和人类社会的进步，而并不是为了让创作者对作品的传播和使用进行绝对垄断。因此，平衡著作权人专有权的边界和公众自由获取作品的起点，成了著作权的永恒命题，而著作权合理使用制度就是其中的精髓所在。合理使用是《著作权法》中的一项重要的制度，是指根据《著作权法》的规定，以一定方式使用作品可以不经著作权人的同意，也不向其支付报酬。在一般情况下，未经著作权人许可而使用其作品的，构成侵权，但为了保护公共利益，对于一些对著作权危害不大的行为，《著作权法》不视为侵权行为。这些行为在理论上被称为"合理使用"[1]。知识的更新和发展无法一蹴

---

[1] 吴汉东：《著作权合理使用制度研究》，中国政法大学出版社 2005 年版，第 63 页。

而就，创作活动也不可能脱离对已有作品的借鉴和利用。合理使用制度通过规定一系列无须经过著作权人许可即可使用作品的情形，从法律上保障了适度引用前人作品的可能性，促使各方的利益在平衡和协调的关系中得到最大满足。当然，基于合理使用制度是一种对专有权利的"限制与例外"，因此需遵循限于特殊情况、与作品正常利用不冲突、不损害权利人合法权益等前提。

根据《著作权法》第 22 条第 1 款第 2 项的规定，构成合理使用的一种情形是"适当引用"，即"为介绍、评论某一作品或者说明某一问题，在作品中适当引用他人已经发表的作品，可以不经著作权人许可，不向其支付报酬，但应当指明作者姓名、作品名称，并且不得侵犯著作权人依照本法享有的其他权利"。根据《著作权法实施条例》第 21 条的规定："使用不经著作权人许可的已经发表的作品的，不得影响该作品的正常使用，也不得不合理地损害著作权人的合法利益。"结合以上考量标准，判断对他人作品的使用是否属于合理使用，应当综合考虑被引用作品是否已经公开发表、引用他人作品的目的、被引用作品占整个作品的比例、是否会对原作品的正常使用或市场销售造成不良影响及损害权利人的合法权益等因素。

首先，从被引用作品的性质来看，"葫芦娃""黑猫警长"是动画片中的角色造型美术作品，动画片已于 20 世纪 80 年代播出，因此涉案被引用作品均属于已经发表的作品。

其次，从引用他人作品的目的来看，被告新影年代公司认为，其在电影《80 后的独立宣言》海报中使用"葫芦娃""黑猫警长"美术作品，并与出现在海报中的其他具有时代特征的形象相组合，是为了突出说明电影主角的身份和年龄层，体现"80 后"群体生长年代的时代特征。涉案影片讲述了一个当代"80 后"年轻人自主创业的励志故事，而"葫芦娃""黑猫警长"形象可被称为"80 后"的动漫明星，机智勇敢的"葫芦娃"、惩恶扬善的"黑猫警长"是"80 后"群体闪亮的童年记忆，与年代特征的结合度较高。

再次，从被引用作品占整个作品的比例来看，被引用作品只是属于辅助、配角、从属的地位。从海报的外观来看，涉案海报突出的是电影男女主角，约占整个海报的 1/2，"葫芦娃""黑猫警长"两个形象与其他二十余个表明"80 后"时代特征的元素均作为背景使用，占海报面积较小，且比例大致相同，"葫芦娃""黑猫警长"的形象并未突出显示，属于适度的引用。

最后，从引用是否会对原告作品的正常使用造成影响及损害权利人的合法权益的角度来看，涉案海报的使用未对原告作品的正常使用造成影响，亦不会损害权利人的合法权益。涉案电影海报中所使用的包括"葫芦娃""黑猫警长"美术作品在内的时代元素均构成电影主角的背景图案，"葫芦娃""黑猫警长"美术作品与其他背景图案比例协调，符合背景图案的功能。涉案电影于2014年2月21日上映，公开上映时间为1周至2周，电影内容中并没有出现任何有关"葫芦娃""黑猫警长"的内容。除了海报中的使用，电影宣传文案中也未涉及"葫芦娃""黑猫警长"内容，不至于吸引对该两个美术作品有特定需求的受众，进而产生对两部作品具关联性的联想。因此，被告在海报中为辅助说明电影主角年龄特征使用"葫芦娃"和"黑猫警长"，与原告美影厂自身作品的正常使用没有冲突，在市场上未形成竞争关系，不会对原告作品的正常使用造成影响。同时，涉案电影海报引用"葫芦娃""黑猫警长"美术作品旨在说明"80后"这一代少年儿童的年代特征，此创作应属特殊情况，不具有普遍性，且涉案海报的影响也会逐步减小，因此不会不合理地损坏权利人的合法利益。

需要指出的是，《80后的独立宣言》是被告新影年代公司的产品，从海报配合电影市场推广的功能属性来看，在海报中使用涉案美术作品，确属商业性使用，但合理使用制度并不天然排斥商业性使用的可能，商业性使用只要符合法律规定的相关要件，仍然可以构成合理使用。"葫芦娃""黑猫警长"属于角色造型美术作品，除通过摄制动画片、电影等方式使用外，原告美影厂当然还可以通过自行或者许可他人使用的方式就该经典美术作品进行商业再开发，催生各类高附加值的周边衍生产品。这既是原告美影厂作为著作权人的权利，也是在振兴国产动漫市场进程中公众乐见其成之事，其权利有所克制的情形仅限于一些特殊情况。

综合本案情况，被告新影年代公司在电影海报中为辅助说明电影主角年龄段特征，适度引用原告业经发表的上述作品，未影响到原告对其作品的正常使用。另外，海报中虽未对"葫芦娃""黑猫警长"标注作者姓名，但未署名并不当然影响对作品合理使用的认定，仅可能涉及对作者署名权的侵犯。况且，指明作者姓名、作品名称的情形，还要结合作品使用方式的特性予以综合判断，不能一概而论。例如，在文字作品中引用他人文章中的表述时，应该通过脚注或尾注等方式予以注明。但是，根据海报等宣传画的作品属性和创作特点，也基于海报画面完整性要求，未在画作中标注被引用形象作者的做法亦属正常且合理。

　　综上，被告新影年代公司在电影海报中对"葫芦娃""黑猫警长"美术作品的使用属于《著作权法》所规定的合理使用。

三、适当引用中合理使用的认定不以引用是否必需为要件

　　有观点认为，本案涉案电影主角的年龄特征不需要通过涉案作品来说明，因为通过海报上的电影名称，电影主角的年龄特征一目了然，其使用目的不属于"为说明某一问题"。这实际上是混淆了合理使用制度中使用目的和使用的不同。根据我国《著作权法》第 22 条关于著作权合理使用的规定，有 4 种使用目的下的相应使用行为，不同的使用目的对应的是附着不同条件的使用行为，即"为个人学习、研究或者欣赏，使用他人已经发表的作品""为介绍、评论某一作品或者说明某一问题，在作品中适当引用他人已经发表的作品""为报道时事新闻，在报纸、期刊、广播电台、电视台等媒体中不可避免地再现或者引用已经发表的作品"及"为学校课堂教学或者科学研究，翻译或者少量复制已经发表的作品，供教学或者科研人员使用，但不得出版发行"。从中可以看出，"不可避免"针对的是"为报道时事新闻，在报纸、期刊、广播电台、电视台等媒体中不可避免地再现或者引用已经发表的作品"，而本案适用的是"为介绍、评论某一作品或者说明某一问题，在作品中适当引用他人已经发表的作品"，不以"不可避免"为前提。

　　本案中，"葫芦娃""黑猫警长"角色形象美术作品使用在涉案电影海报中属于转换性使用。所谓转换性使用，是指对原作品的使用不是单纯地再现原作品本身的文学、艺术价值，而是通过在新作品中的使用使原作品在被使用过程中具有了新的价值、功能或性质，从而改变了其原先的功能或目的。涉案电影海报中引用了包括"葫芦娃""黑猫警长"美术作品在内的一系列时代元素，呈现给受众的是关于 20 世纪 80 年代少年儿童日常生活经历的信息，不再是单纯地再现"葫芦娃""黑猫警长"美术作品的艺术美感和功能，而是反映曾经经历"葫芦娃""黑猫警长"动画片盛播的时代年龄特征，亦符合电影主角的年龄特征。因此，"葫芦娃""黑猫警长"美术作品被引用在电影海报中具有了新的价值、意义和功能，其原有的艺术价值功能发生了转换，而且转换性程度较高，属于我国《著作权法》规定的为了说明某一问题的情形。

第6章

CHAPTER6

计算机字库字体的著作权保护

计算机字库是一种非常特殊的现代科技产物，其字体来源于书法，但却可以通过工业复制，形成了一种独特的科技书法。随着北大方正公司主张字库及字库单字著作权系列纠纷的提起，计算机字库的著作权保护问题逐渐浮出水面，在法学界引起了有关字库及字体保护的广泛讨论。

对于计算机字库、字体是否属于著作权保护的对象、是否应该给予著作权保护，我国《著作权法》等相关知识产权法律法规并未作出明确规定，而国际社会则通过不同的立法模式给予了其不同程度的保护。由于《著作权法》等相关法律法规规定的模糊性，关于计算机字库汉字字体是否受到著作权法的保护，如何限制计算机字库汉字字体著作权的保护，如何判定计算机字库汉字字体著作权的侵权等一系列问题在司法实践方面以及法学理论方面都给出了不同的答案。

总的来看，计算机字库字体著作权纠纷案，既是字体厂商与字体使用企业的一场博弈，也是司法实务中法院利益平衡的一种考量。因而，加强计算机字库字体著作权保护的研究，涉及著作权乃至知识产权的基本理论问题，有利于知识产权研究从感性走向理性，从经验走向科学，有利于知识产权法律制度的健全稳定，有利于汉字字库字体产业稳定、长足的发展。

36. 计算机字体字库中字体原稿的著作权保护

——叶根友诉无锡肯德基有限公司侵犯字体著作权纠纷案[1]

案情概况

申请再审人（一审原告、二审上诉人）：叶根友。

委托代理人：高景贺，河南仟问律师事务所律师。

被申请人（一审被告、二审被上诉人）：无锡肯德基有限公司。

法定代表人：刘茂坤，该公司董事长。

委托代理人：张玉瑞，北京市科华律师事务所律师。

一审第三人：北京电通广告有限公司上海分公司。

负责人：江副元则，该公司总经理。

委托代理人：聂亮辉，上海市锦天城律师事务所律师。

2007 年 7 月，叶根友首创"叶根友毛笔行书字体"，2008 年 1 月 3 日，叶根友在江苏省版权局对"叶根友毛笔行书字体"进行了作品著作权登记，作品登记号为：作登字 10s-2008-f-005 号，作品类型为美术作品（书法），作者和著作权人均为叶根友。《作品登记表》后附有"叶根友毛笔行书字体"的全部内容，其中有"新""春""快""乐""虎""到""福"等字。作品通过网络下载时显示有版权声明：叶根友系列字体受版权保护，本字体只供交流学习使用，未经授权不得用于商业用途，如需购买使用权请联系我们。无锡肯德基有限公司未经叶根友许可，擅自在 72 家门店的多处招贴宣传资料中大量使用叶根友享有著作权的书法作品，侵害了其著作权，请求法院判令无锡肯德基有限公司停止侵权、赔礼道歉、赔偿经济损失。

一审判决后，叶根友不服，提起上诉，主要理由为：①叶根友行书字体的社会知名度高、制作难度大。②无锡肯德基有限公司侵权行为面广量大。无锡肯德基有限公司下属 72 家分支机构，每一家均存在侵权行为。③无锡肯德基有限公司使用的涉案招贴材料与其销售商品有较大的关联度。无锡肯德

---

[1] 案件来源：中华人民共和国最高人民法院 [2012] 民申字第 439 号民事裁定书。

基有限公司 72 家门店均大量张贴侵权作品，"福""新春快乐""虎到福到"字样的虎年春节窗帖构成了 72 家门店宣传及营造节日气氛的全部内容，无疑对吸引人流、增加销售起到了至关重要的作用。且作品使用时间是春节销售最旺季节，使用时间跨度为年前年后 2 个月。其 2009 年财务审计报告中显示其销售收入达 6.4 亿，现要求赔偿 30 万元仅占其销售额的 3‰。综上，请求依法改判无锡肯德基有限公司赔偿其经济损失 30 万元并承担本案诉讼费用。无锡肯德基有限公司上诉并答辩的主要内容：①一审判决将叶根友在新浪网上免费下载 3 年之久的字体软件仍然认定为收费字库，违反了《著作权法》《合同法》的规定。②一审判决在没有证据的情况下，认定无锡肯德基有限公司涉案使用的单字一定是来自于所谓收费软件，违反了《证据法》。③叶根友的书法原稿与涉案字体明显不同，一审判决强行认定二者属于"同一作品"违反事实。④一审判决认为叶根友毛笔行书字体作为软件只是原稿（书法）的数字化形式，他人使用其软件的单字，就是复制了书法作品，不符合本案的基本事实；原稿可以是书法作品，但书法作品原稿与字体软件不是同一作品，后者是新的演绎作品，有特定的权利范围。即使叶根友享有字体工具的权利，也不影响他人对字体工具产生之单字的正常使用。⑤本案中被告没有侵权的故意或过失，但一审判决以"实际使用者和受益者"为理由，责令上诉人承担直接赔偿责任的依据不足。⑥本案不涉及精神权利，一审判决上诉人登报道歉没有法律依据。综上，请求撤销一审判决，驳回叶根友全部诉讼请求，由其承担本案全部诉讼费用和上诉方支出的合理费用。

二审判决后，叶根友不服，向最高人民法院申请再审，最高人民法院驳了其再审申请。

裁判结果

江苏省无锡市中级人民法院依照《中华人民共和国著作权法》第 3 条第 4 项、第 46 条、第 48 条，《中华人民共和国民事诉讼法》第 128 条之规定，判决如下：

（1）无锡肯德基有限公司于判决生效后 30 日内在《扬子晚报》上刊登致歉声明（内容必须经一审法院审核）。所需费用由无锡肯德基有限公司承担；如逾期不履行，由一审法院选择媒体刊登判决书内容；

（2）无锡肯德基有限公司于判决生效后 10 日内赔偿叶根友经济损失 20 000

元及叶根友为制止侵权支付的合理费用 17 478 元；

（3）驳回叶根友的其他诉讼请求。

江苏省高级人民法院依照《中华人民共和国著作权法》第 46 条，《中华人民共和国民事诉讼法》第 153 条第 1 款第 2 项、第 3 项的规定，判决如下：

（1）撤销江苏省无锡市中级人民法院［2010］锡知民初字第 0078 号民事判决。

（2）驳回叶根友的诉讼请求。

最高人民法院依照《中华人民共和国民事诉讼法》第 181 条第 1 款之规定，裁定如下：

驳回叶根友的再审申请。

📖 案例评析

本案所涉及的法律问题主要是计算机字库字体中字体原稿的著作权保护问题。字体字库在创作过程中，离不开字体原稿，而叶根友独创叶根友字体系列，其书法艺术曾被国内外多家媒体采访与报道。叶根友毛笔行书字体是其经过几十年的反复研习、修炼，独立构思并独立创作完成的书法作品，是一字一字手写完成的。如何对其加以保护，在本案中意义重大。

一、计算机字体字库中的字体原稿属于美术作品

《著作权法》所称作品，是指文学、艺术和科学领域内具有独创性并能以某种有形形式复制的智力成果。美术作品则是指绘画、书法、雕塑等以线条、色彩或其他方式构成的有审美意义的平面或者立体的造型艺术作品。在我国，国家标准统一了汉字的基本字型、笔画。在国家标准的基础上，每个人都可以根据自己的审美，对每个汉字字符进行创作，此创作体现出了作者的独创性。

本案中，"叶根友毛笔行书字体"是由一个一个的汉字组成，这些汉字的排列本身不具有独创性，字体的独创性最终体现在每个汉字的字形上。"叶根友毛笔行书字体"中的每个汉字都是在国家标准的基础上创作形成，具有其独特的汉字风格、笔型和结构特点。为了保证"叶根友毛笔行书字体"在整体上能体现统一的风格并富有美感，作者不仅要保证其中的每个汉字和字符都具有美感，还需要不断修改和完善字形的间架结构，这一过程也必然要求

作者付出独创性劳动。因此，"叶根友毛笔行书字体"中的每个汉字均具有独创性，属于以线条构成的具有审美意义的书法美术作品，具备《著作权法》规定的美术作品的构成要件。

二、本案中无锡肯德基有限公司未侵犯叶根友字体原稿的著作权

我国《著作权法实施条例》第2条规定，《著作权法》所称作品，是指文学、艺术和科学领域内具有独创性并能以某种有形形式复制的智力成果。根据该定义，我国《著作权法》所保护的作品至少必须具备三个特征：第一，智力成果性。作品应当是人类智力活动的结果，是人类智慧的结晶，且属于文学、艺术和科学领域范畴。第二，可复制性。作品必须能以某种有形形式体现，并可复制。第三，独创性。此外，一种字体若要获得保护，首先必须能够被纳入《著作权法》所规定的"作品"范畴。我国学界、司法界已基本达成共识，汉字字体能否获得著作权保护，只能从《著作权法》第3条规定的"美术作品"类型加以分析判断。美术作品是指绘画、书法、雕塑以线条和色彩，或者其他的方式构成审美意义的平面或者立体的造型艺术作品。有学者指出，按照我国《著作权法》的一般规范，我们是将字体和单字作为美术作品来加以保护的。对于汉字的使用者而言，我们能够共享的汉字不是汉字字库。[1]

在确定了计算机字体与美术作品的种属关系之后，某一计算机字体要求获得著作权保护，就必须满足独创性和可复制性的要求。然而，那些尽管具有独创性但以实用性为主的客体，是被排除在著作权保护范围之外的，即实用性功能对著作权客体具有"内在限定功能"。计算机字体实际包含两部分：一是字体内容，即具有统一外观风格的单字字型的集合；二是字库软件，是字体内容的数字化集成载体。字体内容由一系列具有统一外观风格的单字组成，汉字单字字符虽然结构固定，但决定字体风格的笔画形状、笔画比例、部件分布和字符比例等外观风格因素具有很大的创造空间，只要外观风格与已有字体风格存在较大区别，应被视为具有独创性的创造性成果。字体中的单字从符号形态上看，具有美术作品的特征，应当受到美术作品类型的知识产权保护，由一系列单字组成的字体是具有相似特征的同族美术作品。字体

---

〔1〕 陶鑫良："中文印刷字体单字与字库软件的著作权辨析"，载《知识产权》2011年第5期。

集合整体不应被视为汇编作品，因为构成汇编作品的关键在于对组成部分的选择和编排，而字库必须遵照国家标准，不能选择和编排，所以不可能构成具独特性的汇编作品。这也说明字体集合的独创性不在于编排方式，而在于构成部分——单字外观的独创性。字库软件是将包含某种特定风格的字体转换成代码被存储、调用，应作为计算机软件加以保护。[1]

　　本案中，叶根友主张无锡肯德基有限公司复制了其行书字体原稿中的七个字，并认为其行书字库也是来源于字体原稿，故无锡肯德基有限公司复制其行书字体原稿或者使用字库中的字均属于侵犯其行书字体原稿著作权的行为。而无锡肯德基有限公司则主张其使用的字体并非来源于叶根友行书字体原稿，而是来源于叶根友行书字库，字库属于软件，应受软件著作权的保护。如前所述，叶根友行书字体原稿与叶根友行书字库是不同作品；无锡肯德基有限公司使用的七个字来源于叶根友行书字库，而非来源于叶根友行书字体原稿，并未侵犯叶根友行书字体原稿的著作权。理由如下：一是叶根友行书字库经过对其书写的汉字进行拍摄，然后使用 Photoshop 软件进行处理，最后嵌入字库编辑工具。最终形成的叶根友行书字库是一种 TTF 文件，这一文件不是对字体原稿的简单复制，而是一种新的表达。该 TTF 字库在满足独创性要求的前提下，本身可以获得《著作权法》的保护。因此，叶根友行书字体原稿与叶根友行书字库是不同作品。二是无锡肯德基有限公司招贴材料中使用的"新""春""快""乐""虎""到""福"等七个字与叶根友行书字体原稿存在一定区别，而该七个字与叶根友行书字体工具中的七个字相同。叶根友明确表示其并无行书字体原稿公开发表以及无锡肯德基有限公司和电通上海分公司有机会接触到其行书字体原稿的证据。相反，电通上海分公司明确表示，含有涉案七个字的招贴系其员工使用新浪网上免费下载的叶根友行书字库制作完成。

---

　　[1]　邓章应："汉字字体知识产权如何保护"，载《光明日报》2012 年 2 月 19 日。

37. 计算机字体字库中字体的著作权保护
——北大方正公司与广州宝洁公司"飘柔"字体侵权纠纷案*

案情概况

上诉人（原审原告）：北京北大方正电子有限公司，住所地：北京市海淀区。

法定代表人：刘晓昆，董事长。

委托代理人：陶鑫良，北京市大成律师事务所律师。

委托代理人：潘娟娟，北京市大成律师事务所律师。

被上诉人（原审被告）：广州宝洁有限公司，住所地：广东省广州市经济技术开发区。

法定代表人：施文圣（Shannan Stevenson），大中华区总裁。

委托代理人：周林，男，中国社会科学研究院知识产权研究中心研究员。

委托代理人：张玉瑞，北京市科华律师事务所律师。

被上诉人（原审被告）：北京家乐福商业有限公司，住所地：北京市丰台区。

法定代表：孟卫东，董事长。

委托代理人：牛琨，北京市天睿律师事务所律师。

委托代理人：万迎军，北京市天睿律师事务所律师。

北京北大方正电子有限公司（简称"方正电子"）是我国最早从事字库开发的专业厂家，长期致力于多种文字字库字体的研究开发，现已成为全球最大的中文字库产品供应商。2000 年 8 月，倩体字字库字体首次发表，随后申请了著作权登记。2008 年 5 月，方正电子发现广州宝洁有限公司（简称"宝洁公司"）在其生产的"飘柔"洗发水等多款产品的包装、标识中使用了方正电子的倩体字"飘柔"。方正电子认为，倩体"飘柔"二字属于中国《著作权法》所保护的美术作品，方正电子发现宝洁公司在未经其许可的情况

---

* 案件来源：北京市第一中级人民法院［2011］一中民终字第 5969 号民事判决书。

下，擅自在其产品上使用了方正电子享有著作权的倩体"飘柔"二字，构成对其复制权、发行权的侵犯。北京家乐福商业有限公司（简称"家乐福公司"）销售使用侵权字体的产品，亦应承担侵权责任。据此，请求法院依法保护其合法权益。一审法院驳回了方正电子的全部诉讼请求。

一审判决后，方正电子不服，提起上诉，其上诉称：①被上诉人宝洁公司未经授权在被控侵权产品包装上擅自使用涉案倩体字库中"飘柔"二字的行为构成对上诉人复制权、发行权的侵犯，被上诉人家乐福公司销售被控侵权产品的行为构成对上诉人发行权的侵犯。②原审判决未针对涉案倩体字库中的"飘柔"二字是否构成美术作品予以审理，因此原审法院存在漏审情况。③原审判决认定事实错误、适用法律不当。综上，请求二审法院撤销原审判决，判决支持上诉人原审的全部诉讼请求。被上诉人宝洁公司及家乐福公司仍坚持其在原审程序中的答辩意见，并认为原审判决认定事实清楚，适用法律正确，请求二审法院依法予以维持。

裁判结果

北京市海淀区人民法院依照《中华人民共和国著作权法实施条例》第 4 条第 8 项之规定，判决如下：

驳回原告的全部诉讼请求。

北京市第一中级人民法院依照《中华人民共和国民事诉讼法》第 153 条第 1 款第 1 项之规定，判决如下：

驳回上诉，维持原判。

案例评析

本案所涉及的法律问题主要是计算机字库中的单字是否是我国《著作权法》保护的美术作品的范畴，如何对其进行保护。法院认为，方正倩体字库字体具有一定的独创性，符合我国《著作权法》规定的美术作品的要求，可以进行整体性保护。但对于字库中的单字，不能作为美术作品给予权利保护。

一、著作权法关于美术作品的规定

美术作品是我国《著作权法》规定的一类作品，根据《著作权法实施条例》的规定，美术作品是指是指绘画、书法、雕塑等以线条、色彩或者其他方式构成的有审美意义的平面或者立体的造型艺术作品。

美术作品通常包括绘画、书法、雕塑、工艺美术等。具体来说：①绘画指用笔、刀等工具，墨、颜料等物质材料，在纸、木板、纺织物或墙壁等平面上，通过构图、造型和色彩等表现手段，创造可视的形象。就使用材料和技术的不同，可分为帛画、水墨画、壁画。油画、水彩画、版画、素描等；就题材内容的不同，可分为人物画、风景画、静物画、动物画等；就画面形式不同，可分为单幅画、组画、连环画等。②雕塑是指用雕、刻、塑三种方法，以各种可塑的或可雕可刻的材料，制作出各种具有实在体积的形象，通常分为雕刻和塑造。③书法一般指用毛笔字书写汉字的艺术。④工艺美术通常分为两类：一类是陈设工艺，即专供陈设欣赏用的工艺美术品，如象牙雕刻、泥塑等；另一类是日用工艺，即经过装饰加工可供人们日常生活用的实用艺术品，如家具工艺、陶瓷工艺中的碗、杯等。需要指出的是，《著作权法》所保护的工艺美术，只保护工艺美术品中具有创造性的造型或美术图案，不保护生产过程中的那一部分工艺；只保护实用艺术品中所具有创造性的造型艺术，不保护日常生活使用中的那一部分实用功能。首创的新工艺，首创的具有实用功能的实用品，可以受到其他有关法律的保护。

在上述几种美术作品中，绘画、雕塑的审美功能性较强，原创性和选择度较大，比如针对同一处景色，通过绘画展现，可以有多种表达的选择，不同作者的作品之间差异较大。但对于写法受到一定局限的汉字来说，情况有所不同。汉字由结构和笔画构成，是具有实用价值的工具，其主要的功能为传情达意，视觉审美意义是其次要功能。每个字的结构和笔画本身是固定的，不能进行再创造或者改变，否则会成为通常意义上的"错字"。将汉字作为著作权法意义上的美术作品进行保护，必须要求在完全相同的笔画和结构的基础上，其字体的形态具有一定的独创性。所谓独创性，包括原创和增加要素进行演绎两种情形，对于原创作品的独创性，无需过高要求，但在已有的汉字基础上增加要素，进行演绎，改变已有形态，此种方式的独创性要求不能过低，必须形成鲜明、独特的风格，能明显区别于其他字体，否则以对于一般作品所谓的"实质性相似"的标准进行考量和认定侵权，对于基本结构和笔画相同的汉字来说，保护范围过宽。

二、本案计算机字库中的单字不能作为美术作品保护

本案中，宝洁公司在涉案的 24 款产品中，使用了方正兰亭字库中的倩体字"飘柔"作为产品标识。方正电子认为，上述二字为两个独立的在公有领域字体基础上的演绎作品，其享有美术作品的著作权，宝洁公司对上述二字的使用构成侵权。

方正公司自行研制的倩体计算机字体及对应的字库软件是具有一定独创性的文字数字化表现形式的集合。方正电子从齐立处取得其设计的倩体字体的权利，综合具有独创性的汉字风格和笔形特点等因素，通过设计字稿、扫描、数字化拟合、人工修字、整合成库、对设计的字稿设定坐标数据和指令程序等处理方式和步骤，形成由统一风格和笔形规范构成的具有一定独创性的整体字库内容，作为字库软件光盘销售时亦以公司名义署名。方正电子对此投入了智力创作，使具有审美意义的字体集合具有一定的独创性，符合我国《著作权法》规定的美术作品的特征，应受到《著作权法》保护，方正电子对倩体字字库字体内容享有著作权。然而，就汉字而言，其作用主要在于作为沟通符号而具有实用性和功能性。因结构和笔画不可改变，单字所体现的风格有其局限性，故单字能够形成区别于其他字体的独特风格较为困难。因字库字体需要整体风格的协调统一，其中单字的独特风格更受到了较大限制，与书法家单独书写的极具个人风格的单字书法作品相比，无法相提并论，也不同于那些经过单独设计的风格极为特殊的单字。但当单字的集合作为字库整体使用时，整套汉字风格协调统一，其显著性和识别性可与其他字库字体产生较大区别，较易达到《著作权法》意义上的独创性高度。对于此种字库作品，他人针对字库字体整体性复制使用，尤其是与软件的复制或嵌入相配合的使用行为，可以认定侵权成立。但将其中的每一个单字都确认具有独创性，享有美术作品的著作权，就会存在诸多无法解释的矛盾之处，也使判断标准难以确定。如对于同一个倩体字，粗、中、细三者之间的差别并不足以达到三者都具有独创性，达到成为三个美术作品的程度；对于简单的单字，与其他字体中同一单字在字体意义上并无明显区别；同一字体中的不同单字之间风格统一，认定每个单字构成都具有独创性的作品，导致其相互否定独创性；对字库中的某一单字稍作改变，即认为形成新的美术作品，而某些临摹或书写的字体与字库中的单字相近，又认为构成实质性相似，其间界限模

糊，难以判断。因此，无论达到何种审美意义的高度，字库字体始终带有工业产品的属性，是执行既定设计规则的结果，受到保护的应当是其整体性的独特风格和数字化表现形式。对于字库字体，受到约束的使用方式应当是整体性的使用和相同的数据描述，其中的单字无法上升到美术作品的高度。从社会对于汉字使用的效果来讲，如果认定字库中的每一个单字构成美术作品，使用的单字与某个稍有特点的字库中的单字相近，就可能因为实质性相似构成侵权，必然影响汉字作为语言符号的功能性，使社会公众无从选择，难以判断和承受自己行为的后果，也会对汉字这一文化符号的正常使用和发展构成障碍，不符合《著作权法》保护作品独创性的初衷。

基于以上原因，方正倩体字库字体具有一定的独创性，符合我国《著作权法》规定的美术作品的要求，可以进行整体性保护；但对于字库中的单字，不能作为美术作品给予权利保护。方正电子以侵犯倩体字库中"飘柔"二字的美术作品著作权为由，要求认定最终用户宝洁公司的使用行为侵权，没有法律依据。

38. 计算机字体字库中字库的法律属性
——北大方正电子有限公司诉暴雪娱乐股份有限公司等侵犯著作权纠纷案[1]

📄 **案情概况**

上诉人（一审原告）：北京北大方正电子有限公司。

法定代表人：刘晓昆，该公司董事长。

委托代理人：李琦，北京市天元律师事务所律师。

委托代理人：余明旭，北京市天元律师事务所律师。

上诉人（一审被告）：暴雪娱乐股份有限公司（Blizzard Entertainment Inc.）。

法定代表人：麦克·莫汉（Michael Morhama），该公司首席执行官。

---

〔1〕 案件来源：最高人民法院〔2010〕民三终字第 6 号民事判决书。

法定代表人：保罗·萨姆斯（Paul Sams），该公司首席运营官。

委托代理人：马晓刚，北京市浩天信和律师事务所律师。

委托代理人：朱玉子，北京市浩天信和律师事务所律师。

上诉人（一审被告）：上海第九城市信息技术有限公司。

法定代表人：××，该公司董事长。

委托代理人：马晓刚，北京市浩天信和律师事务所律师。

委托代理人：朱玉子，北京市浩天信和律师事务所律师。

被上诉人（一审被告）：九城互动信息技术（上海）有限公司。

法定代表人：××，该公司董事长。

委托代理人：马晓刚，北京市浩天信和律师事务所律师。

委托代理人：李琳，北京市浩天信和律师事务所实习律师。

被上诉人（一审被告）：北京情文图书有限公司。

法定代表人：郭雪青，该公司总经理。

委托代理人：宋刚，北京市广银律师事务所律师。

北京北大方正电子有限公司（简称"北大方正公司"）是方正兰亭字库 V5.0 版中的方正北魏楷体 GBK 等 5 款方正字体的权利人。暴雪娱乐股份有限公司（简称"暴雪公司"）是网络游戏《魔兽世界》的版权所有人，其授权上海第九城市信息技术有限公司（简称"第九城市公司"）对网络游戏进行汉化，并由第九城市公司在我国大陆地区运营该网络游戏。九城互动信息技术（上海）有限公司（简称"九城互动公司"）从第九城市公司经营该游戏的收入中进行分成并作为 2005 年、2006 年该游戏的会计核算主体。北京情文图书有限公司是第九城市公司授权的网络游戏《魔兽世界》客户端软件光盘经销商之一。北大方正公司认为暴雪公司等在该游戏客户端中，未经许可复制、安装了北大方正公司享有著作权的 5 款字体；在该游戏运行过程中，各种游戏界面的中文文字分别使用了 5 款字体。前述行为侵犯了北大方正公司对 5 款字体的计算机软件著作权以及其中每个汉字的美术作品著作权，向北京市高级人民法院提起诉讼，请求判令其停止侵权、赔礼道歉并赔偿经济损失。

一审判决后，北大方正公司、暴雪公司、第九城市公司均不服一审判决，提起上诉。北大方正公司上诉称：①涉案方正字库属于计算机软件，北大方正公司依法享有计算机软件著作权，一审判决对方正字库未按照计算机软件给予保护，属认定事实不清，适用法律错误。②涉案方正字库的程序和字体均构成著作权法意义上的作品，均应依法得到保护。一审判决认为字库程序与字体"是同一客体的两种表达，在著作权法上应作为一个作品给予保护"是错误的。③暴雪公司、九城互动公司、第九城市公司、情文图书公司侵犯了北大方正公司对方正字库的署名权，应依法承担赔礼道歉的法律责任。④一审判决认定九城互动公司、第九城市公司购买了方正兰亭字库并对游戏进行汉化没有事实根据。⑤北大方正公司已经提供证据证明涉案每款方正字库的价格，亦提供证据证明暴雪公司等销售网络游戏《魔兽世界》客户端软件的数量，一审判决"酌情确定赔偿额"属于认定事实和适用法律严重错误。请求：①依法判决撤销一审判决第3项、第4项；②依法改判暴雪公司、九城互动公司、第九城市公司、情文图书公司在《法制日报》上公开赔礼道歉；③依法改判暴雪公司、九城互动公司、第九城市公司、情文图书公司连带赔偿北大方正公司经济损失人民币4.08亿元；④依法改判暴雪公司、九城互动公司、第九城市公司、情文图书公司共同承担北大方正公司为制止侵权而支出的合理费用人民币980 110元；⑤依法判令本案一审、二审全部诉讼费用由四被上诉人共同负担。

暴雪公司上诉称：①涉案方正兰亭字库中的字型并非《著作权法》及《著作权法实施条例》保护的美术作品（一审法院认定涉案字库亦不属于计算机软件）。因此，涉案字库和字型均不是《著作权法》和其他相关法律保护的作品。北大方正公司现有证据不足以证明其对涉案游戏中使用的字型享有著作权。②涉案游戏中使用的字型有合法来源。③一审法院酌情确定的赔偿数额将近法定最高赔偿额的3倍，没有任何事实和法律依据。请求本院撤销一审判决，依法改判。第九城市公司上诉称：一审判决没有事实和法律依据。首先，涉案方正兰亭字库中的字型绝大多数是通过无生命、无思维的"函数"生成，而并非"人"的创作，因此，涉案字型不能成为《著作权法》及其实施条例保护的美术作品。此外，涉案字库并非计算机软件作品。因此，涉案字库和字型均非"作品"。其次，其使用的是合法购买的"方正兰亭46款GBK字库"。最后，一审法院酌情确定的赔偿数额将近法定最高赔偿额的3倍，没有任何事实和法律依据。请求本院撤销一审判决，依法改判。

[↗] **裁判结果**

北京市高级人民法院依据《著作权法》第47条第1项、第48条，《计算机软件保护条例》第2条、第3条第1项，《信息网络传播权保护条例》第18条第1项的规定，判决：

（1）自判决生效之日起，暴雪娱乐股份有限公司、九城互动信息技术（上海）有限公司、上海第九城市信息技术有限公司立即停止销售、通过计算机网络提供包含有方正兰亭字库V5.0版中的方正北魏楷体GBK、方正细黑-GBK、方正剪纸GBK，方正兰亭字库V3.0版中的方正隶变GBK，方正兰亭字库V1.0版中的方正隶变GB字体的计算机网络游戏《魔兽世界》客户端软件和相关补丁程序；

（2）自判决生效之日起，北京情文图书有限公司立即停止销售包含有方正兰亭字库V5.0版中的方正北魏楷体GBK、方正细黑-GBK、方正剪纸GBK，方正兰亭字库V3.0版中的方正隶变GBK，方正兰亭字库V1.0版中的方正隶变GB字体的计算机网络游戏《魔兽世界》客户端软件光盘；

（3）自判决生效之日起10日内，暴雪娱乐股份有限公司、九城互动信息技术（上海）有限公司、上海第九城市信息技术有限公司赔偿北京北大方正电子有限公司经济损失140万元及诉讼合理支出5万元；

（4）驳回北京北大方正电子有限公司的其他诉讼请求。

最高人民法院依据《中华人民共和国著作权法》第3条第8项、第48条第2款；《中华人民共和国著作权法实施条例》第2条、第3条第1项；《计算机软件保护条例》第2条，第3条，第24条第1项、第2项；《中华人民共和国民事诉讼法》第153条第1款第2项、第3项、第158条的规定，判决如下：

（1）维持北京市高级人民法院［2007］高民初字第1108号判决第2项、第4项；

（2）撤销北京市高级人民法院［2007］高民初字第1108号判决第1项；

（3）变更北京市高级人民法院［2007］高民初字第1108号判决第3项为：自本判决生效之日起10日内，暴雪娱乐股份有限公司、九城互动信息技术（上海）有限公司、上海第九城市信息技术有限公司赔偿北京北大方正电子有限公司经济损失人民币200万元及诉讼合理支出人民币5万元。

⬈ **案例评析**

本案所涉及的法律问题主要是计算机中文字库的法律属性的认定问题。在印刷字体产生、应用的几百年间，对印刷字体的保护一直未上升到法律的层面，其原因主要是印刷字体市场准入门槛较高，非法复制和盗版成本较大，"搭便车"行为在字体行业并不普遍。随着我国经济的持续增长，智能终端、广告设计、企业商业宣传、网络信息等产业发展迅猛，对不同字体的使用和需求也越来越多，计算机字库类的知识产权纠纷案件也随之而来。字库行业作为文化产业的重要构成，加强保护力度也成了政府部门工作的重点目标。

一、计算机字库的保护模式

所谓字库，是指外文字体、中文字体以及相关字符的电子文字字体集合库。字库被广泛应用于计算机、网络及相关电子产品。字库是传统的字体美术、书法与现代 IT 技术相结合的产物，是字体在信息化时代新的表现形式。[1] 关于字库的著作权保护，不同国家的法律规定和司法实践不尽相同。在英国、德国等欧洲国家，具有原创性的字体一般被视为艺术作品而享有著作权，字库软件也作为计算机程序得到著作权保护。根据现行《美国 1976 年版权法》，字体作品不受著作权保护，但字库软件作为计算机软件受著作权保护。在我国，对于计算机字库的保护模式，主要有《著作权法》保护模式和《反不正当竞争法》保护模式两种。[2]

在《著作权法》保护模式下，主要是将数据库视为汇编作品。对于汇编作品的保护，早在《伯尔尼公约》中即有规定。《伯尔尼公约》第 2 条第 5 款规定："文字或艺术作品的汇编，由于对材料的选择和编排构成智力创作的，应当得到保护。" 由于技术的迅猛发展，出现了机器可读形式的数据库。因此在 Trips 协定中对于机器可读形式的数据库，规定只要内容的选择或者编排体现独创性，即可受到《著作权法》的保护。[3]《美国著作权法》第 101 条规定，汇编作品是指以收集并整合已有素材或资料为形式的作品，这些素材和

---

〔1〕 冯刚："中文字库中单字的著作权保护问题研究"，载《中国版权》2016 年第 2 期。
〔2〕 张平、程艳："计算机字体及字库的法律保护"，载《电子知识产权》2013 年第 5 期。
〔3〕 黄武双等著译：《计算机字体与字库的法律保护》，法律出版社 2011 年版，第 97~101 页。

材料必须经由选取、整理、编排，且就整体而言具有独创性的作品。我国于 2011 年修改了《著作权法》，借鉴以上国际公约和其他国家的立法，在第 14 条中规定了对于汇编作品的保护。根据该条的规定，我国将汇编作品的保护条件设定为对内容的选择和编排体现独创性。对于字库而言，如果仅仅体现为将单个的字体按照一定的编码模式进行编排，很难体现出我国《著作权法》对汇编作品保护所规定的独创性要件。因此，在这个意义上，字库并不构成我国《著作权法》保护的汇编作品。[1]

　　在我国，字库作为数据的汇编，在材料的选择和编排上很难体现出《著作权法》所要求的独创性要件，但考虑到字库制作者对于字库产品所投入的巨大资金，权利人可以凭借《反不正当竞争法》第 2 条一般条款中的规定寻求法律的保护，追究他人从事的不正当竞争行为。

二、本案计算机字库法律属性的认定

　　根据《著作权法实施条例》第 2 条的规定，著作权法意义上的作品是指文学、艺术和科学领域内具有独创性并能以某种有形形式复制的智力成果。在本案中，诉争的字库由方正兰亭字库 V5.0 版中的方正北魏楷体 GBK、方正细黑-GBK、方正剪纸 GBK，方正兰亭字库 V3.0 版中的方正隶变 GBK，方正兰亭字库 V1.0 版中的方正隶变 GB 字体共 5 款字体组成。字库的制作通常经过字型设计（字稿创作）、扫描、数值拟合、人工修字、拼字、质检、符号库搭配、使用 Truetype 指令，编码成 Truetype 字库、测试等步骤。北大方正公司在字库具体制作过程，其字库中相关字体是在字型原稿的基础上，由其制作人员在把握原创风格的基础上，按照印刷字的组字规律，将原创的部件衍生成一套完整的印刷字库后，再进行人工调整后使用 Truetype 指令，将设计好的字型用特定的数字函数描述其字体轮廓外形并用相应的控制指令对字型进行相应的精细调整后，编码成 Truetype 字库。该字库中一般包含构成字形轮廓动态构建指令集、字形轮廓动态调整指令集等。其中构成字形轮廓动态构建指令集的主要功能是选取字型中的点并以特定方式连线构成汉字的字形轮廓；字形轮廓动态调整指令集的功能主要是实现汉字在不同环境（如不同分

---

　　[1]　蒋玉宏、贾无志："计算机字库的著作权保护及侵权判定"，载《电子知识产权》2008 年第 9 期。

辨率下）的完整及美观，在程序设定的条件下对汉字的字型轮廓进行动态调整，以便在各种分辨率的情况下均能够清晰的显示每一个汉字。根据其字库制作过程，由于印刷字库中的字体字型是由字型原稿经数字化处理后和由人工或计算机根据字型原稿的风格结合汉字组合规律拼合而成，其字库中的每个汉字的字型与其字形原稿并不具有——对应关系，亦不是字型原稿的数字化，且在数量上也远远多于其字型原稿。印刷字库经编码形成计算机字库后，其组成部分的每个汉字不再以汉字字型图像的形式存在，而是以相应的坐标数据和相应的函数算法存在。在输出时经特定的指令及软件调用、解释后，还原为相应的字型图像。

计算机软件是《著作权法》规定的一种受著作权法保护的作品，根据《计算机软件保护条例》第 2 条之规定，计算机软件是指计算机程序及有关文档。该条例第 3 条第 1 项规定，计算机程序是指为了得到某种结果而可以由计算机等具有信息处理能力的装置执行的代码化指令序列，或者可以被自动转换成代码化指令序列的符号指令序列或者符号化语句序列。本案中，诉争字库中的字体文件的功能是支持相关字体字型的显示和输出，其内容是字型轮廓构建指令及相关数据与字型轮廓动态调整数据指令代码的结合，其经特定软件调用后产生运行结果，属于计算机系统软件的一种，应当认定其是为了得到可在计算机及相关电子设备的输出装置中显示相关字体字型而制作的由计算机执行的代码化指令序列，因此其属于《计算机软件保护条例》第 3 条第 1 项规定的计算机程序，属于著作权法意义上的作品。

第7章

CHAPTER7

著作权侵权与不正当竞争

　　不正当竞争行为，是指经营者在市场竞争中采取非法的或者有悖于公认的商业道德的手段和方式，与其他经营者相竞争的行为。在现实生活中，不正当竞争行为五花八门、形形色色、举不胜举。不正当竞争行为不仅仅损害其他同业竞争者的利益，同时还危害公平的市场竞争秩序；不仅仅存在于有形商品市场的竞争中，而且也大量出现在无形的知识产品市场的竞争中。著作权等知识产权作为一种独占性的权利，其目的是赋予权利人的合法专有垄断权，认可权利人通过自己的智力创造活动而获得的垄断地位和竞争优势，并将这种竞争优势视为公平市场竞争秩序的必然结果。《著作权法》等知识产权法律法规通过权利赋予的方式，来防止他人对属于权利人的知识财产进行不正当利用，这与反不正当竞争法的立法目的是一致的。

　　事实上，仅仅依靠《著作权法》等知识产权法律制度来保护著作权等知识产权是远远不够的。因为知识产权法律作为一种赋权法，从对智力成果设定的赋权条件来看，门槛很高。如《著作权法》要求受保护客体至少具备"独创性"。因此，其将不能保护那些由智力劳动者付出了相当智力创造性劳动所获得的但不能或者没有获得知识产权的知识产品。因此，为了保护知识产品创造人的利益，维护公平的竞争秩序，需要反不正当竞争法为知识产品提供附加保护。[1] 而反不正当竞争法的作用机制、法技术特点对著作权等《著作权法》等知识产权法律法规具有直接的补充作用。它通过具体禁止性行为列举与一般性原则条款相结合，兼具具体与抽象，其保护范围不仅包括获得著作权保护的作品，还包括未获得著作权保护的经营性成果、智力性劳动成果等等。

---

〔1〕 郑成思："反不正当竞争——知识产权的附加保护"，载《知识产权》2003 年第 5 期。

39. 同人作品的商业利用构成不正当竞争
——金庸诉江南侵权纠纷案[1]

[↗] **案情概况**

原告：查良镛（CHA，Louis）（笔名：金庸），男。

委托诉讼代理人：刘俊，广东显德律师事务所律师。

委托诉讼代理人：牟晋军，北京市盈科（广州）律师事务所律师。

被告：杨治（笔名：江南），男，汉族。

委托诉讼代理人：胡科，北京市竞天公诚律师事务所律师。

委托诉讼代理人：刘悦，北京市竞天公诚律师事务所律师。

被告：北京联合出版有限责任公司，住所地：北京市西城区。

法定代表人：唐学雷，董事长。

委托诉讼代理人：孙静，北京观韬中茂律师事务所律师。

委托诉讼代理人：刘兴彬，北京观韬中茂（广州）律师事务所律师。

被告：北京精典博维文化传媒有限公司，住所地：北京市西城区。

法定代表人：陈黎明，执行董事长。

委托诉讼代理人：梁朝玉，北京观韬中茂律师事务所律师。

委托诉讼代理人：刘兴彬，北京观韬中茂（广州）律师事务所律师。

被告：广州购书中心有限公司，住所地：广州市天河区。

法定代表人：白宜纳，总经埋。

委托诉讼代理人：何辉，广东科德律师事务所律师。

委托诉讼代理人：钟伟，广东科德律师事务所律师。

原告系海内外知名作家，于 1955 年至 1972 年间，创作并发表了《射雕英雄传》《天龙八部》《笑傲江湖》《神雕侠侣》等 15 部武侠小说，汇集为

---

〔1〕　案件来源：广东省广州市天河区人民法院 ［2016］粤 0106 民初 12068 号民事判决书。

《金庸作品集》，在海内外出版发行。该系列作品从 20 世纪 80 年代起，即以各种翻版盗印本进入中国大陆地区。1994 年后，经原告授权，生活·读书·新知三联书店、广州出版社和花城出版社等多家出版机构先后出版了多个版本的《金庸作品集》，累计销售量逾 3 亿册。同时，《金庸作品集》入选中小学教材，进入国家农家书屋工程，在全国国民阅读调查中位列国民最喜爱图书之一，并不断被改编为影视作品、有声作品等形式，在包括中国大陆在内的华语地区广泛传播，被誉为"华人世界的共同语言"。2015 年，原告发现在中国大陆地区出版发行的小说《此间的少年》所描写人物的名称均来源于原告作品《射雕英雄传》《天龙八部》《笑傲江湖》《神雕侠侣》等，且人物间的相互关系、人物的性格特征及故事情节与原告上述作品实质性相似。该小说由被告杨治署名"江南"发表，由被告北京联合出版有限责任公司（简称"联合出版公司"）出版统筹、被告北京精典博维文化传媒有限公司（简称"精典博维公司"）出版发行，在中国大陆地区大量销售，该小说中对于出版发行的数量自称"迄今 5 个版本，110 万册"。原告认为，原告作品中的人物名称、人物关系、人物形象、故事情节等元素，均系原告所独创，受《著作权法》的保护。被告杨治未经原告许可，照搬原告作品中的经典人物，包括人物名称、人物关系、性格特征等，在不同环境下量身定做与原告作品相似的情节，对原告作品进行改编后不标明改编来源，擅自篡改原告作品人物形象，严重侵害了原告的改编权、署名权、保护作品完整权及应当由著作权人享有的其他权利（角色商业化使用权）。同时，原告作品拥有很高的知名度，作品中人物名称、人物关系等独创性元素为广大读者耳熟能详，被告杨治通过盗用上述独创性元素吸引读者、谋取竞争优势，获利巨大，违背了诚实信用原则，严重妨害了原告对原创作品的利用，构成不正当竞争。2016 年 10 月，金庸以网络文学作品《此间的少年》著作权侵权为由，将作者杨治（江南）及联合出版公司、精典博维公司、广州购书中心有限公司（简称"广州购书中心"）告上法庭。要求：①被告杨治、联合出版公司、精典博维公司、广州购书中心立即停止侵犯原告著作权及不正当竞争的行为，停止复制、发行小说《此间的少年》，封存并销毁库存图书；②被告杨治（江南）、联合出版公司、精典博维公司在《中国新闻出版广电报》、新浪网刊登经法院审核的致歉声明，向原告公开赔礼道歉，消除影响；③被告杨治赔偿原告经济损失人民币 500 万元，被告联合出版公司、精典博维公司就策划出版《此间的少年》十周年纪念版所造成的经济损失人民币 1 003 420 元承担连带责任；④被告杨治、联合出版公司、精典博维公司、广州购书中心共同赔偿原告为维权所支出的合理费用人民币 20 万元。

被告杨治辩称：①对《此间的少年》小说类型、主题、主要人物、主要情节、创作灵感和大众评价进行了说明。②《此间的少年》没有侵犯原告的改编权。③《此间的少年》并未侵犯原告的署名权、保护作品完整权。④被告在《此间的少年》中对原告作品要素的使用应属合理使用。⑤原告另主张角色商业化使用权，这一主张在《著作权法》的条文、立法资料、司法实践中均没有任何依据。⑥被告创作和发表《此间的少年》，并未违背诚实信用原则和公认的商业道德，亦未对原告的合法权益造成实际损害，不构成不正当竞争行为。⑦原告所主张的责任承担方式没有合理依据。⑧本案中原告侵权损害赔偿请求的大部分已经超过诉讼时效。综上，原告的主张没有事实和法律依据，请求法院依法驳回原告的全部诉讼请求。被告联合出版公司、精典博维公司共同辩称：①两被告未侵犯原告的著作权，也不构成不正当竞争，理由与杨治的答辩意见相同。②两被告对《此间的少年》作品的来源、署名已尽到合理的审查义务，作品的出版获得了作者合法授权，两被告不应承担赔偿责任。被告广州购书中心辩称：①对于《此间的少年》作品是否构成著作权侵权及不正当竞争的答辩意见与杨治的答辩意见一致。②被告在采购和销售环节不违法，且已尽注意义务，无任何过错，不符合法律规定的侵权要件，不存在任何侵权行为。③被告不构成不正当竞争。被告的行为不存在违反自愿、平等、公平、诚实信用的原则，也不存在违反公认的商业道德的行为。④原告向被告主张与其他被告共同承担 20 万元的赔偿责任没有事实和法律依据。被告仅是涉案作品的销售者，不是《著作权法》第 47 条、第 48 条规定的侵权主体，不应承担赔偿责任，原告主张作为无过错方的销售方承担维权合理费用无法律依据，且被告不构成不正当竞争，无须承担维权合理费用。综上所述，请求法院驳回原告针对被告的全部诉讼请求。

[↗] 裁判结果

广东省广州市天河区人民法院依照《中华人民共和国侵权责任法》第 9 条、第 15 条，《中华人民共和国反不正当竞争法（2017 修订）》第 2 条、第 17 条，《中华人民共和国民事诉讼法》第 64 条第 1 款之规定，经本院审判委员会讨论决定，判决如下：

（1）被告杨治（江南）、北京联合出版有限责任公司、北京精典博维文化传媒有限公司于本判决发生法律效力之日立即停止涉案不正当竞争行为，停止出版发行小说《此间的少年》并销毁库存书籍；

（2）被告杨治（江南）、北京联合出版有限责任公司、北京精典博维文化传媒有限公司于本判决发生法律效力之日起 15 日内在《中国新闻出版广电报》中缝以外的版面刊登声明，同时在新浪新闻（news. sina. com. cn）首页显著位置连续 72 小时刊登声明，向原告查良镛（CHA，Louis）公开赔礼道歉，并消除不正当竞争行为所造成的不良影响（内容需经本院审核，逾期不履行，本院将在相关媒体公布判决书主要内容，费用由被告杨治、北京联合出版有限责任公司、北京精典博维文化传媒有限公司承担）；

（3）被告杨治于本判决发生法律效力之日起 10 日内赔偿原告查良镛（CHA，Louis）经济损失人民币 1 680 000 元，被告北京联合出版有限责任公司、北京精典博维文化传媒有限公司就其中 300 000 元承担连带责任；

（4）被告杨治于本判决发生法律效力之日起 10 日内赔偿原告查良镛（CHA，Louis）为制止侵权所支付的合理开支人民币 200 000 元，被告北京联合出版有限责任公司、北京精典博维文化传媒有限公司就其中 30 000 元承担连带责任；

（5）驳回原告查良镛（CHA，Louis）的其他诉讼请求。

案例评析

本案所涉及的法律问题主要是文学创作中的同人作品与不正当竞争的法律问题。在我国，有关同人作品合法性的问题还存在众多争议。例如，什么样的作品才可以界定为同人作品，同人作品的侵权应如何认定，如何承担责任，等等。本案中，人民法院认定江南不构成著作权侵权，但构成不正当竞争。

一、同人作品及其著作权问题

同人作品指非商业性的，不受商业影响，不以营利为目的，不在商业平台发布的由个人或者同人团体（同人社团）创作的作品。因以创作本身为目的而不必考虑销量成本等制约商业作品的因素，同人作品比商业创作有更大的创作自由度。理论上，大多数作品都能够进行同人创作，常见的同人作品类型主要有：同人小说，小说因为创作简单所以是同人作品中最常见的，小说一般是以网络小说为载体，伴随体育人物、娱乐人物、政治人物等社会人物的高密集度曝光，同人小说当中的真人同人小说也逐渐兴起；同人音乐，同人音乐同样是很常见的创作形式，可以是用原作音乐旋律或者歌词二次创作，也可以用音乐附带文档和包装封面内容二次创作；同人漫画，同人漫画是同人展上最常见的创作形式，网络和印刷贩卖的同人漫画数量都很多，成本并不高，所以在同人即卖会上很多；同人动画，非商业性的原创或者二次创作的动画作品，由于制作困难，费用较高，没有商业途径很难收回成本，所以非常少见，国内知名的同人动画有《秘封活动记录》等；同人游戏，同人游戏的概念类似于独立游戏，只是同人游戏不能在商业平台发售，同人游戏制作较难，所以数量不是很多；同人电影，大多指某一题材的爱好者出于兴趣所制作的非营利性的相关背景的电影；其他同人形式，同人还包括数据统计、原作研究考据、Cosplay、舞台剧甚至是漫才相声等很多形式，只要符合同人的含义的创作都属于同人作品。

近些年来，同人创作逐渐兴起，与其相关的版权问题引起了越来越多的争议。比如说，同人小说的权利归于原著作者，还是同人小说作者？一般来说，同人作者拥有具有原创性的同人作品的版权。但同时，同人作者仍需要为同人作品中的侵权部分负责。同人小说大多是原著的粉丝创作，是基于原著作品中的人物名称、角色，在原有故事架构基础上或者重新搭建故事背景创作新的故事，核心是人物名称、角色相同或近似，但故事大多已经经过重新演绎了。他们大多是善意的、不是以营利为目的，而是把对原著作的热爱与文学素养、兴趣爱好相结合，创作出赋予人物形象或故事情节更新鲜的灵魂，是当代流行文化创作中极富活力与先锋性的组成部分，是对原作品进行衍生开发的重要权利链条。

不可否认的是，同人创作确实处于版权灰色地带，一旦商业化，就很容易产生产权纠纷。所以同人创作不经原作者授权就将作品出版和改编为影视作品，并以此谋取名利，就构成侵权。同人小说一般是借用原著作的影响力来吸引读者，为自己带来更多的粉丝。在我国的网络文学界，出现了很多未获授权的同人小说，如南派三叔的《盗墓笔记》，但南派三叔并未去追究侵权问题，而是将其认为是其作品受欢迎的表现，能进一步扩大和加强原作的影响。但是，在金庸等原著作者看来，一字一句皆出自原创，若有改动则属侵犯版权。同人小说引发的版权争议可分为两类情况：一类是同人创作只是使用了原著的人物姓名、性格等静态要素，而不涉及人物的复杂关系或者个性化情节；另一类是同人创作除了使用人物姓名、性格，还涉及原著作中部分复杂的人物关系和情节。对于第一类同人作品，至少在《著作权法》上难以认定其存在侵权，因为对于人物的姓名和性格，前者难以构成作品，而后者属于"思想"范畴。但是，如果在营销方面没有和原著的显著性区分，却可能导致消费者混淆或者搭载他人商誉而构成不正当竞争。第二类同人作品实际上是利用原著作品内容并进行改编的"演绎作品"，由于同人作品对他人原著往往有颠覆性的改编，这就意味着第二类同人作品很容易侵犯原作者的修改权、保护作品完整权和改编权。

二、本案涉案同人作品未侵犯原告的著作权

《著作权法实施条例》第 2 条规定，《著作权法》所称作品，是指文学、艺术和科学领域内具有独创性并能以某种有形形式复制的智力成果。根据"思想与表达两分法"，《著作权法》所保护的是作品中作者具有独创性的表达，即思想的表现形式，不包括作品中所反映的思想本身。这里指的思想，包括对物质存在、客观事实、人类情感、思维方法的认识，是被描述、被表现的对象，属于主观范畴。作者借助物质媒介，将构思诉诸形式表现出来，将意象转化为形象、将抽象转化为具体、将主观转化为客观、将无形转化为有形为他人感知的过程即为创作，创作形成的有独创性的表达属于受《著作权法》保护的作品。在文学创作领域中，文字作品以小说为例，其内容主要由人物、情节、环境三个要素构成。人物是核心，人物关系、性格特征、故事情节均围绕人物展开；情节是骨架，人物名称、人物关系、性格特征均通过故事情节塑造构建而成；环境是背景，包括自然环境与社会环境，包括时代背景与空间背景。当具有特定性格特征与人物关系的人物名称以具体的故事情节在一定的时空环境中展开时，其整体已经超越了抽象的思想，属于对思想的具体表达。反之而言，脱离了具体故事情节的人物名称、人物关系、性格特征的单纯要素，往往难以构成具体的表达。杨治（江南）作为原告作品的读者，在创作之前即已接触原告作品，故判断《此间的少年》是否侵害原告著作权，需要认定《此间的少年》与原告作品是否构成实质性相似。

在最高人民法院发布的指导案例 81 号"张晓燕诉雷献和、赵琪、山东爱书人音像图书有限公司著作权侵权纠纷案"中，最高人民法院在裁定书中认为，判断是否构成实质相似时，应比较作者在作品表达中的取舍、选择、安排、设计等是否相同或相似，不应从思想、情感、创意、对象等方面进行比较。《此间的少年》使用了郭靖、黄蓉、杨康、穆念慈、乔峰、康敏、令狐冲等数十个与原告作品中相同的人物名称，但同名人物的性格特征、人物关系及故事情节在具体表达的取舍、选择、安排、设计上并不一致。判断同人作品是否为侵权作品的关键在于正确地划分思想与表达的界限。独创且细致到一定程度的情节属于表达，未经许可使用实质相似的表达就可能侵权。在同人小说中直接借用经充分描述的角色和复杂的关系，可能将以角色为中心的情节带入新作品，从而形成与原作品在表达上的实质性相似。但仅使用从具体情节中抽离的角色名称、简单的性格特征及角色之间的简单关系，更多地是起到识别符号的作用，难以构成与原作品的实质性相似。从整体上看，虽然《此间的少年》使用了原告四部作品中的大部分人物名称、部分人物的简单性格特征、简单人物关系以及部分抽象的故事情节，但上述人物的简单性格特征、简单人物关系以及部分抽象的故事情节属于小说类文字作品中的惯常表达，《此间的少年》并没有将情节建立在原告作品的基础上，基本没有提及、重述或以其他方式利用原告作品的具体情节，而是在不同的时代与空间背景下，围绕人物角色展开撰写故事的开端、发展、高潮、结局等全新的故事情节，创作出不同于原告作品的校园青春文学小说，且存在部分人物的性格特征缺失，部分人物的性格特征、人物关系及相应故事情节与原告作品截然不同，情节所展开的具体内容和表达的意义并不相同。在此情况下，《此间的少年》与原告作品的人物名称、人物关系、性格特征和故事情节在整体上仅存在抽象的形式相似性，不会导致读者产生相同或相似的欣赏体验，二者并不构成实质性相似。因此，《此间的少年》是杨治（江南）重新创作的文字作品，并非根据原告作品改编的作品，无需署上原告的名字，相关读者因故事情节、时空背景的设定不同，不会对原告作品中人物形象产生意识上的混乱，《此间的少年》并未侵害原告所享有的改编权、署名权和保护作品完整权。

三、本案涉案同人作品构成不正当竞争

原告作品中的人物名称、人物关系等元素虽然不构成具有独创性的表达，不能作为著作权的客体进行保护，但并不意味着他人对上述元素可以自由、无偿、无限度地使用。本案中，原告作品及作品元素凝结了原告高度的智力劳动，具有极高的知名度和影响力，在读者群体中这些元素与作品之间已经建立了稳定的联系，具备了特定的指代和识别功能，具有较高的商业市场价值。原告作品元素在不受《著作权法》保护的情况下，在整体上仍可能受我国《反不正当竞争法》调整。我国《反不正当竞争法》的立法目的在于维护竞争秩序，该法调整范畴除了传统的商品流通市场外，亦包括新兴市场（如文化产业市场、技术产业市场等）。文化产业市场作为存在竞争的商业化市场，其市场主体的行为符合市场经营的一般条件，应当适用《反不正当竞争法》调整其竞争关系。从文化产业角度考察，原告与杨治同为文艺创作者，其创作的文学作品通过出版发行进入市场，成为文化产品，二者就其提供文化产品获取了相应的对价，其实质为文化产品的生产者，可以归入《反不正当竞争法》所规定的从事商品生产、经营或者提供服务的自然人。虽然杨治（江南）创作《此间的少年》时仅发表于网络供网友免费阅读，但在吸引更多网友的关注后即出版发行以获得版税等收益，其行为已具有明显的营利性质，故杨治（江南）在图书出版、策划发行领域包括图书销量、市场份额、衍生品开发等方面与原告均存在竞争关系，双方的行为应当受到我国《反不正当竞争法》的规制。

《反不正当竞争法》第2条规定，经营者在生产经营活动中，应当遵循自愿、平等、公平、诚信的原则，遵守法律和商业道德。本法所称的不正当竞争行为，是指经营者在生产经营活动中，违反本法规定，扰乱市场竞争秩序，损害其他经营者或者消费者的合法权益的行为。《反不正当竞争法》第2章列举规定了市场上常见的和可以明确预见的一些不正当竞争行为类型。同时，《反不正当竞争法》第2条第1款确立了市场交易的基本原则，即经营者应当遵循自愿、平等、公平、诚实信用的原则，遵守公认的商业道德。由于市场竞争具有开放性和激烈性，因此必然导致市场竞争行为方式呈现多样性和可变性，《反不正当竞争法》作为管制市场竞争秩序的法律不可能对各种行为方式都作出具体化和预见性的规定。因此，在具体案件中，可以根据《反不正

当竞争法》第 2 条的一般规定对不属于《反不正当竞争法》第 2 章列举规定的市场竞争行为予以调整，以保障市场公平竞争。最高人民法院认为，适用《反不正当竞争法》第 2 条一般条款认定构成不正当竞争应当同时具备以下条件：一是法律对该种竞争行为未作出特别规定；二是其他经营者的合法权益确因该竞争行为而受到了实际损害；三是该种竞争行为因确属违反诚实信用原则和公认的商业道德而具有不正当性或者说可责性。

本案中，杨治（江南）使用原告作品元素创作《此间的少年》并出版发行的行为不属于《反不正当竞争法》第 2 章列举的不正当竞争行为。但原告对作品中的人物名称、人物关系等元素创作付出了较多心血，这些元素贯穿于原告作品，具备了特定的指代与识别功能。杨治（江南）作为读者"出于好玩的心理"使用原告大量作品元素创作《此间的少年》供网友免费阅读，在利用读者对原告作品中武侠人物的喜爱提升自身作品的关注度后，以营利为目的多次出版且发行量巨大，其行为已超出了必要的限度，属于以不正当的手段攫取原告可以合理预期获得的商业利益，在损害原告利益的前提下追求自身利益的最大化，对此杨治（江南）用意并非善意。特别需要指出的是，杨治（江南）于 2002 年首次出版时将书名副标题定为"射雕英雄的大学生涯"，将自己的作品直接指向原告作品，其借助原告作品的影响力吸引读者获取利益的意图尤为明显。因此，杨治（江南）的行为具有不正当性，与文化产业公认的商业道德相背离，应为《反不正当竞争法》所禁止。

综上，杨治（江南）未经原告许可在其作品《此间的少年》中使用原告作品人物名称、人物关系等作品元素并予以出版发行，其行为构成不正当竞争，依法应承担相应的侵权责任。

四、同人作品著作权保护的进一步思考

针对同人作品的著作权问题，对于原著作者而言，对他人利用自己作品元素的行为，要在正确理解法律条款的基础上理性维权；对于同人创作者而言，一旦涉及对他人作品的利用，必须小心谨慎，一方面要区分"思想和表达"的界限，另一方面，一旦涉及对他人独创性表达的利用，必须要取得他人许可，以免埋下诉讼隐患。其实《此间的少年》并不是第一部"同人作品"，如为人们所熟知的电影《大话西游》系列，也算是"同人作品"，对经典名著《西游记》甚至可说是进行了颠覆性的二次创作。《大话西游》系列

通过二次创作，再造经典，又成了一代人的经典。所以，好的"同人作品"还是对原著的致敬，甚至能增强与延续原著的生命力。但相对于致敬经典的优秀二次创作，更多的"同人作品"创作水平不高，纯粹是在哗众取宠，吸引网友点击关注。像类似《西游记》《三国演义》《水浒传》《红楼梦》等经典作品，不存在版权问题。但一些原著作者还在世，或其作品还处于版权保护期限之内，而一些作者却大肆进行二次创作，从中获取了很大利益，这就侵犯了原作者的知识产权，涉嫌利用原作的知名度、谋取竞争优势。网络上，很多杨治（江南）的粉丝将这一次的侵权案与此前的若干文艺作品抄袭事件相提并论，以表彰杨治（江南）的知错就改，抨击抄袭者的无耻行径之时，却忽略了此案情形与以往诸多抄袭事件的重要差异：《此间的少年》是一部金庸武侠小说的同人作品，其对于金庸小说中人物姓名的借鉴，是摆在明面上、一望而知的，而所谓抄袭，则是暗地里的移花接木、李戴张冠。剽窃、抄袭一般属于原文照搬或剽窃主要人物关系、故事核心架构等的行为，在表现形式上往往是大篇幅原文雷同或者故事背景、人物关系、主要情节相同。实际上，金庸也并未以"抄袭"为由起诉。这是继 2005 年庄羽诉郭敬明小说《梦里花落知多少》抄袭《圈里圈外》、2014 年琼瑶诉于正电视剧《宫锁连城》抄袭《梅花烙》之后又一桩全民讨论侵权案件。金庸此次状告《此间的少年》作者杨治（江南）及相关方，并索赔经济损失，这是在进行正当维权。这也给文学创作群体敲响了警钟：写作有边界，要懂得尊重知识产权；同时，对于抄袭等侵权行为，要勇于维权、勇于举报。当然，"同人作品"二次创作没有罪，社会应该保护原创版权，也应鼓励创意创新，法律应该作为衡量的标准。

其实，在国内网络文学界，很多网络平台对同人小说都抱有谨慎的态度。同人小说市场空间很大，如果法律上能对同人小说、原作者权利、侵权行为等作出更明确的规定，对行业进行规范，让原创和同人作品的创作都更加有法可依，那么开发这一市场就有更大的前景性。虽然有网友认为，今后的同人创作将更难"有利可图"，同人创作或许要经历暂时的"冬天"。但是，同人作品本就基于爱好，逐利的同人作品退出同人圈，或许能够起到净化作用，让纯粹由兴趣引发的创作成为主流。

40. 仿冒电影作品知名商品特有名称构成不正当竞争
——武汉华旗影视制作有限公司与北京光线传媒股份有限公司
　等不正当竞争及著作权侵权纠纷案[1]

📲 案情概况

上诉人（一审被告）：北京光线传媒股份有限公司。

法定代表人：王长田，该公司总裁。

委托代理人：李琦，北京市天元（上海）律师事务所律师。

委托代理人：韩桂珍，北京市天元律师事务所律师。

上诉人（一审被告）：北京光线影业有限公司。

法定代表人：王长田，该公司总裁。

委托代理人：陈梦伶，北京市天元律师事务所律师。

委托代理人：韩桂珍，北京市天元律师事务所律师。

上诉人（一审被告）：北京影艺通影视文化传媒有限公司。

法定代表人：陈曦，该公司董事长。

委托代理人：尹思飏，男，该公司员工。

委托代理人：饶宏斌，北京市炜衡律师事务所律师。

上诉人（一审被告）：北京真乐道文化传播有限公司。

法定代表人：徐峥，该公司总裁。

委托代理人：陈梦伶，北京市天元律师事务所律师。

委托代理人：李琦，北京市天元（上海）律师事务所律师。

上诉人（一审被告）：徐峥，北京真乐道文化传播有限公司总裁。

委托代理人：陈梦伶，北京市天元律师事务所律师。

委托代理人：李琦，北京市天元（上海）律师事务所律师。

被上诉人（一审原告）：武汉华旗影视制作有限公司。

法定代表人：刘光伟，该公司董事长。

---

[1]　案件来源：最高人民法院［2015］民三终字第 4 号民事判决书。

委托代理人：崔莉，北京市盈科律师事务所律师。

委托代理人：顾兆坤，北京市盈科律师事务所律师。

武汉华旗影视制作有限公司（简称"华旗公司"）享有《人在囧途》电影、剧本和音乐的著作权，拥有《人在囧途》的一切知识产权。《人在囧途》于 2010 年上映后获得了业界的认可和观众的喜爱，成为知名品牌。此后，华旗公司便开始筹备拍摄《人在囧途 2》，并为此与田羽生签订了剧本委托创作合同，依约对所创作的剧本享有全部知识产权。2010 年 9 月 4 日，华旗公司职员王子萱将《人在囧途 2》大纲通过电子邮件发给徐峥。同年 11 月，华旗公司向国家广播电影电视总局申报电影《人在囧途 2》时，发现北京奇天大地影视文化传播有限公司（简称"奇天大地公司"）申报了《人在囧城》，编剧署名为徐峥、杨庆。华旗公司对此提出异议，国家广电总局随后向湖北省广播电影电视局发函，决定对两个项目暂不公示。后奇天大地公司作出了撤销立项的声明。徐峥应当知道上述事实。2011 年 5 月，华旗公司申报的《人在囧途 2》电影经审核通过，获得了摄制电影许可证。2012 年 12 月，在华旗公司不知情的情况下，北京光线传媒股份有限公司（简称"光线传媒公司"）投资的《人在囧途之泰囧》公映，该片由北京光线影业有限公司（简称"光线影业公司"）、北京影艺通影视文化传媒有限公司（简称"影艺通公司"）、北京真乐道文化传播有限公司（简称"真乐道公司"）、黄渤工作室出品，徐峥任导演和编剧。华旗公司认为五被告的行为构成不正当竞争，请求法院判令五被告停止侵权、在相关的媒体消除影响并赔礼道歉、连带赔偿华旗公司经济损失及诉讼合理开支 1 亿元并承担案件诉讼费。

一审判决后，光线传媒公司、光线影业公司、影艺通公司、真乐道公司、徐峥不服提起上诉，称：①一审判决认定徐峥为本案适格被告，并在认定其宣传行为不侵权的基础上，仍判令其承担连带侵权责任，显属认定事实及适用法律错误。②一审判决认定光线传媒公司是本案适格被告，并在没有任何证据支持的情况下认定其应承担连带侵权责任，属于认定事实及适用法律错误。③一审判决错误认定影片《人在囧途》构成知名商品，并混淆了电影作品的作者与著作权人，将不具有区分电影产品出品人（即竞争法意义上的商品来源）的电影名称认定为商品特有名称，同时，对"误认"作出缺乏法律依据的解释，进而认定五上诉人违反《反不正当竞争法》第 5 条第 2 项，属于事实认定及适用法律错误。④一审判决认为《人再囧途之泰囧》电影名称违反《反不正当竞争法》第 5 条第 2 项后，又认为该行为亦违反该法第 2 条，导致对五上诉人的同一行为既适用规则又适用原则进行评判，属于适用法律错误。⑤一审判决认定五上诉人违反《反不正当竞争法》第 2 条的各项行为，均在电影行业公认的商业道德范围之内，符合行业现实状态，并未违反诚信原则。⑥五上诉人的行为并未违反《反不正当竞争法》，更未给华旗公司造成任何损失，不应承担任何赔偿责任。综上所述，一审判决对该部分的事实认定及法律适用均存在错误，请求本院撤销一审判决第 1~3 项并依法进行改判，驳回华旗公司的全部诉讼请求。影艺通公司提交补充上诉意见称，不管本案涉及的相关行为是否构成不正当竞争，一审法院判令影艺通公司承担连带责任是适用法律错误。华旗公司当庭发表答辩意见，并在庭后提交代理意见称，一审法院认定事实和适用法律正确。

裁判结果

北京市高级人民法院依据《反不正当竞争法》第 2 条第 1 款、第 3 款、第 5 条第 2 项、第 20 条，《中华人民共和国侵权责任法》第 6 条第 1 款、第 8 条、第 15 条，《最高人民法院关于审理不正当竞争民事案件应用法律若干问题的解释》第 1 条、第 4 条之规定，判决如下：

（1）光线传媒公司、光线影业公司、影艺通公司、真乐道公司、徐峥立即停止涉案不正当竞争行为；

（2）光线传媒公司、光线影业公司、影艺通公司、真乐道公司、徐峥于本判决生效之日起 30 日内在《法制日报》刊登声明，消除影响（声明内容须经一审法院审核，逾期不执行，一审法院将公布判决主要内容，费用由光线传媒公司、光线影业公司、影艺通公司、真乐道公司、徐峥共同负担）；

（3）光线传媒公司、光线影业公司、影艺通公司、真乐道公司、徐峥于本判决生效之日起 10 日内共同赔偿华旗公司经济损失 500 万元（含华旗公司为本案支出的合理费用 40 406.70 元）；

（4）驳回华旗公司的其他诉讼请求。

最高人民法院依照《中华人民共和国民事诉讼法》第 170 条第 1 款第 1 项规定，判决：

驳回上述，维持原判。

📄 **案例评析**

本案所涉及的法律问题主要是对于仿冒电影作品知名商品特有名称构成不正当竞争的认定问题。与《著作权法》《商标法》等知识产权专门法的保护相比,《反不正当竞争法》的保护是以遏制不正当竞争行为,规范市场竞争秩序为目的,维护其他经营者和消费者的合法权益。《反不正当竞争法》的保护是在知识产权专门法保护之外提供的有益补充。电影作品如成为文化市场上的商品,关于其名称是否构成知名商品特有名称而受《反不正当竞争法》的保护,需要按照《反不正当竞争法》和最高人民法院司法解释的相关规定进行判断。

一、不正当竞争行为的表现形式

不正当竞争行为,是指经营者在市场竞争中,采取非法的或者有悖于公认的商业道德的手段和方式,与其他经营者相竞争的行为。在现实生活中,不正当竞争行为五花八门、形形色色、举不胜举。所以,各个国家的竞争法律制度往往首先对不正当竞争行为作出概括性的规定,然后再具体列举出典型的、突出的、在一定时期内比较严重的不正当竞争行为,明文加以禁止。我国《反不正当竞争法》第二章列举的不正当竞争行为包括市场混淆、商业贿赂、引人误解的虚假宣传、侵犯商业秘密、违反规定的有奖销售、商业毁谤、利用技术手段进行互联网领域的不正当竞争等。

第一,市场混淆,《反不正当竞争法》第6条规定,经营者不得实施下列混淆行为,引人误认为是他人商品或者与他人存在特定联系:擅自使用与他人有一定影响的商品名称、包装、装潢等相同或者近似的标识,擅自使用他人有一定影响的企业名称(包括简称、字号等)、社会组织名称(包括简称等)、姓名(包括笔名、艺名、译名等),擅自使用他人有一定影响的域名主体部分、网站名称、网页等,其他足以引人误认为是他人商品或者与他人存在特定联系的混淆行为。

第二,商业贿赂,《反不正当竞争法》第7条规定,经营者不得采用财物或者其他手段贿赂交易相对方的工作人员、受交易相对方委托办理相关事务的单位或者个人、利用职权或者影响力影响交易的单位或者个人等单位或者个人,以谋取交易机会或者竞争优势。经营者在交易活动中,可以以明示方式向交易相对方支付折扣，或者向中间人支付佣金。经营者向交易相对方支付折扣、向中间人支付佣金的，应当如实入账。接受折扣、佣金的经营者也应当如实入账。经营者的工作人员进行贿赂的，应当认定为经营者的行为，但是，经营者有证据证明该工作人员的行为与为经营者谋取交易机会或者竞争优势无关的除外。

第三，引人误解的虚假宣传，《反不正当竞争法》第 8 条规定，经营者不得对其商品的性能、功能、质量、销售状况、用户评价、曾获荣誉等作虚假或者引人误解的商业宣传，欺骗、误导消费者。经营者不得通过组织虚假交易等方式，帮助其他经营者进行虚假或者引人误解的商业宣传。

第四，侵犯商业秘密，《反不正当竞争法》第 9 条规定，经营者不得实施下列侵犯商业秘密的行为：以盗窃、贿赂、欺诈、胁迫、电子侵入或者其他不正当手段获取权利人的商业秘密，披露、使用或者允许他人使用以前项手段获取的权利人的商业秘密，违反保密义务或者违反权利人有关保守商业秘密的要求，披露、使用或者允许他人使用其所掌握的商业秘密，教唆、引诱、帮助他人违反保密义务或者违反权利人有关保守商业秘密的要求，获取、披露、使用或者允许他人使用权利人的商业秘密。经营者以外的其他自然人、法人和非法人组织实施前款所列违法行为的，视为侵犯商业秘密。第三人明知或者应知商业秘密权利人的员工、前员工或者其他单位、个人实施本条第一款所列违法行为，仍获取、披露、使用或者允许他人使用该商业秘密的，视为侵犯商业秘密。

第五，违反规定的有奖销售，《反不正当竞争法》第 10 条规定，经营者进行有奖销售不得存在下列情形：所设奖的种类、兑奖条件、奖金金额或者奖品等有奖销售信息不明确，影响兑奖，采用谎称有奖或者故意让内定人员中奖的欺骗方式进行有奖销售，抽奖式的有奖销售，最高奖的金额超过 5 万元。

第六，商业毁谤，《反不正当竞争法》第 11 条规定，经营者不得编造、传播虚假信息或者误导性信息，损害竞争对手的商业信誉、商品声誉。

第七，利用技术手段进行互联网领域的不正当竞争，《反不正当竞争法》第 12 条规定，经营者利用网络从事生产经营活动，应当遵守本法的各项规定。经营者不得利用技术手段，通过影响用户选择或者其他方式，实施下列妨碍、破坏其他经营者合法提供的网络产品或者服务正常运行的行为：未经其他经营者同意，在其合法提供的网络产品或者服务中，插入链接、强制进行目标跳转，误导、欺骗、强迫用户修改、关闭、卸载其他经营者合法提供的网络产品或者服务，恶意对其他经营者合法提供的网络产品或者服务实施不兼容，其他妨碍、破坏其他经营者合法提供的网络产品或者服务正常运行的行为。

不正当竞争行为扰乱了市场竞争秩序，为了防止和消除限制竞争和不正当竞争行为，从而达到保护和鼓励竞争这一市场经济不断发展的动力源泉，促进社会经济不断发展的目的，必须遏制以上不正当竞争的行为。

二、本案涉案行为构成不正当竞争

1993 年《反不正当竞争法》第 5 条第 2 项规定，经营者不得采用下列不正当手段从事市场交易，损害竞争对手：擅自使用知名商品特有的名称、包装、装潢，或者使用与知名商品近似的名称、包装、装潢，造成和他人的知名商品相混淆，使购买者误认为是该知名商品。《最高人民法院关于审理不正当竞争民事案件应用法律若干问题的解释》第 1 条规定，在中国境内具有一定的市场知名度，为相关公众所知悉的商品，应当认定为反不正当竞争法第 5 条第 2 项规定的"知名商品"。人民法院认定知名商品，应当考虑该商品的销售时间、销售区域、销售额和销售对象，进行任何宣传的持续时间、程度和地域范围，作为知名商品受保护的情况等因素，进行综合判断。电影名称是否属于知名商品的特有名称，需要根据电影商品和市场交易环境及情况的具体情形予以认定。

华旗公司电影《人在囧途》在先具有一定的知名度，属于《反不正当竞争法》规定的"知名商品"，"人在囧途"为知名商品的特有名称。虽然不同的电影是单独的个体，每一部电影均需要单独创作摄制完成，电影名称一般仅与特定的某个电影相关。一般情况下，根据《著作权法》的要求，基于独创性的判断标准和电影作为作品的属性，其名称与其他作品名称一样，较难获得《著作权法》的保护，一般不宜禁止他人创作和使用相同或者近似电影名称表达相同或者近似的电影题材和类型。但电影在商品化过程中，如知名电影的特有名称对相关公众在电影院线及其他市场交易渠道挑选和购买发挥识别来源作用，知名电影的特有名称就应受到《反不正当竞争法》的保护。尤其是当一个知名电影的特有名称可能反映了电影商品的题材延续性、内容类型化、叙事模式相对固定等特点，其他经营者使用相同或者近似的电影名称，以同类型的题材和内容，采用近似的叙事模式从事电影活动，容易使相关公众对商品的来源产生误认，或者认为经营者之间具有特定联系。侵权人选取基本相同的演员拍摄相同类型的电影本无可厚非，但是在知晓华旗公司筹拍电影《人在囧途2》的情况下，仍将其电影名称由《泰囧》变更为《人再囧途之泰囧》，主观攀附华旗公司电影《人在囧途》已有商誉的意图十分明显，同时还多次公开表达《人再囧途之泰囧》是《人在囧途》的"升级版"等观点，造成相关公众对两部电影产生混淆误认。综上，侵权人不当地利用华旗公司电影《人在囧途》在先获得的商誉，损害了华旗公司基于《人在囧途》的成功所拥有的竞争利益，违反了1993年《反不正当竞争法》第2条第1款、第5条第2项的规定，构成不正当竞争，应当承担相应的民事责任。

三、市场混淆行为的新发展

本案审理过程中，适用的是1993年的《反不正当竞争法》，2017年11月4日，中华人民共和国第十二届全国人民代表大会常务委员会第三十次会议对《反不正当竞争法》进行了修订，修订后的《反不正当竞争法》于2018年1月1日正式施行，2018年《反不正当竞争法》出现了很多顺应时代发展变化的创新与亮点，其中之一就是将1993年《反不正当竞争法》第5条第2项"擅自使用知名商品特有的名称、包装、装潢，或者使用与知名商品近似的名称、包装、装潢，造成和他人的知名商品相混淆，使购买者误认为是该知名商品"的表述修改为"经营者不得实施下列混淆行为，引人误认为是他人商品或者与他人存在特定联系：（一）擅自使用与他人有一定影响的商品名称、包装、装潢等相同或者近似的标识……"从条文表述看，适用1993年《反不正当竞争法》5条第2项法律规定须满足"擅自""知名商品""特有的""相同或者近似的使用""导致市场混淆和误认"等构成要件。2018年《反不正当竞争法》第6条第1项仅保留了"擅自"和"相同或近似"的要件，删除了"知名商品""特有"要件，增加了"一定影响"要件；进一步扩大了商业标识保护的范围，不仅仅局限于商品名称、包装、装潢；对"混淆和误认"要件进行了调整。

2018年《反不正当竞争法》关于市场混淆的修改实际上降低了违法行为的认定标准，从司法趋势来看，加大知识产权保护力度是大势所趋，而降低违法认定标准正是这一趋势的直接体现。因此，新法的修改降低了违法的门槛，更有利于知识产权的保护。

41. 使用作品中相同人物等要素的行为不构成不正当竞争

——上海玄霆娱乐信息科技有限公司与北京新华先锋文化传媒有限公司等著作权侵权及不正当竞争纠纷案[1]

案情概况

原告：上海玄霆娱乐信息科技有限公司

法定代表人：吴文辉，首席执行官。

委托代理人：王展，上海联业律师事务所律师。

委托代理人：王坤，北京盈科律师事务所律师。

被告：北京新华先锋文化传媒有限公司

法定代表人：王笑东，总经理。

被告：北京新华先锋出版科技有限公司

法定代表人：王笑东，总经理。

被告：群言出版社

法定代表人：肖玉平，社长。

被告：上海新华传媒连锁有限公司

法定代表人：诸巍，执行董事。

被告：张牧野（笔名"天下霸唱"）。

上述五被告的共同委托代理人：王韵，北京市中永律师事务所律师。

第三人：万达影视传媒有限公司，法定代表人：张霖，执行董事。

委托代理人：陈绪涵，女，万达影视传媒有限公司工作。

委托代理人：彭靓，女，万达影视传媒有限公司工作。

原告上海玄霆娱乐信息科技有限公司（简称"玄霆娱乐公司"）享有《鬼吹灯》系列小说的著作财产权，万达影视传媒有限公司（简称"万达影视公司"）经原告授权根据《鬼吹灯》第二部改编拍摄了电影《鬼吹灯之寻龙诀》，因发现五被告在创作、出版、发行涉案《摸金校尉之九幽将军》图书

---

[1] 案件来源：上海市浦东新区人民法院［2015］浦民三（知）初字第838号民事裁定书。

侵害了其著作权，构成不正当竞争，玄霆娱乐公司将其诉至上海市浦东新区人民法院，请求判令：①被告北京新华先锋文化传媒有限公司（简称"先锋文化公司"）、北京新华先锋出版科技有限公司（简称"先锋出版公司"）、群言出版社、张牧野立即停止出版发行中文简体纸质图书《摸金校尉之九幽将军》过程中侵犯著作权及不正当竞争的行为；②被告先锋文化公司、先锋出版公司、群言出版社、张牧野共同在《新民晚报》刊登声明、消除影响；③被告先锋文化公司、先锋出版公司、群言出版社、张牧野共同赔偿原告经济损失及合理支出共计人民币 2000 万元（其中合理支出包括律师费 15 万元、公证费 6000 元）；④被告上海新华传媒连锁有限公司（简称"新华传媒公司"）停止销售《摸金校尉之九幽将军》纸质图书。五被告答辩称，其行为既未侵犯原告著作权，也不构成不正当竞争，请求驳回原告诉讼请求。

裁判结果

上海市浦东新区人民法院依照《中华人民共和国反不正当竞争法》第 9 条第 1 款、第 20 条，《中华人民共和国民法通则》第 134 条第 1 款第 1 项、第 7 项、第 9 项，《最高人民法院关于审理不正当竞争民事案件应用法律若干问题的解释》第 17 条第 1 款之规定，判决如下：

（1）被告北京新华先锋文化传媒有限公司、北京新华先锋出版科技有限公司、群言出版社于本判决生效之日起立即停止对原告上海玄霆娱乐信息科技有限公司所实施的虚假宣传行为；

（2）被告上海新华传媒连锁有限公司于本判决生效之日起立即停止销售带有涉案封面封底的图书《摸金校尉之九幽将军》；

（3）被告北京新华先锋文化传媒有限公司、北京新华先锋出版科技有限公司、群言出版社就其实施的虚假宣传行为于本判决生效之日起 30 日内在《新民晚报》上刊登声明、消除影响（声明的内容需经本院审核）。逾期不履行，由本院将本案判决书主要内容刊登在相关媒体，费用由被告北京新华先锋文化传媒有限公司、北京新华先锋出版科技有限公司、群言出版社承担；

（4）被告北京新华先锋文化传媒有限公司、北京新华先锋出版科技有限公司于本判决生效之日起 10 日内赔偿原告上海玄霆娱乐信息科技有限公司经济损失 90 万元；

（5）被告群言出版社对上述主文第 4 项确定的赔偿金额中的 60 万元承担

连带赔偿责任；

（6）被告北京新华先锋文化传媒有限公司、北京新华先锋出版科技有限公司、群言出版社于本判决生效之日起 10 日内赔偿原告上海玄霆娱乐信息科技有限公司合理费用 126 000 元；

（7）驳回原告上海玄霆娱乐信息科技有限公司的其余诉讼请求。

📄 案例评析

本案所涉及的法律问题主要是著作权的保护及著作权领域内的不正当竞争，被控侵权图书使用相同人物等要素的行为是否构成不正当竞争是本案的争议焦点之一。本案中，五被告在创作、出版、发行涉案《摸金校尉之九幽将军》，大量使用了原告《鬼吹灯》系列小说的人物名称、人物形象、人物关系、盗墓方法、盗墓需遵循的禁忌规矩等独创性表达要素，原告认为侵犯其著作权，构成不正当竞争，被告答辩称，上述行为未侵犯原告的著作权，也不构成不正当竞争。

一、著作权及不正当竞争概述

著作权亦称版权，是《著作权法》授予作品创作者或者作者的合法继受人对其作品享有的一定期限的专有权。著作权的对象是作品，是指文学、艺术和科学领域内具有独创性并能以某种有形形式复制的智力成果，即是作者运用自己的技能、技巧和智力独立创作完成的，完全不是或者主要不是对他人现有作品的抄袭、剽窃，也不是对他人现有作品的仿冒。如果创作者在创作过程中复制或仿冒他人的作品，以欺骗公众，达到与他人现有作品的混淆，使公众误认的，就构成不正当竞争。

不正当竞争是指经营者以及其他有关市场参与者采取违反公平、诚实信用等公认的商业道德的手段去争取交易机会或者破坏他人的竞争优势，损害消费者和其他经营者的合法权益，扰乱社会经济秩序的行为。不正当竞争行为不仅直接或者间接的损害了竞争者和消费者的利益，更重要的是，与一般侵权行为相比，还危害市场竞争机制的正常作用。如果说垄断有合法垄断的话，那么不正当竞争行为必然是非法行为。

二、著作权领域不正当竞争行为的形式

著作权领域不正当竞争行为主要表现为以下几种形式：

第一，借用他人现有作品之角色或者典型艺术形象、场景、线索等进行时空延拓的不正当竞争行为。所谓对作品进行时空延拓，就是借用现有作品的主要人物或艺术形象、场景和线索等，在时间上或空间上进行的延伸和拓展，使其向前或向后发展而进行的创作行为。延拓作品与原作品在时间先后顺序上是相衔接的，在描述的人物活动、生活空间环境或所有叙述时间的发生、发展在空间环境是相同或相关的，在人物的既定关系和内容方面也是相联系的。[1]

第二，不正当利用著名形象，仿制他人同类作品的标志，致使与原作品或者原作者相混淆的行为属于不正当竞争行为。著名形象一般包括名人形象及著名虚构形象两类。著名形象虽然可以通过人身权或著作权得到一定的保护，但因为负载著名形象声誉的形象因素，如声音、角色、风格等，不属于人格权的范畴，也不具有独创性和可复制性的特点，不能得到人格权和著作权的全面保护，著名形象也就无法得到全面的保护。《反不正当竞争法》虽然没有明文规定对著名形象的不正当使用，但根据第 2 条的一般条款，经营者在市场交易中，违反自愿、平等、公平、诚实信用的原则或者违反公认的商业道德利用著名形象，可能引起对著名形象的不当利用或者对著名形象的声誉造成损害，就可认定为不正当竞争行为。作品的标志，主要是指作品的标题、标志、装饰等同类作品，是指文字、艺术、音乐、科学等各类作品中的文字类作品、艺术类作品、音乐类作品和科学类作品。在我国，《著作权法》对作品的标志没有规定，《反不正当竞争法》则规定可以将作品的名称、标志和装饰等作为知名商品特有名称、标志和装潢予以保护。当他人擅自使用作品的标题、标志、装饰造成混淆，使购买者误认的，即构成不正当竞争。

第三，擅自复制非独创性数据库主要部分的行为，故意使用与其他作者姓名相同或者相似的姓名，引人误认为是该作者作品的行为属于不正当竞争行为。

---

[1] 彭学龙："作品名称的多重功能与多元保护——兼评反不正当竞争法第 6 条第 3 项"，载《法学研究》2018 年第 5 期。

在具体适用时，要认定以下要件：一是使用行为是否是故意的，即是否存在主观恶性，只有使用人具有故意诱使公众误认的目的，才能构成不正当竞争。二是故意使用的行为，导致了公众的误认，即公众将假冒者或者仿冒者错误地当成被假冒者或被仿冒者，或将假冒者或者仿冒者的作品错误地当成被假冒者或被仿冒者的作品。

三、涉案图书使用相同人物等要素的行为不构成不正当竞争

原告与被告张牧野签署的约定指明，被告张牧野将《鬼吹灯Ⅰ》及《鬼吹灯Ⅱ》著作权中的财产权全部转让给原告，但并未包括两部作品基于作品人物等相关要素形成的权益；被告张牧野许可原告可以按照原告自己的安排和市场的需要对《鬼吹灯Ⅱ》作品进行再创作、开发外围产品等只是普通许可，并非排他性或独占性的许可；双方虽约定在该协议有效期内及协议履行完毕后，被告张牧野不得使用其本名、笔名或其中任何一个以与本作品名相同或相似的创作作品或作为作品中主要章节的标题，却未排除被告张牧野使用原作品中的人物等相关要素继续创作作品的权利，只是对其后续创作的作品名称、章节标题及署名方式作出限制。而允许作者使用自己作品中的人物等相关要素创作系列故事，符合《著作权法》鼓励文学艺术作品创作的宗旨，有利于增进广大读者福祉。否则，将会不正当地剥夺作者使用其原有作品中主要人物等要素继续创作作品的权利，从而损害作者的正当合法权益，影响社会公众整体利益。

《著作权法》保护的是能够被他人客观感知的外在表达，被控侵权图书虽然使用了与原告权利作品相同的人物名称、关系、盗墓规矩、禁忌等要素，但被控侵权图书有自己独立的情节和表达内容，被控侵权图书将这些要素和自己的情节组合之后形成了一个全新的故事内容，这个故事内容与原告作品在情节上并不相同或相似，也无任何延续关系，不属于著作权侵权行为；涉案作品中的人物形象等要素从《著作权法》角度来说不属于表达，不能作为著作权的客体受到保护，被告张牧野作为原著的作者，有权使用其在原著小说中创作的这些要素创作出新的作品，即使被告张牧野与原告就《鬼吹灯Ⅱ》签订的协议虽约定原告有权对该作品进行再创作等，但并不意味着被告张牧野就此放弃了自己再创作的权利，被告张牧野利用自己创造的这些要素创作出不同于权利作品表达的新作品的行为并无不当，不构成不正当竞争。

　　需要指出的是，涉案图书使用相同人物等要素的行为虽然不构成不正当竞争，但《鬼吹灯》系列小说在原告的版权运营下，多次出版发行，还被改编为电影、话剧、游戏并被制作为录音制品等，在相关图书网站的各类排行榜中均名列前茅，如今，拥有庞大的粉丝群，甚至还产生了专门研究该系列小说的学术论文。本案中，先锋文化公司的微博将被控侵权图书称为《鬼吹灯之摸金校尉》，而被控侵权图书并非原告"鬼吹灯"系列小说的组成部分。先锋文化公司微信公众号在发布"有料就要任性鬼吹灯寻龙诀"的图片时，将电影《寻龙诀》的海报与被控侵权图书封面结合使用，这种使用的方式会造成相关公众的混淆和误认，误认为被控侵权图书即为电影《寻龙诀》的原著或与电影原著内容有关，构成引人误解的虚假宣传行为。且原、被告为同业竞争者，原、被告之间的行为应当受到我国《反不正当竞争法》的规制。侵权人这种不当宣传行为实施后，会不当攀附权利人苦心经营而积累的商业信誉，在提高侵权人商品销量和市场份额的同时，直接造成权利人利益受损，严重破坏市场竞争的正常秩序，对这种行为应当通过我国《反不正当竞争法》予以规制。

三、本案各被告责任的认定及承担

　　被告先锋文化公司设计了被控侵权图书的封面封底，并在其微博、微信及豆瓣中亦实施了相关宣传推广行为，被告先锋出版公司、群言出版社作为出版单位，本应知晓被控侵权图书的封面封底会造成相关公众混淆误认的后果，仍然共同组织出版了被控侵权图书，且被告先锋出版公司制作了被控侵权图书的宣传视频用于图书的宣传推广，导致侵权后果产生，均应承担相应的法律责任。而被告张牧野并未参与被控侵权图书封面封底的设计及被控侵权图书的出版发行，涉案微博、微信及豆瓣的主体也并非被告张牧野，故被告张牧野无需就本案虚假宣传行为承担法律责任。

　　而被控侵权图书的文字内容并不构成著作权侵权及不正当竞争，所以被控侵权图书文字内容的出版发行无需停止。被控侵权图书封面封底的使用构成虚假宣传的不正当竞争行为，被告先锋文化公司、先锋出版公司、群言出版社应当立即停止使用被控侵权图书的封面封底，并停止在宣传推广被控侵权图书时所实施的虚假宣传行为，还应当对实施的虚假宣传行为刊登声明，消除影响，赔偿损失。被告新华传媒公司亦应当停止销售带有该封面封底的图书。

鉴于原告《鬼吹灯》系列小说知名度高，且被告侵权行为的规模及所造成的影响较大，被告对其虚假宣传的不正当竞争行为是有意为之，主观过错明显，会给原告造成重大影响。因此，被告先锋文化公司、先锋出版公司、群言出版社除赔偿必要损失外还需根据本案案情复杂程度、原告律师在本案中的工作量、实际判赔金额在请求赔偿金额中的占比以及相关律师收费标准等因素共同承担原告主张的律师费及本案诉讼费用。

42. 虚假宣传不正当竞争行为的认定

—— 北京乐动卓越科技有限公司与北京昆仑乐享网络技术有限公司等计算机软件著作权权属纠纷[1]

案情概况

原告：北京乐动卓越科技有限公司，住所地：北京市石景山区。

法定代表人：邢山虎，董事长。

委托代理人：梁振东，北京国枫凯文律师事务所律师。

委托代理人：张潇元。

被告：北京昆仑乐享网络技术有限公司，住所地：北京市石景山区。

法定代表人：周亚辉，首席执行官。

被告：北京昆仑在线网络科技有限公司，住所地：北京市石景山区。

法定代表人：周亚辉，首席执行官。

被告：北京昆仑万维科技股份有限公司，住所地：北京市海淀区。

法定代表人：周亚辉，首席执行官。

上述各被告之共同委托代理人：傅钢，上海市协力律师事务所律师。

上述各被告之共同委托代理人：王慧君，上海市协力律师事务所北京分所律师。

---

[1] 案件来源：北京市知识产权法院［2014］京知民初字第1号民事判决书。

《我叫MT》是一部由七彩映画工作室（简称"七彩公司"）出品的原创3D网络动画，被众多网友冠以"国产动画新光芒"的动画剧集。2013年12月24日，七彩公司将作品及其中全部动漫形象（包括本合同签订之前已创作完成的部分以及签订后后续创作至作品全部创作完成时所包含的作品全部内容、全部动漫形象）的著作权全部永久转让与成都完美公司。2014年1月1日，七彩公司与北京乐动卓越科技有限公司签订针对动漫《我叫MT》的许可协议，该协议第2条载明，原告享有"在全球范围内自行或委托第三方改编授权作品、使用授权作品或任何授权作品要素研发编制合作游戏的手机游戏和网页游戏版本，以及出版（包括委托出版）、运营（包括与第三方合作运营）和以其他任何方式使用该等游戏的独占许可"。2014年8月29日，昆仑游戏正式对外宣布，被告宣传使用"《我叫MT》原班人马配音以及《我叫MT》原班人马打造/加盟"等宣传语。原告认为，各被告关于"我叫MT原班人马打造/加盟""MT原班人马打造《小小兽人》正式更名《超级MT》""《我叫MT》原班人马二次开发《小小兽人》更名《超级MT》"等宣传用语表述会使用户认为被诉游戏系源于《我叫MT》动漫或游戏，已构成虚假宣传行为，违反了《反不正当竞争法》第9条第1款的规定。遂诉至法院，称：①三被告开发并运营的移动终端游戏《超级MT》侵犯了原告的著作权，②三被告的行为构成擅自使用原告知名服务特有名称的不正当竞争行为，③三被告的行为构成虚假宣传的不正当竞争行为。

被告北京昆仑乐享网络技术有限公司（简称"昆仑乐享公司"）、北京昆仑在线网络科技有限公司（简称"昆仑在线公司"）、北京昆仑万维科技股份有限公司（简称"昆仑万维公司"）共同辩称：①原告不享有独立的诉权，②第二被告并非本案适格被告，③原告对游戏《我叫MT》、游戏名称、五个游戏人物名称及形象均不享有著作权，④第一、三被告未实施侵犯原告著作权的行为，⑤第一、三被告未实施不正当竞争行为，⑥第一、三被告不应承担相应的民事责任。

裁判结果

北京市知识产权法院依照《中华人民共和国民法通则》第134条，《中华人民共和国反不正当竞争法》第5条第2项、第9条第1款、第20条，《最高人民法院关于审理不正当竞争民事案件应用法律若干问题的解释》第2条之规定，判决如下：

（1）被告北京昆仑乐享网络技术有限公司、北京昆仑在线网络科技有限公司、北京昆仑万维科技股份有限公司于本判决生效之日起，立即停止不正当竞争行为；

（2）被告北京昆仑乐享网络技术有限公司、北京昆仑在线网络科技有限公司、北京昆仑万维科技股份有限公司于本判决生效之日起 10 日内，连带赔偿原告北京乐动卓越科技有限公司经济损失 50 万元。

（3）被告北京昆仑乐享网络技术有限公司、北京昆仑在线网络科技有限公司、北京昆仑万维科技股份有限公司于本判决生效之日起 10 日内连带赔偿原告北京乐动卓越科技有限公司合理支出 3.5 万元；

（4）驳回原告北京乐动卓越科技有限公司的其他诉讼请求。

📑 案例评析

本案所涉及的法律问题主要是虚假宣传不正当竞争行为的认定。随着当前我国网络和广告文化的盛行，商业宣传在市场竞争的作用日益显著，具有吸引力的商业宣传往往能很好地为经营者开拓市场，从而促进销售。在目前的市场交易中，商业宣传不但是经营者竞争的关键，也在无形中影响着许多消费者对商品的选择。虚假宣传不正当竞争行为作为我国《反不正当竞争法》的主要内容，在网络和广告文化盛行的当前时有发生。对虚假宣传的不正当竞争行为进行详细而明确的规定有利于引导商业宣传的良性健康发展。

一、不正当竞争及虚假宣传不正当竞争行为

不正当竞争是指经营者以及其他有关市场参与者采取违反公平、诚实信用等公认的商业道德的手段去争取交易机会或者破坏他人的竞争优势，损害消费者和其他经营者的合法权益，扰乱社会经济秩序的行为。[1] 不正当竞争行为具有违法性、侵权性、危害性、多样性、隐蔽性、破坏性等特征。实施不正当竞争的主体为经营者，根据《反不正当竞争法》的相关规定，经营者是指从事商品经营或者营利性服务的法人、其他经济组织和个人。对经营者的认定，要坚持法定资格与事实行为相一致的标准。依法领取企业法人营业

---

[1] 王锋主编：《知识产权法学》（第 2 版），郑州大学出版社 2010 年版，第 388 页。

执照或从事营利性活动的是经营者；具有营业执照而未参加工商年审或年审不合格者，或经营期满未再继续领以营业执照或根本就不曾有营业登记，但客观上仍继续从事经营活动的，也是经营者。不正当竞争行为的具体手段行为包括混淆行为、商业贿赂行为、虚假宣传行为、侵犯商业秘密的行为、低价倾销行为、诋毁商誉行为等行为。不正当竞争行为要求行为主体具有主观过错，实施具体的不正当竞争行为，损害其他市场主体的合法权益。同时还要求损害与不正当竞争行为之间具有因果关系。

　　虚假宣传是我国反不正当竞争的一个重要概念，"虚假"是指与实际的情况不符，即包括歪曲事实和凭空捏造事实两种情况。"宣传"是指个人或者团体借助媒体或别的手段表达自己的主张，从而影响受众的一种活动。因此，"虚假宣传"是指企业或者个人借助某种媒介来对自己的产品进行跟实际情况不符合的宣传，这种宣传会给接受它的人造成影响。而作为当今社会上的一种不正当行为，虚假宣传是以歪曲事实、捏造虚构事实或者其他误导性的方式来对商品质量作出和实际情况不符合的宣传。因此，虚假宣传的特点是广告宣传的内容与实际的客观情况不相符。通常来说，对商品作片面的宣传和对比、把科学上还没有做出定论的观点和现象当作事实用于宣传、用歧义的具体语言或者其他一些引人误解的方式来进行商品的宣传，均属于虚假宣传。我国《反不正当竞争法》意义上的虚假宣传主要有虚假宣传、虚假分析、引人误解，其中引人误解是虚假宣传的中心。

二、本案虚假宣传不正当竞争行为的认定

　　《反不正当竞争法》第 11 条规定，经营者不得编造、传播虚假信息或者误导性信息，损害竞争对手的商业信誉、商品声誉，该条款禁止经营者在对其服务进行宣传时，采用虚假描述，从而获得本不应由其获得的经营利益。根据《最高人民法院关于审理不正当竞争民事案件应用法律若干问题的解释》第 8 条对《反不正当竞争法》中的虚假宣传行为的直接解释，若将此处"商品"换为"服务"也符合《反不正当竞争法》的立法本意。[1] 对于引人误解的虚假宣传行为，应当根据日常生活经验、相关公众一般注意力、发生误解的事实和被宣传对象的实际情况等因素进行认定。

――――――――――

〔1〕　唐珺：《市场竞争法与创新战略》，知识产权出版社 2017 年版，第 243 页。

本案中，原告主张被告虚假宣传行为的表现形式主要分为两种：使用与原告游戏中人物相近的 APP 头像和使用虚假的宣传用语。其中，宣传用语主要表现为以下方式："我叫 MT 原班人马打造/配音""我叫 MT 动画原班人马打造""MT 原班人马打造《小小兽人》正式更名《超级 MT》""《小小兽人》与《我叫 MT》动画团队达成战略合作，并正式更名《超级 MT》《我叫 MT》原班人马二次开发《小小兽人》更名《超级 MT》"等。

原告认为，三被告游戏的 APP 头像抄袭了原告游戏《我叫 MT》中的呆贼形象，此种行为会让相关公众误认为被告游戏与原告存在某种关联，误导公众，损害原告的合法权益，构成虚假宣传行为。对于 APP 头像的使用行为，虽然被诉游戏的 APP 头像与原告游戏中"呆贼"形象相近，但被告对于头像的使用行为并不属于通常意义上的宣传行为，因此，上述行为并不构成虚假宣传行为。

对于各被告"我叫 MT 原班人马配音"这一宣传用语的使用，因各被告提交的与配音人员的合同以及配音人员的微博可以初步证明被诉游戏确与动画《我叫 MT》配音人员就游戏配音的事宜进行合作，在无反证的情况下，并不能认为各被告上述行为构成虚假宣传。因此，各被告关于"《我叫 MT》原班人马配音"这一宣传语的使用并不构成虚假宣传的不正当竞争行为。

各被告关于"我叫 MT 原班人马打造/加盟""MT 原班人马打造《小小兽人》正式更名《超级 MT》""《我叫 MT》原班人马二次开发《小小兽人》更名《超级 MT》"等宣传用语的表述会使用户认为被诉游戏系源于《我叫 MT》动漫或游戏，从而导致公众误解，产生混淆，而各被告并未举证证明上述宣传内容为客观事实，因此，各被告的上述宣传构成虚假宣传行为，违反了《反不正当竞争法》第 11 条的规定，构成不正当竞争行为。

第8章

CHAPTER8

网络环境下著作权的法律保护

当今社会，网络已成为人们日常工作、生活、学习中获取信息的主要途径。网络环境中，大部分作品都可以通过数字化手段转换成二进制数码进行存储和传播，人们在使用网上信息的时候往往自觉或不自觉地就侵犯了著作权人的权益。网络在带给人们便利的同时也对著作权的法律保护带来了新的难题。网络环境下侵犯著作权的行为表现出诸多新的特点，其不仅复制简单，成本低廉，而且扩散简单，覆盖面广，通过网络技术进行侵犯著作权的行为能够迅速地通过网络传播到全球，使得对侵犯著作权的行为控制非常艰难，更为重要的是这种重复侵权行为可以简单、迅速地发生。再者，由于网络的虚拟性特点，使得侵犯著作权行为的侵权人和被侵权人的身份常常难以确定，对于侵权行为和后果的认定也存在着一定的难度。

在以数字化技术为核心的网络环境下，著作权的形式、内容、具体制度、法律保护呈现出一系列独特的相互关联的新特征、新发展、新机遇和新挑战。网络环境下著作权保护是当今著作权保护制度中最为重要的内容之一，也是整个知识产权制度在网络时代无法回避的重大问题之一。为使《著作权法》既能合理地保护著作权人的合法权益，鼓励社会创作，同时又能体现出网络获取知识方便、快捷的优点，促进知识的传播，对网络环境下的著作权法律保护进行深入的研究是极其必要的。

43. 通过网络传播有声小说侵害著作权的认定

——咪咕数字传媒有限公司与北京酷我科技有限公司著作权
权属、侵权纠纷案[1]

案情概况

原告：咪咕数字传媒有限公司，住所地：浙江省杭州市西湖区。

法定代表人：张燕鹏，执行董事兼总经理。

委托代理人：张莉军、吕妍，浙江君安世纪律师事务所律师。

被告：北京酷我科技有限公司，住所地：北京市海淀区。

法定代表人：谢国民，董事长。

委托代理人：唐艺，男，该公司员工。

委托代理人：高忠岩，男，该公司员工。

严歌苓，系已出版文学作品《陆犯焉识》的作者。2015年3月20日，严歌苓与北京中作华文数字传媒股份有限公司（简称"中作华文公司"）签订《数字作品合作合同》及《授权书》，约定将上述作品及其数字化产品的信息网络传播权、转授权及维权权利独家授予中作华文公司，有效期自2015年3月24日至2018年3月23日。2015年8月5日，中作华文公司与原告签订《〈陆犯焉识〉独家文学作品著作权许可协议》，将其从作者处获得的案涉作品全部权利授权给原告，有效期自2015年8月5日至2018年3月23日止。获得授权后，原告将案涉作品的有声读物上传至"咪咕听书"平台，供用户下载、收听，案涉作品在原告平台上已连载至"第60章（完）"。2016年，原告发现手机APP"酷我听书"（域名：tingshu. kuwo. cn）未经许可非法上传案涉作品的有声读物供用户下载、收听。用户可通过"酷我音乐"官网的PC端、手机端下载"酷我听书"APP进行收听。域名"kuwo. cn"由被告备案

---

〔1〕 案件来源：浙江省杭州市西湖区人民法院［2016］浙0106民初11732号民事判决书。

登记，网站由被告经营，"酷我听书" APP 详情显示版权归被告所有。在"酷我听书"中搜索案涉作品，结果显示案涉作品有声节目 54 回，收听量达 143 499 人次。原告付出了大量人力、物力和财力通过授权获得案涉作品的著作权并在"咪咕听书"平台上向用户提供有声阅读服务。被告未经许可，在其经营的网站、手机 APP 上公开上传案涉作品有声读物供用户下载、收听，损害了原告的复制权、表演权、改编权、信息网络传播权等著作权权利。原告向浙江省杭州市西湖区人民法院提出诉讼请求，请求判令被告：①立即删除在其经营的手机 APP "酷我听书"上的有声读物《陆犯焉识》；②赔偿原告经济损失 73 000 元、合理费用 11 000 元（公证费 3000 元、律师费 8000 元）；③承担本案诉讼费用。审理中，因被告已删除其手机 APP "酷我听书"上的案涉有声读物，故原告撤回了其第 1 项诉讼请求。

被告辩称：原告并未得到合法授权，严歌苓签名是否真实无法确定，授权链条上的授权期限自相矛盾。原告主张的经济损失过高，应以电子书字数计算。

裁判结果

浙江省杭州市西湖区人民法院依照《中华人民共和国著作权法》第 3 条第 1 项，第 10 条第 1 款第 5、10 项，第 48 条第 1 项，第 49 条；《最高人民法院关于审理著作权民事纠纷案件适用法律若干问题的解释》第 7 条、第 25 条、第 26 条；《中华人民共和国民事诉讼法》第 64 条第 1 款规定，判决如下：

（1）北京酷我科技有限公司于本判决生效之日起 10 日内赔偿咪咕数字传媒有限公司经济损失 15 000 元、合理费用 11 000 元，合计 26 000 元。

（2）驳回咪咕数字传媒有限公司的其他诉讼请求。

案例评析

本案所涉及的法律问题主要是网络环境下的著作权侵权问题。大量留存在网络上的作品和信息为受到著作权保护的客体，由于网络上传播的信息量大，作品属于版权保护的对象，因此著作权受网络影响也是最大的。在复杂的网络环境下，将作品的完整性和保密性保护好，防止著作被非法使用，成了版权所有者面临的问题。本案中，被告未经许可即上传原告享有著作权的有声读物，原告认为是对其著作权的侵犯。

一、网络作品种类及网络著作权保护

数字化技术的发展使网络作品的保护问题出现并受到各国重视。网络作品是指在互联网上传播的符合《著作权法》规定的文学、艺术和科学作品。在理论界，常有把数字化作品和网络作品混用的现象。事实上，网络作品和数字化作品的概念是有区别的。数字化作品的含义更宽泛，所有以二进制编码形式存在的作品都可称作数字化作品。但数字化作品不一定就是网络作品，比如软盘上存储的作品，若不与网络相联结，就不能成为网络作品。实务中认为网络作品主要有以下几种：①多媒体作品。如多媒体游戏和多媒体网页。②数据库。数据库是指由数字符号、图案或者其他信息有机构成的、能以电子或非电子方式访问的集合体。数据库包括传统数据库和电子数据库；③博客（blog 或 weblog），又译为网络日志，是一种通常由个人管理、不定期张贴新的文章以个人作为主体的网站，是一种个人传播自己思想、带有知识集合链接的出版方式。

网络著作权是指著作权人对其创作的受《著作权法》保护的作品在网络传播中所享有的专属权利。在网络中传播的作品主要有两类，即已有作品的数字化形式和直接以数字化形式创作的作品，统称为"网络作品"。与已有传统作品的数字化形式相比，其是直接以数字化形式创作的作品。网络著作权还包括发表权、复制权和发行权等财产权利。在当今时代下，网络著作权的侵权形式中占很大比例的是网络服务者造成的侵权。对于这类侵权形式主要内容为：网络内容提供者对著作权的侵权或者是网络连线服务提供者造成侵权；网站管理者引发的侵权，如网站管理者在日常的工作创作和编辑中，由于各种各样的原因造成侵权事件频发；网络使用者的侵权，其主要的内容便是网络使用者缺乏相关的专业知识，在实际的使用过程中则会造成著作权人的权利受到侵害。

与传统著作权的保护相比，网络著作权的法律保护有以下特点：第一，网络著作权在立法上存在不足之处。在我国的法律中，网络作品和网络著作权均没有做出相关的立法规制。因此，一旦发生侵权事件，在进行审理的过程中便无法可依，只能在著作权法中寻找些相关的权利进行"挂靠"，进而造成司法统一与保护著作人的合法权益相悖。第二，网络著作权侵权案件司法方面存在不足之处。其主要表现在证据方面，包括举证、取证，由于网络环境背景下，著作权侵权事件发生之后，当时的证据会受到破坏或者篡改，进而造成取证困难。第三，网络著作权中权利主体间的信息存在差异。在信息技术高速发展的背景下，不断地涌现了更多的网络作品，在此基础上也大大增加了传播速度，给网络作品造成了重大的影响，而传统的授权许可使用模式也随之发生了转变。网络作品的著作人也从原有的专职写作人员渐渐的走向全名化，使得作者与使用者之间的信息差异度逐渐增大，导致市场交易率降低，使作品的传播和使用受限。

二、文字小说被录制为有声小说的有关权利之性质

涉音频播放平台著作权侵权案件，多表现为被控侵权人未经许可将他人享有著作权的小说（文字）作品，以主播朗读的方式展现的音频文件（声音）向网络用户提供并进行传播。如此一来，要妥当解决有声小说传播的著作权侵权问题，应首先弄清楚一个关键性的问题，即小说文字作品与有声小说之间是什么关系？

文字作品是指以文字形式表现的作品。创作小说的人是该文字作品的著作权人。我国《著作权法》第 10 条规定的著作权人所享有的复制权的定义为，"以印刷、复印、拓印、录音、录像、翻录、翻拍等方式将作品制作一份或多份的权利"。从该定义来看，以朗读（声音）方式对小说（文字）作品进行表演，属于以有声方式对文字作品进行复制的行为。有观点认为，上述行为不属于复制行为，而应被定性为演绎行为。该观点是值得商榷的，理由是，所谓演绎行为是指在保留原作品基本表达的情况下，通过发展这种表达在原作品基础之上创作新作品并加以后续利用的行为，即演绎者必须在原作品的基础上进行独立的创作，而且创作的结果应当符合独创性的要求才能形成演绎作品。演绎行为包括翻译、改编、摄制电影等。从以上论述可见，以有声朗读方式对小说作品进行表演，在这个过程中并不存在朗读者的创作行为，因此该行为不构成演绎行为，而属于复制行为。

弄清楚小说文字作品与有声小说之间的关系后，接着要弄清楚小说作品的著作权人与朗读小说的权利人之间是什么关系？依据《著作权法》的基本原理，对小说（文字）作品以朗读（声音）方式进行表演的人是表演者，表演者对其表演享有表演者权。将朗读小说作品的表演声音进行录制所形成的制品属于录音制品。录制者对该录音制品所享有的权利即为录音制作权。

三、未经许可传播有声小说行为的性质认定

对涉音频播放平台著作权侵权案件，提起诉讼的权利人应弄清楚可能被侵犯的权利的性质，选择符合法律规定的权利，是打赢该类型案件的基础。我国《著作权法》第 42 条规定："录音录像制作者对其制作的录音录像制品，享有许可他人复制、发行、出租、通过信息网络向公众传播并获得报酬的权利；被许可人复制、发行、通过信息网络向公众传播录音录像制品，还应取得著作权人、表演者许可，并支付报酬。"从该条规定来看，如果行为人未经许可将有声小说的录音制品上传到音频播放平台供网络用户在线点播欣赏，有可能侵犯小说（文字）作品著作权人的信息网络传播权，朗读小说作品的人对其表演所享有的信息网络传播权，以及录音制作者对其录音制品所享有的信息网络传播权。如果行为人未经著作权人的许可，自己朗读小说且进行声音录制，并将该录音制品上传到音频播放平台供网络用户在线点播欣赏，这属于侵犯小说（文字）作品著作权人信息网络传播权的行为。能够成为音频播放平台著作权侵权案件中的被控侵权人（被告）可能涉及两方主体：一是网络用户；二是音频播放平台网站的经营者。如果是音频播放平台的经营者未经许可，将他人享有小说作品著作权的有声音频文件，上传到其经营的音频播放平台的服务器上，则该经营者构成《著作权法》上的直接侵权行为。如果是网络用户与音频播放平台未经许可通过分工合作，共同完成对小说有声音频文件的上传和传播行为，二者构成共同侵权，将承担共同侵权的法律责任。如果是网络用户未经许可将他人享有小说作品著作权的有声音频文件，上传到音频播放平台的服务器上，而音频播放平台与之不存在共谋关系，则该网络用户构成《著作权法》上的直接侵权行为。要认定音频播放平台是否构成侵权，则只能从帮助侵权的角度去判断，即满足"有直接侵权行为、在客观上为直接侵权行为提供帮助、行为人在主观上有过错"三个条件时，才可认定音频播放平台的经营者构成帮助侵权。

四、本案被告侵权行为的分析及责任承担

根据《著作权法》的规定，改编权是"改变作品，创作出具有独创性的新作品的权利"，换言之，改编行为是在保留原作品基本表达的基础上通过改

变原作品创作出新作品的行为。[1] 就文字作品而言，其独创性体现在文字表达方式上，而对文字作品的朗读行为不会为作品添加新的独创性成分，属于对作品的表演。将朗读行为进行录音形成录音制品，因被改变的仅仅是文字作品的载体形式，文字表达方式并未改变，故不属于改编行为，实质上系对文字作品的复制。故而，被诉有声读物实为朗读案涉作品并进行录音后形成的录音制品，是对案涉作品的复制。被告在其经营的手机 APP "酷我听书"上提供案涉作品的有声读物，同时包含了复制和信息网络传播两个行为，因未经原告许可，侵犯了原告的复制权、信息网络传播权，应承担停止侵权和赔偿损失的民事责任。

原告主张被告还侵犯了表演权和改编权，因 "酷我听书" APP 上显示案涉有声读物的演讲人为林白，原告未提供证据证明林白与被告之间的关系，难以认定被告实施了朗读行为，故被告不构成对原告的表演权的侵权。如上所述，朗读文字作品并录音形成的有声读物并未改变文字表达方式，不受《著作权法》改编权的控制，故不侵犯原告的改编权。

被告侵犯原告复制权、信息网络传播权的行为，应承担停止侵权和赔偿损失的民事责任。鉴于被告删除了案涉有声读物，原告撤回了要求其停止侵权的诉讼请求。对于赔偿数额，因原告没有证据证明其因侵权所受到的损失或被告因侵权所获得的利益，应综合考虑案涉作品类型、字数、知名度，被告的主观过错，侵权行为的性质、时间、后果等因素来酌情确定。

44. P2P 网络服务提供者间接侵权中过错的认定

——北京慈文影视制作有限公司诉广州数联软件技术有限公司信息网络传播权纠纷案[2]

案情概况

上诉人（原审被告）：广州数联软件技术有限公司。

---

〔1〕 张玲玲、张传磊："改编权相关问题及其侵权判定方法"，载《知识产权》2015 年第 8 期。
〔2〕 案件来源：广东省高级人民法院 [2006] 粤高法民三终字第 355 号民事判决书。

法定代表人：杨飞，董事长。

诉讼代理人：王磊，广东广信律师事务所律师。

诉讼代理人：陈海，广州数联软件技术有限公司职员。

被上诉人（原审原告）：北京慈文影视制作有限公司。

法定代表人：马中骏，总经理。

诉讼代理人：庄舰兵、孙黎卿，均为上海市天闻律师事务所律师。

北京慈文影视制作有限公司（简称"慈文公司"）称，其于 2005 年 11 月 14 日发现广州数联软件技术有限公司（简称"数联公司"）在其经营的网站上（网址为：http://www.poco.cn）向公众提供电影《七剑》的在线播放及下载服务。该网站提供在线播放及下载服务的涉案电影与其拥有著作权的电影作品《七剑》相同，而其从未许可被告通过互联网向公众传播上述作品。数联公司的行为严重侵犯了其权益，并给其造成了重大经济损失。请求人民法院判令数联公司立即停止对其享有的信息网络传播权的侵害，停止提供涉案电影作品的在线播放及下载服务并公开赔礼道歉、赔偿经济损失。

一审判决后，数联公司不服，提起上诉，请求撤销原判，改判驳回慈文公司的全部诉讼请求或将本案发回重审。理由为：①原审判决超出慈文公司的诉讼请求、事实及理由的范围，剥夺了数联公司的抗辩权利。②数联公司没有制作相关页面对《七剑》进行介绍，相关页面上的介绍内容也是由用户自行上载，并通过预定的模式自动生成，数联公司没有参与内容的制作和编辑。③根据国务院《信息网络传播权保护条例》及《最高人民法院关于审理涉及计算机网络著作权纠纷案件适用法律若干问题的解释》第 5 条，只有明知用户通过网络实施侵权，或者经著作权人提出确有证据的警告，但仍不采取移除侵权内容等措施的情况下，才追究网络服务提供者与网络用户的共同侵权责任，数联公司对于用户侵权的事实并不知情。在收到起诉状之后，数联公司就及时屏蔽了 POCO 软件对《七剑》的搜索，并主动删除了相关网页内容，已尽到合理的注意及协助防止侵权的法律义务。④数联公司网站上的作品有上万部，数联公司无法分辨是否每部作品的上传人都有版权。⑤慈文公司没有像其他版权人一样，向数联公司发出版权作品清单，要求予以保护，以致数联公司不能事先屏蔽被控侵权作品的传播。

被上诉人慈文公司答辩称：①数联公司的行为既是提供《七剑》电影作

品供互联网用户下载的行为，也是通过事先设定网页，提供稳定的搜索和链接，供网络用户在网络平台上观看《七剑》的行为。数联公司的行为既是直接侵权，也是通过网络平台帮助实际侵权人实施侵权的间接侵权。②数联公司应该知道未经许可提供他人作品进行网络传播是非法的。综上，请求驳回上诉，维持原判。

[↗] 裁判结果

广东省广州市中级人民依照《中华人民共和国著作权法》第 3 条第 6 项、第 10 条第 1 款第 12 项、第 11 条第 4 款、第 47 条第 1 项、第 48 条，《最高人民法院关于审理著作权民事纠纷案件适用法律若干问题的解释》第 25 条第 2 款、第 26 条的规定，判决如下：

（1）数联公司在判决发生法律效力之日起立即停止对慈文公司电影作品《七剑》之信息网络传播权的侵害。

（2）数联公司在判决发生法律效力起 10 日内一次性赔偿慈文公司经济损失和为本案诉讼支出的合理费用 8 万元。

（3）数联公司在判决发生法律效力起 10 日内在其经营的网站（http://www. poco. cn）首页向慈文公司公开赔礼道歉。

（4）驳回慈文公司其他诉讼请求。

广东省高级人民法院依照《中华人民共和国民事诉讼法》第 153 条第 1 款第 1 项的规定，判决如下：

驳回上诉，维持原判。

[↗] 案例评析

本案所涉及的法律问题主要是网络服务提供者间接侵权中过错的认定。主观上存在过错，即明知或者应知他人正在实施侵权行为仍然予以帮助，是网络服务提供者构成间接侵权的重要要件。对网络服务提供者而言，"应知"是一个理性的、谨慎的、具有网络专业知识的网络服务商应该知道的内容，而非一个不具备网络专业知识的普通人应该知道的内容。

一、数联公司的被控行为不构成直接侵权

面对网络服务提供者侵犯著作权纠纷案件，无论是对于著作权人还是对于法官来说，判断涉嫌侵权的行为是否构成侵权，首先必须弄清楚提供的网络服务内容及采取的相应技术，这是进一步判断涉嫌侵权的行为是否构成侵犯权利人著作权的前提条件。[1]　在传统网络环境下，网络运营商根据其提供网络服务内容的差异，一般可以分为 ICP（网络内容提供商）和 ISP（网络服务提供商）。P2P 软件网络系统作为一种新兴技术，除了作为共享软件的传输平台，还具有多种实质性的用途。比如，共享计算能力，用于搜索引擎、共享信息、数据分散存贮以及在线交互功能等。因此，P2P 软件的多种实质性非侵权功能，不但在互联网中起重要作用，而且还促进了互联网的发展。在网络运营商提供 P2P 软件的网络环境中，P2P 软件用户将受《著作权法》保护的作品上传到其计算机之 P2P 软件划定的"共享目录"中，如该上传行为并未征得著作权人的许可，则该名用户的行为就构成以网络传播的方式侵犯了著作权人的著作权，即侵犯了著作权人的信息网络传播权。理由是，该P2P 软件用户的上传行为，使 P2P 软件的其他用户可以在其选定的时间和地点，通过 P2P 软件下载该作品，从而落入了受著作权人信息网络传播权控制的行为范围，构成侵犯著作权人的信息网络传播权，该侵权行为为直接侵犯著作权的行为。从网络运营商提供 P2P 软件的客观事实来看，其只是为 P2P软件用户提供点对点的信息传播服务，并未直接实施网络传播作品的行为。

　　从本案来看，数联公司通过网络向用户提供 POCO 之 P2P 软件下载服务，凡使用 POCO 软件的用户，必须要输入 POCO 号码及密码后才可登陆。同时，在其网站上为用户提供发布"介绍电影内容的网帖服务区"，并为用户提供搜索电影的下载指引服务，用户只要使用被告提供的 POCO 软件，就可以通过搜索功能找出存储在其他 POCO 软件用户计算机"共享区"中的《七剑》电影，并通过点击下载电影《七剑》。因此，在本案中通过网络上传电影《七剑》的行为不是数联公司所为，而是使用 POCO 软件的某 P2P 用户，是该P2P 用户直接实施了传播电影《七剑》的网络传输行为。数联公司只是为POCO 软件用户传播电影《七剑》的行为提供了网络技术支持，其没有实施侵犯原告《七剑》电影信息网络传播权的直接侵权行为。数联公司如构成对权利人《七剑》电影作品著作权的侵权，其仅可能构成引诱、教唆和帮助直

---

　　[1]　张玲玲："深度链接服务提供者侵犯著作权的司法实践与思考"，载《苏州大学学报（法学版）》2018 年第 3 期。

接侵权行为的间接侵权，该间接侵权的构成必须以被告主观上存在过错为要件，如果被告主观上没有过错，则不构成间接侵权。

二、P2P 网络服务提供者间接侵权中过错的明知或者应知

《民法通则》第 130 条规定："二人以上共同侵权造成他人损害的，应承担连带责任。"《最高人民法院关于贯彻执行〈民法通则〉若干问题的意见》对该条的解释为："教唆、帮助他人实施侵权行为的人，为共同侵权人，应当承担连带民事责任。"《最高人民法院关于审理涉及计算机网络著作权纠纷案件适用法律若干问题的解释》第 3 条规定："网络服务提供者通过网络参与他人侵犯著作权行为，或者通过网络教唆、帮助他人实施侵犯著作权行为的，人民法院应当根据民法通则第 130 条的规定，追究其与其他行为人或者直接实施侵权行为人的共同侵权责任。"国务院《信息网络传播权保护条例》第 23 条规定："网络服务提供者为服务对象提供搜索或者链接服务，在接到权利人的通知书后，根据本条例规定断开与侵权的作品、表演、录音录像制品的链接的，不承担赔偿责任；但是，明知或者应知所链接的作品、表演、录音录像制品侵权的，应当承担共同侵权责任。"根据上述规定，网络服务提供者要构成帮助直接侵权人实施侵权，需要满足以下要件：①直接侵权人从事了直接侵权行为；②存在通过网络提供相关服务帮助他人完成侵权的行为；③主观上存在过错。其中，过错是确定 P2P 网络服务提供者是否承担侵权责任的核心要件，也是人民法院审理侵权案件的主要考虑因素。行为人的行为造成损害并不必然承担侵权责任，必须要看其是否有过错，无过错即无责任。P2P 网络服务提供者间接侵权中，所谓过错，即 P2P 网络服务提供者明知或者应知他人正在实施侵权行为但仍然予以帮助。

所谓明知，是指 P2P 网络运营商明确知道 P2P 用户通过 P2P 软件实施侵犯他人著作权的行为，但仍不采取措施以消除侵权后果。在司法实践中，认定 P2P 网络运营商构成明知有两种证明标准：一是 P2P 网络运营商自认其知道 P2P 用户实施侵犯著作权的行为，但其未采取措施消除 P2P 用户的这种行为，此为自认的明知；二是根据"通知—删除"规则，如著作权人向 P2P 网络运营商发出确有证据的警告后，P2P 网络运营商仍未采取措施消除 P2P 用户的网络侵权行为，可以认定该 P2P 网络运营商构成明知的过错，此为推定的明知。就本案来看，被告自始至终不承认其知道有 P2P 用户实施直接侵犯

原告《七剑》电影作品著作权的行为。同时，本案原告在提起诉讼前，亦未向被告发出确有证据的侵权警告。因此，根据上述明知的标准，无法认定被告存在"明知"的过错。

所谓应知，是指根据 P2P 网络运营商的预见能力和预见范围，如果其应当预见到 P2P 软件用户存在实施侵犯他人著作权的行为，但由于其未尽到"合理理性人"的谨慎和注意义务，导致损害后果发生或扩大的，就应当认定该 P2P 网络运营商存在过错。此种认定过错的标准，类似于美国判例法中的"红旗标准"和"鸵鸟政策"规则，即当网络系统中存有侵权材料，或被链接的材料之侵权事实已经像一面鲜亮的红旗在网络服务商面前公然飘扬，以至于处于相同情况下的理性人能够发现时，如果网络服务商采取"鸵鸟政策"，像一头鸵鸟那样将头深深埋入沙子之中，装作看不见侵权事实，则同样能够认定网络服务商至少"应当知晓"侵权材料的存在。

三、本案数联公司存在"应当知道"的主观过错

从本案事实来看，对《七剑》进行宣传的相关网页和《七剑》"搜索结果"网页，均存在于数联公司网页和网络服务器中，数联公司用人工方法就可以浏览到这些内容。其次，《七剑》于 2005 年 7 月 29 日在中国首次公映，被控侵权行为发生于 2005 年 11 月 14 日，距该电影公映仅仅三个多月时间。数联公司作为一个"致力于美食、摄影、电影、音乐、交友、网志等横向的互动内容扩展"经营的专业网站，凭借通常的理性，应当知道此时《七剑》的版权人不会许可任何网站或者个人免费提供其投入巨资摄制的电影供网络用户下载。再者，数联公司明确知道自己所提供的点对点（P2P）软件在用以下载大容量的电影等文件方面的便捷、快速和高效。其在 POCO 网站宣传"POCO 资源推荐中心页面带你进入百万网友齐共享的世界，你能下载电影、音乐、动漫、游戏、摄影、美食等精彩资源"，"我们的服务，永远免费"，"以上资源，一律免费"。同时，大部分网络用户在信息网络上交换电影等作品数据时，往往最希望获取的是那些投入市场不久的所谓"热门电影"作品，而这些作品往往是处于著作权保护期内的、未经许可传播的作品，而非已经进入了公有领域的作品。因此，作为一个理性、专业、谨慎的网络服务提供商，数联公司应当知道点对点（P2P）软件的效用、其上述宣传用语以及网络用户对作品类型、时间的需求三者相结合，很容易引发大量未经许可传播

他人作品的行为发生。因此，数联公司存在"应当知道"的主观过错。

数联公司在上诉中辩称，其网站上的作品有上万部，网站同时在线人数高达 50 余万人，庞大的用户群通过网站交换随时变化的海量信息，数联公司没有能力对这些内容的版权合法性进行"事先"审查。在网络环境下，网络服务商的"事先"审查监控义务应与其能力相匹配，著作权人应当"事先"及时通知数联公司以避免侵权发生。对此问题，我们应该看到，首先，对《七剑》进行宣传的相关网页和《七剑》"搜索结果"网页，均存在于数联公司网络系统的主服务器中，从慈文公司起诉之后数联公司移除相关内容、断开链接的行为来看，数联公司处于可以尽量避免或者及时制止直接侵权行为发生的地位。第二，POCO 网站为网络用户提供免费服务，换取用户量的增加和点击率的提高。而用户量的增加和点击率的提高，必然使网站的广告收入增加。虽然 POCO 网站上的作品有上万部，网站同时在线人数高达 54 万余人，庞大的用户群通过网站交换随时变化的海量信息，使数联公司的"注意"变得异常困难确属事实。但作为著作权人，同样也要面对这一现状。依靠经营 POCO 软件及其相关网络服务获得收益，同时又具有能力避免或者制止直接侵权行为的网络服务商，与著作权人相比，前者显然更有能力控制和减少"事先"侵权行为的发生。两者相权衡，从权利和义务，能力和责任相一致出发，将对网络用户的传输内容"事先"进行注意的义务赋予数联公司，则显得更为公平。因此，数联公司不计后果地为网络用户提供点对点（P2P）软件及 BBS、搜索及链接等一整套服务，也没有采取任何技术措施防止或减少他人利用其服务进行侵权的行为发生，不符合一个理性、谨慎的专业网络服务提供商的行为准则，其主观上存在过错，与直接侵权人构成共同侵权，应承担侵害他人财产的赔偿责任。

在网络环境下，面对众多的互联网用户侵犯版权的行为，网络服务商应当与版权人一道来共同阻止网络侵权行为的发生，网络服务商作为网络看门人，其应以"合理理性人"的注意标准来履行该义务，否则将承担相应的法律责任。[1]

---

〔1〕 郝卓然："P2P 软件终端用户的版权责任研究——兼论 P2P 技术对传统版权理念的冲击"，载《山东社会科学》2008 年第 2 期。

45. 网络环境下著作权侵权中网络交易平台提供者的特殊性

——中国友谊出版公司诉浙江淘宝网络有限公司等侵犯专有出版权纠纷案*

📑 案情概况

上诉人（原审被告）：浙江淘宝网络有限公司。

法定代表人：马云，董事长。

委托代理人：马某，北京君泰律师事务所律师。

委托代理人：师某，北京君泰律师事务所律师助理。

被上诉人（原审原告）：中国友谊出版公司。

法定代表人：王东升，总经理。

委托代理人：夏某，北京富顿律师事务所律师。

原审被告：杨海林。

中国友谊出版公司享有在中国大陆范围内以图书形式出版《盗墓笔记 4》的专有权利。中国友谊出版公司发现杨海林以明显不合理的低价，通过开设在淘宝网上的网店销售《盗墓笔记 4》。中国友谊出版公司认为，杨海林所销售的涉案图书系盗版图书，其行为侵犯了中国友谊出版公司享有的专有出版权。淘宝网公司作为提供交易服务平台的主体，对在其网上销售的涉案图书及销售主体资格未尽到合理的审查义务，且对以明显低于市场价格销售图书的信息未尽到及时删除的义务，为非法销售盗版图书提供了渠道和便利，已经参与到杨海林的侵权环节之中，与杨海林构成共同侵权，应承担连带责任。故诉至法院，请求判令杨海林与淘宝网公司：①停止侵权行为，在公开发行的媒体上赔礼道歉，消除影响；②赔偿中国友谊出版公司经济损失 20 万元；③支付中国友谊出版公司为制止侵权行为所支付的合理费用 24 000 元；④承担本案诉讼费用。

一审判决后，淘宝网公司不服提起上诉，请求撤销原审判决，改判淘宝

　＊案件来源：北京市第二中级人民法院［2009］二中民终字第 15423 号民事判决书。

网公司不构成侵权。

裁判结果

北京市东城区人民法院一审法院依照《中华人民共和国著作权法》第30条、第47条第2项、第48条，《最高人民法院关于审理著作权民事纠纷案件适用法律若干问题的解释》第19条，《最高人民法院关于审理涉及计算机网络著作权纠纷案件适用法律若干问题的解释》第3条、第4条之规定，判决如下：

（1）被告杨海林、淘宝网公司于本判决生效之日起30日内赔偿原告中国友谊出版公司经济损失2000元。

（2）驳回原告中国友谊出版公司其他诉讼请求。

北京市第二中级人民法院依照《中华人民共和国民事诉讼法》第153条第1款第3项，《中华人民共和国民法通则》第130条，《中华人民共和国著作权法》第10条第1款第6项、第30条、第47条第2项、第48条，《最高人民法院关于审理著作权民事纠纷案件适用法律若干问题的解释》第19条的规定，判决如下：

（1）撤销北京市东城区人民法院［2009］东民初字第2461号民事判决；

（2）杨海林于本判决生效之日起10日内赔偿中国友谊出版公司经济损失2000元；

（3）驳回中国友谊出版公司的其他诉讼请求。

案例评析

本案所涉及的法律问题主要是网络环境下著作权侵权中网络交易平台提供者的特殊性。随着网络技术的高速发展，网络的应用也越来越普遍和深入到社会的各个方面。与此相应地，涉及网络的纠纷当然也日渐增多和复杂了。其中，网络著作权侵权纠纷在司法实践中呈现出数量大、类型多以及在技术和法律两个方向日趋复杂化的特点。值得注意的是，在当前的网络著作权侵权纠纷案件的司法实践中，在一定范围内和一定程度上出现了案件的定性标准不一致的情况。其核心问题就在于如何看待网络环境下著作权侵权中网络交易平台提供者的特殊性问题。

一、网络环境下著作权侵权的归责原则及技术中立原则

由于网络技术本身具有广泛联结、任意联结、自由联结的特点，[1] 计算机网络具有信息传播"阶段性"或"层次性"的特点，处于不同阶段或层次的主体对于完成信息传播整体过程的"贡献"不同，他们的权利义务也因此不同。因此，网络环境的使用方式与非网络环境（或称传统环境）的使用方式相比，具有多个传播主体、多个传播主体处于不同"层次"、多个传播主体一般并无共同故意的特点。这一特点主要体现为：在网络上传播作品，往往需要通过不同传播层级的多个互联网信息服务提供者，且他们相互之间通常没有共同意思联络。对于网络服务提供者的侵权问题而言，主要应适用过错责任原则，特殊情况应适用过错推定原则，不适用无过错责任原则，而公平责任原则只是一种侵权损害赔偿规则而非侵权归责原则。过错推定原则的构成要件与过错责任原则并无不同，仍为损害事实、违法行为、因果关系和主观过错四个要件。[2] 关于主观过错的成立问题，应当以"合理注意义务"为判断标准。而互联网内容提供者的"合理注意义务"应区分不同情况，考虑一般网民的认知水平和专业网络公司的认知水平予以确定，但应轻于出版社的"合理注意义务"。其范围通常包括作品的内容与署名是否存在明显的矛盾，作品的权利人与作品提供者是否一致或作品提供者是否取得权利人的许可等内容。

在《著作权法》中，技术中立原则也被称为"实质性非侵权用途原则"，其含义为被告提供的某种商品或服务同时具有合法和非法用途，则可以免除其侵权责任。虽然技术中立原则规定的是被告承担侵权责任的情形，但在网络著作权侵权纠纷的司法实践中，该原则通常被用于被告主张其不应承担侵权责任的抗辩主张。同时，该原则经常使法官在心证形成过程中过分关注于对被告特定经营模式（服务模式）的评价，而非特定行为的评价。事实上，正确理解和运用技术中立原则，必须看到，技术中立原则并非只考虑用途，

---

〔1〕　马新彦、姜昕："网络服务提供者共同侵权连带责任之反思——兼论未来民法典的理性定位"，载《吉林大学社会科学学报》2016 年第 1 期。
〔2〕　冯术杰："论网络服务提供者间接侵权责任的过错形态"，载《中国法学》2016 年第 4 期。

它还有其他的构成要件，其中最重要的就是过错。[1] 对网络服务提供者考察的重点不应是用途，而是过错；不应是一般意义上的过错，而是具体意义上的过错；不应是特定经营模式（服务模式）意义上的过错，而是特定行为意义上的过错。这里的过错应当具有个案的特定性、针对性和具体性。在网络著作权侵权纠纷中，过错的认定往往表现为对于明知、应知的认定。

三、本案淘宝网作为网络交易平台提供者的特殊性

在本案中，淘宝网公司作为网络交易平台的提供者，不同于将市场内的柜台、摊位等经营场所出租给租户用以批发或者零售商品，以收取租金，并对整个市场进行经营管理的市场主体，即市场经营单位。首先，二者涉及的商品类别不同：淘宝网涉及的商品数量巨大、类别繁多，除法律、行政法规明确禁止流通和限制流通的商品外，其他商品均可以通过网络交易平台进行流通；而现实中确定的一个市场只能根据有关部门的审批进行某些特定类别商品的流通，商品数量亦十分有限。其次，二者涉及的卖家情况不同：网络交易平台的卖家分为个人卖家和商家卖家，其中个人卖家数量巨大、情况复杂，既有个体工商户经营也有个人销售自有物品的情况；而现实市场的卖家则必须为符合相关规定的市场经营者，卖家数量亦十分有限。最后，二者所负的审查范围及相应的审查内容不同。淘宝网对于商家卖家的审查内容包括企业法人营业执照、营业执照、个体工商户营业执照等材料。对于个人卖家，由于目前法律、行政法规中并无具体、明确的规定要求网络交易平台的提供者负有区分各种情况的义务，故仅审查个人卖家的真实姓名和身份证号码即可。而现实中的市场经营者则需对于其全部的卖家审查其企业法人营业执照、营业执照、个体工商户营业执照等材料。淘宝网公司作为网络交易平台的提供者，对于作为个人卖家的杨海林的真实姓名和身份证号码进行了核实。

本案中，由于目前法律、行政法规中并无具体明确的规定要求网络交易平台的提供者负有区分各种情况的义务，故淘宝网并未要求杨海林提供其具有经营资质方面的证明没有违反相关规定。淘宝网公司关于其不具有审查个人卖家的法定义务和审查能力、无法界定和判断个人卖家是否具有经营目的、

---

〔1〕 何培育、刘梦雪："技术中立原则在信息网络传播权保护领域的适用"，载《重庆邮电大学学报（社会科学版）》2017 年第 3 期。

已尽合理的主体审查义务的主张，于法有据。

技术中立原则具有鼓励技术发展、平衡各方利益和增进社会福祉的作用，但孤立地强调技术中立原则就可能给利用新技术侵权披上一件合法的外衣，进而损害社会秩序和公共利益。司法审判在个案层面上应当更加关注于具体行为的合法性问题，而非经营模式（服务模式）的合法性甚至合道德性问题。在司法政策层面，采用的过错判断标准应使社会上大部分网络服务者能够进入"避风港"，而不是相反，这样才能更有利于保障法律的权威性和有效性，增强司法对社会的引导作用和能动作用。

46. 网络游戏画面的作品属性及其权利保护

——广州网易计算机系统有限公司诉广州华多网络科技有限公司侵害著作权及不正当竞争纠纷案[1]

📑 案情概况

原告：广州网易计算机系统有限公司，住所地：广东省广州市天河区。
法定代表人：丁磊，该公司执行董事。
委托诉讼代理人：周洁、许慧娟，均为该公司职员。
被告：广州华多网络科技有限公司，住所地：广东省广州市天河区。
法定代表人：李学凌，该公司总经理。
委托诉讼代理人：赵烨、丁亮，均为北京德恒律师事务所律师。

"梦幻西游"是广州网易计算机系统有限公司（简称"网易公司"）一款超过十年的游戏，网易公司拥有该款游戏的计算机软件著作权。而且，该款游戏中全部人物、场景、道具形象属美术作品，游戏过程中的音乐属音乐作品，游戏的剧情设计、解读说明、活动方案属文字作品，该款游戏运行过程呈现的连续画面属于以类似摄制电影创作方法创作的作品，网易公司同样享有上述作品权利。在国内外同类直播平台直播游戏需经游戏公司授权许可

---

〔1〕　案件来源：广州知识产权法院［2015］粤知法著民初字第 16 号民事判决书。

并付费，已是成熟的商业模式。涉案的该款游戏是同时在线人数最多的网络游戏，在普通大众和游戏用户中具有广泛的影响力。从 2012 年起，广州华多网络科技有限公司（简称"华多公司"）经营的 YY 直播网站（www. yy. com；yy. tv）和 YY 语音客户端上进行"梦幻西游"游戏内容直播、录播或者转播服务。华多公司召集、签约大量的游戏主播，并提供非法注入游戏客户端的代码程序或者动态屏幕截取的工具给这些游戏主播，供其抓取游戏内容。同时提供 YY 直播网站和 YY 语音客户端平台，供这些游戏主播在该平台上以直播、录播或者转播的方式传播该款游戏内容，还通过出售虚拟道具、发布广告等方式牟取了巨额利益。华多公司提供游戏直播的工具和平台，以利益分成的方式召集、签约主播进行该款游戏内容直播，并以此牟利，侵害了网易公司的著作权。经多次书面发函、口头交涉，华多公司不予理会，反而煽动主播人员对抗网易公司。华多公司得知无权使用该款软件后，仍然继续使用，利用网易公司关于该款游戏的市场竞争优势为其带来利益，同时构成不正当竞争。网易公司在开发原创游戏道路上付出了大量精力，耗费了巨大成本。华多公司窃取了网易公司的原创果实，极大地损害了网易公司的合法权益，分流网易公司的用户，给网易公司带来巨大损失。为维护其合法权益，网易公司向人民法院提起诉讼，要求：①华多公司停止通过非法代码注入客户端或者动态截取屏幕内容等方式录制和抓取"梦幻西游"游戏内容之侵害著作权行为和不正当竞争的行为。②华多公司停止通过 YY 游戏直播网站（现已更名为虎牙直播）或 YY 语音客户端等平台，以直播、录播、转播等任何方式传播"梦幻西游"游戏内容之侵害著作权行为和不正当竞争的行为。③华多公司赔偿网易公司经济损失及合理费用共 10 000 万元。④华多公司连续 30 日在网易网站（www. 163. com）、YY 直播以及游戏直播网站（www. yy. com；yy. tv）、新浪网站（www. sina. com）、腾讯网站（www. qq. com）等网站首页发布道歉声明，向网易公司赔礼道歉。

华多公司辩称：请求驳回网易公司的全部诉讼请求。

裁判结果

广州知识产权法院根据《中华人民共和国侵权责任法》第 15 条第 1 款第 1 项、第 6 项和第 2 款，《中华人民共和国著作权法》第 3 条第 6 项、第 9 条、第 10 条第 1 款第 17 项、第 11 条、第 22 条、第 47 条第 11 项、第 49 条第 1

款,《中华人民共和国著作权法实施条例》第 4 条第 11 项,《最高人民法院关于审理著作权民事纠纷案件适用法律若干问题的解释》第 25 条、第 26 条,判决如下:

(1)从本判决发生法律效力之日起,被告广州华多网络科技有限公司停止通过信息网络传播电子游戏《梦幻西游》或《梦幻西游2》的游戏画面。

(2)从本判决发生法律效力之日 10 日内,被告广州华多网络科技有限公司赔偿广州网易计算机系统有限公司经济损失 2000 万元。

(3)驳回原告广州网易计算机系统有限公司的其他诉讼请求。

📲 案件评析

本案所涉及的法律问题主要是网络游戏画面的作品属性及其权利保护问题。网络游戏产业作为新兴产业蓬勃发展,亟待立法与司法的保护。网络游戏画面的作品属性认定是大多数网络游戏著作权侵权案件需要解决的。

一、网络游戏画面的作品属性

著作权也称版权,是指作者及其他权利人对文学、艺术和科学作品享有的人身权和财产权的总称。著作权要保护的是思想的表达形式,而不是思想本身,在保障私人财产权利益的同时,须兼顾文明的累积与知识的传播。[1]《著作权法》第 3 条规定:“本法所称的作品,包括以下列形式创作的文学、艺术和自然科学、社会科学、工程技术等作品:(一)文字作品;(二)口述作品;(三)音乐、戏剧、曲艺、舞蹈、杂技艺术作品;(四)美术、建筑作品;(五)摄影作品;(六)电影作品和以类似摄制电影的方法创作的作品;(七)工程设计图、产品设计图、地图、示意图等图形作品和模型作品;(八)计算机软件;(九)法律、行政法规规定的其他作品。”其中,电影作品和以类似摄制电影的方法创作的作品,是指摄制在一定物质上由一系列相关联的画面或加上伴音组成并且借助机械装置能放映、播放的作品,它包括故事片、科教片、美术片等。电影是一种特殊作品,它是由众多作者创作的综合性艺术作品,如由小说作者、将小说改编成剧本的作者、将剧本改编成“分镜头剧本”的作者(导演)、拍摄影片的摄影作者、配曲配调的词曲作者、美工设计的作

---

〔1〕 杨巧主编:《知识产权法学》,中国政法大学出版社 2016 年版,第 32~36 页。

者等共同创作合成的。"以类似摄制电影的方法创作的作品",是以拍摄电影方式制作的电视片、录像片,即如同拍摄电影那样由诸多作者共同创作,并以拍摄电影的步骤制成的电视片、录像片,其和电影一样属于作品。而复制性的录制他人报告、讲学等而制作的电视片、录像片,如电视台制作先进人物报告会的电视片、录像片,电视大学制作某教授讲课的录像片等不属于作品。

本案中,涉案电子游戏是一款在线的、多人参与互动的在线网络游戏,用户登入后可按照游戏的规则支配其中的角色参与互动,游戏过程具有互动性,可有对抗性。经审查,这种游戏的核心内容可分为游戏引擎和游戏资源库,前者是由指令序列组成的计算机软件程序,后者是各种素材片段组成的资料库,含有各种音频、视频、图片、文字等文件,可以视为程序、音频、视频、图片、文档等的综合体。涉案电子游戏由用户在终端设备上被登入、操作后,游戏引擎系统自动或应用户请求,调用资源库的素材在终端设备上呈现,产生了一系列有伴音或无伴音的连续画面。就其整体而言,这些画面以文学作品《西游记》中的情节梗概和角色为引,展示天地间芸芸众生"人""仙""魔"三大种族之间发生的"门派学艺""斩妖除魔"等情节和角色、场景,具有丰富的故事情节、鲜明的人物形象和独特的作品风格,表达了创作者独特的思想个性,且能以有形形式复制,与电影作品的表现形式相同。考察这种游戏的创作过程,是在游戏策划人员进行故事情节、游戏规则等进行整体设计,以及美工对游戏原画、场景、角色等素材进行设计后,程序员根据需要实现的功能进行具体代码编写后形成的。此创作过程综合了角色、剧本、美工、音乐、服装设计、道具等多种手段,与"摄制电影"的方法类似。因此,涉案电子游戏在终端设备上运行呈现的连续画面可认定为类似摄制电影的方法创作的作品。

二、本案网络游戏画面作品的权利保护

网络游戏属于作品在理论与实务届早已达成共识,但其究竟属于《著作权法》规定的何种作品,以及在实务中运用何种方式去保护依旧存在着争论。就其本质而言,网络游戏属于计算机软件作品。但从构成其整体的具体元素看,游戏运行过程中呈现的人物、场景、道具因其符合《著作权法》上的独创性而属于美术作品,相关游戏音效、背景音乐可构成音乐作品,游戏运行

过程中出现的剧情描述、对话内容等则可构成文字作品。[1] 而在具体的司法实践中，传统的思维也大多限制在对上述游戏中的具体元素进行分类保护模式。但由于分类保护存在一定的限制，且实践中出现了越来越多以整体保护相关客体的要求，在现有的司法实践发展中，法院也渐渐根据需要将游戏画面当作类电作品给予整体保护。这也说明网络游戏的保护已经逐渐从单独的分类保护向整体保护转变。该案判决将涉案游戏整体画面认定为类电影作品符合相关认知与发展趋势，从侧面也能反映出其已逐渐为实务与理论界所接受。

本案中，作为"综合体"的涉案电子游戏，其存在的基本形式是计算机软件。涉案电子游戏的核心内容包括游戏引擎和游戏资源库，经由用户在终端设备上操作后，引擎系统调用资源库的素材在终端设备上呈现，产生一系列有伴音或无伴音的连续画面，这些画面表达了创作者的思想个性，且能以有形形式复制，此创作过程与"摄制电影"的方法类似，因此涉案电子游戏在终端设备上运行呈现的连续画面可认定为类电影作品，用户在其形成过程中无著作权法意义上的创作劳动，该作品的"制片者"应归属于游戏软件的权利人。从华多公司经营的直播平台上对涉案电子游戏运行的显示情形看，直播窗口主要是显示游戏的连续画面，基于用户操作游戏所需，间或显示游戏过程中的功能设置和选择页面，有的还以小图形式在显示屏边角显示主播人。可见，涉案电子游戏在被用户操作、运行过程中呈现的连续画面被通过信息网络实时播放出来，为网页的观看者所感知，这种行为侵害了网易公司对其电子游戏呈现画面作为类电影作品的著作权。

我国《著作权法》所包含的著作权具体权项包括发表权、署名权、修改权、保护作品完整权、复制权、发行权、出租权、展览权、表演权、放映权、广播权、信息网络传播权、摄制权、改编权、翻译权、汇编权及应当由著作权人享有的其他权利，共 17 项。此外，著作权人可以许可他人行使、全部或者部分转让其享有的著作权财产权利，并依照约定或者《著作权法》有关规定获得报酬。本案侵权人侵害的权利人的何种著作权呢？具体而言，与本案可能相关联的是放映权、广播权和信息网络传播权。首先，放映权，即通过放映机、幻灯机等技术设备公开再现美术、摄影、电影和以类似摄制电影的

---

〔1〕　江波：《虚拟财产司法保护研究》，北京大学出版社 2016 年版，第 103~107 页。

方法创作的作品等的权利，本案中的侵权行为是用户在线参与游戏系统操作后呈现画面的传播，不属于通过放映机、幻灯机等技术设备公开再现类电影作品范畴，即不属于放映权调整的范围。其次，广播权，即以无线方式公开广播或者传播作品，以有线传播或者转播的方式向公众传播广播的作品，以及通过扩音器或者其他传送符号、声音、图像的类似工具向公众传播广播的作品的权利，本案中的侵权行为是通过信息网络实时传播，不属于以无线方式公开广播或传播、以有线传播或转播方式向公众传播广播、以扩音器或类似工具向公众传播广播，即不属于广播权调整的范围。最后，信息网络传播权，即以有线或者无线方式向公众提供作品，使公众可以在其个人选定的时间和地点获得作品的权利，本案中的侵权行为通过实时的信息流传播作品，公众无法在其个人任意选定的时间获得作品范畴，即不属于信息网络传播权调整的范围。因此，它不属现行《著作权法》所列举的"有名"之权利。

《著作权法》第 10 条第 1 款明确列举了 16 项具体权利，但用列举的方法是不能穷尽著作权人的权利的。同时，作品的新的使用方式层出不穷，无论如何都是列举不全的。理论上讲，作品有多少种使用方式，作者就有多少种权利。著作权立法有一个一般原则，凡是没有进行明文限制，其权利归作者。因此，各国著作权法对作者权利的规定都是开放式的，不限于明文列举的项目。采用列举式，是为了更加明确作者权利，便于适用法律，未列举的并不表明作者没有这些权利。因此，《著作权法》第 10 条第 1 款第 17 项作为兜底条款，规定了应当由著作权人享有的其他权利。本案中，网易公司所享有的权利可归入"应当由著作权人享有的其他权利"。与此相对应，涉案的侵权行为是信息网络环境中针对在线网页浏览者的作品新类型传播行为，也不属现行著作权法所列举的"有名"之侵权行为，可归入"其他侵犯著作权的行为"。

第9章 CHAPTER9

著作权法律保护的其他问题

　　著作权是一种排他性权利，只能由权利人行使。而对文学、艺术和科学作品著作权的保护，不仅是尊重作者人格、维护作者利益的客观要求，也是推动社会主义精神文明、物质文明建设，促进社会主义文化和科学事业发展与繁荣的前提条件。

　　随着著作权制度的不断发展，新的作品类型不断出现，著作权各种权能也不断丰富，著作权形成了丰富而复杂的体系。特别是随着互联网和新媒体技术的发展，经济基础的不断提高，文化内容的积累，先进科学技术的推动和法律制度的不断丰富，著作权实现了社会功能结构的分化。而去中心化的网络技术发展，为权利的转换提供了动力源泉，从而使以开放共享为特征的新型著作权保护体系得以衍生，满足了市场和时代的需求。这也使得著作权的法律保护不但涉及精细繁多的技术规范，还涉及取舍难断的价值考量。面对著作权丰富而复杂的体系，对著作权司法适用的研究是一个系统工程，除了前面的几个方面以外，还涉及诸多方面的问题需要我们关注和研究。

47. 作品名称的著作权保护

——赵继康与曲靖卷烟厂著作权侵权及不正当竞争纠纷案*

📲 **案情概况**

上诉人（原审原告）：赵继康（英文名 CHI KANG CHAO，笔名季康），美国籍，女，作家。

委托代理人：朱妙春，上海市天宏律师事务所律师，一般诉讼代理。

委托代理人：李海燕，云南袁野律师事务所律师，一般诉讼代理。

上诉人（原审被告）：曲靖卷烟厂。住所地：云南省曲靖市大坡寺。

法定代表人：魏剑，该厂厂长。

委托代理人：宋笛，云南实力律师事务所律师，特别授权代理。

委托代理人：李建明，云南大学法律服务所法律工作者，特别授权代理。

1958 年为完成国庆十周年献礼，赵季康和王公浦接受指派创作了电影文学剧本《五朵金花》，作品署名为季康、公浦。该剧本被拍摄成同名电影于 1959 年公映。1983 年，曲靖卷烟厂以"五朵金花"为名向国家商标局申请香烟商标注册，"五朵金花"牌香烟生产销售至今。赵季康认为，云南省曲靖卷烟厂未经其允许，使用并注册"五朵金花"商标，侵犯了其作为剧本作者的著作权，向法院提起诉讼，要求曲靖卷烟厂立即停止侵权、赔礼道歉。

一审判决后，赵继康与曲靖卷烟厂均不服，提出上诉。赵继康的上诉理由是：一审程序严重违法、适用法律错误，导致判决结果错误。请求二审法院依法撤销原判，依法确认曲靖卷烟厂侵犯其著作权；判令曲靖卷烟厂停止侵害，公开其近年"五朵金花"香烟的赢利总额，以合理的百分比向其补偿，并与其签订许可使用合同；判令曲靖卷烟厂承担本案的全部诉讼费用。曲靖卷烟厂上诉称，一审判决结果正确，但在认定事实和适用法律上存在错误。

---

* 案件来源：云南省高级人民法院［2003］云高民三终字第 16 号民事判决书。

表现在两方面：①本案争议的《五朵金花》电影剧本的著作权人是国家，一审认定赵继康享有该剧本的著作权错误；②本案已经超过诉讼时效。请求二审法院在维持原判判决结果的基础上确认该剧本的著作权归属于国家，并判令赵继康承担本案的全部诉讼费用。

⤤ **裁判结果**

云南省昆明市中级人民法院认为，赵季康要求确认曲靖卷烟厂生产"五朵金花"牌香烟的行为侵犯其合法权利，并应承担相应民事责任的诉讼请求无法律依据。据此判决：

驳回赵继康的诉讼请求。

云南省高级人民法院根据《中华人民共和国民法通则》第 146 条第 1 款，《中华人民共和国著作权法》第 11 条、第 16 条，《中华人民共和国〈著作权法〉实施条例》第 2 条，《最高人民法院关于审理著作权民事纠纷案件适用法律若干问题的解释》第 28 条，《中华人民共和国反不正当竞争法》第 1 条、第 2 条第 2 款、第 3 款，《中华人民共和国民事诉讼法》第 153 条第 1 款第 1 项，《最高人民法院关于适用〈中华人民共和国民事诉讼法〉若干问题的意见》第 184 条之规定，判决如下：

驳回上诉，维持原判。

⤤ **案例评析**

本案所涉及的法律问题主要是作品名称能否受法律单独保护的问题。作品名称是作品整体的象征性概括，一部作品有一个好的名称，能够引导欣赏者更进一步地了解作品的思想内涵。无论哪一种作品表现形式，其名称都非常重要性。司法实践中，作品名称能否独立受《著作权法》保护一直是一个很有争议的问题。

一、作品名称能否单独受著作权法保护的争议

《著作权法》保护的作品是指在文学、艺术或者科学领域内具有独创性并能以某种有形形式复制的智力成果，它体现了人的综合理念，是人的主观情感、观点的客观化。《著作权法》对这种体现人的综合理念的作品往往是以整体的形式予以保护的，并未明确说明作品名称是否受到著作权法的保护。学界关于作品名称能否单独受《著作权法》的保护是存在争议的：

一种观点认为，作品名称不应受到《著作权法》的单独保护。主要理由是：《著作权法》保护的对象是作品，作品名称不是一个独立的作品，而仅是作品的组成部分之一，因此不能单独作为著作权的客体；具有独创性是构成作品的前提条件，一般的作品名称并不具有独创性，即使法律保护具有极少数具有独创性的作品名称，但对其独创性的认定也是审判实务中难以操作的一个环节；如果作品名称受法律保护，那么必将不能在其他领域使用，这是对我国语言文化的割裂，不利于文化的传播和发展；作品名称常常涉及商业竞争，对于作品名称的侵犯，尤其是知名作品，应当由《反不正当竞争法》来调整；域外知识产权法律体系发达的英美法系国家对作品名称不提供《著作权法》的保护。

另一种观点认为，作品名称应当受《著作权法》的单独保护。主要理由是：我国《著作权法》虽没有对作品名称进行保护的直接规定，但存在相关的间接性规定，如《著作权法》第10条第4项的"保护作品完整权"就包含不得歪曲、篡改、删略作品名称的含义；作品名称不仅具有避免作品之间不相混淆的作用，好的作品名称对作品本身往往具有画龙点睛的作用，而且这类作品名称常常耗费作者的大量心血；《著作权法》第5条规定："本法不适用于（一）法律、法规，国家机关的决议、决定……"对此作除外解释，即凡不属于本条款列举的对象，均可以适用本法，因此作品名称当然受到《著作权法》的保护；域外法国、西班牙等国家均有用《著作权法》对独创性的作品名称进行保护的先例。

二、本案作品名称不能单独受著作权法保护的分析

本案中，电影文学剧本《五朵金花》的名称不能单独受我国《著作权法》保护。原因在于：①《著作权法》保护的对象是作品，所谓作品，是指文学、艺术和科学领域内，具有独创性并能以某种有形形式复制的智力创造成果，而作为一部《著作权法》意义上的文学作品，是指用文字表达意见、知识、思想、感情等内容的具有独创性的文学创作成果。就本案而言，电影文学剧本《五朵金花》是一部完整的文学作品，但仅就"五朵金花"四字而言，并不具备一部完整的文学作品应当具备的要素。首先，该词组由一个数量词"五朵"和一个名词"金花"组成，不能独立表达意见、知识、思想、

感情等内容；其次，在云南，"金花"作为白族妇女的称谓古已有之，并非原告独创。"五朵金花"这一词组的构成虽然有可能包含作者的思想感情及创作意图，但我国《著作权法》所保护的是作品的内容，而非作者的思想。因此"五朵金花"这一词组只有与作品内容一起共同构成一部完整的作品，才受我国《著作权法》保护。②"五朵金花"一词并不构成《五朵金花》电影剧本的实质或者核心部分。如果对其单独给予《著作权法》保护，禁止他人使用"五朵金花"一词，既有悖于社会公平理念，也不利于促进社会文化事业的发展与繁荣。③曲靖卷烟厂的行为既不损害赵继康的著作权，也不妨碍其行使著作权。无论是从我国《著作权法》第10条规定的著作权人的权利，还是从第46条、第47条列举的著作权侵权行为表现形式看，曲靖卷烟厂的行为都不损害赵继康基于剧本《五朵金花》享有的著作权中任何一项人身权或财产权，也不妨碍其行使其著作权。综上所述，曲靖卷烟厂使用"五朵金花"四字作为其香烟商标的行为不违反我国《著作权法》的规定，不构成著作权侵权。

赵继康认为，"五朵金花"作为电影文学剧本的名称具有独创性，且是作品的组成部分，未经著作权人同意使用了该名称就侵犯了作品的著作权。同时，本案应适用《著作权法》《反不正当竞争法》保护。根据《著作权法》等相关法律法规的规定，一部受《著作权法》保护的作品，除具有独创性外，还要能独立表达意见、知识、思想、感情等内容，使广大受众从中了解一定的讯息，不应当仅是文字的简单相加。如果把是否具有独创性作为判断作品名称是否享有著作权的唯一标准，势必会造成作品名称有独立于作品的著作权，即如果作品名称具有独创性，则作品名称有一个独立的著作权，正文又有一个著作权。那么基于同一部作品，相同的作者可以享有两个或两个以上的著作权，这既不符合法律逻辑，也不符合法律规定。就本案而言，《五朵金花》剧本是一部完整的文学作品，"五朵金花"四字仅是该剧本的名称，是该剧本的组成部分，读者只有通过阅读整部作品才能了解作者所表达的思想、情感、个性及创作风格，离开了作品的具体内容，单纯的作品名称"五朵金花"因字数有限，不能囊括作品的独创部分，不具备法律意义上的作品的要素，不具有作品属性，不应受《著作权法》保护。在《著作权法》领域，不同作者基于各自的创作可以产生名称相同但形式、内容不同的作品；在不同领域则产生性质不同的权利，不能适用《著作权法》调整，否则将会妨碍社会公共利益，与《著作权法》的立法原则和精神不符。

三、利用商品化权对作品名称保护的探讨

商品化权是一个逐渐进入我国司法界和学界视野的法律概念，所谓商品化权，是指将能够创造商业信誉的人物或动物角色、形象、著名作品的名称或片断、广为人知的标志或它们的结合进行商业性使用的权利。商品化权是一种无形财产权，具有专有性、时间性、地域性的特征。商品化权的出现，是由于在一般民法的人身权与版权之间，以及在商标权、商号权、商誉权与版权之间，存在着一个边缘领域。目前，各国比较公认的商品化权包括形象权（细分为公开权和角色权）、广为人知的语言片段的商品化权、知名作品标题的商品化权和公众熟知的标记、符号的商品化权。由于商品化权范围的不断更新，各国并没有采取明文规定"商品化权"的定义或者罗列其种类的做法，而往往是在某种商品化权涉及的商业神突成为典型、亟须法律介入时，通过颁布成文法或者制定判例的形式对这种商品化权进行确认。1957年，法国制定《著作权法》，通过《著作权法》的形式对作品名称的商品化权实行保护。1995年，德国通过《商标和其他标志保护法》，把作品的标题列为商业标志，通过《商标法》的形式，对作品名称的商品化权实行保护。

本案中，赵继康与曲靖卷烟厂之间在"五朵金花"上的利益严重失衡，显失公平。据云南的报纸报道，电影《五朵金花》上演40年来，"美丽的金花"为云南省的旅游、烟草、商业、外贸等行业创收1000亿元以上。曲靖卷烟厂在该厂网站上的产品说明更具说服力："'五朵金花'牌香烟创牌于1974年，取材于反映云南大理白族民间生活情趣的轻喜剧电影《五朵金花》。"可见，赵继康对于"五朵金花"的知名度的扩大以及其由此带来的商业价值的增长做出了不可替代的作用。曲靖卷烟厂注册"五朵金花"商标后，从事相关商品的销售长达18年，获得了巨大的经济利益。因此，二者在"五朵金花"上享有的经济利益严重失衡，显失公平。曲靖卷烟厂未经剧本《五朵金花》作者同意，擅自注册"五朵金花"商标的行为侵犯了赵继康的知名作品名称的商品化权。但需注意，曲靖卷烟厂注册商标的时间是1983年，而我国颁布于1982年的《商标法》并没有规定"权利在先"原则。《民法通则》颁布于1986年，《著作权法》则在1990年才颁布。所以，如果法院以曲靖卷烟厂注册商标侵犯了作者作品名称的商品化权为由，要求曲靖卷烟厂停止使用

该商标，则未免矫枉过正，在平衡双方的利益方面再失妥当。在目前情况下，法院应当判决曲靖卷烟厂支付一定数额的商品化权使用补偿金给权利人，并认定曲靖卷烟厂继续享有"五朵金花"商标的使用权。

48. 微信公众号转载他人作品侵权问题

——王良与承德市热河文化传媒有限公司著作权权属及侵权纠纷案*

案情概况

上诉人（一审原告）：王良，男，汉族。

委托诉讼代理人：陈建伟，河北德律律师事务所律师。

上诉人（一审被告）：承德市热河文化传媒有限公司，住所地：河北省承德市双桥区。

法定代表人：徐素燕，该公司经理。

委托诉讼代理人：宋连生，河北山庄律师事务所律师。

2017 年 4 月，承德市热河文化传媒有限公司（简称"热河传媒公司"）运营的微信公众号"承德大小事"发布的文章《承德要在全国出名了，看完一个大写的"服"》图文转载自网络文章《再过一个月，承德要在全国出名了，看完一个大写的"服"》，文章中有一组介绍承德旅游文化的图片，其中第 12 幅介绍御道口草原森林风景区的图片系王良于 2009 年在内蒙古拍摄的一组照片中的一幅作品。热河传媒公司并不知悉该图片的作者，故在转载时未征得图片作者的同意，亦未给予图片作者报酬。王良以侵犯著作权为由将热河传媒公司起诉至法院，请求判令热河传媒公司消除影响、赔礼道歉、赔偿损失 10 万元。

一审判决后，王良不服，提出上诉，请求依法改判，支持其一审全部诉讼请求。同时，一审被告也提出上诉，请求：①撤销原判，改判驳回王良全

---

* 案件来源：河北省高级人民法院［2017］冀民终 791 号民事判决书。

部诉讼请求；②全部诉讼费用由王良负担。

裁判结果

河北省承德市中级人民法院依照《中华人民共和国著作权法》第 24 条、第 47 条 11 项、第 49 条的规定，判决如下：

（1）被告承德市热河文化传媒有限公司立即停止侵权行为；

（2）被告承德市热河文化传媒有限公司于本判决生效后 10 日内给付原告王良侵权赔偿款 5000 元；

（3）驳回原告王良的其他诉讼请求。

河北省高级人民法院依据《中华人民共和国民事诉讼法》第 170 条第 1 款第 1 项之规定，判决如下：

驳回上诉，维持原判。

案件评析

本案所涉及的法律问题主要是微信公众号转载他人作品是否构成侵权的问题。通过本案的判决，明确了微信公众号，特别是具有商业性质的公众号在传播中可能涉及的著作权侵权问题。

一、微信知识产权的侵权方式

2016 年 1 月 11 日，腾讯发布《2015 微信知识产权保护白皮书》，这是国内互联网企业第一次以白皮书的形式，对平台的知识产权保护情况进行全维度披露。白皮书公布了用户利用微信平台侵犯知识产权的案件数据，商标侵权案件最多，著作权其次，专利侵权最少。微信已成为中国大陆用户使用率最高的自媒体平台，用户利用微信平台转发文章极为频繁。用户利用微信转发文章，主要有两种方式：一是公众号转发；一是个人账号转发。

用户利用微信转发文章易形成侵权的主要方式有：①转载不注明作者和来源，未经媒体或作者授权这种行为既侵犯了权利主体的署名权等人身权利，也侵犯了权利主体的发表权、复制权、信息网络传播权等财产权。②注明作者、来源，但未经作者或媒体授权。这是微信公众号普遍使用的一种方式，也是造成微信公众号内容同质化严重的主要原因。最常见的做法是在文章前写明作者及转载来源，有些公众号会在文前加一段导读，提炼文义或发表观点，也以此来区分自己与其他转载者的不同。对于修改了标题的转载文章，此公众号也会在文末附上原标题。比起彻底改头换面，将他人的原创文章伪装成自己作品的行为，这种转载方式显得更加"文明"，也更容易让人接受，但同样存在法律风险。③未经允许摘录、整合媒体报道，摘编、综合多篇报道而成的"作品"在微信公众号的内容发布中也较常见，缺乏一手信息来源的公众号往往通过组合权威媒体的报道，以此获得对事件的全面报道，从而抓住受众注意力获取点击量和关注度。尽管在综合摘编的过程中也凝聚了编者的智慧，但这种拼凑成文的组稿方式也有可能构成侵权。

二、微信公众号转发他人作品的认定

对微信公众号传播行为的定性，根据《著作权法》第 10 条规定的"信息网络传播权"的定义可推知，受该权利控制的"信息网络传播行为"是指"以有线或者无线方式向公众提供作品，使公众可以在其个人选定的时间和地点获得作品的行为"。公众号管理者将作品上传至微信平台，通过群发给订阅用户使其打开微信即可获取该微信公众号所推送的消息。因此，微信公众号推送消息实质上是通过网络进行信息传播的行为。

微信公众号转发他人作品常见的情形主要有：一是发布其他媒体上的作品。部分微信公众号经常以自己的名义推送传统出版物（书籍、报纸、杂志等）等其他媒体上发表的作品，而这种使用没有给予原作者任何报酬，甚至原作者并不知情。从最高人民法院的司法解释中可以明确：法定许可的转载仅存在于非网络环境下的传统报刊范围内。也就是说，交叉媒体间的转载和使用没有合法依据，作品从传统媒体向新型自媒体的流通是受限制的。因此，微信公众号随意发布传统媒体上的作品，构成侵权。二是抄袭盗用他人作品。未经许可，微信公众号转载他人作品不标注作品来源及原作者名称的，属于抄袭盗用，不仅侵犯了原作者的署名权，还侵犯了信息网络传播权。一般情况下，原作者没有注明不得转发默认为同意转发，仅限于微信朋友圈之间的转发，不包括公众号之间的盗用行为。三是未经授权转载他人作品。我国《著作权法》第 22 条第 1 款列举了有关著作权合理使用的 12 种情形，同时，《信息网络传播权保护条例》第 6 条和第 7 条也明确了信息网络环境下合理使用的 9 种情形。那么，"为了学习、研究或者欣赏的目的"转载他人作品，原则上是合理使用。但是，微信公众号大多是营利性的，未经授权转载他人作

品，显然是排除在合理使用情形之外的，即使转载时明确了原作品出处并标注原作者的名称，但只要未经授权，就可能侵犯原作者的信息网络传播权。四是未经许可摘录整合他人作品。未经许可选择性摘录或者整合他人的作品再发表，可能会侵犯作品的汇编权。如若取得原作者的同意并具有独创性的特征，将成为新的作品并享有独立的著作权，反之侵犯原作者的著作权。因此，微信公众号摘录整合其他作品也必须由原作者同意或授权，并支付给原作者一定的报酬，否则构成侵权。

三、本案热河传媒公司构成著作权侵权

本案中，涉案双方对热河传媒公司未经允许转载了含有涉案图片的相关文章的客观事实本身并无异议，只是热河传媒公司认为其该行为并不构成侵权。《著作权法》第 48 条第 1 项规定："未经著作权人许可，复制、发行、表演、放映、广播、汇编、通过信息网络向公众传播其作品的，本法另有规定的除外。"上述规定并未以是否营利作为构成侵权的要件，且双方对本案中热河传媒公司的转载行为并未得到涉案图片著作权人王良的许可也未异议，因此本案是否构成侵权的主要争议应在于是否符合上述条款中的"本法另有规定的除外"。首先，热河传媒公司称其转载属于《著作权法》第 22 条第 1 款第 4 项规定的合理使用。《著作权法》关于合理使用的相关规定，仅限于报纸、期刊、广播电台、电视台等媒体刊登或者播放其他报纸、期刊、广播电台、电视台等媒体已经发表的关于政治、经济、宗教问题的时事性文章。本案中，热河传媒公司的微信公众号既非该条中所称媒体，涉案图片也并非其他媒体已经发表的时事性文章，因此无论是从主体还是从客体均不符合该项规定内容，热河传媒公司的该项主张没有法律依据。其次，热河传媒公司称其转载属于《著作权法》第 33 条第 2 款"作品刊登后，除著作权人声明不得转载、摘编的外，其他报刊可以转载或者作为文摘、资料刊登，但应当按照规定向著作权人支付报酬"的情形。本案中，热河传媒公司的微信公众号既非报刊，其转载的来源也并非其他报社、期刊刊登的作品，且未支付报酬，因此其该项主张也没有法律依据。因此，热河传媒公司的转载行为符合《著作权法》第 48 条第 1 项规定的情形，且不符合《著作权法》关于合理使用等其他另有规定的情况，属于著作权侵权行为。此外，热河传媒公司还称，其非营利性转载网络上的图文，在未确定原文是否构成侵权的情况下不能认定

其转载行为构成侵权。而《著作权法》规定侵权行为并不以是否营利为判断要件，热河传媒公司在转载他人文章时应取得他人许可，并就他人文章中可能涉及的著作权问题尽到基本的审查义务，热河传媒公司并未尽到如上审查义务，具有过错。

通过本案，明确了微信公众号，特别是具有商业性质的公众号在传播中可能涉及的著作权侵权问题。一是是否实现盈利不是判断是否侵权的要件。即使微信公众号并未因此盈利，也可能因未得到相关主体的授权、未尽到合理注意义务而构成侵权；二是合理使用的范围应限于《著作权法》规定的"报纸、期刊、广播电台、电视台等媒体刊登或者播放其他报纸、期刊、广播电台、电视台等媒体已经发表的关于政治、经济、宗教问题的时事性文章"。微信公众号并非上述规定所述的媒体，绝大多数网络文章也并非时事性文章，合理使用范围不能随意扩大；三是微信公众号转载他人文章时也要遵守相关的法律规定，特别是涉及商业宣传的文章，要对涉及的文章及图片的权属进行必要的审查和获取授权。一旦随意转载和使用，就可能因未经权利人许可而构成侵权，需要承担赔偿损失等法律责任。

49. 著作权侵权中实质性相似的认定

——北京小明文化发展有限责任公司、统一企业（中国）投资有限公司等著作权权属、侵权纠纷案[1]

案情概况

上诉人（一审原告）：北京小明文化发展有限责任公司，住所地：北京市朝阳区。

法定代表人：邓皓，总经理。

委托代理人：保婧姣，北京市万瑞律师事务所律师。

委托代理人：陈坚，北京市万瑞律师事务所律师。

上诉人（一审被告）：统一企业（中国）投资有限公司，住所地：上海

---

〔1〕 案件来源：北京知识产权法院［2016］京 73 民终 1078 号民事判决书。

市长宁区。

　　法定代表人：罗智先，董事长。

　　委托代理人：邓瑜，北京市中伦文德律师事务所上海分所律师。

　　上诉人（一审被告）：河南统一企业有限公司，住所地：河南省漯河市。

　　法定代表人：杨寿正，董事长。

　　委托诉讼代理人：邓瑜，北京市中伦文德律师事务所上海分所律师。

　　一审被告：北京超市发连锁股份有限公司，住所地：北京市海淀区。

　　法定代表人：李燕川，董事长。

　　委托诉讼代理人：陈刚，男，汉族，北京超市发连锁股份有限公司职工。

　　小明卡通形象，由北京小明文化发展有限责任公司（简称"小明公司"）经过长期调研提炼，反复修改和不断商讨改进，最终才确定以小明卡通形象为核心创作完成的一系列漫画及壁纸等作品，并于 2012 年 8 月 22 日完成著作权登记。2015 年初，统一企业（中国）投资有限公司的"小茗同学"冷泡茶上市销售。小明公司认为统一公司旗下的"小茗同学"冷泡茶中的"小茗同学"形象与其拥有著作权的小明同学形象高度重合，遂以著作权侵权纠纷和不正当竞争为由，将"小茗同学"形象权利人统一企业（中国）投资有限公司、生产商河南统一企业有限公司、销售商北京超市发连锁股份有限公司诉至法院。北京市海淀区人民法院作出一审判决，认为被告侵犯了原告的著作权，判令被告立即停止侵权行为、被告统一公司赔偿原告北京小明文化发展有限公司经济损失 50 万元及诉讼合理支出 2070 元。

　　一审判决作出后，原告及被告方统一企业（中国）投资有限公司（简称"统一公司"）、河南统一企业有限公司（简称"河南统一公司"）提起上诉。原告方上诉请求：请求判令统一公司及河南统一公司赔偿其经济损失及合理支出分别增加为 2000 万元和 10 225 元。被告方上诉请求：统一公司及河南统一公司并未侵犯小明公司的著作权，一审判决认定"小茗同学"卡通形象与"小明"卡通形象构成实质性相似，并提出"应当合理避让"的观点错误，且授权费计算基准没有法律依据。

⇗ 裁判结果

北京市海淀区人民法院作出依据《中华人民共和国著作权法》第 47 条第

5 项、第 49 条，《中华人民共和国反不正当竞争法》第 2 条之规定，判决如下：

（1）本判决生效之日起，被告统一企业（中国）投资有限公司、被告河南统一企业有限公司、被告北京超市发连锁股份有限公司立即停止侵权行为；

（2）本判决生效之日起 10 日内，被告统一企业（中国）投资有限公司、被告河南统一企业有限公司赔偿原告北京小明文化发展有限责任公司经济损失 50 万元及诉讼合理支出 2070 元；

（3）驳回原告北京小明文化发展有限责任公司其他诉讼请求。

北京知识产权法院依照《中华人民共和国著作权法》第 47 条第 5 项、《中华人民共和国民事诉讼法》第 170 条第 1 款第 2 项之规定，判决如下：

（1）撤销北京市海淀区人民法院作出的［2015］海民（知）初字第 32865 号民事判决；

（2）驳回北京小明文化发展有限责任公司的全部诉讼请求。

案例评析

本案所涉及的法律问题主要是著作权中的涉案作品是否构成实质性相似的问题。本案中，小明公司因认为统一公司旗下的"小茗同学"冷泡茶中的"小茗同学"形象与其拥有著作权的小明同学形象高度重合，涉嫌侵犯涉案美术作品的著作权，遂以著作权侵权纠纷和不正当竞争为由诉至法院。而是否构成侵权，需要对两形象是否构成实质性相似进行判断，在判断时，应以普通观察者的角度进行整体认定和综合判断。

一、本案涉案作品著作权权属问题

著作权权属问题是当事人之间因作品著作权的权利属于谁而出现的纠纷问题，一般有个人与单位之间、单位与单位之间、个人与个人之间三种形式。在著作权侵权纠纷案件中，著作权人必须向法院提供证据证明其确实对作品享有著作权。此时，就涉及著作权的权属证明问题，所谓著作权权属证明指一切能够证明著作权归属的证明材料。对于著作权的权属证明，《最高人民法院关于审理著作权民事纠纷案件适用法律若干问题的解释》第 7 条规定："当事人提供的涉及著作权的底稿、原件、合法出版物、著作权登记证书、认证机构出具的证明、取得权利的合同等，可以作为证据。在作品或者制品上署名的自然人、法人或者其他组织视为著作权人、与著作权有关权益的权利人，但有相反证明的除外。"从上述规定中可以看出：首先，作品的底稿和原件、合法出版物、著作权登记证书、认证机构出具的证明、取得权利的合同均系证明著作权人享有著作权的证据。此处的合法出版物指经国家批准的出版单位出版，在社会上公开发行的图书、报刊和音像制品。至于出版物是否具有出版刊号，并非是认定该出版物已经发行的必要条件。其次，原则上已经署名的作品或者制品可以作为证明著作权人享有著作权的证据，但如果被控侵权人能够提供相反的证据，据此该证据将不能作为认定著作权归属的依据。

　　本案中，根据《著作权法》第3条所规定的著作权的保护对象和范围来讲，应证明"小明公司"的"小明"卡通形象和"统一公司"的"小茗同学"属于《著作权法》调整的范围之内。小明公司主张享有"小明"卡通形象的著作权，并提交了著作权登记证书（国作登字-2012-F-00069503）及档案查询结果、公证书、网页打印件、照片、证明及相应网页截屏打印件、中国网际动漫网采访报道等网页打印件等证据。统一公司也出具了一系列的证据（如合同、工商信息、营业执照、公证书及名片等），来证明其享有产品包装上的"小茗同学"的著作权。根据小明公司提交的著作权登记证书、网页打印件等证据，在无相反证据情况下，小明公司享有系列美术作品"小明"卡通形象的著作权，其合法权利不得侵犯。统一公司、河南统一公司主张"小明"是一种文化现象，小明公司不能禁止他人再利用"小明"形象进行再创作。本案中，双方均不否认"小明"已成为一种流行文化现象，故"小明"所蕴含的思想、观念、创意等并不受《著作权法》保护。因此，在面对著作权纠纷案件时，当事人双方应该提交较为合理的证据，法院在认定著作权权属问题时也应该根据《著作权法》并且进行多方面的比对之后来确定。

二、著作权实质性相似的认定规则

　　著作权侵权纠纷涉及多种侵权方式，构成相同或近似是基本的侵权方式之一。衡量侵犯复制权与否的一条基本原则，就是看被诉侵权人的作品中，是否以非独创的方式包含了著作权人原作品中的独创性成果。这条原则表明，虽然原、被告的作品中有相同的表达，但如果相同的表达是公有领域内的素材，被告作品中有原告作品中的非独创性成果，也不构成对原告作品的抄袭。是否构成抄袭的认定方法主要有三步判断法：第一步，抽象法。首先把原、被告作品中属于不受保护的思想本身，从思想的表达中排除出去。第二步，过渡法。把作品中公有领域中的内容排除在外。第三步，对比法。对比剩下部分的内容是否实质相同。

实质性相似是用来推断复制足以构成侵犯版权的概念，其目的是在赋予作者的保护与其他人在该保护范围之外创作作品的自由之间形成一种平衡。从作品要素和要素组合的独特性角度可以为实质性相似的判断提供新的判断标准。分析两个作品是否具有相似性，并不是对两个作品的实质内涵进行对比分析，而是要将被告使用或者是被告作品与原告作品相似的部分作为研究对象进行系统研究，判断其是否在原告作品中形成实质性相似。在非文字类型作品实质性相似的判断中，质的重要性更为明显，只有借助质的判断，才能进一步增强实质性判断的科学性和客观性，保证判断结果，为判定作品是否抄袭提供重要的参照。进一步细化，就著作权领域卡通形象作品而言，著作权领域在这方面标准比较宽泛，因为著作权领域作品中涉及的人物，还必须考虑作为人物的附属特征，如声音、动作表情、神态等要素。也就是说，著作权主要判断涉案两人物作品是否表达为同一人物。

在"杭州玺匠文化创意股份有限公司与上海美术电影制片厂有限公司侵害著作权纠纷"案件中，[1] 法院认为：首先，美术作品的表达是由线条和色彩等要素构成的艺术造型，所以对美术作品的侵权认定应以艺术造型方面的实质性相似为前提。上海美术电影制片厂涉案著作权为"Q版孙悟空"角色形象，角色形象本身就是由表现形式多样化的同一角色作品构成。因此，侵权比对的重点不在于该角色的某个静态造型，而在于该角色形象中最具有显著性和识别性的特征。其次，著作权侵权认定与作品独创性密切相关，给予在较窄创作空间内形成的独创性较高的作品以较强的保护，实现作品保护范围和强度与其独创性范围和尺度相适应，完全符合激励创新、均衡发展的价值导向。因此，在判断被诉侵权产品与涉案作品是否存在实质性相似时，涉案作品的形象特点以及区别于已有作品的独创性表达部分是需要重点关注的比对部分。

---

〔1〕 参见浙江省高级人民法院［2016］浙民终590号民事判决书。

三、本案涉案美术作品实质性相似的认定

本案中，一审法院和二审法院均对涉案两形象逐一进行了对比，并对是否构成实质性相似给出了不同意见。

北京市海淀区人民法院一审认为，"小茗同学"与"小明"卡通形象构成实质性相似。理由是：①两款造型均是卡通人物，构图比较简洁，"小明"大头小身，头部造型在整个构图中占有很大比例，身体造型变化不大；"小茗同学"则仅有头部造型，故可把二者头部造型的对比结果作为判断是否构成实质性相似的依据。②涉案的"小茗同学"共4款造型，"小明"则包括一系列造型，但二者的人物造型构图规律基本一致，即在基本造型基础上，通过眼部、嘴部等的变化来反映人物的不同情绪。③经过对比，"小茗同学"造型包含了"小明"造型的基本特征，但在局部细节上有所变动。法院认为，"小明"文化现象所蕴含的思想、观念、创意等并不受《著作权法》保护，但在创作同种风格的作品时应对在先的作品进行合理的避让。本案中，"小茗同学"人物造型系在"小明"造型基础上改变、添加部分细节完成的，并没有改变"小明"造型的基本特征，但在局部细节上有所变动，从整个造型来看构成了实质性相似。

在比较两卡通形象由线条、色彩等要素组成的造型表达上是否存在实质性相似时，由于两者体现的画面主要是卡通形象的头部，故应以普通观察者的角度对其头部造型表达进行整体认定和综合判断，而不能将各个组成要素简单割裂开来、分别独立进行比对。通过比对可以发现，虽然两形象均为含有圆脑袋、发型、头皮青皮、眼睛、耳朵、鼻子、嘴部表情等要素组成的头部造型架构，但在不同形象中，这些组成要素有不同的表达方式和组合形式，加之"小明"卡通形象有"眼镜"这一要素的显著特征，两形象在具体细节上的不同使得两者在独创性表达上体现出了整体性的差异。尤其是考虑到两形象均为"小学生""小男孩"的头部造型表达，在这样一种头部架构及面部表达的有限空间里，不同形象对各个组成要素的不同取舍、选择、安排、设计所形成的差异，就会形成各自不同的外观表现，这也构成了两形象各自创作者的独立创作。而且，两形象在头发造型、光影效果、眼睛、耳朵、鼻子、嘴巴造型、面部表情等方面存在的诸多不同和差异更符合视觉所看到的客观实际。因此，"小茗同学"卡通形象并未与"小明"卡通形象构成实质

性相似，"小茗同学"卡通形象的创作不属于《著作权法》所规定的剽窃行为，并未侵犯"小明"卡通形象的著作权。

司法实践中，由于卡通形象属于美术作品，作为非文字类型的作品有其特殊性，因此在对涉案作品是否侵权进行鉴定审查时，应该做到对其独创性和是否构成相同或相似两方面进行全面的对比。首先，对于要求判断两个作品中单个要素是否存在实质性相似现象进行审查；其次，应该将要素的对比分析和整体感觉的对比分析进行有机结合，实际判断过程中不仅要关注要素相似；最后，最好还要结合专家意见以及一般理性欣赏者的意见对整体感觉进行分析，这样才能在综合考察多种因素的基础上做出比较客观的判断。

50. 知识产权恶意诉讼及损害责任
——魏章莉与谢家兴恶意提起知识产权诉讼损害责任纠纷案*

案情概况

原告：魏章莉。
委托代理人：申铁旗，浙江乾盛律师事务所律师。
委托代理人：竺旦颖，浙江乾盛律师事务所律师。
被告：谢家兴。

谢家兴向浙江省版权局声明其于 2013 年 5 月 19 日单独创作完成《大象之旅》美术作品，申请作品登记。浙江省版权局于 2013 年 10 月 14 日向其颁发了美术作品《大象之旅》的作品登记证，作品登记号为作登字：11–2013-F-12886 号。2014 年 4 月 8 日，谢家兴以魏章莉未经其允许，生产、销售其享有著作权的美术作品《大象之旅》的印花布为由，向法院起诉，请求判令魏章莉支付经济赔偿金 2 万元及承担相应的诉讼费、保全费。诉讼期间，魏章莉与谢家兴签订调解协议书一份，同日，魏章莉通过银行转账形式向前述调解协议载明的朱洲账户付款 12 000 元，谢家兴于 2014 年 6 月 13 日向该院

---

* 案件来源：浙江省绍兴市柯桥区人民法院［2015］绍柯知初字第 65 号民事判决书。

申请撤诉，该院制作了第 102 号民事裁定书，予以准许。后来经查明，涉及谢家兴以他人侵害其对美术作品《大象之旅》享有的著作权为由向柯桥区人民法院起诉的案件还有 4 件。其中第 101 号、213 号、218 号案谢家兴均以案件当事人达成庭外调解协议为由，向该院申请撤诉结案。而 220 号案件经开庭审理，该案被告沈某、黄某在 2014 年 11 月 7 日的庭审中提出《大象之旅》花型在谢家兴作品登记前已在简单网、衣联网上流行的抗辩意见，并提供相应证据，谢家兴于 2014 年 11 月 12 日向法院申请撤诉。魏章莉知悉沈某、黄某在第 220 号案件中的举证情况，以谢家兴对《大象之旅》花型不享有著作权，其在第 102 号案件中受欺诈为由起诉，请求判令：①依法撤销魏章莉、谢家兴签订的调解协议；②谢家兴退还魏章莉支付的 12 000 元，并赔偿魏章莉履行该协议后造成的损失暂计 8000 元，合计 20 000 元。

裁判结果

绍兴市柯桥区人民法院根据《中华人民共和国侵权责任法》第 6 条，《中华人民共和国合同法》第 54 条第 1 款、第 58 条，《中华人民共和国著作权法实施条例》第 6 条，《最高人民法院关于审理著作权民事纠纷案件适用法律若干问题的解释》第 7 条和《中华人民共和国民事诉讼法》第 144 条之规定，判决如下：

（1）撤销原告魏章莉与被告谢家兴于 2014 年 6 月 10 日签订的调解协议书；

（2）被告谢家兴于本判决生效之日起 10 日内退还原告魏章莉 12 000 元；

（3）被告谢家兴于本判决生效之日起 10 日内赔偿原告魏章莉经济损失 8000 元。

案例评析

本案所涉及的法律问题主要是知识产权恶意诉讼的构成要件问题。随着知识产权保护力度的加强，抄袭、抢注他人智力成果，通过诉讼牟利等恶意诉讼现象也随之出现。为遏制此类行为，最高人民法院在 2011 年 2 月修改后的民事案由中新增加了"因恶意提起知识产权诉讼损害责任纠纷"的四级案由，但相关法律对恶意诉讼的认定未作明确规定，在司法实践中，认定当事人构成恶意提起知识产权诉讼的案例亦不多见。

一、知识产权恶意诉讼的构成要件

恶意诉讼是指当事人出于不合法的动机和目的，利用法律赋予的诉权，通过合法的诉讼形式取得不当利益或者损害他人合法权益的情形。由于诉权是宪法赋予公民的基本权利，因此即使当事人的知识产权被否定，也不能当然得出其原先提起的知识产权诉讼系恶意诉讼。恶意诉讼属于侵权行为，根据我国《民法通则》和《侵权责任法》的相关规定，应满足以下四个条件：一是有故意损害他人利益为目的的主观过错；二是无事实依据和正当理由提起的民事诉讼；三是有损害结果发生；四是侵权行为与损害后果之间存在因果关系。知识产权的恶意诉讼具有很大的隐蔽性，容易与正当维权混淆，区分两者的关键点在于当事人在主观上是否存在过错。

在本案中，谢家兴于 2014 年 4 月 8 日对魏章莉提起第 102 号著作权权属、侵权纠纷，从客观上分析，谢家兴非权利人，有虚假陈述、提起诉讼、诉请赔偿的侵害行为，魏章莉有支付赔偿款等遭受经济损失的损害后果，谢家兴的侵害行为与魏章莉的受损后果有因果关系，三个构成要件具备。关键是识别谢家兴是否具有主观过错。本案中，谢家兴具有主观过错：第一，谢家兴起诉时不存在认识错误，谢家兴在第 102 号案件中系以讼争作品原创者身份起诉并请求赔偿。第二，谢家兴的虚假陈述在该案起诉时已显现，谢家兴申请作品登记时声明的创作时间晚于市场流通的时间，又排除独立创作、纯属巧合的可能，其早在申请作品登记时即具有恶意。第三，谢家兴在相关案件对方当事人提出其不具有著作权抗辩和相关证据后，未努力举证其为权利人也未获赔偿情况下即申请撤诉，根据常理也反证其存在主观恶意。从谢家兴的一系列行为可以印证其在提起第 102 号案时其非真正著作权人，仍想通过诉讼途径获利，具有损害他人权益的直接故意。综上，谢家兴对魏章莉提起第 102 号案诉讼为恶意诉讼行为。

二、知识产权恶意诉讼损害责任的承担

根据《合同法》第 54 条第 2 款的规定，一方以欺诈、胁迫的手段或者乘人之危，使对方在违背真实意思情况下订立的合同，受损方有权请求人民法院或者仲裁机构变更或者撤销。此外需要说明的是，作为民事侵权纠纷，对于恶意诉讼的处理，应当根据侵权行为法的相关规定，作出相应的民事赔偿，

如果构成犯罪的，还应当移交司法机关处理。在知识产权领域，以获取非法或不正当利益为目的而故意提起一个在事实上和法律上均无根据之诉，并使得相对人在诉讼中遭受损失的，属于恶意提起知识产权诉讼的行为，应当承担相应的侵权责任。我国《侵权责任法》第 15 条规定了 9 种侵权责任的承担方式，包括停止侵害、排除妨碍、消除危险、返还财产、恢复原状、赔偿损失、赔礼道歉、消除影响、恢复名誉等。学术界对此立法持有不同观点：一种观点认为，消除危险和停止侵害不适用于恶意诉讼侵权行为的责任承担方式，因为这两种方式主要针对侵权行为正在进行时，而恶意诉讼侵权责任承担的前提是损害已造成；另一种观点认为，停止侵害、排除妨碍、消除危险、返还财产、恢复原状均不适用于恶意诉讼侵权的责任承担。

本案中，谢家兴虚假陈述、虚构事实取得赔偿的客观情形真实存在，构成欺诈，故魏章莉请求撤销该调解协议具有事实依据。涉案调解协议于 2014 年 6 月 10 日签订，原告提起本案诉讼时，并未超过《中华人民共和国合同法》第 55 条第 1 款规定的行使撤销权的 1 年期间，故魏章莉关于撤销调解协议的请求应予以支持。调解协议被撤销后，根据《合同法》第 58 条之规定，因该合同取得的财产应当予以返还。故谢家兴依据该协议取得的赔付款 12 000 元应当归还魏章莉。损害赔偿上，魏章莉要求 8000 元损害赔偿，包括 2000 元律师费、12 000 元的相关利息、商誉损失以及销毁面料的损失等。魏章莉提供了 2000 元律师费发票和赔付款 12 000 元的支付凭证，但称因当时误以为谢家兴享有著作权而未保留销毁面料的证据。魏章莉虽未提供销毁所谓侵权布料的损失证据，但原调解协议有记载要求销毁。综合考虑到柯桥轻纺城市场目前确实存在抄袭、抢注他人作品，并通过诉讼谋取利益的不良风气，为惩处非诚信行为，鼓励创新，维持正常市场秩序，人民法院对原告涵盖维权费用、利息、商誉权损失等合计 8000 元的赔偿请求予以了全额支持。

本案虽然诉讼标的不大，但被评为 2015 年中国法院 50 件典型知识产权案例之一，对司法实践中恶意诉讼案件的审理具有较强的参考意义。同时，对市场经营者不诚信的作品登记行为和诉讼行为具有一定的警示震慑作用。

51. 销售者销售侵权作品具有合法来源的认定
——罗琪与接力出版社有限公司等著作权权属、侵权纠纷案[1]

案情概况

上诉人（原审原告）：罗琪。

委托代理人：韩文娟，河南鼎德律师事务所律师。

被上诉人（原审被告）：接力出版社有限公司，住所地：南宁市青秀区。

法定代表人：黄俭，该社社长。

原审被告：河南省新华书店发行集团有限公司中原图书大厦，住所地：河南省郑州市金水区。

负责人：张艳。

2010 年 8 月 27 日，首都文明网转载了《目不斜视》漫画作品，该作品署名作者罗琪。河南省新华书店发行集团有限公司中原图书大厦（简称"中原图书大厦"）销售的接力出版社有限公司（简称"接力出版社"）2013 年 5 月出版的《2014 版超值 38+2 卷·导航 38 套·高考模拟试题汇编·政治》一书，该书第 1~4 页使用了罗琪的漫画作品"目不斜视"，未署作者姓名。罗琪认为，未经其许可，擅自使用其享有著作权的漫画作品侵犯了其署名权和获得报酬权，遂向法院提起诉讼。

一审判决后，罗琪不服，提起上诉称：①原审判决赔偿数额过低，不能起到著作权的保护作用，是对侵权行为的纵容，导致侵权成本远远低于维权成本，严重违反了《中华人民共和国著作权法》立法本意和目的。②原审判决认定事实不清，没有考虑到罗琪的实际损失和制止侵权行为所支付的合理费用，也没有依法将应当计算的费用计算到赔偿金额之内。请求判令接力出版社赔偿罗琪损失及合理开支 10 000 元，本案的诉讼费用由接力出版社承担。

---

[1] 案件来源：河南省高级人民法院［2015］豫法知民终字第 319 号民事判决书。

📄 **裁判结果**

河南省郑州市中级人民法院依照《中华人民共和国著作权法》第 9 条、第 10 条、第 47 条第 7 项、第 48 条第 1 项、第 49 条，《最高人民法院关于审理著作权民事纠纷案件适用法律若干问题的解释》第 20 条，《中华人民共和国民事诉讼法》第 64 条、第 144 条之规定，判决如下：

（1）被告接力出版社有限公司于本判决生效之日起立即停止使用罗琪的《目不斜视》漫画作品；

（2）被告河南省新华书店发行集团有限公司中原图书大厦于本判决生效之日起立即停止销售 2013 年 5 月出版含有涉案侵权作品的《2014 版超值 38+2 卷·导航 38 套·高考模拟试题汇编·政治》；

（3）被告接力出版社有限公司于本判决生效之日起 30 日内在《大河报》上刊登致歉声明（内容须经本院审核），向罗琪公开致歉，逾期不履行，本院将依法在相关媒体上公开判决书的主要内容，所需费用由接力出版社有限公司负担；

（4）被告接力出版社有限公司于本判决生效之日起 10 日内赔偿原告罗琪经济损失 900 元；

（5）驳回原告罗琪的其他诉讼请求。

河南省高级人民法院依照《中华人民共和国民事诉讼法》第 170 条第 1 款第 1 项的规定，判决如下：

驳回上诉，维持原判。

📄 **案例评析**

本案涉及的法律问题主要是销售者销售侵权作品中合法来源的认定。作为销售者的中原图书大厦，能否证明其销售的作品具备合法来源，是决定其是否应当承担侵权赔偿责任的重要依据。

一、著作权法中的合法来源概述

《著作权法》中的合法来源，是指被控侵权产品的发行者、出租者通过合法的进货渠道、正当的买卖合同和合理的交易价格从他人处购买该产品，并能够加以证明的一种事实。我国《著作权法》第 53 条规定："复制品的出版者、制作者不能证明其出版、制作有合法授权的，复制品的发行者或者电影作品或者以类似摄制电影的方法创作的作品、计算机软件、录音录像制品的复制品的出租者不能证明其发行、出租的复制品有合法来源的，应当承担法律责任。"也就是当销售者能够证明被控侵权作品具有合法来源的，不承担赔偿责任，这就是销售者所享有的合法来源的抗辩权。[1] 这里，出版者、制作者无权主张合法来源的抗辩权，因为《著作权法》对出版者、制作者要求对作品的内容进行实质审查义务。其不存在主观上的无过错，不符合合法来源的主观要件，并且法律要求出版者、制作者只有证明了其具有合法授权才可以免除责任。合法来源不是合法授权，合法来源无需要求销售的商品上所含有的作品一定要有合法授权，即通过著作权人的授权。只要销售者能够证明所销售的复制品是其通过正当的、合法的交易渠道所取的，销售者就无需承担侵权责任。该合法来源类似于民法上的善意第三人的保护制度，即如果行为人在实施民事法律行为时主观上出于善意，并支付了相应的对价，此时该第三人不承担责任，其所得利益应当受到保护。因此，只要销售者能够证明销售的侵权复制品具有合法的来源，即使销售的刊物未经著作权人的合法授权，该销售者与他人之间正当合法的交易关系仍受法律保护。但根据我国《著作权法》第 53 条的规定，提供了合法来源并不意味着销售者一定无需承担法律责任。认定销售者免除法律责任应当具备主客观要件，即主观上必须不知道并且不应当知道其销售的复制品是侵权的，客观上必须具有正当、合法的进货渠道。虽然《著作权法》上的第 53 条仅规定了客观要件，但是根据民法有关侵权责任的规定，承担责任需具有主观上的过错，即销售者是否对复制品的合法来源尽到了注意义务。也就是说，销售者如果能够提供合法的进货来源，主观上不存在过失，不承担损害赔偿责任，仅承担停止销售的责任。如果销售者明知或者应当知道该复制品是侵权作品，即使通过正当的、合法的交易渠道取得，仍需要承担侵权赔偿责任。对于销售者是否尽到了合理注意义务的判断，应当考虑销售者的认知能力。如果销售者根据其认知能力明知或者应知其所销售的是侵权复制品但仍然实施销售行为，则应认定其未尽合理的注意义务，不得免除其侵权损害赔偿的责任。但是，在确定销售

---

[1] 丁文严："论知识产权侵权诉讼中合法来源抗辩的构成要件"，载《知识产权》2017 年第 12 期。

者的认知能力时，还应考虑不同种类的销售者。比如，销售某类专业型作品的销售者，对其要求的认识能力要比非专业型的销售者要高，认定其是否尽到合理注意义务的标准相对严格。

二、销售者销售侵权作品具有合法来源的具体认定

销售者证明销售的侵权复制品是通过合法的、正当的渠道以及合理的对价所取得的就可以认定为销售的侵权复制品具有合法来源。此时，销售者一般通过提交相关合同、付款凭证等作为证据。

人民法院在认定销售者的举证是否足以证明合法来源的成立，应该根据相关证据的真实性、合法性和关联性，以及证据的证明力大小来判断销售者提交的证据是否足以认定合法来源的成立。一是审查证据的证明力大小。一般销售者提供的其与他人签订的销售复制品的相关合同，该证据的证明力最强。如果销售者未与他人签订销售复制品的有关合同，仅提供了付款凭证、收货单、相关证人证言等证据，这些证据与证明销售的复制品具有合法来源的关联性相对较弱、证明力相对较小，此时还应当审查是否存在真实的供货关系。二是审查是否存在真实的供货商。根据《著作权法》第 53 条的规定，销售者要免除赔偿责任就要证明被诉侵权复制品有合法来源，这就是暗含着需要指明具体的供货商，必要时可以要求销售者提供其主体身份材料以便法官进行核实或行使职权进行调查。三是审查是否存在真实的交易关系。如果销售者利用《著作权法》第 53 的规定与他人建立虚构的交易关系，此时，销售者不得行使合法来源的抗辩权，应当承担赔偿责任，不得免责。四是审查是否存在真假商品混卖。当销售者故意购入较少的合法授权的复制品，但实际上销售大量的侵权复制品。此时，即使销售者提供的证据能够证明其是通过合法的、正当的渠道购得复制品，仍需承担侵权赔偿责任，不得行使合法来源的抗辩权。

本案中的销售者中原图书大厦，其从接力出版社通过正当的、合法的交易渠道取得，符合《著作权法》上第 53 条规定的客观条件。而我国《著作权法》仅要求销售者对于销售的作品尽到形式审查义务，即不存在主观上的过错。因此，本案中的销售者不承担赔偿责任，但应当停止继续销售、消除影响等，防止对著作权人的合法权益继续进行侵害。由此可知，销售者能够证明销售的复制品具有合法来源的且主观上不具有过错的，是不承担赔偿责任，

而不是不承担侵权责任，销售者仍需承担停止侵害、消除影响等民事责任。

52. 著作权侵权损害赔偿的原则

——北京天语同声信息技术有限公司与珠海市北京酒店有限公司
侵犯著作财产权纠纷案[1]

案情概况

原告：北京天语同声信息技术有限公司。

法定代表人：施穗生。

委托代理人：陆星洲。

委托代理人：谢丽珍。

被告：珠海市北京酒店有限公司。

法定代表人：李默。

委托代理人：李显文。

委托代理人：钟山城。

华研国际音乐股份有限公司（简称"华研公司"）系音乐电视作品《不想长大》的著作权人。华研公司将其享有著作权之音乐电视作品（含涉讼的音乐电视作品）独家授权给原告在中国大陆地区行使许可卡拉OK经营者在其经营场所内复制、保存、放映及向其收取费用等权利，并可以自己的名义向任何第三人主张权利。在独家行使合法权利过程中，原告发现被告在未缴纳使用费用、未经合法授权的情况下，以营利为目的，擅自在其经营场所营业性放映涉讼的上述音乐电视作品。被告行为已构成侵权，原告为调查其侵权行为，共支出的合理开支人民币5945元（其中律师费5000元，公证费800元，取证必要费用145元）。为维护自己的合法权利，原告特向人民法院提出诉讼，请求：①依法判决被告立即停止侵犯原告《不想长大》音乐电视作品著作权的行为并在其经营的点歌库中删除侵权作品；②判决被告就其不当侵

---

〔1〕 案件来源：广东省珠海市中级人民法院［2010］珠中法知民初字第82号民事判决书。

权行为在《珠海特区报》等媒体上向原告赔礼道歉；③依法判决被告因侵权给原告造成的经济损失 15 000 元；④依法判决被告赔偿原告为制止侵权行为的合理开支 5945 元；⑤依法判决被告承担本案全部诉讼费用。

被告辩称：①经营卡拉 OK 的是被告的下属机构，该机构有独立的营业执照，根据法律的规定应当由该分支机构独立承担相应的民事责任，被告只应承担补充责任。②本案的著作权人的身份关系不明确，无法确认涉案歌曲的具体著作权人是谁，也无法确认著作权人与相应公司有关的权利义务关系。③被告的点歌系统仅仅是消费当中的一种辅助性的娱乐设备，被告收取的费用实际上是客人的酒水等费用而不是点歌的费用，不属于因歌曲而获得的费用。④被告购买点歌系统已向有关的销售公司支付了相应的费用，而该销售公司是否向原告支付了费用不是被告审查的范围。⑤原告请求赔偿的数额过高，被告无论是否构成侵权，其使用歌曲获得的利益是非常微薄的，原告虽然提供了消费发票，但其中主要是酒水等费用。⑥原告主张的律师费用违反了广东省的收费标准，远远高于收费上限。⑦被告的经营规模非常小，在目前的经营环境下获取的利益也很少，如按照原告的赔偿金额，被告很难继续经营下去，请求法院在查清事实的基础上作出公正判决。

裁判结果

广东省珠海市中级人民法院依照《中华人民共和国著作权法》第 3 条第 6 项、第 11 条第 4 款、第 15 条第 1 款、第 47 条第 1 款第 1 项、第 48 条，《中华人民共和国著作权法实施条例》第 4 条第 11 项，《最高人民法院关于审理著作权民事纠纷案件适用法律若干问题的解释》第 7 条、第 25 条、第 26 条的规定，判决如下：

（1）被告珠海市北京酒店有限公司立即停止侵犯原告北京天语同声信息技术有限公司《谢谢你让我爱过你》音乐电视作品著作权的行为，并在其经营的点歌库中删除侵权作品。

（2）被告珠海市北京酒店有限公司于本判决生效之日起 10 日内赔偿原告北京天语同声信息技术有限公司包括为制止侵权行为所支付的合理开支在内的经济损失 4000 元。如果未按本判决指定的期间履行给付金钱义务，应当按照《中华人民共和国民事诉讼法》第 229 条之规定，加倍支付迟延履行期间的债务利息。

（3）驳回原告北京天语同声信息技术有限公司的其他诉讼请求。

案例评析

本案所涉及的法律问题主要是著作权侵权损害赔偿的问题。近年来，随着侵犯著作权案件的增多以及作品种类、载体、传播方式日趋呈现多样性、复杂性的特点，法院在审理著作权侵权纠纷案件时，损害赔偿应坚持的原则成了审案的关键和难点。

一、著作权侵权损害赔偿概述

著作权侵权损害赔偿，即侵权人不法侵害他人的著作权或与著作权有关的权益，造成了著作权人的财产性或者非财产性的损失，著作权人享有请求侵权行为人赔偿损失的民事权利，侵权人有赔偿损失的民事义务。著作权人与侵权行为人之间的权利义务关系，既是一种债的法律关系，又是一种具体的民事责任形式。当侵权人侵害他人的著作权财产权或著作人身权，造成著作权人财产上的或非财产的损失，侵权人不履行赔偿义务，法律即强制侵权人承担赔偿损失的民事责任，这种赔偿损失的民事责任，就是侵害著作权的损害赔偿的民责任。也就是说，著作权侵权行为首先产生损害赔偿的权利义务关系，当义务人不履行应尽义务时，损害赔偿的义务即转变为一种民事责任。

《著作权法》第 47 条第 1 款第 1 项规定，未经著作权人许可，表演、放映其作品的，应当承担停止侵害、赔偿损失等民事责任。被告珠海市北京酒店有限公司未经原告华研公司许可，以营利为目的在其下属分公司放映原告享有著作权的案涉音乐电视作品构成侵权，依法应承担停止侵害、赔偿损失等民事责任。

二、著作权侵权损害赔偿应遵循的原则

在确定著作权侵权损害赔偿的时候，应当坚持以下原则：

首先，全部赔偿原则。全部赔偿原则是现代民法中最基本的赔偿原则，它是补偿受害人损失的需要，也是各国侵权行为法及其司法实践中遵循的惯例。著作权侵权损害赔偿的全部赔偿原则，是指侵权人应当赔偿因其侵权行为而给著作权人造成的一切损失，包括可以用金钱来衡量和补偿的各种损害。

确定全部赔偿原则是著作权本身的特征及侵权损害后果的多样性决定的。著作权是一种无形财产权，不像有形财产那样有确定和固定的价值，其受到侵害时也不会像有形财产那样直接表现为财物的毁损或灭失。著作权受损害表现为直接损失和间接损失，直接损失是指因侵权行为所直接导致的权利人现有财产的减少，如作品发行量的减少、利润的下降以及因侵权行为使受害人多支出的费用，间接损失是指权利人受到侵害的著作权在未来可得利益的减少或损失，主要是市场利益的损失，它是著作权侵权损害的主要内容。另外，侵犯著作权中的人身权造成损害或者精神损害的，也应予以赔偿。只有对著作权人的损失全部予以赔偿，才能最有效地补偿受害人的实际损失，维护公平正义原则。实行全部赔偿原则也是国际知识产权制度发展的新趋势。

其次，精神损害赔偿限制原则。对侵害著作权能否造成精神损害，造成精神损害受害人能否要求精神损害赔偿，我国《民法通则》和《知识产权法》都没有做出明确的规定。而精神损害赔偿的一个基本原则是限制原则，即公民、法人等民事主体只有在法律规定的范围内享有的民事权利受到精神损害，才可以根据法律规定要求精神损害赔偿。我国现行民事立法已明确地规定了精神损害赔偿制度，它对充分保护公民的人格利益有着重大的意义。

最后，酌定赔偿原则。因为智力创作成果损害结果的不易确定，以及具体案情情况的复杂多样，使得对著作权侵权的损害赔偿不可能简单、统一。所以，不管法律对著作权侵权损害赔偿的规定得多么具体详细，都不能排除法官根据审理查明的案件事实，对法律进行具体适用，以及在法律规定的赔偿数额幅度之内根据个案情况进行裁量，确定具体的赔偿数额。因此，在确定著作权侵权损害赔偿数额时应当赋予法官一定的酌定裁量权，以满足对各种不同案件进行审判的需要，在个案中实现公平。所谓酌定裁量是要求法官确定赔偿数额必须依据客观事实，依照《民法通则》和《著作权法》的基本原则精神，依靠法官本身的法律素养和审判经验，分析和判断案情，斟酌当事人间的利益平衡做出裁判，以求实现法律目的和案件判决的公正、公平、合理，追究侵权行为人的民事责任，保护权利人的合法权益。

《著作权法》第 49 条规定，侵犯著作权或者与著作权有关的权利的，侵权人应当按照权利人的实际损失给予赔偿；实际损失难以计算的，可以按照侵权人的违法所得给予赔偿。赔偿数额还应当包括权利人为制止侵权行为所支付的合理开支。权利人的实际损失或者侵权人的违法所得不能确定的，由人民法院根据侵权行为的情节，判决给予 50 万元以下的赔偿。《最高人民法院关于审理著作权民事纠纷案件适用法律若干问题的解释》第 25 条规定，权利人的实际损失或者侵权人的违法所得无法确定的，人民法院根据当事人的请求或者依职权适用《著作权法》第 48 条第 2 款的规定确定赔偿数额。本案中，原告要求被告承担经济损失 15 000 元及承担其为制止侵权行为的合理开支 5945 元，但原告对于其经济损失 15 000 元并未明确计算依据，也未举证证明因被告侵权行为所受的实际损失或者侵权人的违法所得，因此，原告的实际损失和被告的违法所得均难以确定。法院综合考虑本案的具体情况、涉案作品的类型、被告的经营规模、使用方式、经营场所位置、侵权行为的持续时间、过错程度、本地经济发展情况，以及原告为制止侵权行为而支出的合理费用等因素，酌定被告应当赔偿的数额为 4000 元。

53. 著作权侵权诉讼中诉讼时效的适用

——北京网尚文化传播有限公司与珠海市新境界网络有限公司香洲分店、珠海市新境界网络有限公司侵害作品信息网络传播权纠纷案[1]

案情概况

再审申请人（一审原告、二审上诉人）：北京网尚文化传播有限公司，住所地：北京市东城区。

法定代表人：成立辉，该公司经理。

委托代理人：张铮，该公司法务。

被申请人（一审被告、二审被上诉人）：珠海市新境界网络有限公司香洲分店，住所地：广东省珠海市。

负责人：林灶雄。

被申请人（一审被告、二审被上诉人）：珠海市新境界网络有限公司，住所地：广东省珠海市。

---

〔1〕 案件来源：最高人民法院〔2013〕民申字第 1963 号再审审查民事裁定书。

法定代表人：欧江雄。

北京网尚文化传播有限公司（简称"网尚公司"）拥有《原来爱上贼》等涉案影视剧在中国大陆地区的信息网络传播独占权，并可以以自己的名义对非法使用授权影视剧的第三方追究法律责任的权利，包括但不限于：申请证据保全公证、行政投诉、提起民事诉讼等。授权期限届满不影响网尚公司在授权期限内已经启动的维权工作，包括但不限于：证据保全、诉讼、执行等环节的进行。2011 年 12 月 2 日，网尚公司以其《原来爱上贼》等 13 部影视剧在中国大陆地区的信息网络传播权受到侵害为由，向珠海市中级人民法院起诉，请求判令珠海市新境界网络有限公司香洲分店（简称"香洲分店"）、珠海市新境界网络有限公司（简称"新境界公司"）：①赔偿因侵权行为给网尚公司造成的损失 90 000 元；②承担律师费 39 000 元；③承担公证费 1000 元；④承担本案一切诉讼费用。

一审法院以超过诉讼时效为由，驳回了网尚公司的诉讼请求，网尚公司不服，提起上诉，请求二审法院撤销原审判决并依法支持网尚公司的一审诉讼请求，上诉理由：网尚公司向原审法院提起诉讼并未超过诉讼时效。二审法院驳回上诉，维持原判。网尚公司向最高人民法院申请再审，称：①网尚公司的起诉未超过诉讼时效。首先，本案涉及知识产权的相关内容，不适用 2 年诉讼时效的一般规定。其次，二审法院对于诉讼时效起算点的认定有误。本案中，应当充分考虑法律保护权利人的本意和实务操作中的具体程序，将"知道和应当知道"的时间延伸至权利人具有主张权利之条件时，即出具相关公证书之时。最后，二审法院对于诉讼时效中断的认定有误。涉案公证书是证明香洲分店、新境界公司存在侵权行为的唯一证据，网尚公司向公证机关申请证据保全的行为构成发生诉讼时效期间中断的事由。该公证书的出具时间符合《公证法》和《公证程序规则》关于出具公证书时限的相关规定，故应从该公证书出具之时起，重新计算诉讼时效。且网尚公司亦曾通过发律师函的方式向香洲分店、新境界公司主张过权利，二审法院对相关证据未予采纳，缺乏依据。②一审、二审法院对于网尚公司合理费用未予支持，属于事实认定不清。③网尚公司在 2011 年共起诉案件 1376 件，一审法院强行合并审理为 125 个案号，违反法律程序。

📑 **裁判结果**

广东省珠海市中级人民法院依照《中华人民共和国著作权法》第 10 条，《中华人民共和国民法通则》第 135 条、第 137 条，《最高人民法院关于贯彻执行〈中华人民共和国民法通则〉若干问题的意见（试行）》第 169 条之规定，判决如下：

驳回网尚公司的诉讼请求。

广东省高级人民法院依照《中华人民共和国民事诉讼法》第 153 条第 1 款第 1 项之规定，判决：

驳回上诉，维持原判。

最高人民法院依照《中华人民共和国民事诉讼法》第 204 条第 1 款之规定，裁定如下：

驳回网尚公司的再审申请。

📑 **案例评析**

本案所涉及的法律问题主要是著作权侵权诉讼中诉讼时效的适用问题。诉讼时效是为了督促权利人及时的行使权利，如果权利人在诉讼时效内不行使权利，诉讼时效过了以后，不再享有胜诉权。本案经历一审、二审及再审，其争议较大的问题主要是网尚公司诉讼请求权是否超过诉讼时效期间。

一、著作权侵权诉讼中适用诉讼时效的提出

诉讼时效是指民事权利受到侵害的权利人在法定的时效期间内不行使权利，当时效期间届满时，债务人获得诉讼时效抗辩权。诉讼时效抗辩权本质上是义务人的一项民事权利，义务人是否行使，司法不应过多干预，这是民法意思自治原则的根本要求。当事人一方根据实体法上的诉讼时效抗辩权在诉讼中提起的诉讼时效抗辩是实体权利的抗辩，是需由当事人主张的抗辩，当事人是否主张，属于其自由处分的范畴，司法也不应过多干涉，这是民事诉讼处分原则的应有之意。遵循上述意思自治原则和处分原则，在义务人不提出诉讼时效抗辩的情形下，人民法院不应主动援引诉讼时效的规定进行裁判，该规定也与法院居中裁判的地位相适应。《最高人民法院关于审理民事案件适用诉讼时效制度若干问题的规定》第 3 条规定，当事人未提出诉讼时效

抗辩的，人民法院不应对诉讼时效问题进行释明及主动适用诉讼时效的规定进行裁判。所谓释明权，也叫释明义务、阐明义务，是指在民事诉讼中，当事人的诉讼请求和陈述的事实不当、不明确、不清楚、不充分，或在举证或质证过程中存在能力上的不足或缺陷，法官对当事人进行发问，以提醒、启发当事人澄清或落实其诉讼请求或主张的某些事实，以引导和协助当事人对案件的主要证据进行举证和质证。因而，当事人超过诉讼时效后起诉的，人民法院应当受理；当事人提出诉讼时效抗辩且查明无中止、中断、延长事由的，判决驳回其诉讼请求。如果另一方当事人未提出诉讼时效抗辩，则视为其自动放弃该权利，法院不得依照职权主动适用诉讼时效，应当受理支持其诉讼请求。

本案中，香洲分店、新境界公司就诉讼时效提出了抗辩，认为网尚公司的起诉超过了诉讼时效期间的规定，人民法院应该就诉讼时效的相关问题进行查明。

二、著作权侵权诉讼中诉讼时效的期间

诉讼时效期间，又称时效期间，是指权利人请求人民法院保护其民事权利的法定期间，通常可以将其分为普通诉讼时效期间、特别诉讼时效期间和最长诉讼时效期间。普通诉讼时效期间，是指由民事基本法规定的普遍适用于应当适用时效的各种法律关系的时效期间。特别诉讼时效期间，是指由民事基本法或特别法针对某些民事法律关系规定的时效期间。最长诉讼时效期间，又称绝对时效期间，是指不适用诉讼时效中止、中断规定的诉讼时效期间。

《民法通则》第 135 条规定，向人民法院请求保护民事权利的诉讼时效期间为 2 年，法律另有规定的除外。《最高人民法院著作权司法解释》第 28 条规定，侵犯著作权的诉讼时效为 2 年。本案中，网尚公司主张香洲分店、新境界公司侵害其《原来爱上贼》等 13 部影视作品的信息网络传播权，属于侵害著作权纠纷案件，根据上述规定，应适用 2 年诉讼时效期间的规定。

三、著作权侵权诉讼中诉讼时效期间的起算时间

诉讼时效期间的起算，即诉讼时效期间的开始时间，其直接关系到诉讼时效期间的届满期限。《民法通则》第 137 条规定："诉讼时效期间从知道或

应当知道权利被侵害之时起算。"《最高人民法院著作权司法解释》第28条规定,侵害著作权纠纷的诉讼时效自著作权人知道或者应当知道侵权行为之日起计算。

本案中,网尚公司认为,本案有五个与诉讼时效期间相关的时间点,即网尚公司大致知道珠海地区存在网吧侵权情况的时间点、网尚公司委托公证员进行证据保全公证的时间点、公证员到网吧现场公证的时间点、公证员制作公证书的时间点以及公证书送达的时间点。在这些时间点之中,应当采用公证书送达的时间点而不应以公证员到网吧现场公证的时间点作为本案诉讼时效期间的起算点。从查明的事实看,网尚公司于2009年11月3日,与北京市方圆公证处的公证员和公证人员一同至新境界网吧进行了保全证据公证。据此,网尚公司在公证过程中,已经在主观上知道权利被侵害的事实,并知道侵权人的具体指向。因此,在2009年11月3日当日,网尚公司已"知道"其权利被侵害,2009年11月3日应作为诉讼时效期间的起算时间。网尚公司主张"知道或应当知道"的时间"应延至其具有主张权利条件,即公证机关出具公证书之时",缺乏法律依据。

因为证据保全公证是公证机关根据当事人申请,为使诉讼后可能发生证据灭失或难以提取而采取的保全措施,它是发生在公证机关与申请证据保全的申请人之间的活动。

四、著作权侵权诉讼中诉讼时效的中断

诉讼时效中断是指已开始的诉讼时效因发生法定事由不再进行,并使已经经过的时效期间丧失效力。我国《民法通则》第140条确认了诉讼时效中断的情况和事由,诉讼时效因提起诉讼、当事人一方提出要求或者同意履行义务而中断。从中断时起,诉讼时效期间重新计算。可见,引起诉讼时效中断的事实是由法律直接规定的,其特点在于均是当事人有意识的行为,包括起诉、权利人主张权利或者义务人同意履行义务的行为。这些法定事由只要在诉讼时效进行中出现即引起时效的中断。中断诉讼时效的法定事由发生在诉讼时效期间的任何阶段均产生中断的法律效力,而且诉讼时效中断的次数不受法律限制。从诉讼时效中断时起,诉讼时效期间重新起算。因此,法定事由发生之前已经过的时效期间归于无效,与重新计算的时效期间没有关系。

本案中,网尚公司认为,其向公证机关申请证据保全即导致诉讼时效中

断，直至公证机关出具公证书，诉讼时效期间中断的事由才消除，故诉讼时效期间应当从公证机关出具公证书的日期重新计算。证据保全公证，是公证机构根据公民、法人或其他组织的申请，在诉讼发生之前，依法对日后可能灭失或难以提取的证据加以验证提取、收存和固定的活动。由此可见，它是发生在公证机关和申请证据保全的申请人之间的活动，并不是《民法通则》第 140 条规定的"提起诉讼、当事人一方提出要求或者同意履行义务"，因此当事人向公证机关申请证据保全公证不属于诉讼时效期间中断的法定事由，并不能当然产生诉讼时效期间中断的效力。网尚公司还称，其曾通过发律师函的形式向侵权网吧主张过权利，诉讼时效期间应当重新计算。法院查明的事实表明，网尚公司提交的律师函既没有加盖公章，也没有填写内容，更没有快递单等证据证明网尚公司已将律师函于本案诉讼时效期间届满之日前送达香洲分店、新境界公司，故该证据不具有证据的真实性、合法性和关联性，不能作为定案的依据。

　　总之，2009 年 11 月 3 日当日，网尚公司已"知道"其权利被侵害。自 2009 年 11 月 3 日开始的两年诉讼时效期间内，并未出现导致诉讼时效期间中止或者中断的法定事由，且未出现导致诉讼时效期间需要延长的客观障碍，亦未存在至网尚公司起诉时，香洲分店、新境界公司仍在持续进行侵权行为的事实。网尚公司怠于行使诉讼权利，直至诉讼时效期间届满后的 2011 年 12 月 2 日才提起诉讼，起诉超过了诉讼时效期间的规定，应自行承担不利的法律后果。

后　记

　　2008 年 6 月 5 日，国务院颁布实施《国家知识产权战略纲要》，将知识产权工作上升到国家战略层面进行统筹部署和整体推进，为知识产权事业发展指出了明确方向。著作权是知识产权的一个重要组成部分，它是现代社会发展中不可缺少的一种法律制度。现代知识产权保护制度在促进知识的积累与交流，丰富人们的精神生活，提高全民族的科学文化素质，推动经济的发展和个人为社会进步方面起到了重要的作用。十八届四中全会通过的《中共中央关于全面推进依法治国若干重大问题的决定》，将实现公正司法作为全面推进依法治国总目标之一。党的十九大报告进一步指出，全面依法治国，必须推进公正司法。公正是法治的生命线，实现公正司法，体现在司法机关的权力运行过程中，落脚于具体案件的诉讼活动中。正如有学者所指出的，法律的生命不止在于逻辑，更在于经验，《著作权法》亦然。而经验正体现在一个个具体的案例中，案例既是司法的基本单位，也是普通民众对法律最直接的感知，所有高深的法学理论都可以在现实案例中找到鲜活的对照。本书编者在教学科研中，一直关注著作权司法适用问题，不断收集、整理资料，完善研究思路和提纲，积极开展研究。涓涓细流终将汇成奔涌的江河，在把握《著作权法》基本理论的基础上，选取全国各地各级人民法院审理的较为典型的有代表性的或者具有争议性的著作权纠纷案件，全方位地对著作权的司法适用展开实证研究，并结合实证资料和数据，进行必要的理论反思，对著作权司法适用中有争议的问题及深层次的理论问题从实证的角度做出回应、进行探讨，形成了本书。

　　在本书的编写过程中，参考了大量的文献资料，在此对这些文献资料的作者们表示感谢。我的研究生刘琨、刘明新、马佳佳、沈源源、张娜、郑雨等对本书的写作提出了诸多有益的建议,在资料收集整理、书稿校对等方面做了大量工作,对他们的辛勤付出表示衷心的感谢。中国政法大学出版社丁春晖老师对本书的出版给予了大力支持,在此表示衷心感谢。感谢我的家人,我今天能够取得一点成绩,离不开他们的鼓励与支持。

本书由李林启担任主编,谢富春、王历彩、张献忠担任副主编,初稿完成后,三位副主编参与了部分案例的统稿,最后由主编统修订稿。本书初稿的编撰具体分工如下(以本书章节先后为序):

李林启,河南师范大学法学院,编著前言、各章导读;

周化冰,新乡市中级人民法院,编著第 1 章;

李林启,河南师范大学法学院,编著第 2 章;

张献忠,河南百泉律师事务所,编著第 3 章、第 5 章;

王历彩,河南众盈律师事务所,编著第 4 章;

赵　斌,新乡市中级人民法院,编著第 6 章;

王　萌,河南科技学院马克思主义学院、林州市合涧镇二中,编著第 7 章;

张　艳,新乡学院历史与社会发展学院,编著第 8 章;

谢富春,河南众盈律师事务所,编著第 9 章;

李林启,河南师范大学法学院,编著附录。

因时间紧迫、能力所限,本书难免存在不足之处,恳请学界同仁、读者诸君批评指正。

李林启

2019 年 6 月 21 日于原阳·盛世佳苑

附 录

中华人民共和国著作权法

（1990 年 9 月 7 日第七届全国人民代表大会常务委员会第十五次会议通过 根据 2001 年 10 月 27 日第九届全国人民代表大会常务委员会第二十四次会议《关于修改〈中华人民共和国著作权法〉的决定》第一次修正 根据 2010 年 2 月 26 日第十一届全国人民代表大会常务委员会第十三次会议《关于修改〈中华人民共和国著作权法〉的决定》第二次修正)

目 录

第一章　总　则

第一条　为保护文学、艺术和科学作品作者的著作权，以及与著作权有关的权益，鼓励有益于社会主义精神文明、物质文明建设的作品的创作和传播，促进社会主义文化和科学事业的发展与繁荣，根据宪法制定本法。

第二条　中国公民、法人或者其他组织的作品，不论是否发表，依照本法享有著作权。

外国人、无国籍人的作品根据其作者所属国或者经常居住地国同中国签订的协议或者共同参加的国际条约享有的著作权，受本法保护。

外国人、无国籍人的作品首先在中国境内出版的，依照本法享有著作权。

未与中国签订协议或者共同参加国际条约的国家的作者以及无国籍人的作品首次在中国参加的国际条约的成员国出版的，或者在成员国和非成员国同时出版的，受本法保护。

第三条　本法所称的作品，包括以下列形式创作的文学、艺术和自然科学、社会科学、工程技术等作品：

（一）文字作品；

（二）口述作品；

（三）音乐、戏剧、曲艺、舞蹈、杂技艺术作品；

（四）美术、建筑作品；

（五）摄影作品；

（六）电影作品和以类似摄制电影的方法创作的作品；

（七）工程设计图、产品设计图、地图、示意图等图形作品和模型作品；

（八）计算机软件；

（九）法律、行政法规规定的其他作品。

第四条　著作权人行使著作权，不得违反宪法和法律，不得损害公共利益。国家对作品的出版、传播依法进行监督管理。

第五条　本法不适用于：

（一）法律、法规，国家机关的决议、决定、命令和其他具有立法、行政、司法性质的文件，及其官方正式译文；

（二）时事新闻；

（三）历法、通用数表、通用表格和公式。

第六条 民间文学艺术作品的著作权保护办法由国务院另行规定。

第七条 国务院著作权行政管理部门主管全国的著作权管理工作；各省、自治区、直辖市人民政府的著作权行政管理部门主管本行政区域的著作权管理工作。

第八条 著作权人和与著作权有关的权利人可以授权著作权集体管理组织行使著作权或者与著作权有关的权利。著作权集体管理组织被授权后，可以以自己的名义为著作权人和与著作权有关的权利人主张权利，并可以作为当事人进行涉及著作权或者与著作权有关的权利的诉讼、仲裁活动。

著作权集体管理组织是非营利性组织，其设立方式、权利义务、著作权许可使用费的收取和分配，以及对其监督和管理等由国务院另行规定。

第二章 著作权

第一节 著作权人及其权利

第九条 著作权人包括：

（一）作者；

（二）其他依照本法享有著作权的公民、法人或者其他组织。

第十条 著作权包括下列人身权和财产权：

（一）发表权，即决定作品是否公之于众的权利；

（二）署名权，即表明作者身份，在作品上署名的权利；

（三）修改权，即修改或者授权他人修改作品的权利；

（四）保护作品完整权，即保护作品不受歪曲、篡改的权利；

（五）复制权，即以印刷、复印、拓印、录音、录像、翻录、翻拍等方式将作品制作一份或者多份的权利；

（六）发行权，即以出售或者赠与方式向公众提供作品的原件或者复制件的权利；

（七）出租权，即有偿许可他人临时使用电影作品和以类似摄制电影的方法创作的作品、计算机软件的权利，计算机软件不是出租的主要标的的除外；

（八）展览权，即公开陈列美术作品、摄影作品的原件或者复制件的权利；

（九）表演权，即公开表演作品，以及用各种手段公开播送作品的表演的权利；

（十）放映权，即通过放映机、幻灯机等技术设备公开再现美术、摄影、电影和以类似摄制电影的方法创作的作品等的权利；

（十一）广播权，即以无线方式公开广播或者传播作品，以有线传播或者转播的方式向公众传播广播的作品，以及通过扩音器或者其他传送符号、声音、图像的类似工具向公众传播广播的作品的权利；

（十二）信息网络传播权，即以有线或者无线方式向公众提供作品，使公众可以在其个人选定的时间和地点获得作品的权利；

（十三）摄制权，即以摄制电影或者以类似摄制电影的方法将作品固定在载体上的权利；

（十四）改编权，即改变作品，创作出具有独创性的新作品的权利；

（十五）翻译权，即将作品从一种语言文字转换成另一种语言文字的权利；

（十六）汇编权，即将作品或者作品的片段通过选择或者编排，汇集成新作品的权利；

（十七）应当由著作权人享有的其他权利。

著作权人可以许可他人行使前款第（五）项至第（十七）项规定的权利，并依照约定或者本法有关规定获得报酬。

著作权人可以全部或者部分转让本条第一款第（五）项至第（十七）项规定的权利，并依照约定或者本法有关规定获得报酬。

第二节 著作权归属

第十一条 著作权属于作者，本法另有规定的除外。

创作作品的公民是作者。

由法人或者其他组织主持，代表法人或者其他组织意志创作，并由法人或者其他组织承担责任的作品，法人或者其他组织视为作者。

如无相反证明，在作品上署名的公民、法人或者其他组织为作者。

第十二条　改编、翻译、注释、整理已有作品而产生的作品，其著作权由改编、翻译、注释、整理人享有，但行使著作权时不得侵犯原作品的著作权。

第十三条　两人以上合作创作的作品，著作权由合作作者共同享有。没有参加创作的人，不能成为合作作者。

合作作品可以分割使用的，作者对各自创作的部分可以单独享有著作权，但行使著作权时不得侵犯合作作品整体的著作权。

第十四条　汇编若干作品、作品的片段或者不构成作品的数据或者其他材料，对其内容的选择或者编排体现独创性的作品，为汇编作品，其著作权由汇编人享有，但行使著作权时，不得侵犯原作品的著作权。

第十五条　电影作品和以类似摄制电影的方法创作的作品的著作权由制片者享有，但编剧、导演、摄影、作词、作曲等作者享有署名权，并有权按照与制片者签订的合同获得报酬。

电影作品和以类似摄制电影的方法创作的作品中的剧本、音乐等可以单独使用的作品的作者有权单独行使其著作权。

第十六条　公民为完成法人或者其他组织工作任务所创作的作品是职务作品，除本条第二款的规定以外，著作权由作者享有，但法人或者其他组织有权在其业务范围内优先使用。作品完成两年内，未经单位同意，作者不得许可第三人以与单位使用的相同方式使用该作品。

有下列情形之一的职务作品，作者享有署名权，著作权的其他权利由法人或者其他组织享有，法人或者其他组织可以给予作者奖励：

（一）主要是利用法人或者其他组织的物质技术条件创作，并由法人或者其他组织承担责任的工程设计图、产品设计图、地图、计算机软件等职务作品；

（二）法律、行政法规规定或者合同约定著作权由法人或者其他组织享有的职务作品。

第十七条　受委托创作的作品，著作权的归属由委托人和受托人通过合同约定。合同未作明确约定或者没有订立合同的，著作权属于受托人。

第十八条　美术等作品原件所有权的转移，不视为作品著作权的转移，但美术作品原件的展览权由原件所有人享有。

第十九条　著作权属于公民的，公民死亡后，其本法第十条第一款第

（五）项至第（十七）项规定的权利在本法规定的保护期内，依照继承法的规定转移。

著作权属于法人或者其他组织的，法人或者其他组织变更、终止后，其本法第十条第一款第（五）项至第（十七）项规定的权利在本法规定的保护期内，由承受其权利义务的法人或者其他组织享有；没有承受其权利义务的法人或者其他组织的，由国家享有。

第三节　权利的保护期

第二十条　作者的署名权、修改权、保护作品完整权的保护期不受限制。

第二十一条　公民的作品，其发表权、本法第十条第一款第（五）项至第（十七）项规定的权利的保护期为作者终生及其死亡后五十年，截止于作者死亡后第五十年的 12 月 31 日；如果是合作作品，截止于最后死亡的作者死亡后第五十年的 12 月 31 日。

法人或者其他组织的作品、著作权（署名权除外）由法人或者其他组织享有的职务作品，其发表权、本法第十条第一款第（五）项至第（十七）项规定的权利的保护期为五十年，截止于作品首次发表后第五十年的 12 月 31 日，但作品自创作完成后五十年内未发表的，本法不再保护。

电影作品和以类似摄制电影的方法创作的作品、摄影作品，其发表权、本法第十条第一款第（五）项至第（十七）项规定的权利的保护期为五十年，截止于作品首次发表后第五十年的 12 月 31 日，但作品自创作完成后五十年内未发表的，本法不再保护。

第四节　权利的限制

第二十二条　在下列情况下使用作品，可以不经著作权人许可，不向其支付报酬，但应当指明作者姓名、作品名称，并且不得侵犯著作权人依照本法享有的其他权利：

（一）为个人学习、研究或者欣赏，使用他人已经发表的作品；

（二）为介绍、评论某一作品或者说明某一问题，在作品中适当引用他人已经发表的作品；

（三）为报道时事新闻，在报纸、期刊、广播电台、电视台等媒体中不可避免地再现或者引用已经发表的作品；

（四）报纸、期刊、广播电台、电视台等媒体刊登或者播放其他报纸、期刊、广播电台、电视台等媒体已经发表的关于政治、经济、宗教问题的时事性文章，但作者声明不许刊登、播放的除外；

（五）报纸、期刊、广播电台、电视台等媒体刊登或者播放在公众集会上发表的讲话，但作者声明不许刊登、播放的除外；

（六）为学校课堂教学或者科学研究，翻译或者少量复制已经发表的作品，供教学或者科研人员使用，但不得出版发行；

（七）国家机关为执行公务在合理范围内使用已经发表的作品；

（八）图书馆、档案馆、纪念馆、博物馆、美术馆等为陈列或者保存版本的需要，复制本馆收藏的作品；

（九）免费表演已经发表的作品，该表演未向公众收取费用，也未向表演者支付报酬；

（十）对设置或者陈列在室外公共场所的艺术作品进行临摹、绘画、摄影、录像；

（十一）将中国公民、法人或者其他组织已经发表的以汉语言文字创作的作品翻译成少数民族语言文字作品在国内出版发行；

（十二）将已经发表的作品改成盲文出版。

前款规定适用于对出版者、表演者、录音录像制作者、广播电台、电视台的权利的限制。

第二十三条 为实施九年制义务教育和国家教育规划而编写出版教科书，除作者事先声明不许使用的外，可以不经著作权人许可，在教科书中汇编已经发表的作品片段或者短小的文字作品、音乐作品或者单幅的美术作品、摄影作品，但应当按照规定支付报酬，指明作者姓名、作品名称，并且不得侵犯著作权人依照本法享有的其他权利。

前款规定适用于对出版者、表演者、录音录像制作者、广播电台、电视台的权利的限制。

第三章　著作权许可使用和转让合同

第二十四条 使用他人作品应当同著作权人订立许可使用合同，本法规定可以不经许可的除外。

许可使用合同包括下列主要内容：

（一）许可使用的权利种类；

（二）许可使用的权利是专有使用权或者非专有使用权；

（三）许可使用的地域范围、期间；

（四）付酬标准和办法；

（五）违约责任；

（六）双方认为需要约定的其他内容。

第二十五条　转让本法第十条第一款第（五）项至第（十七）项规定的权利，应当订立书面合同。

权利转让合同包括下列主要内容：

（一）作品的名称；

（二）转让的权利种类、地域范围；

（三）转让价金；

（四）交付转让价金的日期和方式；

（五）违约责任；

（六）双方认为需要约定的其他内容。

第二十六条　以著作权出质的，由出质人和质权人向国务院著作权行政管理部门办理出质登记。

第二十七条　许可使用合同和转让合同中著作权人未明确许可、转让的权利，未经著作权人同意，另一方当事人不得行使。

第二十八条　使用作品的付酬标准可以由当事人约定，也可以按照国务院著作权行政管理部门会同有关部门制定的付酬标准支付报酬。当事人约定不明确的，按照国务院著作权行政管理部门会同有关部门制定的付酬标准支付报酬。

第二十九条　出版者、表演者、录音录像制作者、广播电台、电视台等依照本法有关规定使用他人作品的，不得侵犯作者的署名权、修改权、保护作品完整权和获得报酬的权利。

第四章　出版、表演、录音录像、播放

第一节　图书、报刊的出版

第三十条　图书出版者出版图书应当和著作权人订立出版合同，并支付

报酬。

第三十一条　图书出版者对著作权人交付出版的作品，按照合同约定享有的专有出版权受法律保护，他人不得出版该作品。

第三十二条　著作权人应当按照合同约定期限交付作品。图书出版者应当按照合同约定的出版质量、期限出版图书。

图书出版者不按照合同约定期限出版，应当依照本法第五十四条的规定承担民事责任。

图书出版者重印、再版作品的，应当通知著作权人，并支付报酬。图书脱销后，图书出版者拒绝重印、再版的，著作权人有权终止合同。

第三十三条　著作权人向报社、期刊社投稿的，自稿件发出之日起十五日内未收到报社通知决定刊登的，或者自稿件发出之日起三十日内未收到期刊社通知决定刊登的，可以将同一作品向其他报社、期刊社投稿。双方另有约定的除外。

作品刊登后，除著作权人声明不得转载、摘编的外，其他报刊可以转载或者作为文摘、资料刊登，但应当按照规定向著作权人支付报酬。

第三十四条　图书出版者经作者许可，可以对作品修改、删节。

报社、期刊社可以对作品作文字性修改、删节。对内容的修改，应当经作者许可。

第三十五条　出版改编、翻译、注释、整理、汇编已有作品而产生的作品，应当取得改编、翻译、注释、整理、汇编作品的著作权人和原作品的著作权人许可，并支付报酬。

第三十六条　出版者有权许可或者禁止他人使用其出版的图书、期刊的版式设计。

前款规定的权利的保护期为十年，截止于使用该版式设计的图书、期刊首次出版后第十年的 12 月 31 日。

第二节　表　演

第三十七条　使用他人作品演出，表演者（演员、演出单位）应当取得著作权人许可，并支付报酬。演出组织者组织演出，由该组织者取得著作权人许可，并支付报酬。

使用改编、翻译、注释、整理已有作品而产生的作品进行演出，应当取得改编、翻译、注释、整理作品的著作权人和原作品的著作权人许可，并支付报酬。

第三十八条　表演者对其表演享有下列权利：

（一）表明表演者身份；

（二）保护表演形象不受歪曲；

（三）许可他人从现场直播和公开传送其现场表演，并获得报酬；

（四）许可他人录音录像，并获得报酬；

（五）许可他人复制、发行录有其表演的录音录像制品，并获得报酬；

（六）许可他人通过信息网络向公众传播其表演，并获得报酬。

被许可人以前款第（三）项至第（六）项规定的方式使用作品，还应当取得著作权人许可，并支付报酬。

第三十九条　本法第三十八条第一款第（一）项、第（二）项规定的权利的保护期不受限制。

本法第三十八条第一款第（三）项至第（六）项规定的权利的保护期为五十年，截止于该表演发生后第五十年的 12 月 31 日。

第三节　录音录像

第四十条　录音录像制作者使用他人作品制作录音录像制品，应当取得著作权人许可，并支付报酬。

录音录像制作者使用改编、翻译、注释、整理已有作品而产生的作品，应当取得改编、翻译、注释、整理作品的著作权人和原作品著作权人许可，并支付报酬。

录音制作者使用他人已经合法录制为录音制品的音乐作品制作录音制品，可以不经著作权人许可，但应当按照规定支付报酬；著作权人声明不许使用的不得使用。

第四十一条　录音录像制作者制作录音录像制品，应当同表演者订立合同，并支付报酬。

第四十二条　录音录像制作者对其制作的录音录像制品，享有许可他人复制、发行、出租、通过信息网络向公众传播并获得报酬的权利；权利的保护期为五十年，截止于该制品首次制作完成后第五十年的 12 月 31 日。

被许可人复制、发行、通过信息网络向公众传播录音录像制品，还应当取得著作权人、表演者许可，并支付报酬。

第四节　广播电台、电视台播放

第四十三条　广播电台、电视台播放他人未发表的作品，应当取得著作权人许可，并支付报酬。

广播电台、电视台播放他人已发表的作品，可以不经著作权人许可，但应当支付报酬。

第四十四条　广播电台、电视台播放已经出版的录音制品，可以不经著作权人许可，但应当支付报酬。当事人另有约定的除外。具体办法由国务院规定。

第四十五条　广播电台、电视台有权禁止未经其许可的下列行为：

（一）将其播放的广播、电视转播；

（二）将其播放的广播、电视录制在音像载体上以及复制音像载体。

前款规定的权利的保护期为五十年，截止于该广播、电视首次播放后第五十年的 12 月 31 日。

第四十六条　电视台播放他人的电影作品和以类似摄制电影的方法创作的作品、录像制品，应当取得制片者或者录像制作者许可，并支付报酬；播放他人的录像制品，还应当取得著作权人许可，并支付报酬。

第五章　法律责任和执法措施

第四十七条　有下列侵权行为的，应当根据情况，承担停止侵害、消除影响、赔礼道歉、赔偿损失等民事责任：

（一）未经著作权人许可，发表其作品的；

（二）未经合作作者许可，将与他人合作创作的作品当作自己单独创作的作品发表的；

（三）没有参加创作，为谋取个人名利，在他人作品上署名的；

（四）歪曲、篡改他人作品的；

（五）剽窃他人作品的；

（六）未经著作权人许可，以展览、摄制电影和以类似摄制电影的方法使用作品，或者以改编、翻译、注释等方式使用作品的，本法另有规定的除外；

（七）使用他人作品，应当支付报酬而未支付的；

（八）未经电影作品和以类似摄制电影的方法创作的作品、计算机软件、录音录像制品的著作权人或者与著作权有关的权利人许可，出租其作品或者录音录像制品的，本法另有规定的除外；

（九）未经出版者许可，使用其出版的图书、期刊的版式设计的；

（十）未经表演者许可，从现场直播或者公开传送其现场表演，或者录制其表演的；

（十一）其他侵犯著作权以及与著作权有关的权益的行为。

第四十八条　有下列侵权行为的，应当根据情况，承担停止侵害、消除影响、赔礼道歉、赔偿损失等民事责任；同时损害公共利益的，可以由著作权行政管理部门责令停止侵权行为，没收违法所得，没收、销毁侵权复制品，并可处以罚款；情节严重的，著作权行政管理部门还可以没收主要用于制作侵权复制品的材料、工具、设备等；构成犯罪的，依法追究刑事责任：

（一）未经著作权人许可，复制、发行、表演、放映、广播、汇编、通过信息网络向公众传播其作品的，本法另有规定的除外；

（二）出版他人享有专有出版权的图书的；

（三）未经表演者许可，复制、发行录有其表演的录音录像制品，或者通过信息网络向公众传播其表演的，本法另有规定的除外；

（四）未经录音录像制作者许可，复制、发行、通过信息网络向公众传播其制作的录音录像制品的，本法另有规定的除外；

（五）未经许可，播放或者复制广播、电视的，本法另有规定的除外；

（六）未经著作权人或者与著作权有关的权利人许可，故意避开或者破坏权利人为其作品、录音录像制品等采取的保护著作权或者与著作权有关的权利的技术措施的，法律、行政法规另有规定的除外；

（七）未经著作权人或者与著作权有关的权利人许可，故意删除或者改变作品、录音录像制品等的权利管理电子信息的，法律、行政法规另有规定的除外；

（八）制作、出售假冒他人署名的作品的。

第四十九条　侵犯著作权或者与著作权有关的权利的，侵权人应当按照权利人的实际损失给予赔偿；实际损失难以计算的，可以按照侵权人的违法所得给予赔偿。赔偿数额还应当包括权利人为制止侵权行为所支付的合理开支。

权利人的实际损失或者侵权人的违法所得不能确定的，由人民法院根据侵权行为的情节，判决给予五十万元以下的赔偿。

第五十条　著作权人或者与著作权有关的权利人有证据证明他人正在实施或者即将实施侵犯其权利的行为，如不及时制止将会使其合法权益受到难以弥补的损害的，可以在起诉前向人民法院申请采取责令停止有关行为和财产保全的措施。

人民法院处理前款申请，适用《中华人民共和国民事诉讼法》第九十三条至第九十六条和第九十九条的规定。

第五十一条　为制止侵权行为，在证据可能灭失或者以后难以取得的情况下，著作权人或者与著作权有关的权利人可以在起诉前向人民法院申请保全证据。

人民法院接受申请后，必须在四十八小时内作出裁定；裁定采取保全措施的，应当立即开始执行。

人民法院可以责令申请人提供担保，申请人不提供担保的，驳回申请。

申请人在人民法院采取保全措施后十五日内不起诉的，人民法院应当解除保全措施。

第五十二条　人民法院审理案件，对于侵犯著作权或者与著作权有关的权利的，可以没收违法所得、侵权复制品以及进行违法活动的财物。

第五十三条　复制品的出版者、制作者不能证明其出版、制作有合法授权的，复制品的发行者或者电影作品或者以类似摄制电影的方法创作的作品、计算机软件、录音录像制品的复制品的出租者不能证明其发行、出租的复制品有合法来源的，应当承担法律责任。

第五十四条　当事人不履行合同义务或者履行合同义务不符合约定条件的，应当依照《中华人民共和国民法通则》《中华人民共和国合同法》等有关法律规定承担民事责任。

第五十五条　著作权纠纷可以调解，也可以根据当事人达成的书面仲裁协议或者著作权合同中的仲裁条款，向仲裁机构申请仲裁。

当事人没有书面仲裁协议，也没有在著作权合同中订立仲裁条款的，可以直接向人民法院起诉。

第五十六条　当事人对行政处罚不服的，可以自收到行政处罚决定书之日起三个月内向人民法院起诉，期满不起诉又不履行的，著作权行政管理部门可以申请人民法院执行。

第六章 附 则

第五十七条 本法所称的著作权即版权。

第五十八条 本法第二条所称的出版,指作品的复制、发行。

第五十九条 计算机软件、信息网络传播权的保护办法由国务院另行规定。

第六十条 本法规定的著作权人和出版者、表演者、录音录像制作者、广播电台、电视台的权利,在本法施行之日尚未超过本法规定的保护期的,依照本法予以保护。

本法施行前发生的侵权或者违约行为,依照侵权或者违约行为发生时的有关规定和政策处理。

第六十一条 本法自 1991 年 6 月 1 日起施行。

中华人民共和国著作权法实施条例

（2002 年 8 月 2 日中华人民共和国国务院令第 359 号公布　根据 2011 年 1 月 8 日《国务院关于废止和修改部分行政法规的决定》第一次修订　根据 2013 年 1 月 30 日《国务院关于修改〈中华人民共和国著作权法实施条例〉的决定》第二次修订）

第一条　根据《中华人民共和国著作权法》（以下简称著作权法），制定本条例。

第二条　著作权法所称作品，是指文学、艺术和科学领域内具有独创性并能以某种有形形式复制的智力成果。

第三条　著作权法所称创作，是指直接产生文学、艺术和科学作品的智力活动。

为他人创作进行组织工作，提供咨询意见、物质条件，或者进行其他辅助工作，均不视为创作。

第四条　著作权法和本条例中下列作品的含义：

（一）文字作品，是指小说、诗词、散文、论文等以文字形式表现的作品；

（二）口述作品，是指即兴的演说、授课、法庭辩论等以口头语言形式表现的作品；

（三）音乐作品，是指歌曲、交响乐等能够演唱或者演奏的带词或者不带词的作品；

（四）戏剧作品，是指话剧、歌剧、地方戏等供舞台演出的作品；

（五）曲艺作品，是指相声、快书、大鼓、评书等以说唱为主要形式表演的作品；

（六）舞蹈作品，是指通过连续的动作、姿势、表情等表现思想情感的作品；

（七）杂技艺术作品，是指杂技、魔术、马戏等通过形体动作和技巧表现的作品；

（八）美术作品，是指绘画、书法、雕塑等以线条、色彩或者其他方式构成的有审美意义的平面或者立体的造型艺术作品；

（九）建筑作品，是指以建筑物或者构筑物形式表现的有审美意义的作品；

（十）摄影作品，是指借助器械在感光材料或者其他介质上记录客观物体形象的艺术作品；

（十一）电影作品和以类似摄制电影的方法创作的作品，是指摄制在一定介质上，由一系列有伴音或者无伴音的画面组成，并且借助适当装置放映或者以其他方式传播的作品；

（十二）图形作品，是指为施工、生产绘制的工程设计图、产品设计图，以及反映地理现象、说明事物原理或者结构的地图、示意图等作品；

（十三）模型作品，是指为展示、试验或者观测等用途，根据物体的形状和结构，按照一定比例制成的立体作品。

第五条　著作权法和本条例中下列用语的含义：

（一）时事新闻，是指通过报纸、期刊、广播电台、电视台等媒体报道的单纯事实消息；

（二）录音制品，是指任何对表演的声音和其他声音的录制品；

（三）录像制品，是指电影作品和以类似摄制电影的方法创作的作品以外的任何有伴音或者无伴音的连续相关形象、图像的录制品；

（四）录音制作者，是指录音制品的首次制作人；

（五）录像制作者，是指录像制品的首次制作人；

（六）表演者，是指演员、演出单位或者其他表演文学、艺术作品的人。

第六条　著作权自作品创作完成之日起产生。

第七条　著作权法第二条第三款规定的首先在中国境内出版的外国人、无国籍人的作品，其著作权自首次出版之日起受保护。

第八条　外国人、无国籍人的作品在中国境外首先出版后，30日内在中国境内出版的，视为该作品同时在中国境内出版。

第九条　合作作品不可以分割使用的，其著作权由各合作作者共同享有，通过协商一致行使；不能协商一致，又无正当理由的，任何一方不得阻止他方行使除转让以外的其他权利，但是所得收益应当合理分配给所有合作作者。

第十条　著作权人许可他人将其作品摄制成电影作品和以类似摄制电影的方法创作的作品的，视为已同意对其作品进行必要的改动，但是这种改动不得歪曲篡改原作品。

第十一条　著作权法第十六条第一款关于职务作品的规定中的"工作任

务"，是指公民在该法人或者该组织中应当履行的职责。

著作权法第十六条第二款关于职务作品的规定中的"物质技术条件"，是指该法人或者该组织为公民完成创作专门提供的资金、设备或者资料。

第十二条 职务作品完成两年内，经单位同意，作者许可第三人以与单位使用的相同方式使用作品所获报酬，由作者与单位按约定的比例分配。

作品完成两年的期限，自作者向单位交付作品之日起计算。

第十三条 作者身份不明的作品，由作品原件的所有人行使除署名权以外的著作权。作者身份确定后，由作者或者其继承人行使著作权。

第十四条 合作作者之一死亡后，其对合作作品享有的著作权法第十条第一款第五项至第十七项规定的权利无人继承又无人受遗赠的，由其他合作作者享有。

第十五条 作者死亡后，其著作权中的署名权、修改权和保护作品完整权由作者的继承人或者受遗赠人保护。

著作权无人继承又无人受遗赠的，其署名权、修改权和保护作品完整权由著作权行政管理部门保护。

第十六条 国家享有著作权的作品的使用，由国务院著作权行政管理部门管理。

第十七条 作者生前未发表的作品，如果作者未明确表示不发表，作者死亡后 50 年内，其发表权可由继承人或者受遗赠人行使；没有继承人又无人受遗赠的，由作品原件的所有人行使。

第十八条 作者身份不明的作品，其著作权法第十条第一款第五项至第十七项规定的权利的保护期截止于作品首次发表后第 50 年的 12 月 31 日。作者身份确定后，适用著作权法第二十一条的规定。

第十九条 使用他人作品的，应当指明作者姓名、作品名称；但是，当事人另有约定或者由于作品使用方式的特性无法指明的除外。

第二十条 著作权法所称已经发表的作品，是指著作权人自行或者许可他人公之于众的作品。

第二十一条 依照著作权法有关规定，使用可以不经著作权人许可的已经发表的作品的，不得影响该作品的正常使用，也不得不合理地损害著作权人的合法利益。

第二十二条 依照著作权法第二十三条、第三十三条第二款、第四十条第三款的规定使用作品的付酬标准，由国务院著作权行政管理部门会同国务院价格主管部门制定、公布。

　　第二十三条　使用他人作品应当同著作权人订立许可使用合同，许可使用的权利是专有使用权的，应当采取书面形式，但是报社、期刊社刊登作品除外。

　　第二十四条　著作权法第二十四条规定的专有使用权的内容由合同约定，合同没有约定或者约定不明的，视为被许可人有权排除包括著作权人在内的任何人以同样的方式使用作品；除合同另有约定外，被许可人许可第三人行使同一权利，必须取得著作权人的许可。

　　第二十五条　与著作权人订立专有许可使用合同、转让合同的，可以向著作权行政管理部门备案。

　　第二十六条　著作权法和本条例所称与著作权有关的权益，是指出版者对其出版的图书和期刊的版式设计享有的权利，表演者对其表演享有的权利，录音录像制作者对其制作的录音录像制品享有的权利，广播电台、电视台对其播放的广播、电视节目享有的权利。

　　第二十七条　出版者、表演者、录音录像制作者、广播电台、电视台行使权利，不得损害被使用作品和原作品著作权人的权利。

　　第二十八条　图书出版合同中约定图书出版者享有专有出版权但没有明确其具体内容的，视为图书出版者享有在合同有效期限内和在合同约定的地域范围内以同种文字的原版、修订版出版图书的专有权利。

　　第二十九条　著作权人寄给图书出版者的两份订单在 6 个月内未能得到履行，视为著作权法第三十二条所称图书脱销。

　　第三十条　著作权人依照著作权法第三十三条第二款声明不得转载、摘编其作品的，应当在报纸、期刊刊登该作品时附带声明。

　　第三十一条　著作权人依照著作权法第四十条第三款声明不得对其作品制作录音制品的，应当在该作品合法录制为录音制品时声明。

　　第三十二条　依照著作权法第二十三条、第三十三条第二款、第四十条第三款的规定，使用他人作品的，应当自使用该作品之日起 2 个月内向著作权人支付报酬。

　　第三十三条　外国人、无国籍人在中国境内的表演，受著作权法保护。

　　外国人、无国籍人根据中国参加的国际条约对其表演享有的权利，受著作权法保护。

第三十四条 外国人、无国籍人在中国境内制作、发行的录音制品，受著作权法保护。

外国人、无国籍人根据中国参加的国际条约对其制作、发行的录音制品享有的权利，受著作权法保护。

第三十五条 外国的广播电台、电视台根据中国参加的国际条约对其播放的广播、电视节目享有的权利，受著作权法保护。

第三十六条 有著作权法第四十八条所列侵权行为，同时损害社会公共利益，非法经营额 5 万元以上的，著作权行政管理部门可处非法经营额 1 倍以上 5 倍以下的罚款；没有非法经营额或者非法经营额 5 万元以下的，著作权行政管理部门根据情节轻重，可处 25 万元以下的罚款。

第三十七条 有著作权法第四十八条所列侵权行为，同时损害社会公共利益的，由地方人民政府著作权行政管理部门负责查处。

国务院著作权行政管理部门可以查处在全国有重大影响的侵权行为。

第三十八条 本条例自 2002 年 9 月 15 日起施行。1991 年 5 月 24 日国务院批准、1991 年 5 月 30 日国家版权局发布的《中华人民共和国著作权法实施条例》同时废止。